내러티브상담

NARRATIVE THERAPY

고미영 · 고정은 · 권희영 · 김민화 · 김사라 · 김유숙 · 김은영 · 김혜경 · 박숙현
빈미향 · 신영화 · 안미옥 · 이경욱 · 이선혜 · 이은주 · 최지원 · 한석준 · 허남순 공저
한국내러티브상담학회 편저

학지사

머리말

한국내러티브상담학회는 2011년 창립 이후 현재까지 한국의 내러티브상담사를 배출하고 있다. '내러티브상담(narrative therapy)'이라는 생소한 분야를 처음으로 접하는 기존 상담사는 물론, 새로이 상담사로서의 삶을 살아가고자 하는 사람들에게 내러티브상담에 대해 교육하는 일을 학회의 매우 중요한 사명으로 여기고 있다. 또한 최근 상담서비스 법제화 논의가 활발한 가운데, 우리 학회의 명칭을 '한국이야기치료학회'에서 '한국내러티브상담학회'로 변경함으로써 학회의 정체성과 대외적 위상을 제고하기 위한 노력을 병행해 가고 있다. 학회에서 배출한 전문가와 상담자가 각자의 지역과 학교에서 내러티브상담에 대한 교육과 반영 모임을 갖고 있지만, 학회 차원에서의 교육과 상담자 자격 관리도 매우 중요하다. 이에 한국내러티브상담학회에서는 매년 '동계기초교육'을 통해 학회의 유수한 전문가와 현장 실천가가 모여 공식적인 교육을 수행하고 있다.

그러던 중 강의를 맡은 전문가들이 강의 자료집을 만들어 수강생들에게 배포하고 함께 공부하는 일이 해마다 반복되면서 공식적인 교재의 필요성이 제기되었다. 말 그대로 내러티브상담을 이해하고 실천하는 데 기초가 되는 한 권의 교재가 있다면, 학회에서 개최하는 기초교육뿐만 아니라 타 기관이나 학교에서 이루어지는 기초교육에서도 활용할 수 있을 것이라고 기대하였다. 물론 내러티브상담에 대해 한 권의 책으로 어떤 기준을 만든다는 것이 내러티브상담의 기본 철학에 부합되는 일인지에 문제 제기를 할 수 있다. 따라서 지금의 '내러티브상담' 교재는 하나의 시도일 뿐이며 고정된 내용을 주장하지 않는다. 우리 삶의 이야기가 흐르듯 앞으로 '내러티브상담' 교재도 새로운 관점으로 조망될 것이며 독특한 결과를 포괄한 새로운 이야기로 계속 변화될 것이다.

이 책은 내러티브상담의 철학적 배경을 이해하고 그 과정과 기법을 학습하며 사례를 통해 적용 및 실천 가능성을 높일 수 있도록 총 4부로 구성되었다. 제1부는 내러티브상담의 철학과 과정에 대한 개괄적 이해를 돕기 위한 것으로, 김민화, 김은영, 김혜경 선생이 집필했다. 제2부는 내러티브상담의 다섯 가지 대화 지도와 치료적 문서이며, 신영화, 박숙현, 최지원, 고정은, 이은주, 권희영 선생이 집필했다. 제3부는 내러티브상담자의 전문성 이슈를 다루는 것으로, 내러티브상담에서 윤리의 개념과 윤리적 실천 그리고 내러티브 슈퍼비전의 다양한 방법을 소개한다. 안미옥, 한석준, 이선혜 선생이 집필했다. 제4부는 내러티브상담이 개인, 가족, 지역사회(공동체)에 어떻게 적용되는지 보여 주는 사례를 다루었다. 학대, 폭력, 자살, 직무 스트레스, 공동체의 역사적 트라우마에 대한 내러티브상담 적용을 소개하였으며, 이은주, 최지원, 김사라, 이경욱, 빈미향, 고미영 선생이 집필했다. 이 책에 수록된 상담 사례는 모두 각색된 것이다.

끝으로, 이 책이 나올 수 있도록 마음을 모아 주신 열여섯 분의 집필진에게 깊은 감사를 드린다. 또한 초창기 학회의 안정화를 위해 애써 주신 허남순, 김유숙 교수님께서 서두에 실린 기고문으로 이 책을 더욱 풍성하게 해 주셨다. 원로 교수님 두 분께 감사드린다. 편집 과정에서 집필진, 학회 사무국, 학지사 편집부를 포함한 많은 분이 보여 주신 애정과 수고에도 고마움을 전한다. 하지만 무엇보다 이 교재의 주인은 이를 통해 내러티브상담을 배우고 실천하고자 하는 독자이자 예비 내러티브상담자들이다. 전문가들의 이해와 실천 경험이 담긴 이 책을 통해 한국에도 내러티브상담자가 많이 배출되어 새롭고 희망적인 이야기들이 더욱 풍성하게 흐르기를 바란다.

2023년 8월

한국내러티브상담학회

마이클 화이트와 한국 내러티브상담의 마중물

허남순
(한국내러티브상담학회 초대 회장,
한림대학교 사회복지학과 명예교수)

1. 마이클 화이트의 유산

마이클 화이트(Michael White)는 1949년 호주 애들레이드(Adelaide)에서 출생했고, 2008년 워크숍을 위해 방문했던 샌디에이고에서 갑작스러운 심장마비로 사망했다. 그는 59년의 짧은 생을 살았지만, 치료 분야에 경이로운 업적을 남겼다.

애들레이드는 호주의 조용한 도시로 가족치료 학자들이 많이 활동하는 미국이나 유럽에서 멀리 떨어진 지역이다. 그런 곳에서 외롭게 활동하던 마이클의 목소리가 전 세계에 퍼진 것은 놀라운 일이라 할 수 있다. 여기에는 그가 1983년에 세운 덜위치센터(Dulwich Center)의 역할이 크다. 마이클은 덜위치센터에서 그의 아내 셰릴(Cheryl)과 동료들의 도움을 받아 임상 활동과 훈련을 하면서 학술지 및 저서 등 많은 출판물을 발간했다.

마이클은 그의 고향 호주 애들레이드에서 사회복지를 전공하고 보호관찰소와 아동정신병원에서 가족치료사로 근무했다. 그는 그곳에서 아동, 청소년, 가족 등 다양한 문제를 가진 사람을 만나면서 개인이나 가족이 문제라는 전통적이고 병리적인 접근 방법에서 벗어나 사회문화적인 관습이나 성, 인종, 계급 등 정치적인 이슈나 경험이 사람들의 문제를 만든다고 생각하게 되었다. 마이클은 '사람이 문제가 아니라 문제가 문제다'라는 이론을 제시하고 치료 과정에서 문제를 사람에게서 분리하는 작업을 했다. 문제가 사람에게서 분리되며 문제를 재정의하고 그들이 비난해야 할 대상이 누구인지를 새롭게 확인할 수 있었다. 그것은 문제의 원인이 사람이 아니라 그 사람조차도 문제의 희생양임을 깨닫게 되는 순간이다. 그는 이 작업을 문제의 '외재화(externalizing)'라고 이름 붙였다.

마이클은 내담자와의 만남을 '치료'라는 용어 대신 '치료적 대화' 또는 '치료적 자문'이라는 용어를 사용했고, 치료적 대화를 통해 내담자가 선호하는 대안적 이야기를 함께 발견하고 공동으로 만들어 가는 과정을 중요하게 생각했다. 상담실에 오는 내담자들은 자신의 삶이 결핍이나 문제로 만들어진 하나의 이야기로 되어 있다고 생각한다. 그러나 사람들의 삶은 문제뿐만 아니라 사실상 그들이 간과하는 지식과 경험, 기술 등 다양한 이야기로 엮여 있다. 마이클은 결핍이나 병리적인 문제의 이야기에서 문제가 아닌 다른 이야기, 즉 그 내담자에게서 별로 주목받지 못했던 부수적인 이야기를 탐색하는 과정을 중요하게 생각했다. 그 과정은 사람들로 하여금 자신이 깨닫지 못하고 있던 자신의 지식과 기술뿐만 아니라 그들이 중요하게 여기는 가치를 명확하게 하고 정체성을 재정의하는 작업이 되었다. 내담자와 상담자가 함께하는 치료적 대화는 그들이 문제투성이라고 생각했던 삶의 이야기에서 자신들이 살고 싶어 하는 삶의 목표와 방향을 잡아 주는 이야기로 나아가는 과정이 된 것이다. 마이클은 이것을 '자기 이야기 다시쓰기'라고 이름 붙였다.

마이클의 오랜 동료인 데이비드 엡스턴(David Epston)은 "마이클의 상담 영상을 보면 대화가 눈 깜짝할 사이에 절망에서 희망으로 마치 다리를 건너가는 듯 진행되는 것 같다."(White, 2010, p. 10)라고 했다. 그의 이런 표현은 마이클이 내담자의 결핍이나 문제를 이야기하기보다는 내담자의 기술, 지식, 가치를 선호하는 삶에 대해 탐색하는 과정에서 만들어지는 희망을 보고 느낀 것이 아닌가 싶다.

문제 이야기의 대안으로 다시 쓰는 내담자의 이야기는 정의예식을 통해 외부증인에게 인증을 받는다. 마이클은 이 예식을 내담자의 삶을 인정해 주고 격상시키는 의식이라고 했다. 또한 적절하게 이루어진 정의예식은 상담자와 내담자만의 치료적 대화를 하는 것보다 몇 배의 효과가 있다고 했다.

마이클의 이론과 치료 방법은 어디에서 영향을 받은 것일까? 마이클은 고프먼(E. Goffman), 마이어호프(B. Myerhoff), 푸코(M. Foucault), 비고츠키(L. Vygotsky) 등의 철학과 이론에서 영감을 받았지만, 내러티브상담(narrative practice)의 이론과 실천 방법에 직접 영향을 준 것은 아니라고 했다. 예술가가 자신이 받은 영감을 그림이나 음악으로 창작하듯이 마이클은 여러 학자에게서 받은 영감을 바탕으로 하여 창의적인 언어와 방법으로 가족상담의 이론과 방법에 혁신을 가져온 것이다. 마이클은

"상담을 시작하던 초기에는 일주일에 5일을 하루에 아홉 사례씩 상담하고 상담한 내용을 모두 기록하여 사례를 검토하는 일에 많은 시간을 보냈다."라고 했다.[1] 그는 어떻게 질문하는 것이 치료적 대화가 추구하는 목표를 향해 가는 데 도움이 될 것인가를 늘 고심하며, 무엇인가 말하고 싶을 때 그것을 질문으로 바꾸어 말한다고 했다.

"치료적 자문을 제공하는 과정에서 난 어떤 대화가 효과가 있고 또 효과가 없는지에 관해 항상 내담자의 피드백을 구하고, 마지막에는 삶의 문제나 어려움을 해결하기 위한 우리의 노력에 무엇이 도움이 되었고 도움되지 않았는지를 함께 검토한다. 이 같은 피드백과 검토는 내 실천의 모양새를 빚는 수단이다"(White, 2010, pp. 340-341). 마이클의 이 이야기를 통해 그가 내담자를 상담의 대상이 아니라 진정으로 치료적 자문(대화)의 동반자로 생각했음을 알 수 있다. 마이클이 한국에 왔을 때 그는 치료적 대화 중에 내담자의 힘든 경험과 이야기를 들으면 함께 울기도 한다고 말했다. 나의 놀란 표정에 그는 "전통적인 상담에서는 상담자가 내담자와의 상담 중에 눈물을 흘리면 안 된다고 하는데 그것은 전문가주의라고 생각한다."라고 했다. 또한 "내담자의 슬픈 이야기를 들으면서 함께 눈물을 흘리는 것이 훨씬 더 인간적인 자세가 아닌가?"라고 질문을 던졌다.

마이클은 치료 방법으로 문제를 외재화하기, 내담자의 삶의 이야기를 다시쓰기, 회원재구성, 외부증인을 상담실에 초청하기, 정의예식, 실패를 해체하는 대화하기, 정체성을 풀어내기, 상담에서 은유(metaphor)를 활용하기 등 다양한 아이디어와 개념 그리고 실천 방법을 만들어 냈다. 그의 이런 이론과 상담 방법과 결과는 전 세계의 주목을 받기 시작했으며 가족상담의 새로운 학파를 탄생시켰다.

마이클은 2008년 애들레이드에 임상치료와 슈퍼비전에 초점을 둔 내러티브 실천센터(Narrative Practice Center)를 설립하고 더 많은 내담자를 만날 수 있도록 준비했다. 하지만 마이클의 갑작스러운 사망으로 현재는 마이클의 제자이자 동료들이 맡아서 운영하고 있다.

1) White, M. (2007). *Maps of Narrative Practice*, Pub: Norton, 이선혜 외 공역(2010). **이야기치료의 지도**, 서울: 학지사. p. 10.

2. 마이클과 한국 내러티브상담 실천가의 만남

내가 내러티브상담을 처음 접한 것은 1999년 미국 올버니에 있는 성폭력치료센터에서였다. 당시 한국도 가정폭력과 성폭력을 당한 여성들을 위한 상담에 관심이 많아지던 때라 미국 방문 중에 임상치료사 친구의 안내로 그곳을 방문하게 되었다. 친구의 설명에 의하면, 내러티브상담은 미국에서 많이 사용하는 혁신적인 상담 방법으로서 효과가 좋다는 평가를 받는다고 했다. 센터에서는 방문객인 나를 상담 장면에 참여시켜 주었는데, 나뿐만 아니라 다른 몇 사람이 내담자와 상담자가 상담하는 장소에 함께 참여했다. 그때는 다른 문제도 아닌 성폭력 피해 여성을 상담하는 자리에 외부인을 참여시키고 상담 중 외부 참여자들이 자신의 의견을 이야기하도록 한다는 것이 이해가 되지 않았다. 그러나 나중에 내러티브상담을 배우면서 그것이 외부증인의 반영이라는 것을 알게 되었다. 그 뒤 안식년 때 시애틀을 방문했는데, 그곳에서 시애틀 내러티브 실천 집단(Seattle Narrative Practice Group)을 만나면서 내러티브상담에 대한 관심이 많아졌다.

대학원에서 가족상담 전공을 가르치고 있던 나로서는 미국에서 이미 현장에 많이 적용하고 있는 내러티브상담을 한국의 상담자들에게도 전달할 필요가 있다고 생각했다. 그 당시 한림대학교는 많은 외국 강사를 초빙해서 워크숍을 하던 시기라 마이클을 초대하는 것이 당연히 우선순위의 과제가 되었다. 마이클을 한국으로 초대하기 위한 작업은 2000년대 초부터 시작했지만, 마이클의 바쁜 일정으로 2001년이 되어서야 한국에서의 워크숍이 성사되었다.

마이클과의 처음 만남은 2001년 인천공항에서였다. 마이클과 인터넷을 통해 연락을 주고받으며 그의 사진을 보고 얼굴을 익혀서 마이클을 만나면 충분히 알아볼 수 있을 것이라고 생각했다. 그래도 혹시나 해서 그의 이름을 크게 쓴 종이를 가슴 높이 들고 있었는데, 역시 이름을 쓴 종이를 들고 간 것은 지혜로운 행동이었다. 출구에서 만난 마이클은 들고 있던 종이가 없었으면 금방 알아보기 힘든 모습이었다. 챙이 있는 넓은 카우보이 모자에 곱실거리는 긴 머리를 하고 청바지를 걸친 마이클은 서부 영화에서 걸어 나온 배우 같았다. 내가 알고 있었던 많은 워크숍 강사의 옷차림이나 모습과 달라서 그것은 신선한 놀라움이었다. 그러나 처음 만났을 때 느낀 그의 모습 이상으로 그가 워크숍에서 쏟아 놓은 내용은 우리에게 익숙한 상담에 대한 전통적인 이론과 방법의 패러다임 변환을 요구하는 놀라움과 충격이었다.

국회도서관 강당에서 열린 마이클의 첫 번째 워크숍에서 마이클은 참석한 모든 사람을 혼동과 감탄으로 사로잡았다. 어떤 사람들은 강의를 들으면서 자신의 관점이 전혀 다른 새로운 세계로 이동하는 경험을 했다고 한 반면, 그 외 사람들은 마이클의 강의를 이해하는 것조차 힘든 혼란의 상태를 경험하는 시간이었다고 했다. 그럼에도 불구하고 대부분의 사람은 마이클의 설명에 큰 호기심을 갖고 그가 설명하는 상담 방법에 빠져들어 갔다.

"사람이 문제가 아니라 문제가 문제다." 그래서 먼저 문제와 사람을 분리하는 외재화 대화를 하기, 내담자들의 삶의 이야기를 다시쓰기, 내담자의 삶의 회원을 재구성하기, 외부증인을 면접에 초대하기, 면접을 녹화하여 그 복사본을 내담자에게 주기 등 다양하고 새로운 상담 방법은 참석자들이 알고 있던 상담 방법에 대한 지식체계(system)를 뒤흔드는 혼란을 가져왔지만, 동시에 무한한 호기심을 끌기에 충분했다. 특히 마이클이 가지고 온 상담 영상인 ADHD 아동과 부모와의 치료적 대화 과정을 담은 상담 영상을 통해 ADHD를 아동에게서 분리시켜 도깨비라는 이름을 붙이고, 아동과 부모가 ADHD를 잘 다룰 수 있는 공동의 팀으로 만드는 과정은 놀라울 정도로 매력적이면서 이전에는 전혀 상상하지 못한 방법이었다.[2] 그동안 상담실이라는 폐쇄된 공간에서 내담자와 은밀하게 상담하는 데 익숙했던 상담자들에게는 새로운 도전이면서 그런 방법이 한국 사회에서 가능한 것일지 여러 질문을 하는 시간이었다.

마이클의 워크숍을 잇달아 개최하지는 못했다. 그의 바쁜 스케줄이 제일 큰 원인이기는 했지만, 다른 하나는 한국의 상담자들이 내러티브상담에 대해 좀 더 깊이 이해한 후에 그가 다시 오는 것이 도움이 된다고 생각했다. 마이클은 호주의 덜위치센터의 강사들을 추천해 주었고, 한림대학교 대학원은 1년에 1~2회씩 마이클이 추천하는 강사들을 초청해서 워크숍을 계속 진행했다. 앨리스 모건(Alice Morgan), 쇼나 러셀(Shona Russell), 수 만(Sue Mann), 매기 캐리(Maggie Carey), 존 스틸먼(John Stillman) 등이 워크숍을 진행하면서 한국 상담자들의 내러티브상담에 대한 이해와 관심이 더 높아졌고 내러티브상담을 현장에 적용하는 상담자들이 생기기 시작했다.

2) David Denborough. https://Dulwichcentre.com.au

마이클의 두 번째 워크숍은 3년 후인 2004년 삼성동 코엑스에서 열렸다. 주제는 '내러티브상담을 지도화하기'였다. 그는 내러티브상담의 과정을 참석자들에게 좀 더 분명하게 이해시키기 위해, 내러티브상담의 다양한 방법이 목표를 향해 어떻게 가고 있는가를 '내러티브상담의 지도'라는 은유를 사용하여 설명했다. 치료적 대화를 하나의 여행으로 표현하고 상담자들은 다양한 지도에 의해 여행의 안내를 받을 수 있다고 했다. 마이클은 그 지도가 정확하게 목적지가 결정되었거나 어떤 길로 가야만 한다는 루트가 결정된 것은 아니지만, 내담자가 선택한 삶의 목적지로 가도록 돕기 위해 어떤 질문을 해야 하는가에 대한 방향을 제공한다고 설명했다. 그 지도는 치료적 대화의 시작을 위해 필요한 지도, 여행의 중간 지점에서 필요한 지도, 내담자가 교차로에 있을 때 필요한 지도, 어려운 영역에서 협상을 위한 지도 등 다양한 유형의 지도였다. 그 당시 나는 치료적 대화에 왜 지도가 필요한가를 질문하였고, 마이클이 대답해 주었지만 잘 이해하지 못했다. 그러나 2007년 미국에서 발간된『내러티브상담의 지도(Maps of Narrative Practice)』라는 책을 읽으면서 2차 워크숍 때 마이클이 무엇을 설명하려고 했는지를 충분히 이해할 수 있었다. 그 책은 치료적 대화에서 필요한 다양한 종류의 지도를 설명하고 있으며, 내가 가장 아끼는 책 중 하나가 되었다.

워크숍이 끝나고 마이클에게 치료적 대화를 잘하는 방법을 질문했을 때, 그는 워크숍은 지식과 기술을 전달하는 것인지라 치료적 대화의 기술을 심화 · 발전시키기 위해서는 철저한 관심과 연습이 필요하다고 답했다. 기술이 능숙해지기까지는 시간이 걸리며 연습에 연습을 거듭해야만 그때그때 적절한 질문을 할 수 있다는 것이다. 그의 답은 상담자인 우리 모두가 귀담아 들어야 하는 말일 것이다.

마이클과의 2차 워크숍을 끝내고 3차 워크숍을 약속했다. 3차 워크숍은 2008년에 열 것으로 약속했다. 마이클은 워크숍 일정을 더 일찍 잡지 못하는 것을 미안해했다. 자신은 호주의 여름이 시작되는 1월부터는 독서와 저술에 집중한다고 했다. 또한 강의나 저술보다 그에게 더 중요한 것은 내담자를 만나는 것이라며 어디를 가든 이동 거리가 멀 수밖에 없는 호주의 환경 때문에 다른 나라에서의 워크숍은 제한된 일정 내에서만 하고 있다고 했다. 마이클이 상담과 훈련을 얼마나 중요하게 여기는가는 2008년 1월 애들레이드에 내러티브 실천센터를 설립한 것만으로도 알 수 있었다. 덜위치센터가 훈련과 저술에 더 초점을 두었다면, 내러티브 실천센터는 상담과 슈퍼비전에 초점을 둔 기관이다.

마이클이 2008년 세 번째 한국 워크숍에 왔다면 우리에게 무엇을 더 알려 주고 싶어 했을까? 나는 북한이탈주민, 다문화 가족의 여성, 재난으로 고통받는 지역 주민들을 위한 내러티브상담이라는 주제로 워크숍을 해 달라고 부탁했을 것 같다. 마이클은 이미 호주의 원주민(Aboriginal)뿐만 아니라 전쟁을 피해 호주로 온 난민이나 이민자, 재난을 당한 지역사회 사람과 일하는 지역사회사업가, 상담자들을 대상으로 하여 멕시코, 뉴질랜드 등 다른 나라에서 워크숍을 하고 있었다. 마이클의 갑작스러운 사망으로 3차 워크숍은 아쉽게도 불발로 끝났지만, 2016년에 발간된 『지역사회를 위한 내러티브상담(Community Narrative Therapy)』이 현재 한국 사회가 경험하고 있는 여러 가지 어려움을 극복하기 위한 혁신적인 실천 방법을 제시하는 좋은 지침이 되었다.

2001년 마이클이 한국에서 첫 번째 워크숍을 시작한 지 10년 뒤인 2011년 한국내러티브상담학회가 탄생하였고, 2022년 전국에 39개의 반영팀이 생겼다. 아동, 청소년, 부부, 노인, 죽음과 상실, 트라우마 등을 다루는 내러티브상담 방법에 대한 많은 책과 논문 그리고 학회지가 발간되었다. 한국에서도 가족치료센터나 상담센터뿐만 아니라 학교, 병원, 복지관, 정신재활센터 그리고 국내외 재난과 트라우마 현장에서도 사용되고 있다. 이 책의 발간과 함께 내러티브상담이 더 많은 사람에게 그들의 삶이 실패가 아닌 성공과 극복으로 가득하다는 희망을 주는 방법으로 사용되길 바란다.

내러티브상담과 내 삶의 이야기

김유숙
(서울여자대학교 교육심리학과 명예교수,
한스카운셀링센터장)

나는 1982년 임상심리 수련생의 신분으로서 첫 내담자를 만났다. 40년 가까운 경력의 임상가로서 나의 삶을 되돌아보면 나는 계속되는 변화를 추구하고 있는 것 같다. 한 개인의 증상을 드러내는 데 초점을 둔 하위체계(sub-system)를 다루는 것으로 첫출발을 했다. 가족상담에 입문하면서 개인과 개인 사이에 발생하는 상호작용에 개입하면서 주로 가족이라는 체계에 관심을 가졌다. 현재는 한 개인이나 가족 그리고 상담자인 나를 포함한 상담체계에 관심을 가지고 있으며, 그 체계의 역동과 함께 체계를 둘러싼 담론이나 거기서 어떤 새로운 의미 부여가 일어날 수 있는가와 같은 상위체계(super-system)를 다루려고 한다.

많은 임상가도 비슷한 경로를 거치겠지만, 나는 프로이트(S. Freud)와 융(C. Jung)을 통해서 인간의 심리를 처음 이해하게 되었다. 그들은 인간의 내면은 신비한 역동에 의해 움직이는데, 때로는 통제할 수 없는 힘으로 변환되어 예측할 수 없는 여러 증상을 드러낸다고 보았다. 그리고 이 같은 내면의 알 수 없는 힘인 무의식을 의식화함으로써 상담이 가능하다고 주장했다. 이 점에 매료되어 나는 임상가의 길을 선택했다. 그 후 가족상담에 입문하면서 인간은 상호작용하는 존재로 보는 시각도 있다는 것을 알게 되었다. 그들은 인간을 예측 불가능한 존재가 아니라 개인과 환경 사이에 끊임없이 상호 교류하며 행동하는 예측이 가능한 존재라고 보았다. 이러한 시각은 상담이 중심이던 그 당시에는 파격적인 관점이었으나, 새로운 흐름에 편승하면서 나는 기꺼이 가족상담자라는 정체성을 가졌다. 그 덕분에 내담자의 문제에 폭넓게 개입할 수 있어서 가족상담을 만난 것은 내 삶에 행운이었다고 생각한다. 겔건(K. Gergen) 등의 사회구성주의와 화이트(M. White)의 내러티브상담을 통해 이야기하는 인간(homo farbans)이라는 개념을 알 수 있었다. 이들은 인간의 삶과 심리적 역동성을 어느 한순간에 가두어 보거나 어느 특정한 영역 속에 묶어서 보려는 시각을 배격한다. 오히려 그들은 과거, 현재, 미래로 연속되는 시간 속에서 한 인간의 삶의 이야기가 어떤 담론에 의해 어떻게 이야기되고 있는지에 관심이 있었다. 그리고 그 이야기는 고정된 것이 아니라 상담 과정의 치료적 대화를 통해 새로운 이야기를 만들 수 있다고 보았다. 또한 새로운 이야기의 지평을 넓혀 가면서 내담자는 스스로 한 인간으로서 통합성과 치유에 대한 통찰을 얻을 수 있다고 주장했다. 이것은 치료적 접근을 넘어서 내 삶을 이해하는 방식을 전환시켰다. 누군가와 대화할 때 '지금 존재하지 않는 것 같지만, 암시되고 있는 이야기'에 관심을 갖게 되면서 상대방을 쉽게 단정 짓지 않게 되었다. 세상을 바라보는 관점도 유연해졌다. 이것은 상담자의 삶에도 영향을 주어 현재의 나는 '가족상담자이다…….' 또는 '내러티브상담자이다…….'라는 것에 그다지 큰 의미를 두지 않는다. 내담자를 만나는 순간 그들 자신이 삶의 전문가라는 점을 받아들이려고 노력하는 상담자로서 나의 정체성을 가지려고 노력하고 있다.

지금부터 나의 임상가로서 여정을 되돌아보면서 내러티브상담이 내 삶에 어떻게 자리매김했는지를 정리해 보려고 한다. 그리고 나의 여과되지 않은 고백을 공유함으로써 후학의 임상가들도 자신의 상담 여정을 되돌아보고, 현재 내가 어디에 있으며 앞으로 어디를 향해 가고 싶은지를 정리해 보는 계기가 되었으면 하는 바람이다.

1. 내러티브상담 이전 나의 치료적 접근

1) 개인상담

1980년대 초반 임상심리학을 전공한 나에게 내담자를 이해하기 위한 준거틀(framework)은 의학모델이었다. 이때 나는 문제란 이해하기 어려운 것으로 개인 각각의 현상을 정리하여 개념화하기 위해서는 어떤 이론적 틀이 필요하다고 배웠다. 당시 의학모델은 평가와 개입이라는 이분법적 관점을 가지고 '진단을 정확하게 하는 것'을 중요시 하였다. 대학원생이었던 나는 어떻게 하면 고통을 호소하는 내담자의 주관적인 경험 이면에 숨겨진 진실을 밝히고 이해할 수 있는지에 대해 열심이었다. 그 당시 나는 의학은 과학의 한 분야로서 주관적 경험을 뛰어넘은 객관적인 지식에 다가가기 위한 것이라고 생각했기에 객관성을 가지려고 노력했다.

그러나 이런 임상적 훈련을 받으면서 내담자들을 만날 때, 그들의 주관적 경험을 뒷받침할 과학적 증거를 찾는 일이 내게는 쉽지 않았다. 예를 들어, 알코올중독이나 뇌혈관장애에 의한 인지장애와 같은 신체적 원인을 기반으로 한 질병을 제외하면 다양한 심리적 문제에서 데이터화할 수 있는 객관적 증거가 있을까 하는 회의감이 들기 시작했다. 이런 부분에 대한 확신이 없었던 나는 명쾌한 심리평가 보고서를 쓰지 못했다. DSM과 같은 세계적으로 통용되는 진단기준을 활용해도 호소하는 문제를 평가하는 것조차 조심스러워졌다. 왜냐하면 DSM을 활용해도 호소 문제를 이상으로 볼 것인가의 판단은 평가자의 주관적인 관점에 따를 수밖에 없다고 생각했기 때문이다. 그나마 피해망상, 이인증과 같이 일반적으로 사람들이 자주 경험하지 못하는 증상이지만 교과서에 언급된 경우에는 그런 주저함이 덜 했다. 그러나 우울증과 같은 심리적 문제를 호소하는 질환의 경우에도 DSM의 진단기준에 비추어 진단명을 언급하는 것이 조심스러워졌다. 그 당시 나는 전반적 발달장애의 아동과 부모를 지속적으로 만나고 있었다. 그들과 만나면서 진단기준인 '발달 수준에 맞는 또래관계를 만드는 것의 실패'와 같은 '대인관계의 질적 장애'로 설명할 수 없다는 것을 알 수 있었다. 기준은 타당할지 모르겠지만, 실제로 자녀들에게 그것을 어떻게 적용할 것인가를 판단하는 부모에 의해 아이들의 상황은 전혀 달랐다. 정상과 이상의 선을 긋는 것은 '이해할 수 있는가'로 판단할 수밖에 없다는 것을 알았다. 이해 가능성도 어느 정도 내면을 파헤쳐서 이해하는가를 둘러싼 극히 주관적인 판단일 텐데, 자격을 가진 전문가의 판단이 과학적으로 기재된 사실처럼 격상되는 것에 불편함을 감출 수 없었다. 임상 수련 당시 수련생들이 같은 증상을 보고 진단명이 제각각이어서 환자들은 수련생의 수만큼 진단명을 가지게 된다는 자조 섞인 이야기를 했던 적도 있다. 이처럼 평가라는 영역을 담당하던 나는 임상현장에서 많은 고민을 하며 내담자 자신의 문제뿐만 아니라 본인을 둘러싼 관계성에 관심을 갖게 되었다.

내가 일본에서 유학 당시 일본에서는 등교 거부나 은둔형 외톨이 문제가 사회적인 관심이 되었으며 임상현장에서도 이들을 자주 만나게 되었다. 그런데 가정이나 학교에서 문제를 드러내는 사춘기 위기라고 불리는 이 같은 문제에 의학모델을 적용하여 정신질환이라고 단정 짓기는 무척 어려웠다. 특히 임상수련 과정 동안 등교

거부의 당사자를 만나지 못한 채, 부모만 만나서 내담자의 내적 정신세계에 대해 언급하는 것이 부담스러워졌다. 나는 평가를 할 때 보다 넓은 관점을 가지면서 문제를 바라보는 방법론을 찾고 싶다고 생각했으나 어떤 길이 있는지 알지 못했다.

병원에서의 임상훈련을 마치고 나는 상담기관에서 내담자를 만나게 되었다. 심리평가 보고서를 작성할 때 느꼈던 심리적 부담감은 덜했으나 또 다른 고민이 시작되었다. 그 당시 나는 주로 개인상담을 했기 때문에 자녀의 등교거부나 은둔 문제로 고민하는 부모들이 내방하는 경우가 많았다. 그들은 문제를 일으키는 자녀에게 문제가 있고, 그동안 우리가 할 수 있는 것은 다했다고 생각하는 지친 부모여서 상담의 동기가 낮았다. 설사 문제의 당사자를 억지로 데리고 와도 그들은 대인관계에서 예민했기 때문에 치료적 상호작용이 거의 이루어지지 않았다. 당시 나는 문제를 가진 당사자가 면담 과정에 제대로 기여하지 않는 상담이 가능한지에 대한 당혹감이 컸다. 또한 여러 명의 내담자를 한자리에 앉혀 놓았을 때 개인상담의 기법을 어떻게 활용할 수 있는지에 대해서도 많은 고민을 했다. 그 당시 만났던 어떤 부부가 기억난다. 그 부부는 중학생의 문제행동을 바라보는 시각이 전혀 달랐다. 나는 초보 상담자로서 어머니의 이야기를 열심히 경청했고, 어머니와 라포가 형성되었다는 생각이 들 무렵 갑자기 아버지가 화를 내기 시작했다. 이번에는 아버지와 신뢰관계를 쌓아야겠다고 판단하여 아버지의 이야기를 열심히 들었더니 어머니가 서운해하면서 불만을 드러냈다. 이들 사이에 낀 나는 어떻게 하면 두 사람 모두와 신뢰관계를 구축할 수 있을지 애썼다. 결과적으로는, 두 사람 모두 상담에 만족하지 못한 채 상담이 중단되었다. 당시 개인상담의 방법밖에 몰랐던 나는 막연히 동시에 여러 명의 내담자를 잘 만날 수 있는 방법이 있으면 좋겠다고 생각했다. 지금 돌이켜 보면 이 시기 내가 했던 치료적 접근은 가족을 자원으로서 이해하고 부모에게 환자인 자녀의 변화를 위한 협조를 요구했던 것 같다. 원인(A)에 의해 결과(B)가 일어난다고 생각해 온 나는 개인을 중심으로 한 선형적 사고모델로 서로 상호작용하는 가족을 면담했기 때문에 그 면담은 어려울 수밖에 없었던 것이다.

2) 체계론적 관점의 가족상담

이처럼 나는 가족까지 넓혀서 문제를 이해하고 싶다고 생각하며 내담자를 만나던 1984년, 제1회 일본가족치료학회에서 미누친(S. Minuchin)의 강연을 듣게 되었다. 그는 구조적 가족치료의 체계론적 관점과 상담자의 역할에 대해 언급했는데, 개인은 사회체계의 하위체계이며, 개인체계와 사회체계는 상호작용을 가지면서 가족 구조의 변화는 개인의 내적 과정의 변화와 이어진다고 강조했다. 그동안 상담의 초점이 한 개인에 한정된 것에 한계를 경험한 나로서는 가족 전체를 지원할 수 있다는 그의 주장은 신선한 충격이었다. 나는 개인과 가족을 함께 이해해야 한다는 미누친의 주장에 매료되어 가족상담 훈련을 받게 되었다. 일본 국립정신건강연구소에서 가족상담 훈련 과정을 거치면서 가족을 체계로 볼 수 있게 되었다. 즉, 순환적인 새로운 개념(A → B → C → A)으로 가족을 이해하게 되었다. 원인(A)에 의해 결과(B)가 일어나지만, 그 결과(B)가 또다시 원인(A)이 될 수 있다는 순환적 관계의 이해는 가족을 만날 때 여유를 가지게 했다. 원인과 결과가 아닌 가족 안에서 서로가 서로에게 영향을 주고받는 과정에 초점을 맞추자 가족들과의 관계도 한층 나아졌다. 그동안 내담자 본인을 만나지 못해 안타까웠던 은둔형 외톨이의 경우에도 '어떻게 하면 내담자를 상담 장면으로 이끌어 낼 것인가?'의 고민에서 벗어났다. 그러자 은둔하는 자녀의 문제로 고민하는 부모와 자녀가 만들어 내는 상호작용 등 많은 것이 보이기 시작했으며, 이에 대한 개입이 곧 상담이라는 생각을 할 수 있게 되었다. 마침내 나는 어려움에 처한 가족 전체를 인식하고 가족 전체에 개입할 수 있었다.

이 시기에 나는 미국에서 활동하는 저명한 가족상담자들의 워크숍에 자주 참여했다. 그들이 가지고 온 영상을 보면, 1~2회기에 극적인 변화를 보이며 호소 문제도 개선되는 것을 알 수 있었다. 여러 번의 워크숍에 참여하며 강사들이 비디오로 제시하는 사례를 보면서 상담자가 어떤 개입을 할 것인지 예상할 수도 있었다. 이런 경험은 내게 자신감을 주었고 그것을 현장에 적용하고 싶었다. 그런데 임상현장에 돌아와서 대가들이 사용했던 방법을 그대로 적용해도 종종 워크숍에서처럼 가족이 멋있게 변하지 않는 경험을 하게 되었다. '리틀 미누친'이 되려는 시행착오를 통해서 안다는 것과 할 수 있다는 것의 차이에 대해 고민하게 되었다. 『가족상담의 기초(Foundations of Family Therapy)』(1981)를 저술한 체계론적 가족상담의 대표 주자였던 호프만(L. Hoffman)의 워크숍에서 그녀도 같은 고민을 했었다는 것을 알고 위안을 받았다. 그녀는 대가들이 보여 준 마법과 같은 가족상담의 자극적인 임상적 유능감을 추구하면서 가족상담을 배우고 실천하려고 했던 상담자들은 자신들의 스승처럼 유능함을 가지고 싶다는 희망과 동시에 그런 희망에 대한 좌절을 경험하면서 각자 자신에게 맞는 방법을 구축해 갔다고 했다. 나 역시 이런 희망과 좌절을 경험하면서 두 가지 문제의식을 가지게 되었다.

첫째, 가족들에게 무엇으로 상담자가 유능하다는 것을 알릴 수 있는가?

둘째, 상담자가 문제를 순환적으로 인식하는 것만으로 내담자를 성장시킬 수 있는가?

이 같은 고민에 나름의 답을 찾으려 하면서 상담자가 관찰자의 입장에서 문제를 바라보는 것이 아니라 상담자와 내담자의 관계라는 맥락에서 바라봐야 한다고 생각하게 되었다. 사실 생각해 보면 공감적인 이해도 상담자 자신의 경험을 투사시킨 주관적인 경험이다. 이것은 가족관계를 다루는 가족상담에서도 다르지 않은데, 나는 여전히 의학모델의 객관성을 추구하고 있었다.

2. 단기상담으로서 해결중심치료

박사과정 동안 나는 임상심리사로서의 임상훈련을 포기한 채 가족상담 훈련에 매진했으며, 그 후 한국에 돌아왔다. 1988년 귀국 당시에는 나처럼 외국에서 가족상담이라는 새로운 치료적 접근을 경험하고 온 상담자가 여러 명 있었다. 우리는 모여서 스터디도 하고 학회도 결성했다. 우리는 이론 공부를 하면 할수록 실제 가족을 만나고 싶다는 욕구가 커져서 '해결중심 단기상담'이라는 그 당시에는 다소 생소한 접근을 공유하면서 여러 가족을 만나기 시작했다. 해결중심 단기상담은 MRI의 전략적 치료모델을 토대로 성장했는데, 이는 내담자의 예외적인 해결에 중점을 두는 접근이다. 그들은 문제보다는 가족이 적용해 왔던 또는 적용 가능한 해결책 등에 초점을 맞추어 질문을 했다. 또한 문제가 무엇인가를 파악하기보다는 가족이 원하는 해결이 무엇인가에 초점을 두었기 때문에 상담 과정은 단기적이었다. 따라서 이 시절 나의 관심은 단기상담에 있었다.

사실, 가족상담에 입문하면서 단기상담이라는 용어를 많이 들어 왔었다. 동시에 '알지 못함'을 표방한 갈베스턴 그룹, 반영팀의 트럼소 그룹, 이야기모델 등의 정보가 정리되지 않은 채 내 귀에 들렸다. 따라서 그 당시 그들의 차이를 구별하고 정리하는 것은 내게 어려운 작업이었다. 이렇게 하여 처음 화이트와 엡스턴(White & Epston)의 『이야기 심리치료 방법론(Narrative Means to Therapeutic Ends)』(1990)이라는 저서를 접하게 되었다. 사실, 그 책에서 '사람이 문제가 아니라 문제가 문제다'라는 그들의 주장을 충분히 이해하지 못했다. 그러나 '교활한 응가'로 의인화된 유분증을 다룬 외재화 기법은 인상적이었으며, 단기상담에 유용한 기법이 될 수 있다고 생각했다. 나는 이렇게 내러티브상담을 단기상담의 한 영역으로 처음 접했다.

그 당시 한국에서는 단기상담을 알리는 것은 해결중심모델이 거의 독보적이었다. 당시 해결중심모델은 간편한 해결지향적 질문을 만들어 냄으로써 단기간에 유효한 상담을 전개할 수 있다는 간편함을 부각시켰다. 학교나 상담현장에 있는 사람들이 이 같은 단기상담의 매력에 빠져서 그들에 의해 빠른 시간 내에 전국적으로 보급되었다. 그리고 해결중심이 단기상담이라는 이미지를 정착시켜 갔다. 이러한 단기치료의 맥락 속에서 그 당시 많은 사람은 내러티브상담적 접근은 외재화 기법이 핵심이며, 이를 통해 지배적인 이야기를 다시 쓰는 방법이라고 이해했다. 앞에서 언급한 것처럼 사실 나도 그렇게 이해해 왔다.

어쨌든 단기상담을 배우기 시작한 나는 가족상담의 훈련을 통해 습득한 복수의 내담자를 면담하는 방법론과 함께 단기상담의 다양한 기법을 사용함으로써 단기간에 효과적으로 종결하는 상담을 할 수 있었다. 이때 나는 해결중심적 질문과 외재화가 단기상담 기법 중 하나라고 생각했기에 동시에 사용하는 것에 대해 아무런 의문도 없었다. 내담자들에게 내재되었다고 생각하는 것에 이름을 붙여서 대상화하는 외재화 기법은 현장에서 나름대로 효과가 있었다. 특히 어린 내담자에게 놀이나 이미지를 활용하여 문제를 외재화하면 어린 아동도 즐거워하면서 기꺼이 따라왔기 때문에 상담자인 나도 만족했다. 다만, 화이트나 엡스턴이 주장한 이야기를 다시 쓰는 경지에는 이르지 못했다. 그러나 그 당시 나에게 그것은 그렇게 중요하지 않았다. 가족치료학회 임원으로 재임할 당시 화이트를 초청하여 워크숍도 주최했으나, 그때도 내러티브상담의 윤곽을 확실히 이해하지 못한 나에게는 여전히 외재화 기법은 단기상담의 여러 접근 중 하나였다.

그 후 나는 해결중심을 함께했던 동료들과 결별하고 독자적으로 상담실을 운영하면서 그동안 소홀히 했던 체계적 접근이 가족상담에 열심이었다. 체계론적 인식론에 기반을 두고 임상현장에서 가족들을 만났고, 저서와 강의를 통해 가족상담을 적극적으로 알렸다. 가족상담과 체계론적 접근은 겹치는 부분도 있지만 차이가 있어서 동일한 것이 아니라는 점을 이해한 것도 이 시기였다. 이 시점에서 나는 치료적이라는 것은 어떤 것인지 그리고 어떤 조건을 갖췄을 때 치료적이라고 하는지에 대해 다시 고민하게 되었다. 특히 무엇을 상담목표로 설정할 것인지에 대해 많이 생각했다. 단기간에는 좋은 결과를 얻을 수 있지만, 장기적으로는 마이너스가 될 수 있는 상황에 대해 과연 치료가 잘 되었다고 말할 수 있을까에 대한 의문에 스스로 답을 찾지 못했다. 바츨라빅(Watzlawick)의 워크숍에서 그가 'think small'을 강조하는 것을 들었다. 그의 주장은 유용한 변화는 세부적인 것에서 시작된다는 것이었는데, 적절한 번역이 무엇인지 모르겠지만 '작은 범위에서 생각하라.'고 이해했다. 그의 조언이 도움이 되기는 했으나 명쾌하지 않았다. 또 다른 고민은 상담자는 상담 과정에서 어느 정도 주도적이어야 하느냐의 문제였다. 사실 가족상담의 태동의 시점부터 개인상담을 추구하는 사람들에게 가족상담이 조작적이라는 비판을 받아 왔다. 가족상담의 입장에서 본다면 여러 명의 내담자를 동시에 만나므로 한 명의 내담자를 만나는 개인상담과는 인식론이나 방법론이 당연히 다르다고 보아서 그들의 비판을 심각하게 받아들이지 않았다. 한 예로 내담자를 여러 명을 동시에 만날 때 내담자들끼리 대립하여 상담을 제대로 이어 갈 수 없는 경우도 있다. 따라서 가족상담에서는 그 같은 대립의 구도가 격화되지 않도록 상담자가 치료적 개입을 하는 것이 중요하다고 생각했다. 오히려 가족상담에서 조작적이라는 것은 상담자의 필수 기량이며, 그것은 개인상담에서 말하는 조작과는 의미가 다르다고 배웠다. 또한 베이트슨(G. Bateson)과 같은 초기의 의사소통 이론가들은 인간의 의사소통이라는 것은 기본적으로 조작적이라는 이론을 전개하여 그 같은 비난을 일축했다. 그러나 심리상담이라는 행위가 상담자의 의도를 전제로 한 것이므로 어떻게 '내담자에게 부담이 없는 조작'이 될 수 있는지를 언제나 염두에 두어야 한다고 배웠다.

어느 해 미국가족치료학회에 참석했다. 참석한 임상가들에게 미국에서는 1980년대 가족모임을 중심으로 상담자들의 치료적 조작에 대한 비난이 일기 시작했으며, 이를 계기로 가족상담의 인식론을 체계이론에서 사회구성주의로 전환했다는 이야기를 들을 수 있었다. 그리고 학회의 마지막 날 은퇴한 헤일리(J. Haley)가 동영상으로 참여한 학회원들에게 자신의 의견을 피력하지 않은 채 다음과 같은 질문을 던졌다.

- 상담자는 자기 자신에 대하여 기법을 가진 기술자로 생각해야 하는가? 아니면 인간에 대한 사랑을 가진 철학자라고 생각해야 하는가?
- 상담자로서 성공한다는 것과 관련하여 심리학자나 사회사업가와 다른 점은 무엇인가?
- 상담의 목적은 내담자를 특별한 엘리트 집단 내에 들어갈 수 있도록 그를 변화

시키는 것인가? 아니면 다른 사람과 비슷한 평범한 인간이 되게 하는 것인가?

- 상담은 다른 사람의 광기 속에 머무르는 것인가? 아니면 그들의 세계 밖에 머무르는 것인가?
- 상담자는 자신에게 주어진 일을 신속하게 해야 하는가? 아니면 천천히 해야 하는가?
- 자기 자신에 대하여 반성하는 것은 상담자로서 성과의 개선에 연결되는가?
- 상담을 시에 비유한다면, 능력 있는 상담자는 형식시를 써야 하는가? 아니면 자유시를 써야 하는가?
- 상담자가 인생의 다양한 부분에 호기심을 가지는 편이 효과를 높이는가? 아니면 한눈을 팔지 않고 자신의 목표에 집중하는 편이 보다 효과적인가?
- 상담자에게 도움이 되지 않는 두 가지 신념은 무엇인가?
- 상담자는 변화에 집착해야 하는가?
- 상담자는 겸손한 편이 성과를 올리는가?
- 상담자는 착실한 인간이어야 하는가?
- 상담이란 무엇인가?

오랜만에 참석한 미국학회는 분위기가 달라져 있었다. 가족상담의 기법보다는 상담자의 태도나 가치를 중심으로 진행되는 분위기가 다소 어색했지만, 이를 계기로 명쾌하게 정리되지 못한 채 묻어 두었던 '내담자에게 부담이 되지 않는 치료적 조작'에 대해 다시 생각하게 되었다. 그때 겔건의 『심리치료와 사회구성주의(Therapy as Social Construction)』(1992)를 접하게 되었다. 그 책은 사회구성주의를 기반으로 다양한 실천을 하는 임상가들의 이야기가 담겨 있었다. 나는 그 책에서 호프만과 체친(G. Cecchin)처럼 체계적 가족상담사의 대표 주자들이 어떻게 새로운 흐름에 합류했는지를 이해하게 되었으며, 그 책을 번역하는 작업에서 그동안 가진 고민을 많이 해소할 수 있었다. 돌이켜 보면 『심리치료와 사회구성주의』의 번역은 내가 내러티브상담에 한 발 더 다가설 수 있는 계기를 마련해 주었다.

3. 내러티브상담의 시작

1) 알지 못함의 자세

나는『심리치료와 사회구성주의』에 포함된 호프만의 '가족상담을 위한 재귀적 관점'이라는 장에서 그동안 상담 과정에서 느꼈던 불편함을 정리하였다. 그녀는 '어떤 부분을 그 자체로 꺾어서 되돌린다.'는 재귀적 의미로 상담관계를 설명했다. 상담관계에서 재귀란 입장이나 특성이 서로 다르더라도 평등한 파트너십을 갖는 것이라는 설명을 통해 내담자와 상담자가 함께 주고받는 과정의 중요성을 이해할 수 있었다. 그리고 이런 이해는 지금까지 내가 해 온 고민은 나 혼자 해야 하는 것이 아니라 내담자와 함께 해야 하는 고민이었음을 깨닫게 해 주었다. 이 책을 통해 내담자야말로 전문가라고 생각하면서 '알지 못함의 자세(not-knowing posture)'를 가지는 것이 상담자의 새로운 전문성이라는 사실과 직면하게 되었다. 물론 그러한 것에 대한 염려도 동시에 생겼다. 알지 못함이라는 애매모호한 치료적 자세를 지향하면서 상담 비용을 받아도 되는지, 그리고 정말 치료적 효과를 이끌어 낼 수 있는지와 같은 현실적 고민도 했다. 그럼에도 불구하고 호프만이나 앤더슨(H. Anderson), 겔겐 등이 주장하는 생각에 점점 빠져들었고 이는 내게 엄청난 영향력을 주었다. 이것을 무시할 수 없다고 생각하자 나는 어떤 식으로든 임상현장에서 이 같은 생각에 접근해 보려고 노력했다. 안타깝게도 앤더슨의『대화, 언어 그리고 가능성(Conversation, Language, and Possibilities)』(1997)에서는 협력적 태도를 강조하면서도 그것에 대한 방법론은 거의 제시되지 않았다. 화이트의 외재화, 안데르센(Andersen, 1991)의 반영팀이라는 명확한 방법론을 제시한 것과 달리 사회구성주의에서 도출된 상담자의 태도만을 수단으로 삼아 임상적 실천을 하는 갈베스턴 그룹의 접근이 얼마나 비현실적인지 모르겠다는 생각을 했다. 동시에 그러한 태도를 몸에 익히는 것은 매우 어려운 일이라는 생각이 들었다.

나의 예측과는 달리, 의식하지 못한 채 사회구성주의의 관점을 생활 곳곳에서 실천하고 있는 나를 볼 수 있었다. 그동안 사람들 간의 상호작용에 의해 생성된 연쇄고리를 체계로 간주해 왔던 것과는 달리 어느새 하나의 사건을 그 이상으로 보면서 새로운 의미를 부여하고 있었다. 그러나 이런 생각은 상담실 안의 작업에서는 여전히 많은 혼란을 초래했다. 그래도 포기하지 않고 알지 못함의 자세는 상담에서 이해, 설명, 해석이 과거의 경험이나 이론적으로 인도되는 진리나 지식에 제약을 받아서는 안 된다는 그들의 주장을 실천하려고 노력했다. 시간이 지나면서 점차 상대와 함께 말하는 치료적 대화의 방법을 터득해 갈 수 있었다. 나는 내담자의 행위의 어떠한 의도도 미리 알고 있지 못하기 때문에 내담자의 설명에 귀를 기울이지 않을 수 없다는 치료적 태도를 가진 덕분에 앤더슨과 굴리시안(Anderson & Goolishian, 1988)의 '지금까지 말한 적이 없었던' 이야기의 공유라는 경험을 할 수 있었다. 예를 들어, 자녀가 학교에 가지 않는 것은 낙오자라고 생각하면서 낙담한 채 상담실을 찾은 어머니가 학교 문제만 빼고는 꽤 괜찮은 아이라는 생각을 거쳐서 현재 교육제도의 부조리에 몸으로 대항하는 아이로 자녀의 문제를 내러티브하는 것을 보면서 이 접근의 유용성을 실감하기도 했다. 상담자로서의 태도는 물론, 개인적인 삶에서도 놀라운 변화였기에 기회가 되면 나의 이런 생각을 발표해 왔다. 그리고 나는 언제부터인가 체계론적 접근이 아닌 내러티브상담적 접근을 하는 상담자로 인식되었다. 사람은 사회적으로 구성되어 가는 것을 실감하는 시기였다. 사람들이 내러티브상담을 하는 상담자로 인식해 준 덕분에 그 시절 사회구성주의와 내러티브상담에 관한 저서들을 보다 많이 접하게 되었다. 그리고 외재화는 그 대상이 되는 것의 영향력을 묘사함으로써 밖의 존재에 의해 영향을 받아 온 내담자의 삶의 이야기를 다시 쓰기 위해서 고안된 것이라는 점도 명확하게 이해할 수 있었다. 또한 내러티브상담의 중점은 외재화보다는 그것에 이어지는 영향에 대한 상대적 질문(White & Epston, 2015)에 있다는 사실도 깨닫게 되었다. 그리고 회원의 재구성이나 정의예식을 다시 읽으면서 내러티브상담의 목표는 대안적 이야기의 탄탄한 서술(White, 1997)에 있다는 것도 이해했다. 이 시기에 처음으로 내러티브상담이 사회구성주의의 영역에 있다는 것을 납득하면서 제대로 내러티브상담의 윤곽을 이해할 수 있었다.

이후 상담에 대한 인식은 가족체계를 상담 대상으로 한다는 체계적 접근에서 상담체계가 상담 대상이라는 인식으로 전환되었다. 내가 이해한 상담체계란 상담자 자신을 포함한 체계로 상담자는 내담자인 가족들과 동등하게 상담 과정을 구성하는 일원이다. 따라서 상담자는 임시적으로 메타 포지션을 확보하여 자신을 포함한 복수의 사람의 상호작용을 볼 수는 있으나, 상담자의 가치, 언어, 행동은 스스로 지속적으로 모니터링하면서 필요에 따라 상담자 자신의 변화를 시도해야 한다. 그것이 결과적으로 가족체계의 변화를 초래할 수 있으며 치료적 효과로 이어진다는 것이다. 이런 치료적 태도를 통해 상담자인 내가 하고 있는 것을 의식화할 수 있었다. 그리고 나는 가족과 문제를 함께 공유하며, 함께 문제를 구성하고 해결책을 공유할 수 있게 되었다.

이 같은 인식론의 전환에 큰 영향을 준 것은 호프만이다. 그녀가 자신이 명명한 일차 사이버네틱스, 즉 가족상담은 상담자의 객관성을 전제로 해야 한다고 주장하였으나, 시간이 지나면서 실제로는 상담자가 완벽한 객관적인 입장에 서는 것이 불가능하다는 것을 깨달았다. 그래서 가족체계가 아닌 상담관계에 관심을 갖는 이차 사이버네틱스를 주장했다. 나도 내담자가 문제를 어떻게 말하며, 상담자가 그것을 어떻게 지속적으로 이끌어 갈 것인가는 상담관계에 달렸다는 것을 여러 번 경험했다. 상담 초기에 신뢰관계가 충분히 형성되지 않아서 상담의 중반기에 이르러서도 내담자와 문제의 본질보다는 표면적인 이야기만 하게 된 경우도 있었다. 반대로 면담 과정에서 처음부터 내담자와 상담자의 신뢰관계를 세심하게 신경 썼더니 문제에 대한 이해나 그것의 해결 가능성에 대해 처음에 말했던 것과는 전혀 다른 내용을 나누게 되면서 변화로 이어진 경험도 했다. 이를 통해 신뢰관계는 가족들의 역동관계를 파악하는 것이 아니라, 나와 내담자 간의 관계에 대한 이해에서 비롯된다는 것을 확실히 알게 되었다. '내담자를 향한, 내담자를 위한'보다는 '내담자와 함께'가 보다 중요한 핵심 단어임을 이해할 수 있었다.

2) 아직도 진행 중인 내러티브상담

현재 나의 임상적 접근은 체계론적 접근, 협력적 접근, 내러티브상담이 뒤섞여 있다. 내담자 입장에서 볼 때, 그들이 상담에 온 목적이 달성된다면 상담자가 어떤 접근을 하든지 그들에게는 그다지 중요하지 않을 것이다. 동료들 중에는 체계론적 접근과 사회구성주의 접근을 함께 사용할 수 있는지에 대한 의문을 드러내는 사람도 있다. 그러나 나는 상담체계를 중시하면서부터는 이런 부분에 대해 많이 무뎌졌다. 여러 치료적 방법론을 이해하고 있는 상담자라면 나와 같은 경우가 많을 것이다. 물론, 면담 전에 그들에 대한 간단한 정보를 가지고 어떤 접근이 도움이 될 것이라는 예상을 하고 내담자를 만난다. 그러나 내담자와 만나서 대화를 나누는 동안 내가 생각한 방법론이 아닌 다른 것이 도움이 될 것이라고 생각한다면 내담자에게 도움이 되는 방법을 선택하지 않는 상담자는 없다고 생각한다. 관점을 살짝 바꾸어도 이것이 과연 상담자의 전문성에 의한 선택의 연속이었을까? 나는 상담자가 선택한 어떤 기법에 내담자가 다양한 방식으로 반응해 왔으며 상담자가 그것을 받아들여 새로운 방법론을 제시하고 있다고 생각한다. 이렇게 내담자와 함께 상담 환경을 만들어 간다고 생각하니 상담을 할 때마다 새로운 경험을 하게 되었다.

이해를 돕기 위해 최근에 내가 하고 있는 방식을 조금 소개하면, 한마디로 내가 하고 싶다고 생각한 것과 상담 과정 중에 떠오르는 접근의 혼합 형태를 선호한다. 예를 들어, 상담 과정 초기에는 사례의 윤곽을 이해할 때 체계적 관점과 더불어 담론이 그들의 삶에 어떤 영향을 주었는지 이해하려고 한다. 사례에 대한 내 나름의 윤곽을 그릴 수 있는 시점에서 외재화에 의한 영향 탐색을 하는데, 이때 정서에 대해서도 충분히 나누려고 노력한다. 그러고 나서 내러티브상담의 다양한 방법을 통해 내담자가 스스로 대안적 이야기를 서술하도록 돕는다. 물론 이 과정은 어떤 내담자와 작업을 하는지에 따라 무언가를 빼고 더하는 여러 형태로 변화가 일어난다. 상담 과정의 실천이라는 점에서만 본다면 별 지장이 없지만, 사회구성주의의 실천이라는 말을 앞세우는 데는 아직 부족하다. 나는 알지 못함의 자세를 선호하면서도 임상현장에서 가장 필요한 순간에 알지 못함을 실천하지는 못할 때도 많다. 따라서 나의 내러티브상담은 아직도 진행형이라고 생각한다.

제목보다 부제가 마음에 들어서 읽게 된 책이 있다. 몬크(G. Monk), 윈슬래드(J. Winslade), 크로캣(K. Crocket), 엡스턴(D. Epston)의 『실천에서의 내러티브상담: 희망의 고고학(Narrative Therapy in Practice: The Archaeology of Hope』(1996)이다. 저자는 부제를 제목으로 쓰고 싶을 정도로 희망의 고고학에 애착을 가졌던 것 같다. 나는 희망을 발굴해 내는 고고학이라는 은유가 내가 이해하고 있는 내러티브상담의 특색을 잘 드러내고 있다고 생각한다. 너무 일방적이라고 느낄 수도 있으나 내러티브상담은 상담 과정에서 희망을 만들어 성장을 촉진하며, 그것의 효과가 실제로 존재하는 것이 되도록 여러 조건을 섬세하게 탐색하는 것이라고 본다. 이때 상담자와 내담자 앞에 놓인 희망이라는 단어는 결코 가벼운 것이 아니다. 그 단어는 사람들이 소중히 여기는 가치를 진짜로 만들기 위한 염원의 표현이다. 내가 현재 관여하는 상담기관은 오래전 지역 상담자들의 요청으로 설립되었기 때문에 흔히 말하는 열악한 내담자들이 많이 찾아온다. 내러티브상담의 방법론을 가지고 이들을 만나면서 열악하면 열악할수록 그들의 유적지에서 희망의 유물을 발견하기 쉽다는 것을 알게 되었다. 이미 다양한 유물의 형태를 알고 있는 사람들과는 달리, 그들은 몇 개 안

되는 흩어져 있던 파편 조각을 찾아내어 상상해 보지 못한 형태의 유물을 만들어 내고 기뻐한다. 난 이들이 상담 과정을 통해 내가 가지고 있는 유물의 모습에서 자유로워질 수 있었고, 이것은 내러티브상담자이기 때문에 가능하다고 생각한다.

상담자로서의 삶을 되돌아보면 가장 큰 변화는 내담자를 낫게 하려고 애쓰던 초기와는 달리 '내담자는 스스로 낫는다.'라고 생각하고 있다는 점이다. 이 같은 협력 관계는 상담 과정에 여유를 주었을 뿐만 아니라 초기에 느꼈던 긴장감이 사라지게 도와주었다. 오히려 오늘은 어떤 내담자와 또 다른 새로운 이야기를 쓰게 될지에 대한 기대를 가지고 상담에 임할 수 있어서 내담자를 만나는 것이 언제나 즐겁다. 아직 내가 가진 상담 과정에서의 습관적 태도나 상담자로서의 전문성에 대한 자각, 상담자와 내담자의 관계 등 다듬어 가야 할 것이 많다. 그러나 자신의 삶의 전문가와 그런 내담자의 전문성을 인정하는 전문가가 만들어 낼 수 있는 무수한 이야기를 통해 나의 상담자로서의 가능성은 무한하다고 생각된다. 앞으로도 나는 계속 내담자들의 다양한 이야기를 듣고 그것은 내 삶에 영향을 주게 될 것이다. 이렇게 만들어 가는 나의 10년 후를 상상해 보면서 그때는 또 어떤 이야기를 쓰게 될지 기대된다. 미래에 대해 두근거리며 기대하게 만들면서 인생을 'wonderful life!'로 느끼게 해 준 것이 내러티브상담이 내게 준 가장 큰 선물이라고 생각한다.

참고문헌

Anderson, H., & Goolishian, H. A. (1988). Human systems as linguistic systems: Preliminary and evolving ideas about the implications for clinical theory. *Family Process, 27*(4), 371-393. https://doi.org/10.1111/j.1545-5300.1988.00371.x

Andersen, T. (1991). *The reflecting team: Dialogues and dialogues about the dialogues*. New York, NY: W. W. Norton & Company.

Anderson, H. (1997). *Conversation, language, and possibilities: A postmodern approach to therapy*. New York, NY: Basic Books.

Byng-Hall, J. (1995). *Rewriting family scripts: Improvisation and systemic change*. New York, NY: The Guilford Press.

Hoffman, L. (2002). *Family therapy: An intimate history*. New York, NY: W. W. Norton & Company.

McNamee, S., & Gergen, K. J. (Eds.) (2004). **심리치료와 사회구성주의: 자기 이야기의 새로운 구성** (*Therapy as social construction*). (김유숙 역). 서울: 학지사. (원저는 1992년에 출판).

Monk, G., Winslade, J., Crocket, K., & Epston, D. (Eds.) (1996). *Narrtive therapy in practice: The archaeology of hope*. New York, NY: John Wiley & Sons.

White, M. (1997). *Narratives of therapist lives*. Adelaide, South Australia: Dulwich Centre Publications.

White, M. (2010). **이야기치료의 지도** (*Maps of narrative practice*). (이선혜, 정슬기, 허남순 공역). 서울: 학지사. (원저는 2007년에 출판).

White, M., & Epston, D. (2015). **이야기 심리치료 방법론: 치유를 위한 서술적 방법론** (*Narrative means to therapeutic ends*). (정석환 역). 서울: 학지사. (원저는 1990년에 출판).

David Denborough. https://dulwichcentre.com.au

차례

제2부
내러티브상담의 주요 기법

제1부

내러티브상담의 세계

제1장

내러티브상담에서의 '이야기'

김민화(신한대학교 유아교육과 교수)

내러티브상담(narrative therapy)은 내담자의 이야기를 기반으로 하여 현재의 문제에 대한 새로운 해석을 만들어 가는 과정 중심적인 심리치료이다. 여기서 '이야기'라는 용어를 사용할 때 많은 오해를 받는다. 내러티브상담을 한다고 하면, 흔히 독서치료나 문학치료, 이야기텔링치료 등을 떠올리며 재미있는 이야기를 내담자에게 들려주는 것이냐고 묻는다. 물론 내러티브상담에서 재미난 이야기를 활용할 수도 있다. 그러나 내러티브상담에서는 이야기를 활용하는 목적이 다르다. 내러티브상담은 허구(fiction)의 이야기를 듣거나 읽고 그 이야기 속 인물과 동일시하고 사건과 인물 간 관계를 투사함으로써 카타르시스를 느끼게 하는 것이 목적이 아니다. 또한 내러티브상담은 내담자가 지어낸 이야기를 통해 그의 무의식을 분석하고 상징적 의미를 찾는 과정과 다르다. 내러티브상담에서 다루는 이야기는 오히려 내담자가 자신의 경험에 자발적으로 의미를 부여하여 오직 그만이 할 수 있는 이야기이다.

내담자의 문제나 증상이 아닌 그의 이야기를 중요하게 고려하는 데는 중요한 가정이 있다. '이야기하는 인간(homo narrans)', 즉 인간은 자신의 경험에 끊임없이 의미를 부여하고 해석하여 이야기하는 존재라는 것이다. 그렇기 때문에 인간은 자신이 구성한 이야기로 삶을 살아간다(Bruner, 1987). 한 사람의 삶은 자신의 이야기를 통해 가장 잘 이해될 수 있으며, 누구보다도 자신이 가장 잘 설명할 수 있다. 마찬가지로 내담자의 문제나 고통은 그의 이야기를 통해 가장 잘 알 수 있다. 그러나 역설적이게도 내담자의 문제와 고통스러운 경험이 그런 의미를 갖는 것은 그것이 내담자가 추구하는 삶의 목적과 가치에 위배되기 때문이다. 따라서 내러티브상담에서 내담자의 문제와 고통을 이해한다는 것은 그가 어떠한 삶을 살고자 했는지, 어떤 사람이 되고자 하는지를 이해하는 단서가 된다. 이 모든 이해는 내담자로 하여금 그가 본디 살고자 했던 삶에 대해 이야기로 그의 현재 이야기를 다시쓰기 위한 것이다.

1. 서사로서의 이야기

내러티브상담에서는 내담자의 이야기를 잘 듣고 이해하는 것만이 아니라 그와 함께 새로운 이야기를 만들어 간다. 그렇다면 이야기란 무엇일까? 내러티브상담에서 사용하는 이야기는 '서사(narrative)'이다. 서사는 우리가 일반적으로 말하는 '이야기(story)'와 다르다. 우선, 이야기(story)는 인물, 사건, 배경의 요소를 가지고 있어 일반적인 기술(記述)과는 차이가 있다. 여기서 이야기는 누가 어디에서 어떤 일을 겪었는가의 경험을 서술(敍述)하는 것으로 포괄적인 의미의 줄거리에 해당한다. 반면, 서사는 이야기를 효과적으로 전달하기 위해 새롭게 구축된 이야기라고 할 수 있다. 서사는 사건을 중심으로 하여 이야기를 구조화한다. 이야기가 사건의 순서를 연대기적으로 늘어놓는 단선적인 구조를 갖는다면, 서사는 어떠한 의도와 동기, 관점을 가지고 사건의 순서를 재배치하여 다양한 구조로 말할 수 있으며(Bruner, 1996), 이것이 어떠한 맥락 안에서 해석될 때 이야기의 주제를 드러낸다. 따라서 하나의 이야기에도 다양한 서사가 구성될 수 있다.

그러나 우리에게는 '서사' 혹은 '내러티브'라는 용어보다 '이야기'라는 용어가 훨씬 쉽고도 가깝다. 게다가 이야기는 훨씬 광범위하고 포괄적인 의미로 사용된다. '서사치료'나 '내러티브 테라피'라고 하는 것보다 '내러티브상담'이 친밀하게 다가온다. 그럼에도 내러티브상담에서의 '이야기'는 서사로서의 이야기임을 다시 한번 분명히 하고, 이런 이야기가 어떤 특성을 가지고 있기에 상담의 중심이 되는가를 함께 이해해 보고자 한다.

1) 플롯에 따라 달라지는 이야기

서사의 핵심은 이야기를 구성하는 여러 사건을 어떻게 인과적으로 연결 짓고 어떠한 순서로 배치하는가에 해당하는 '플롯(plot)'이다. 플롯에 따라 서사의 주제가 전혀 다르게 전달될 수 있다. 예를 들어 보자. "한 여인이 있었다. 그녀는 어머니를 일찍 여의고 아버지와 단 둘이 살았다. 그러다 아버지마저 돌아가셨다. 홀로 외롭게 남은 여인은 마을에 들어온 떠돌이 남자를 만났다. 둘은 함께 어울려 즐거운 시간을 보냈다. 그녀는 그와 결혼할 것을 발표했다. 그러나 결혼식은 없었다. 마을 사람들은 남자가 여인을 떠났을 것이라고 추측할 뿐이었다. 그 여인은 다시 혼자 남아 여생을 보내다 죽었다. 여인이 죽은 후 마을 사람들은 장례식을 치러 주려고 그녀의 집에 들어갔다. 그런데 한 방에서 떠돌이 남자의 시신을 발견했으며 그 옆쪽으로 누군가 누워 지내던 흔적을 발견했다." 조금 길게 정리를 했지만 이 이야기는 윌리엄 포크너(William Faulkner)의 '에밀리에게 바치는 한 송이 장미'(Faulkner, 2013)라는 단편을 참고한 것이다. 앞선 기술은 사건이 일어난 순서에 따라 배치한 줄거리 이야기이다.

이 이야기는 다양한 방식으로 재구성될 수 있다. 만약 마을 사람들이 여인의 장례식 날 그녀의 집에서 남자의 시체를 발견한 사건부터 이야기를 시작하여 여인과 남자의 어울림과 그녀가 아버지와 보냈던 생활사를 비교 배치하고, 떠나려는 남자와 여인의 실랑이를 덧붙인다면, 이야기를 듣는 사람은 '왜 이 여인이 남자를 죽였는가?'를 생각하게 될 것이다. 그리고 여인이 남자에게 느꼈던 '왜곡된 애착과 분노'를 떠올릴 수 있다. 다른 한편으로, 여인이 남자와 즐거운 시간을 보내는 사건으로 이야기를 시작하여 어린 시절 아버지와 함께한 즐거운 사건과 여인의 집에서 발견한 시체 옆에 누군가 누워 지내던 흔적을 발견한 사건을 교차 배치한다면, 이야기를 들을 때 그 여인이 아버지에게 느꼈던 사랑을 남자에게서도 느꼈기에 그를 죽여서라도 곁에 두고 싶었던 '슬픈 사랑'에 애잔함을 느낄 수 있다. 이렇게 사건을 어떤 식으로 배치하는가, 즉 플롯에 따라 동일한 줄거리의 이야기에서도 주제가 달라질 수 있다.

내담자의 이야기도 마찬가지이다. 내담자가 삶에서 경험한 사건을 어떤 플롯으로 구성하느냐에 따라 그들이 어떠한 삶을 살고 있는가를 이해할 수 있다. 내담자가 부정적인 사건이 긍정적인 사건을 압도하도록 플롯을 구성한다면, 그의 삶은 병들고 문제로 가득 찬 서사로 이야기될 것이다. 또한 사건의 나열과 배치가 문제에 압도당한 결과로 귀결되도록 구성한다면, 결국 내담자의 이야기는 패배적인 것이 될 것이다. 반대로, 내담자가 부정적인 사건보다 긍정적인 사건이 훨씬 부각되도록 플롯을 구성하거나 문제에서 벗어나게 된 상태로 귀결되도록 사건을 배치한다면 그의 이야기는 희망적인 것이 될 것이다.

이처럼 내담자의 이야기에는 어느 한 가지에 고정된 진실이 없다(Freedman & Comb, 1996; Parry & Doan, 1994). 따라서 내러티브상담에서 들어야 하는 내담자의 이야기는 한 가지가 아니다. 내러티브상담은 내담자의 증상과 문제에 관한 이야기를 통해 평가하거나 진단 내리는 것을 목적으로 하는 것이 아니라, 문제에 포획되어 드러나지 못했던 그의 삶의 의미와 가치, 희망을 찾아내는 것이 목적이기 때문이다(White & Epston, 1990). 즉, 내러티브상담에서는 처음에 내담자가 상담자를 찾아왔을 때의 문제이야기를 기꺼이 경청하는 것은 물론 상담 과정에서 다양한 서사의 대안적 이야기를 구성하는 가운데 발견한 새롭고 독특한 서사를 통해 내담자가 본디 추구하던 삶의 가치와 희망을 발견하고자 하기 때문이다.

2) 관점에 따라 달라지는 이야기

서사를 재구성할 수 있는 또 다른 방법은 '관점(perspective)'을 바꾸는 것이다. 소설에서는 '시점(point of view)'으로 관점을 나타낸다. 시점은 사건을 인식하고 해석하는 입장을 말한다. 예를 들어, 1인칭 소설은 사건에 대한 사적 감정과 해석을 감상할 수 있게 하는 반면, 3인칭 소설은 객관적인 타자의 시선에서 사건의 의미를 파악하도록 한다. 드물지만, 2인칭 소설은 화자가 이해한 상대의 입장에서 사건을 이야기하고 그 의미를 해석하는 것이다. 소설을 감상하는 독자의 입장에서는 이야기 화자가 당사자 또는 타자의 시점을 취하는 방식에 따라 포착할 수 있는 의미와 주제에 영향을 받게 된다. 마찬가지로 내담자의 삶을 누구의 시점에서 이야기하느냐는 그의 삶에 부여할 수 있는 의미를 달라지게 한다. 내러티브상담에서는 내담자의 삶을 객관적 3인칭 시선에서 조망하지 않는다. 전지적 시점은 더더욱 아니다. 내담자의 삶에 대해 다른 누군가의 객관적 입장으로 의미화하는 것을 피하고 내담자의 주관적 인식에 따른 의미를 이해해야 하기 때문이다. 따라서 내러티브상담에서는 내담자가 1인칭 시점에서 자신의 이야기를 서술하도록 하고 그 이야기를 경청한다.

한편, 인칭의 문제를 넘어 등장인물 중 누구의 입장(position)에서 이야기를 진행하는가에 따라 서사가 달라질 수 있다. 이는 패러디(parody) 중 인물의 패러디를 취한 이야기로 입장의 차이가 어떻게 이야기를 달라지게 하는가를 보여 줄 수 있다. 인물의 패러디는 원래 이야기의 주인공이 아닌 다른 조연급 인물이나 조명을 받지 못했던 부수적인 인물을 주인공으로 삼아 그들이 다시 바라보는 사건을 이야기하고 해석함으로써 원본과는 전혀 다른 주제와 의미가 드러나게 한다. 샤를 페로(Charles Perrault)의 동화 『잠자는 숲속의 공주(Sleeping Beauty)』에는 말레피센트가 나온다. 그러나 사람들은 그 이름을 잘 모른다. 분명 원전에 이름이 나와 있음에도 그저 오로라 공주를 물레에 찔려 잠들게 하는 나쁜 마녀로 기억할 뿐이다. 최근 디즈니에서는 〈말레피센트(Maleficent)〉(2014)라는 영화를 제작했다. 마녀를 중심으로 새롭게 이야기를 구성한 것이다. 여기서 이 동화의 주요 줄거리는 변하지 않았지만 사건의 해석과 이야기의 주제가 완전히 달라졌다. 원래의 이야기가 '못된 마녀의 저주에서 공주를 구하는 왕자의 이야기'였다면, 말레피센트의 입장에서 재구성한 이야기는 '한 남자의 욕망 때문에 사랑에 배신당한 여인의 복수'를 그려 '인간이 과도한 욕망으로 잃어버린 인간성을 오히려 비인간인 존재가 보여 주는 이야기'가 되었다.

내담자의 이야기를 잘 들어 보면 자신이 주인공이 아닌 경우가 많다. 증상이나 병명, 문제, 다른 사람이 주인공이 되어 그 자신은 너무나 무력하고 부수적인 존재로 출연한다. 혹은 내담자가 증상이나 문제와 동일시되어 스스로를 문제로 여긴다. 이러한 문제이야기는 이야기의 전달하는 입장을 변화시켜 다른 이야기로 변화될 수 있다. 즉, 내담자가 문제와 독립된 존재로서 자신의 삶의 이야기를 전달하도록 하는 것이다. 내러티브상담의 '문제의 외재화(externalizing of the problem)'는 내담자로 하여금 입장을 바꿔 대안적인 서사를 만들 수 있도록 돕기 위한 기법이다.

내러티브상담에서 내담자로 하여금 자신의 삶에 대한 이야기를 입장을 바꾸어 다시 서술하도록 하는 것은 그를 진정한 '행동주체(agent)'로서 자신의 삶의 중심에 서게 할 수 있다. 원본이 되는 내담자의 이야기에서는 문제에 사로잡혀 아무것도 한 수 없었던 그가 입장을 바꾸어 다시 이야기할 때는 문제에 대항하고, 상호 간 영향력을 행사하는 가운데 끊임없이 무언가를 하고 있었던 행동주체로서의 정체성(identity)을 획득하게 되기 때문이다. 잠자는 숲속의 공주 이야기에서는 이름조차 기억되지 않는 나쁜 마녀였던 말레피센트가 그의 입장에서 서술된 이야기에서는 이야기를 구성하고 이끌어 가는 행동주체가 되고 인간보다 더 인간다운 사랑을 가진 존재로 인식되는 것처럼 말이다.

3) 맥락에 따라 달라지는 이야기

홍상수 감독의 영화 중에 〈지금은 맞고 그때는 틀리다〉(2015)라는 영화가 있다. 이 영화는 똑같은 남녀가 똑같은 장소에서 만나 함께 술을 마시고 헤어지는 이야기를 두 번에 걸쳐 보여 준다. 1부의 타이틀 자막은 '지금은 맞고 그때는 틀리다'이며, 2부의 타이틀 자막은 '그때는 맞고 지금은 틀리다'이다. 타이틀만 보고서 뭐가 맞고 뭐가 틀리다는 건지 찾는 것은 무의미하다. 실제로 비슷한 일이 두 번 일어났다기보다는 그때의 일을 지금 다시 보면 무수히 많은 다른 해석이 가능하다는 것으로 받아들일 수 있다.

'그때'와 '지금'을 기준으로 하나의 이야기에서 다른 의미를 찾을 수 있는 것은 '시간'이라는 맥락이 서사에 영향을 주기 때문이다. 더욱 흥미로운 사실은 우리가 하는 이야기는 항상 현재에 생성된다는 것이다. 즉, 과거에 대한 이야기든 미래에 대한 이야기든 그것을 이야기하는 현재에서 재생된다. 과거의 어떤 경험이라도 현재에 미치는 영향에 따라 긍정 또는 부정적인 사건으로 해석될 것이며, 미래에 예기되는 사건도 현재 상태가 어떠한가에 따라 희망 또는 절망이 될 수 있다. 그러나 시간은 단독으로 영향력을 행사하지 못한다. 어디에서 그 시간의 차이를 유추하느냐에 따라 의미도 다르게 생성되기 때문이다. 즉, '공간' 또한 중요한 맥락으로 작용한다. 더 정확하게 말하자면 시간과 공간이 서로 상호작용하면서 이야기에 영향을 미치는 맥락이 되는 것이다.

허클베리 핀의 이야기를 예로 들어 보자. 마크 트웨인(Mark Twain)의 유명한 소설 『허클베리 핀의 모험(Adventures of Huckleberry Finn)』(1998)의 주인공 허클베리 핀은 그를 교양인으로 만들려는 어른들의 훈계와 학교교육을 거부하고 가출하고 거짓말과 말썽을 일삼지만, 사람들은 그를 술주정뱅이 아버지에게서 도망쳐 나올 수 있는 용기와 흑인 노예 짐을 구출하는 정의로움, 그의 모험 가운데 사회의 모순과 부조리를 드러내는 의로운 순수함을 가진 인물로 평한다. 이 이야기는 전 세계로 번역되어 출간되었고 수많은 영화와 드라마, 애니메이션으로 제작되었다. 한마디로 허클베리 핀은 미국을 대표하는 어린 영웅으로 평가되는 것이다. 만약 허클베리 핀이 현재를 살아가는 인물이라면 어땠을까? 그것도 현대 서구화된 대도시의 공립학교를 다니고 있다고 가정해 보자. 오늘날 교육의 목표는 학교교육을 충실하게 받아 좋은 대학에 진학하는 것을 최고의 성취로 여긴다. 또한 학교에서 제공하는 수업에 집중하여 요구되는 학습을 받지 못하는 것을 병으로 간주한다. 『허클베리 핀 길들이기(Treating Huckleberry Finn)』(Nylund, 2008)는 허클베리 핀이 앤 아줌마와 함께 오늘날의 소아정신과에서 진료를 받는 장면으로 시작된다. 한 세기 전 미국의 어린 영웅이 현대 사회에서는 소아정신과에서 주의력결핍 과잉행동장애, 품행장애, 학습장애 등으로 진단되고 향후 반사회적 성격장애를 가진 성인이 될 것이라고 판단된다. 이처럼 '그때는 맞고 지금은 틀리다'라는 식의 평가를 받게 되는 것은 시대와 장소가 맞물린 맥락의 차이 때문이다.

맥락이 이야기에 영향을 주는 것은 거기에 더 큰 이야기가 존재하기 때문이다. 이 큰 이야기를 '담론'이라고 한다. 담론 또한 시간과 공간에 따라 달라질 수 있는 것임에도 하나의 맥락하에서는 거대한 힘을 발휘하여 개인의 이야기를 고정시킨다. 즉, 현대 사회를 구성하는 특정한 담론이 허클베리 핀을 병들고 문제가 있는 아동으로 간주하고 이야기하도록 하는 것이다. 게다가 거대 담론의 지배하에 있는 개인들은 자신이 그 영향력에 포획되어 있다는 것을 깨닫지 못하고 자신이 객관적으로 바라보고 진실된 평가를 하고 있다고 생각한다.

푸코(Foucault, 2012)는 담론이 그 시대 사람들의 사고방식과 의미체계, 사회제도에 이르기까지 삶의 모든 영역에 구체적인 영향을 끼친다고 했다. 우리는 우리가 속한 사회의 구성원으로 성장하는 동안 사회의 담론을 내면화하여 자신의 이야기를 만들고 그에 맞추어 살아가고 있다. 따라서 한 개인의 삶을 이해하기 위해서는 그가 살고 있는 사회에서 어떤 담론이 형성되어 있는가를 이해하는 것이 매우 중요하다. 담론의 영향력을 이해하는 것이 중요한 이유는 우리의 문제가 담론에 의해 문제로 인식되기 때문이다. 따라서 우리의 삶의 이야기를 문제에서 분리하기 위해서는 우리의 삶을 문제로 인식하게 만드는 담론의 영향력을 '해체'해야 한다.

내담자가 말하는 문제 이야기에는 담론의 막강한 영향력이 자리 잡고 있다. '정상성에 대한 담론'은 그 사회가 표방하고 있는 정상인, 즉 '제대로 기능하고 있는 사람'에 대한 정의로 수많은 사람을 병이 들거나 장애가 있는 것으로 간주하게 한다. 오늘날 허클베리 핀에게 많은 진단명을 붙일 수 있는 것도 이러한 담론 때문이다. 현대 사회에서 정상성 담론의 영향을 걷어 내면 그가 가진 잠재력, 가치와 신념을 볼 수 있는 것처럼, 내담자의 이야기를 포획하고 있는 사회적 담론의 영향력을 걷어 내면 그가 가지고 있는 보석을 발견할 수 있다. 때문에 내러티브상담에서는 내담자에게 그 자신을 문제로 인식하도록 만들어 온 담론을 해체하는 과정을 중요하게 여긴다.

2. 다시 쓰는 이야기

내러티브상담의 목적은 내담자로 하여금 그의 삶의 이야기를 '다시 쓰도록(re-writing)' 하는 것이다. 다시 쓴다는 것을 문자 그대로 받아들여 글쓰기를 하는 것이 아니다. 물론 글쓰기가 내러티브상담의 과정에서 행해질 수 있으나 여기서는 그동안의 문제 이야기에서 벗어나 그에 대안이 되는 이야기를 '다시말하기(re-telling)'의 의미를 가진다. 그렇다면 이미 문제 이야기로 살아온 삶을 다시 이야기할 수 있을까? 타임머신을 타고 과거로 돌아가 과거에 있었던 일을 바꿀 수도 없지 않은가? 이 역시 이야기가 가진 특성을 생각해 보는 것으로 이해 가능하다.

1) 시간을 관통하여 구성되는 이야기

우리의 과거 경험은 기억 속에 존재한다. 과거란 어떤 실체가 있는 것이 아니라 단지 우리가 기억함으로써 존재한다는 뜻이다. 그러나 우리의 기억은 매우 불안정하다. 심리학자들은 한계 없이 영구적으로 정보를 저장하는 '장기 기억'을 가정했지만, 최근 들어 우리의 기억은 끊임없이 구성되는 것이라고 주장한다. 즉, 과거는 객관적으로 존재하는 사실이 아니라 지금 현재 내가 기억하고 있는 것이다.

고전 영화 〈라쇼몽(羅生門)〉(1950)은 기억이란 각자의 입장 차이로 오염될 수 있음을 보여 준다. 한 남자의 죽음을 두고 이를 목격한 사람들의 증언이 모두 달라 누구의 말이 사실인가를 판가름하기 어려운 상황에서 중요한 것은 진위가 아니라 각자 다른 의도를 가지고 사건을 바라보고 있었다는 것이다. 이 영화를 통해 심리학에서는 동일한 일도 바라보는 사람의 주관에 따라 여러 개의 진실로 분열되는 현상을 '라쇼몽 효과(Rashomon effect)'라고 이름 붙였다. 다시 말해, 우리의 기억은 말하는 사람의 의도에 따라 구성되는 것이다. 따라서 한 사람의 과거도 어떤 의도를 가지고 바라보느냐에 따라 다르게 구성하여 이야기될 수 있다.

과거에 대한 이야기가 구성될 수 있음은 우리의 현재와 미래 또한 구성될 수 있음을 의미한다. 우리는 일관성을 가지고 과거, 현재, 미래를 설명하고자 하는데, 현재 경험하는 사건의 원인을 과거에서 찾고 그러한 인과관계가 현재와 미래에도 마찬가지로 적용되도록 이야기를 만든다. 따라서 과거에서 무엇을 찾아 이야기를 구성하느냐에 따라 그와 일관된 미래의 사건을 예측하고 일관성을 가진 미래 이야기도 구성할 수 있다. 결국, 우리가 병든 이야기에서 벗어나 본디 우리가 원했던 가치를 추구하고 그렇게 할 수 있는 신념을 가진 '나'로서 살아가는 새로운 이야기를 쓰고자 한다면 우리의 과거에서 찾아야 하는 것은 자신이 가지고 있는 긍정적인 자원인 것이다.

내러티브상담에서 내담자의 이야기를 다시 쓰는 것도 마찬가지이다. 내담자의 문제는 그의 이야기 전부를 차지하지 못한다. 내담자의 과거 경험 속에서 찾아야 하는 것은 그가 가지고 있는 긍정적인 자원이다. 우리는 그것을 문제의 영향력에서 벗어난 '독특한 결과(unique outcome)'라고 이름 붙인다. 화이트와 엡스턴(White & Epston, 1990)은 독특한 결과를 중심으로 이야기를 다시쓰기(re-authoring)하는 과정을 중요하게 다루었다. 이렇게 내담자의 긍정적 자원이 과거와 현재는 물론 현재와 미래에도 일관되게 적용될 수 있는 이야기를 구성하는 것이 바로 이야기의 다시쓰기 과정인 것이다.

2) 관계 속에서 만들어지는 이야기

이야기는 말하는 사람과 듣는 사람이 있어야 존재할 수 있다. 문학 작품의 이야기도 독자, 즉 읽고 감상한 바를 자기에게 적용하고 다시 표현하는 사람이 있어야 비로소 이야기로 존재한다. 아무도 읽어 주지 않는다면, 책으로 출간된다고 해도 그저 종이와 인쇄된 글씨일 뿐 문학 작품으로서의 의미를 갖지 못한다. 독자는 단순히 글을 읽는 사람이 아니라 이야기의 의미를 함께 구성해 가는 사람이기 때문이다. 그렇다고 독자가 이야기의 화자나 작가에 대해 잘잘못을 탓하거나 평하지 않는다. 작가나 인물에 대해 공감하고 그들의 이야기 세계를 온전히 이해하려 애쓴다. 그리고 그 이야기가 자신의 몸과 마음을 공명(resonance)시킴을 즐기고 그에 대한 이야기를 또 다른 사람과 나눈다.

내러티브상담에서 내담자의 이야기도 마찬가지로 들어 주는 사람, 읽어 주는 사람, 그에 대해 다시 이야기해 주는 사람이 있어야 한다.

첫째, 청자이자 독자는 상담자이다. 화이트는 상담자가 내담자의 이야기를 함께 써 나가는 공동 저자의 역할을 한다고 했다(White, 2010). 공동 저자의 역할은 내담자의 이야기를 대신 써 주는 대필가가 아니다. 탈중심화된(decentered) 입장에서 그의 이야기를 경청하고 스스로를 문제화하는 영향력에서 벗어나 자신의 자원을 발견할 수 있도록 질문하고 그의 이야기가 남긴 공명을 전달하는 역할을 하는 것이다. 탈중심화된 상담자는 내담자가 자신의 행동이나 감정을 기반으로 하여 이야기하는 사건을 통해 의미를 추출하고 그것을 아우르는 새로운 정체성을 발견할 수 있도록 내담자에게 '전문가의 자리'를 내어 준다.

둘째, 독자는 더 많은 사람으로 구성된 청중이자 독자이다. 이들은 내담자의 이야기에 등장하는 중요한 인물일 수도 있고 전혀 다른 맥락에서 그의 이야기를 맞이하는 사람일 수도 있다. 내담자의 인종, 사회문화적 배경, 살고 있는 지역에 따라 다양한 사람들이 청중이 될 수 있다. 그럼에도 이들의 공통점은 내담자의 이야기를 다양한 다른 관점에서 반영(reflecting)하여 그 이야기의 영향력을 다시 이야기해 주는 것이다. 내담자는 이들의 반영을 통해 자신의 이야기에 흐르는 스스로의 모습을 재발견하게 된다. 그리고 새롭게 발견한 모습, 즉 자신의 새로운 정체성에 대한 더 많은 이야기를 하게 되는 것이다.

마이어호프(Myerhoff, 2007)는 청중의 다시말하기(retelling)가 화자의 주장을 공적이고 사실적인 차원에서 인정하면서 그 주장을 확장하고 그것에 권위를 부여하는 역할을 한다고 했다. 내담자는 이들과의 관계 속에서 자신의 새로운 정체성을 인정받고 그에 입각하여 풍부하게 이야기할 수 있는 것이다.

3) 계속되는 이야기

이야기는 하나의 완결된 개체로서 존재하지 않는다. 입에서 입으로 전해 내려오는 민담이 끊임없이 재화되고, 탈고되어 인쇄가 끝난 문학 작품도 새로운 의미로 재해석되는 것처럼 한 사람의 삶의 이야기도 계속해서 다시 이야기된다. 이는 앞서 살펴보았던 것처럼 하나의 이야기가 단일한 버전의 이야기로 존재할 수 없는 수많은 영향 요인이 작용하기 때문이다. 이야기하는 사람의 의도, 신념, 희망, 신념뿐만 아니라 사회적 담론이나 관계적 맥락에 따라 얼마든지 다르게 이야기할 수 있는 것이다. 이 때문에 내러티브상담이 가능한 것이지만 다른 한편으로 보면 내러티브상담은 끝나지도 않는다.

증상 완화나 문제 해결을 목적으로 하는 다른 치료나 상담은 명확한 종결 지점을 가지고 있다. "그래서 행복하게 오래오래 잘 살았대요!"라고 끝을 맺는 옛이야기처럼 문제가 되었던 증상이 사라지거나 줄어들면 내담자의 이야기도 끝나는 것이다. 그러나 내러티브상담에서는 내담자의 이야기가 끝나지 않는다. 목적으로 하는 내담자의 정체성이 하나로 고정될 수 없기 때문이다. 들뢰즈(Deleuze)가 유목민과 같이 떠돌면서 고정되지 않은 정체성으로 '되기(becoming)'를 이야기한 것처럼 (Deleuze & Guattari, 2001) 우리의 이야기는 '~이다(etre)'라고 정의되고 끝맺기보다는 '그리고…… 그리고……' 계속되는 것이다.

실제로 우리는 살아가는 동안 수많은 다른 문제와 부딪히게 될 것이다. 산 너머 산이 있고 끝없는 망망대해가 펼쳐지는 것처럼 사회의 구조적 모순 때문이든 재해 때문이든 크고 작은 갈등과 트라우마를 경험하게 된다. 그러한 일은 우리의 예측 정확성과 상관없이 일어난다. 물론 우리는 어떠한 문제 이야기를 대신할 수 있는 수많은 대안적 이야기 또한 가지고 있다. 그러나 '구슬이 서 말이라도 꿰어야 보배'라는 말처럼 문제의 종류나 상황에 따라 기억 속에서 꺼내야 하는 자원 이야기가 다를 것이며, 그때마다 독특한 결과로 발견된 사건으로 새로운 이야기를 다시 써야 할 것이다. 또 살아가면서 새롭게 만나 관계를 형성하는 사람들이 중요한 청중이 될 수 있다. 따라서 내러티브상담에서는 어떠한 문제 상황에 부딪히게 되더라도 그 이야기를 다시 쓸 수 있는 삶의 태도와 지향을 갖게 하는 것이 중요하며, 그러한 태도가 내담자의 정체성 중 한 부분이 되었을 때 상담의 목적에 도달한 것이 된다.

다시 정리하면, 내러티브상담에서의 이야기는 어떤 내용으로 이야기되는가보다 어떻게 변화되고 있는가의 과정을 더 중요하게 고려해야 한다. 내러티브상담의 핵심은 이야기와 이야기 사이에 존재한다. 그리고 그 사이에서 찾아내야 하는 것은 고정된 그 무엇이 아니기 때문이다.

참고문헌

Bruner, J. S. (1987). Life as narrative. *Social Research: An International Quarterly, 54*(1), 11-32.

Bruner, J. S. (1996). *The culture of education*. Cambridge, MA: Harvard University Press.

Deleuze, G., & Guattari, F. (2001). **천개의 고원: 자본주의와 분열증 2** (*Mille plateaux: Capitalisme et schizophrénie 2*). (김재인 역). 서울: 새물결출판사. (원저는 1980년에 출판).

Faulkner, W. (2013). **윌리엄 포크너: 에밀리에게 바치는 한 송이 장미 외 11편**. (하창수 역). 서울: 현대문학. (원저는 2011년에 출판).

Foucault, M. (2012). **말과 사물** (*Les mots et les choses: Une archéologie des sciences humaines*). (이규현 역). 서울: 민음사. (원저는 1966년에 출판).

Freedman, J., & Combs, G. (1996). *Narrative therapy: The social construction of preferred realities*. New York, NY: W. W. Norton & Company.

Myerhoff, B. (2007). *Stories as equipment for living: Last talks and tales of barbara myerhoff*. Ann Arbor, MI: University of Michigan Press.

Nylund, D. (2008). **허클베리 핀 길들이기** (*Treating Huckleberry Finn: A new narrative approach to working with kids diagnosed ADD/ADHD*). (김민화 역). 서울: 학지사. (원저는 2002년에 출판).

Parry, A., & Doan, R. E. (1994). *Story re-visions: Narrative therapy in the postmodern world*. New York, NY: The Guilford Press.

Twain, M. (1998). **허클베리 핀의 모험** (*Adventures of Huckleberry Finn*). (김욱동 역). 경기: 민음사. (원저는 1884년에 출판).

White, M. (2010). **이야기치료의 지도** (*Maps of narrative practice*). (이선혜, 정슬기, 허남순 공역). 서울: 학지사. (원저는 2007년에 출판).

White, M., & Epston, D. (1990). *Narrative means to therapeutic ends*. New York, NY: W. W. Norton & Company.

〈라쇼몽(羅生門)〉(1950). (구로사와 아키라 감독, 미후네 도시로, 쿄 마치코 주연. 다이에이 주식회사 제작)

〈말레피센트(Maleficent)〉(2014). (로버트 스트롬버그 감독, 안젤리나 졸리 주연. 월트디즈니 픽처스 제작)

〈지금은 맞고 그때는 틀리다〉(2015). (홍상수 감독, 정재영, 김민희 주연. (주)영화제작전원사 제작)

제2장

내러티브상담의 철학적 배경

김은영(한신대학교 사회복지학과 초빙교수)

화이트와 엡스턴에 의해 1980년대에 개발된 내러티브상담은 포스트모던 상담의 대표적 모델이며 포스트구조주의 철학에 기초한 상담모델로 알려져 있다(이선혜, 2020; Besley, 2002; Corey, 2017). "내러티브상담의 개입은 단순한 상담 기술 그 이상"(Madigan, 1992)이라는 말에서 알 수 있듯이, 내러티브상담과 기존의 상담치료 전통을 구별 짓는 것은 상담 기술보다는 인간과 세계를 보는 방식, 즉 철학적 관점이라고 할 수 있다. 내러티브상담은 기존의 심리학, 정신의학, 체계이론과 차별화된 새로운 접근으로, 상담치료 분야에서 최근의 패러다임 전환을 반영하는 모델이라고 할 수 있다. 따라서 이 장에서는 먼저 상담치료 패러다임의 전환 과정에서 기존의 상담치료 전통을 해체하고 내러티브상담이 등장하게 된 발달 과정을 간략히 살펴본 후 내러티브상담의 철학적 배경이 된 포스트모더니즘과 포스트구조주의에 대해 알아보고자 한다.

1. 상담 패러다임의 전환과 내러티브상담의 발달

현대의 상담 및 심리 치료는 19세기 유럽에서 시작되었으며, 프로이트(Sigmund Freud)의 정신분석이 출발점이라고 알려져 있다(권석만, 2012). 이후 다양한 정신역동치료가 발전하였고, 1920년대에 행동주의 심리학에 기반한 행동치료가 대두했다. 1950년대에 들어서 인본주의 심리학이 스스로를 심리학에서 제3의 세력으로 칭하며 등장하면서 인간중심치료가 심리치료 분야에 큰 영향을 미쳤다. 또한 1950년대에는 인지에 초점을 맞추는 치료 방법이 개발되었고, 이후 인지치료와 행동치료가 접목되면서 인지행동치료라는 흐름이 형성되었다. 이들 상담 및 심리치료 접근은 각기 다른 인간관과 세계관을 기반으로 하고 있으나 개인 심리에 초점을 맞추고 있다는 점에서 공통점을 가지고 있다.

이후 심리학에서 패러다임 전환이 일어나면서 가족체계이론, 여성주의 심리학, 다문화주의 등의 새로운 관점이 출현하여 상담치료 분야에도 영향을 미쳤다(Fleruridas & Krafcik, 2019). 가족체계치료, 여성주의치료, 포스트모던치료 등은 각기 다른 강조점을 갖고 있으나 개인보다는 관계와 맥락의 중요성을 인식하며 치료적 실천을 진행한다는 점에서 이전의 접근과는 차이가 있다.

1950년대에 등장해 1970년대부터 폭넓게 확산된 가족체계치료는 개인에 초점을 맞추는 기존의 상담 모델과 달리 가족 전체의 체계와 역동에 초점을 맞춘다는 점에서 획기적인 관점의 변화가 이루어졌다고 할 수 있으나 모더니즘[1] 사조로부터 완전한 패러다임 전환이 이루어졌다고 보기는 어렵다. 가족치료가 전통적인 개인 심리치료와 달리 단선적 인과관계에 기초한 결정론적 사고에 반대하며 인간을 상호 연관되지 않은 개별적 존재(monade)로 보는 것에 대하여 비판적이라는 점에서 전형적인 모더니즘치료와는 차이가 있다. 그러나 가족을 보편적 체계의 하나로 보고 있다는 점, 그리고 기능적이며 바람직한 가족을 규정하는 보편적 개념을 적용하여 가족의 문제를 진단하고 변화의 지향점을 설정한다는 점에서 모더니즘의 세계관에 머물러 있는 측면이 있다. 또한 상담자가 어떤 가족이 정상적이고 기능적인가에 관

1) 모더니즘은 이후에 상술하듯이 이성주의, 개인주의, 과학적 지식의 보편성을 강조하는 사조를 말한다.

한 보편적 지식을 가진 전문가의 입장을 취하며 내담자의 문제를 객관적으로 진단하고 해결하는 역할을 담당하는 점에서 모더니즘과 실증주의 세계관의 영향을 받았다고 할 수 있다(김용태, 2009).

이후 포스트모던 문화 사조의 확산과 함께 상담 분야에서도 협력적 언어체계 접근, 해결중심 단기치료, 내러티브상담 등의 포스트모던 접근이 제시되었는데

표 2-1 상담 및 심리치료이론의 기본 철학

상담 접근	기본 철학
정신분석치료	• 인간은 기본적으로 정신적 에너지와 생애 초기 경험에 의해 결정됨 • 현재 행동의 핵심은 개인의 무의식적 동기와 갈등함 • 후기의 성격 문제는 억압된 아동기 갈등에 뿌리를 두고 있음 • 치료에서 각 개인의 초기 발달 탐색이 중요함
행동치료	• 행동은 개인의 경험을 통한 학습의 산물 • 실험과 관찰을 통해 행동의 보편적 법칙을 발견할 수 있음 • 구체적인 치료 계획의 개발, 치료 결과에 대한 객관적 평가가 중요함
인간중심치료	• 인간은 온전히 기능하려는 경향이 있음 • 상담관계를 통해 내담자는 이전에는 자각하지 못한 감정을 경험하게 되며, 내담자의 자각, 자발성, 자신에 대한 신뢰가 높아짐
인지행동치료	• 개인은 왜곡된 사고를 받아들이는 경향이 있고, 이는 정서적, 행동적 혼란을 가져옴 • 치료는 주로 인지와 행동의 변화에 초점을 맞추고 새로운 사고방식의 학습과 문제에 대처하는 보다 효과적인 방법의 습득을 중시함
가족체계치료	• 가족은 개인이 타인과의 관계에서 어떻게 기능하고 행동하는지를 이해하는 맥락 • 가족은 하나의 체계로서 내담자는 가족 체계와 연결되어 있음 • 개인의 역기능적 행동은 가족 및 더 큰 체계와의 상호작용 속에서 발생함 • 치료는 가족 단위에서 이루어짐
포스트모던치료	• 다양한 현실과 진실이 있다는 전제를 토대로 상담함 • 실재가 외부에 있고 객관적으로 파악할 수 있다는 생각을 거부함 • 사람들은 타인과의 상호작용과 대화를 통해 자신들의 의미를 창조하는 존재 • 내담자를 병리화하지 않으며 문제의 근본 원인이나 심층구조를 찾는 것과 진단에 대해 비판적임

출처: Corey (2017), pp. 499-500 재구성 및 수정.

(Corey, 2017), 이 시기에 와서야 모더니즘에서 포스트모더니즘으로의 패러다임 전환이 완전히 이루어졌다고 볼 수 있다.

2. 포스트모더니즘과 내러티브상담

포스트모던(postmodern)이란 용어는 이미 19세기 후반부터 문학이나 역사학 등의 문헌에서 가끔 등장하였다. 이후 1950년대 말과 1960년대에 북미 지역에서 문학과 문화 비평 논쟁 속에서 본격적으로 사용되기 시작하였으며, 1970년대에 건축 분야의 논쟁을 거치며 대중적으로 확산되었다(김욱동, 1991; Welsch, 1991). 철학과 사회과학에서 포스트모던 혹은 포스트모더니즘이라는 용어가 중요하게 등장한 것은 1979년에 유럽에서 리오타르(Jean-François Lyotard)가 '포스트모던적 조건(La Condition postmoderne)'이라는 저서를 출판한 이후라고 할 수 있다(Reese-Schäfer, 1989).

포스트모더니즘은 우리가 흔히 사용하는 말이지만 논란이 많은 용어 중 하나이다. 여러 분야에서 다양한 관점을 가진 전문가들이 각기 다른 내용에 강조점을 두면서 포스트모던 혹은 포스트모더니즘에 대해 논의한다. 포스트모던은 'post'와 'modern'의 결합어로 접두사 'post'를 어떤 의미로 쓰느냐에 따라 입장에 차이가 생기기도 한다. '이후(after)'라는 의미에 강조점을 두어 시기적으로 모더니즘 이후에 등장한 사조를 강조하기도 하고, '반(anti)'의 의미에 방점을 찍으며 '모더니즘의 죽음'에 대해 이야기하기도 한다(Kim, 1995). 포스트모더니즘에는 다양한 버전이 있으며(Habermas, 1990), 포스트모더니즘이란 '다양한 포스트적인 개념과 사고방식, 즉 포스트구조주의, 포스트실증주의, 포스트합리주의 등의 네트워크'(Wellmer, 1985)라고 할 수 있다.

필자는 '다양한 포스트모더니즘 담론의 유일한 공통점은 문학, 예술, 과학 등의 각기 다른 분야에서 지배적인 모더니즘 담론에 비판적이며 도전적인 특징을 보이는 점'이라는 벨쉬(Welsh, 1991)의 견해에 동의한다. 이에 포스트모더니즘에 대한 논의는 필연적으로 모더니즘을 둘러싼 논의일 수밖에 없기에(Kim, 1995), 먼저 모더니즘과 상담에 대해 살펴본 후에 포스트모더니즘과 상담에 대해 알아보고자 한다.

1) 모더니즘과 상담

모더니즘은 현대 사회의 세계관이자 현대 학문의 기본 관점으로 전통과 교회의 권위, 봉건성을 비판하며 출현하였고, 이성중심주의, 개인주의, 합리성과 과학적 지식을 중시하는 사조라고 할 수 있다. 모더니즘은 이성적 사고 능력이 인간됨의 핵심임을 강조하며, 인간 주체의 합리성, 자율성, 선택 가능성을 중시한다. 즉, 인간은 합리적 사고에 기초해 세계를 객관적으로 분석하여 우주만물에 대한 보편적 인과 법칙을 발견하고 참된 진리인 과학적 지식에 도달할 능력이 있다고 본다. 여기서 과학적 지식이란 실증주의 방법론에 기초한 지식을 의미한다. 자연과학자들이 관찰과 실험을 통해 자연의 보편 법칙을 발견하고 이에 기초해 자연을 다스릴 수 있는 방법을 찾아내듯이, 인간을 연구하는 전문가들도 과학적 방법을 통해 인간과 사회의 보편 법칙을 알아낼 수 있으며, 이를 통해 인간과 사회의 문제가 해결되고 인류는 행복해질 것이라고 믿었다.

이러한 모더니즘 세계관은 주요한 심리상담이론에도 반영되었다. 정신분석은 마음이라는 실체를 분석을 통해서 알아내는 심리학의 경향으로 내담자 마음의 실체가 객관적으로 존재한다고 믿는다. 그리고 분석가가 이를 객관적으로 들음으로써 알아낼 수 있다는 전제에 기초한다. 따라서 정신분석은 모더니즘의 실증주의를 반영하는 치료모델의 하나라고 할 수 있다(김용태, 2009). 행동주의이론은 정신분석과는 대척점에 서 있는 이론이지만, 경험주의에 기초하여 실험과 관찰을 통해 인간의 행동을 과학적으로 연구하는 것을 강조한다. 이러한 점에서 행동주의와 이에 기반한 행동치료는 실증적인 방법을 중시하는 모더니즘의 패러다임을 따르고 있음을 알 수 있다. 인본주의는 정신분석과 행동주의를 모두 비판하고 등장하였으나, 인간의 주관적 경험을 강조하며 개인의 자유, 선택, 자율성을 강조한다는 점에서 인본주의 상담 역시 개인의 이성과 자율성을 강조하는 모더니즘 사조와 밀접히 관련된다. 따라서 여러 심리상담이론이 매우 다른 인간관을 보여 주고 있음에도 불구하고 모더니즘 패러다임의 큰 틀 안에 있음을 알 수 있다.

2) 포스트모더니즘과 상담

포스트모더니즘은 모더니즘의 이성중심주의와 보편적 진리 주장에 대한 비판을 담고 있는 사상적 경향이다. 포스트모던의 핵심 개념은 '이질성과 다원성의 강조'이다(Welsh, 1991). 모더니즘은 이성과 과학적 방법을 통해 도달할 수 있는 절대적 진리와 객관적, 보편적 지식을 강조하고 메타 내러티브, 즉 커다란 이야기에 초점을 맞춘다. 반면, 포스트모더니즘은 이 세계가 다차원적이고 다양하며 하나로 통일될 수 없는 작은 이야기가 존재하는 곳이라고 본다. 포스트모더니즘 관점에서 볼 때 인간의 이성만이 진리에 이르는 유일한 길이 될 수 없으며 과학적 지식만 옳다고 주장할 수는 없다. 이 세계에는 이성중심주의에서 소외된 다양한 작은 이야기와 관점이 존재한다.

포스트모던 관점은 다양한 이야기를 통일하고 전체화할 수 있는 일반적 기준이나 보편적 진리는 없다고 본다. 즉, 어떤 단일한 이야기나 이론으로 모든 것을 설명하려는 시도를 거부하며, 이야기 각각의 특수성을 인정하고 이들 사이의 차이점을 존중하는 것을 중요시한다(Dueck & Parsons, 2004). 이제 우리가 주목해야 할 것은 '큰 이야기(grand recit)'가 아니라 다양한 '작은 이야기(petit recit)'이다(Lyotard, 2018).

상담자에게 자문하러 오는 사람들은 좌절, 실패, 절망, 상실 등의 문제로 가득 찬(problem-saturated) 지배적 이야기를 갖고 온다. 내담자가 이처럼 자신의 삶에 대해 부정적 결론을 내리는 것은 이들의 이야기가 주류 문화에서 가치 있게 여기는 건강, 이성, 합리성, 현실성, 성공, 독립성 등의 '일반' 규범에 맞지 않기 때문이다(White, 2014). 문제로 가득 찬 지배적 이야기를 해체하여 내담자가 새로운 관점에서 자신의 삶의 이야기를 탐색할 수 있는 기회를 만드는 것은 내러티브상담의 중요한 과업 중 하나이다(White, 1997). 외재화, 독특한 결과를 조명하는 대화, 다시쓰기 대화, 정의예식 등의 내러티브상담 과정은 그동안 지배적 이야기에 의해 잠식되어 있던 수많은 '부수적' 이야기를 수면 위로 끄집어낸다. 이로써 내담자의 삶에 존재하는 풍부한 이야기가 가시화되며, 대안적 이야기를 쓸 수 있는 토대가 만들어진다. 대안적 이야기를 쓰는 과정에서 내담자는 자기 삶의 전문가로서의 권리를 회복할 수 있게 된다.

포스트모던 사고에서는 전문가의 특권과 독점적 지위가 상실된다. 어떠한 삶이 옳고 바람직한가에 대한 보편적 기준이 사라지면, 상담자는 내담자를 병리적, 역기능적 관점에서 보기보다는 내담자 삶의 고유성과 차이를 존중하게 된다. 그리고 내담자의 문화, 인종, 성, 성적 지향, 가족 형태의 다양성에 관심을 가지고 내담자를 둘러싼 관계적 맥락에 초점을 둘 수 있다. 내러티브상담에서 강조하는 상담자의 탈중심화된 자세는 상담자가 객관적인 지식을 지닌 전문가의 위치에서 객체인 내담자를 대상으로 개입하는 모더니즘적 상담에 대한 비판을 담고 있는 측면에서 포스트모더니즘의 세계관을 반영한 것이라고 볼 수 있다.

3. 포스트구조주의와 내러티브상담

1) 구조주의와 상담

구조주의(structuralism)란 우주만물에는 이를 지배하는 근본적이고 불변의 구조가 있다는 생각에 기초한다(Sarup, 2005; Thomas, 2002). 구조주의는 인간이 자기 자신을 인식할 수 있는 자유롭고 독립적인 주체라고 보는 인간 이해에 대해 비판적인 입장을 취한다는 점에서 근대 초기의 사상과는 차이가 있다. 인간과학의 궁극적 목표는 인간을 구성하는 것이 아니라 해체하는 것이라는 레비스트로스(Lévi-Strauss)의 주장은 이러한 구조주의 입장을 잘 보여 준다(Sarup, 2005).

구조주의의 특징은 이성을 가진 자율적 주체로서의 인간관에 대해 비판적인 입장을 취하면서, 모든 인간 활동과 사회문화적 현상의 배후 혹은 내부에 있는 보편적 실재인 구조에 대해 관심을 가진다. 겉으로 나타나는 현상보다는 현상 아래 숨겨진 구조와 구조를 이루는 요소 간의 관계를 분석하고 이들을 조직하는 일반 법칙을 발견하는 것에 초점을 둔다(김욱동, 1991; Sarup, 2005)[2)]중요한 것은 숨겨진 보편적 구조이며, 과학적 방법을 통해 이러한 구조를 찾아낼 수 있다는 가정을 한다. 그리고 과학적 방법만이 신뢰할 수 있고 타당하며 보편적으로 적용할 수 있는 지식이라는 입장을 표명한다. 구조주의 관점에 기초한 과학적 접근은 먼저 자연과학에서 중요한 발전을 이끌었으며, 이러한 구조주의 사고는 인류학, 언어학, 사회학, 심리학, 가족치료 등 다양한 전문 영역에 영향을 미쳤다(Thomas, 2002). 이에 사람들은 인간, 가족, 사회, 문화, 언어 등에 깔려 있는 내적 구조를 발견하기 위해 노력하였다. 구

2) 이러한 측면에서 볼 때 구조주의는 이성을 가진 인간이 세상을 인식할 수 있는 주체로서 보편적 진리에 도달할 수 있다고 본 근대 철학의 형이상학적 관점에 대해서는 비판적 관점을 취한다. 하지만 보편적 진리에 대한 가정과 인간과 사회에 대한 일반 법칙의 탐구에 초점을 맞춘다는 점에서는 모더니즘의 범주에 속한다고 볼 수 있다.

조주의 관점이 가져온 결과 중 하나는 사물을 연구하는 것과 동일한 방식으로 사람을 연구할 수 있다는 생각을 키운 것이다. 사람들은 타인을 공정하게 객관적으로 연구하는 것이 가능하다고 전제하며, 사람을 타인과 동떨어진 별개로 분리된 단위로 보게 된 것이다.

구조주의 사고는 심리학과 상담치료에서 내면의 심층구조에 있는 자기를 탐구함으로써 인간의 정체성에 관한 '진리'를 발견할 수 있다는 관점에 영향을 미쳤다. 이로 인해 다수의 상담 접근에서 인간의 행동은 이러한 근본적인 심층구조의 영향이라는 전제에 이르게 되었고, 상담자는 인간의 행동이 마치 내적 자기, 내면 심리, 내적 천성의 작동과 어떤 방식으로든 관련된 것으로 해석하는 방식을 발전시켰다. 즉, 바람직한 행동방식은 잘 작동하는 내적 자기의 결과이며, 덜 바람직한 방식의 행동은 내면 혹은 내적 자기의 무질서와 결핍 혹은 왜곡 때문이라고 생각하게 되었다. 구조주의의 영향으로 인해 상담자들은 내담자의 내적 심리에 대한 진실을 알아내고, 이를 내담자의 문제행동과 연결시켜 해석하고 진단하는 것이 상담자의 역할이라고 보게 된 것이다.

2) 포스트구조주의와 내러티브상담

포스트구조주의는 인간의 심리, 행동, 사회를 심층구조의 결과로 보는 구조주의 관점을 비판한다. 그렇다면 우리가 앞서 다룬 포스트모더니즘과 포스트구조주의는 동일한 것일까? 이 둘을 동일하게 보는 이론가들도 있지만(Sarup, 2005), 이들 사이에는 공통점도 있으나 차이점도 있기에 구별하는 것이 필요하다는 의견도 있다(김욱동, 1991). 이 장에서는 포스트모더니즘은 20세기 후반에 문화, 예술, 학문 분야에 나타난 사조를 폭넓게 포괄하는 개념이며, 포스트구조주의는 포스트모더니즘 사조의 하나로, 특히 구조주의를 비판하며 프랑스에서 등장한 철학 및 사회 이론이라 정의하고자 한다.

포스트구조주의는 푸코와 데리다, 보드리야르 등의 프랑스 철학자들의 이론에 기반하고 있다. 포스트구조주의는 모든 현상 아래 깊숙한 곳에 심층구조가 있고 그것이 본질적이며 절대적 진리라는 구조주의 사고 자체가 모더니즘 담론에 불과하다는 전제에서 출발한다. 구조주의는 주체를 탈중심화하려는 시도를 하였으나, 결국은 주체를 구조로 대체한 것에 불과하다는 것이 포스트구조주의의 입장이다(Kim, 1995).

화이트와 엡스턴이 말했듯이 내러티브상담에 가장 광범위하게 영향을 미친 대표적인 포스트구조주의 이론가는 미셸 푸코라고 할 수 있다(Besley, 2002; White, 1997; White & Epston, 1990). 이에 따라 다음에서는 푸코의 포스트구조주의 이론의 핵심 내용을 살펴보면서 이러한 철학적 관점이 내러티브상담의 세계관과 상담 접근에 어떻게 반영되고 있는지 알아보고자 한다.

(1) 이분법 담론과 분할 실천의 해체

내러티브상담에 따르면 인간 삶의 이야기는 복합적이며 여러 갈래의 이야기 줄기를 담고 있다. 따라서 상담에 참여한 내담자의 삶의 이야기를 건강과 병리, 정상과 비정상의 정형화된 이분법적 틀로 고정화하려는 시도는 위험하다.

푸코는 사회 구성원들을 정상과 비정상으로 나누어 보는 이분법의 시선은 문화적으로 구성된 담론이라고 하였으며, 이를 해체하는 데 관심을 두었다. 푸코에 따르면 이분법 담론은 분할 실천(dividing practices)을 통해 재생산된다. 분할 실천이란 "노숙자, 빈곤자, 정신질환자, 신체질환자에게 손상된 정체성을 부여함으로써 그들을 일반인으로부터 분리하는"(White, 2010, p. 49) 행동이다. 분할 실천은 특정한 사회 집단의 다름을 인정하지 않는 동시에 특정 집단을 다른 집단에서 공간적으로 분리시킨다. 예를 들어, 우리 사회에서도 기존에 노숙인, 정신장애인을 지역사회에서 함께 살아가도록 하기보다는 시설에 분리 수용한 것은 분할 실천의 하나라고 할 수 있다.

푸코는 특정한 사람들을 비정상으로 정의하고 공간적, 사회적으로 분할하는 다양한 역사적 사례를 조사하는데, 초기 작업 중 하나가 '광기의 역사'에 대한 연구이다. 푸코는『광기의 역사』(Foucault, 1973)에서 근대 사회의 이성 중심 인간에 대한 담론이 어떻게 형성되는지를 추적하며 분할 실천의 과정을 탐색한다. 푸코에 따르면 현대 사회는 '광기와 이성' '병자와 건강인' '정상과 비정상'과 같은 이분법적 분할이 지배하는 사회이다. 그리고 이러한 이분법은 단순한 구별의 차원이 아닌 타자에 대한 배제, 배척이라는 의미를 담고 있다. 이성적인 것은 정상이고 건강하며, 비이성적인 것은 비정상이고 병리적인 것으로 여긴다.

푸코는 17세기 서양의 이성이 확립되는 과정을 광기의 차별적 배제 과정으로 이해한다. 근대의 이른바 '이성과 합리성을 지닌 주체적 인간'이라는 것도 이와 같은 배제의 이분법, 즉 분할 실천에 의해 구성된 구조물이다. 17세기 이전까지만 해도 유럽 사회에서 광기와 이성은 어떤 면에서 보충적 경험세계라고 생각하였다. 그러나 17세기를 거치면서 광기는 이성적 사고의 '결여'로 낙인찍히기 시작했다. 이때부터 '이성의 타자'인 광기는 침묵 속으로 떠밀어 넣어졌으며 광기와 이성의 대화는 단절되었다. 이제 세계는 단지 이성에게 속한 것이며, 이성의 독백만이 살아 있는 곳이 되었다(Foucault, 1973).

17세기부터 진행되던 비이성의 차별적 배제 과정은 18세기 말이 되면서 실천 형태가 변형되었다. 사람들은 광기를 끊임없는 심문과 감시의 대상으로 만들었다. 광인들은 부랑인, 극빈자, 범죄자나 사기꾼 같은 다른 '비이성적' 부류에서 분리되어 수용되면서 공간적으로 분할되었다. 그리고 이성적인 사람들이 철저히 관찰하고 기술하며 치료해야 할 지식의 대상, 즉 객체로 대상화되었다. 그리고 광기를 정상적인 세계로 재통합시키기 위한 처방이 실행되기 시작했다. 푸코는 이를 '이중전략(Doppelstrategie)'이라고 부르는데, 광인에 대한 사회적인 배제가 이루어지는 동시

[그림 2-1] 윌리엄 호가스의 〈정신병원 (베들렘)〉[3]

출처: https://m.hankookilbo.com/News/Read/A2021110409570001130

3) "18세기 영국 풍자화가인 윌리엄 호가스(W. Hogarth)의 작품으로, 당시 악명 높았던 런던의 정신병원 '베들렘'의 모습이다. 한 남자가 머릿니 예방을 위해 삭발당하고 거의 알몸으로 왼팔과 오른발이 쇠사슬에 묶인 채 기대어 앉아 있다. 뒤에는 멋지게 차려 입은 두 명의 여성 관광객이 재미있다는 듯 수감자들을 구경한다. 말이 병원이지 실은 정신질환자를 감금한 수용소였다. 당시 색다른 재미를 찾는 방문객들이 베들렘을 관광했고 부자들은 돈을 지불하기도 했다."(한국일보, 2021. 11. 4. 인터넷 판, 김선지의 뜻밖의 미술사: 정신질환, 그 폭력의 역사)

에 광인들을 정신병으로 분류하여 정상적인 세계로 되돌리려는 정신적 통합이 함께 이루어졌다는 것이다. 여기서 푸코가 우리에게 보여 주고자 한 것은, 근대 사회에서 인간이 이성적 주체로 구성되는 과정은 바로 이성의 타자인 광기의 대상화, 즉 정신병으로의 진단과 동시에 진행되었다는 사실이다. 타자에 대한 배제와 이분법적 실천 논리가 바로 '이성적 주체'의 구성 조건이며, 이러한 과정을 거쳐 인간은 이성적이고 합리적인 지식의 주체인 동시에 객체로 구성된 것이다(Kim, 1995).

만약 푸코가 상담치료자가 되었다면 어떠한 치료자가 되었을까? "정신질환자를 의학적 지식의 대상으로 본다는 관점에서 보면 (푸코는 이들을) '환자'로 보지 않았을 것이다. 오히려 그는 자신들의 지식으로 인해 고통당하는 자를 '환자'로 보았을 것이다. 그러한 '환자'는 지식의 대상이 아닌 지식의 저자 또는 주체이며, 그들은 우리가 배울 만한 무언가를 가지고 있다."(John Caputo, 1993, p. 260: White, 2014, p. 39에서 재인용)

심리치료 현장에서는 이른바 '진단'이라는 이름으로 이분법 담론을 별다른 의문 없이 받아들이고 있는 것이 현실이지만, 이러한 진단기준이 얼마나 역사적, 문화적 맥락의 영향을 받는지를 보여 주는 예는 많다. 동성애를 정신장애로 보아야 하는지를 둘러싼 논란은 이러한 상황을 잘 보여 준다. 1952년 DSM-I에서 동성애는 사회병질적 인격장애(Sociopathic Personality Disorder)에 포함되었고, 1968년 DSM-II에서는 성도착 범주 내의 성지남장애(Sexual Orientation Disorder)의 하나로 포함되었다. 하지만 DSM-III에서는 APA 회원들의 투표를 거쳐 장애 진단에서 제외되었다(Madigan, 2019). 이는 어떤 사람이 살아가면서 보이는 여러 방식의 행동, 정서, 관계의 모습을 정상과 비정상, 건강과 병리라는 이분법으로 나누기에는 우리의 삶이 매우 다층적이고 복합적이라는 점을 잘 보여 줄 뿐만 아니라 이분법의 기준이 사회적, 문화적, 정치적 기준에 의해 달라질 수 있음을 알려 준다.

정신병리 담론은 인간의 행위와 사고를 전문 분야에서 구성된 진단기준에 비추어 평가한다. 그리고 주류의 규범에 어긋나는 행동은 비정상으로 병리화한다. 내러티브상담은 한 사람의 삶 속에 존재하는 다양하고 복합적인 이야기를 이분법적인 정형화된 틀에 기초해 건강하고 정상적인 삶과 병리적이고 비정상적인 삶으로 단순하게 분류할 수는 없다고 본다. 따라서 내러티브상담자는 정상과 비정상에 대한 이분법적 사고를 탈피하고 정상이라는 기준에 부합되지 않아서 병리적이라는 딱지가 붙여진 내담자의 삶의 방식을 존중하며, 이것이 내담자에게 의미하는 바에 대해 탐색하면서 내담자가 자신의 삶에 대해 협상하는 여정과 함께한다(Thomas, 2002).

화이트는 근대 사회에서 개인적 실패(personal failure) 현상이 증가한 것에 주목하며 이것이 근대 사회의 정상성 판단 혹은 규범적 판단(normalizing judgement)과 관련이 있다고 말한다(White, 2004). 근대의 권력은 사람들로 하여금 자신과 타인의 행동을 사회적으로 구성된 이른바 '정상성'의 잣대에 따라 끊임없이 판단하고 평가하도록 만든다. 전문가들은 다양한 정상성 판단의 기술을 발전시켜 정상과 비정상, 건강과 질병에 대한 기준을 만들고 이를 측정할 수 있는 척도를 개발하였다. 사람들은 이 평가기준에 맞추어 자신의 삶에 등급을 매기면서 이를 정체성으로 받아들인다. 이 결과, 사람들은 자신과 타인의 행동을 사회적 잣대에 비추어 얼마나 부적합하고 비정상적이며 불충분하고 무능력하고 결핍이 있고 불완전하며 무가치한지에 대하여 평가한다. 권위적인 상사의 명령에 여러 번 이의를 제기하다가 받아들여지지 않아 상사에게 대들고 화를 낸 청년은 분노조절장애나 반사회성 성격장애를 가진 것으로 회자되고, 수업이 따분하고 지루해서 교실을 돌아다니고 친구에게 종이비행기를 날린 아동은 ADHD로 진단받고 정신과 약을 복용하라는 권유를 받는다.

화이트는 내러티브상담이 비규범적 실천이라고 말한다. 비규범적 실천이란 '현실적' '적절한' '건강한' 등 주류 문화에서 가치 있게 여기는 것을 당연시하거나 강화하고 재생산하지 않는 것을 의미한다(White, 2014). 예를 들어, ADHD로 진단받은 아동은 질환을 가진 '환자'이며, '차분하고 자신을 잘 통제하며 수업시간에 잘 집중하는 건강한' 아동이 되는 것이 내러티브상담의 목표는 아니라는 것이다. 상담자가 질환과 건강의 이분법적 패러다임에서 벗어나면 아동의 다채로운 삶의 이야기가 드러날 수 있다. 이 ADHD라는 문제는 학교에서는 매우 자주 출현하지만 집에 오면 드물게 출현한다는 이야기, 수업시간에는 집중이 어렵지만 집에서 레고블럭을 쌓을 때는 집중력이 발휘된다는 이야기, 상상력이 풍부하여 레고를 하면서 매우 재미있고 긴장감 넘치는 이야기를 만들어 온갖 인물들의 역할을 풍부하게 연기하며 논다는 이야기 등이다. 이것은 DSM-5의 ADHD에 대한 보편적 진단기준에는 들어 있지 않은 아동의 지엽적이며 고유한 삶의 이야기이다. 이 아동의 삶의 이야기를 '병'으로 폄하하지 않고 존중할 때 아동은 자신에게 맞는 방법으로 학교 혹은 학교 밖에서 다른 사람들과 함께 살아갈 수 새로운 길을 찾을 가능성이 늘어날 것이다.

정상과 비정상, 건강과 병리의 이분법은 어떤 것은 절대적으로 옳거나 바람직하고 다른 것은 그렇지 않다는 생각에 기초해 있다. 그리고 이를 명확히 구분할 수 있는 방법을 전문가가 알고 있다고 가정한다. 이에 따라 정상과 비정상을 판단하는 전문적 지식에 특권을 부여하며, 내담자들을 무능한 존재로 대상화하고 내담자의 지식을 무시한다(White, 2010). 이러한 이분법 사고하에서 상담자는 "자율적이고 분화되어 있고 '진실한' 지식을 습득한 주체이고, 도움을 찾고 있는 사람은 이 지식의 객체"(White, 2014)라고 가정된다. 내러티브상담은 주체와 객체의 이원론에서 벗어나서 상담에 참여한 모든 구성원(상담자, 내담자, 가족, 지인 등의 참여자들)이 함께 내담자의 삶을 구성하는 작업에 참여한다고 전제한다. 또한 내러티브상담은 이러한 병리적 관점 자체가 사회문화적 산물임을 인식하고 규범에 의해 규정된 내담자의 지배적 이야기와 당연시했던 삶의 방식을 해체하는 것에서 출발한다.

(2) 내재화 담론의 해체

현대 사회는 자기실현, 자제, 자립의 규범을 강조하며, 자율적이고 독립적인 사람을 성공한 인간으로 분류한다. 이러한 사회문화적 맥락 속에서 해당 규범을 재생산하지 못하는 사람들은 자신과 타인에 의해 '실패자'로 분류되며 자신의 정체성에 대해 부정적인 결론을 내린다. 화이트에 따르면, 현대 사회에서 인간의 정체성을 '캡슐에 싸인 자기(encapsulated self)'에 기초하여 이해하는 방식은 상담을 필요로 하는 문제를 발생시키는 맥락이 된다(White, 2010).

현대 사회의 자율적인 개인, 고립된 개인으로서의 정체성에 대한 관점은 사회문화적 담론에 의해 만들어진 창조물이라는 것이 푸코의 견해이다. 현대 사회에서 인간은 개별화되고 주체화되는 과정에서 오히려 통제받고 지배되는 아이러니한 모습을 보인다는 것이다. 푸코는 현대 사회에서 인간이 어떻게 개별화된 존재로 자기 정체성을 형성하게 되는지를 추적함으로써 '캡슐에 싸인 자기'로서의 정체성에 대한 담론을 해체한다. 이러한 개별화된 단자(monade)로서의 인간 정체성이 구성되는 과정은 외부적인 문화 규범을 신체, 사고, 행위 등의 측면에서 내재화하는 과정과 관련이 있다.

판옵티콘은 내재화 담론이 형성되는 과정을 은유적으로 보여 준다. 푸코(Foucault, 1976)는 『감시와 처벌』에서 현대의 권력 형태를 '규율 권력'이라 명하는데, 현대 '규율 권력'의 메커니즘을 보여 주는 대표적 예가 벤담의 판옵티콘(panopticon) 원형감옥 모델이다.

1787년 벤담이 도안한 판옵티콘 원형감옥은 중앙에 높은 감시탑이 있고 그 탑을 중심으로 여러 개의 작은 감방이 원형으로 배치되어 있는데, 이 모델은 다음과 같은 특수한 감시 효과를 노리고 있다(Kim, 1995).

첫째, 개개인의 철저한 고립 상태이다. 수용자들은 모두 독방에 수용되어 있으며, 측면의 벽으로 인해 이웃 방과의 접촉이 불가능하다.

둘째, 완벽한 가시성이다. 중앙탑의 감시자는 수용자들의 행동을 낱낱이 감시할 수 있으나 수용자는 감시자를 전혀 볼 수 없도록 설계되어 있다. 그러므로 수용자들은 자신들의 행동이 항상 감시되고 있다고 느끼게 된다.

셋째, 자기 감시이다. 원형감옥의 항시적 가시 상황으로 인해 수용자들은 스스로 자기 감시를 하게끔 되고, 마침내 감시자가 불필요하게 된다.

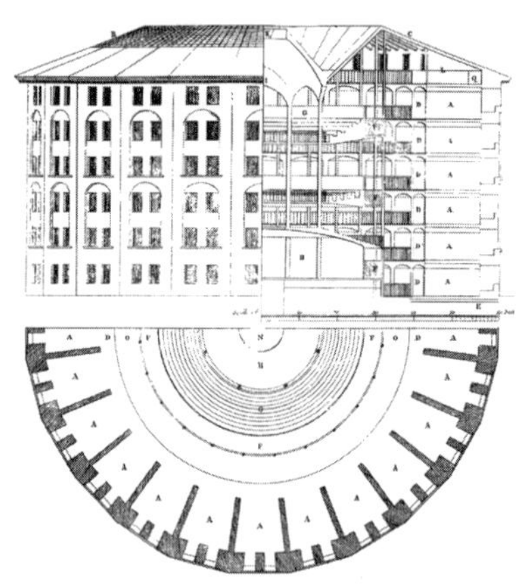

[그림 2-2] 제러미 벤담의 판옵티콘 청사진
(1791년, W. Reveley 그림)
출처: en.wikipedia.org/wiki/panopticon

[그림 2-3] 프레시디오 모델로 감옥, 쿠바(2005)
출처: en.wikipedia.org/wiki/panopticon

판옵티콘으로 상징되는 현대의 '규율 권력'은 '개인화와 주체화'라는 특수한 권력 효과를 생산한다는 것이 푸코의 생각이다. 판옵티콘 감옥의 독방에 '수용되어 있는 죄수들은 완전히 고립되어 있는데, 이는 개인화'의 효과로 이어진다. 푸코는 측면 벽에 의해 동료와의 접촉이 불가능한 독방에 갇힌 수용자들을 독무대에 선 배우에 비교한다.

> "각 감방은 하나의 작은 독무대이다. 그곳에 홀로 서 있는 배우들은 완전히 개인화되어 있으며 가시적인 상태가 지속된다."(Foucault, 1976, p. 257)

수용자들의 완벽한 격리와 고립 상태는 이들을 철저히 개인화함으로써 공모에 의한 소동을 방지하고 권력 메커니즘을 계속 유지시키는 역할을 한다. 판옵티콘은 또한 '주체화'의 효과도 불러온다. 수용자들은 감시의 내면화를 통해 자신을 스스로 감시하는 '규율적 주체'가 되는 것이다. 이 권력 형태의 특징은 규칙적인 감시와 행동의 교정을 통해 길들여진 몸, 순종적인 주체를 생산한다는 점에 있다. 원형감옥에서 보이는 '규율 권력'의 메커니즘은 직접적인 폭력이나 억압보다는 개인화와 주체화를 만들어 냄으로써 기능한다. 이렇게 볼 때, 현대의 개인이란 '규율 권력'의 효과로 만들어진 것이며, 개인의 주체성이란 결국 인간이 권력에 복종한 결과이고 '규율 권력'의 산물이라는 것을 알 수 있다.

화이트는 상담에 오는 내담자들이 호소하는 문제는 이러한 규율 권력의 결과인 경우가 많다고 본다. 현대의 권력은 "억압하고 지배하기보다는 오히려 사람들이 자기(self)에 대한 규율을 통해 그들만의 삶을 만들어 가도록 유도한다."(White, 2014) 사람들은 자율적이고 독립적이며 개별화된 인간이 되기 위해 끊임없이 자기 형성 활동(self-shaping activities)을 하며, 이러한 규범적 이상에 부합되기 위해 노력한다. 그러나 이 과정에서 많은 사람은 과오를 저지르고 실수하며 원했던 것을 얻지 못하게 되면서 '개인적 실패'를 경험한다. 그럼에도 불구하고 '개인적 실패'를 부정적인 것으로만 볼 필요는 없다. 왜냐하면 이러한 실망, 거부, 저항은 독특한 결과의 출발점이 될 수 있기 때문이다(White, 2014).

인간을 단자(monade)로 개별화하고 삶을 세포화(cellularize)하는 현대 사회의 권력 담론을 해체하는 것은 내러티브상담에도 중요한 의미가 있다. 모더니즘의 가정에 따르면 현실은 고정되어 있고, 직접적으로 관찰할 수 있으며, 인간 행동을 결정하는 규칙과 법칙은 발견 가능하다. 인간은 단일한 특성과 속성을 지닌 개별적이며 자기결정 능력이 있는 존재로 여긴다. 내담자의 문제는 내담자의 내적 자기와 관련이 있으므로 문제의 원인을 내담자의 내면에서 찾는다. 이러한 내재화 담론은 내담자가 관계와 맥락에서 고립되어 마치 각기 떨어진 섬에서 살아가고 있는 존재로 보고 문제의 원인 소재를 내면화한다. 예를 들어, 우울증, 분노조절장애, ADHD, 게임중독으로 진단된 내담자의 문제는 개인의 내재적 특성으로 여긴다. 그 결과, 사람 자체를 병리화하고 일탈자, 병자, 희생자, 영웅으로 이름 붙인다. 이러한 시각은 상담 과정에서 내담자를 성별, 인종, 계층, 민족, 정치, 문화 등의 사회관계적 맥락에서 보는 것을 방해한다.

[그림 2-4] 내재화 담론의 내재화

내러티브상담은 이러한 내재화 담론에 대한 비판적 실천을 행한다. 내러티브상담의 외재화는 내담자와 문제를 분리시킴으로써 인간을 대상화하고 정체성을 문제와 동일시하는 방식에서 벗어날 수 있는 기회를 준다. 내재화 담론은 내담자 자체를 문제로 보기 때문에 내담자는 자신이 문제의 근원이라는 것을 인정하고 자신의 정체성에 대한 부정적 결론을 내리게 된다. 화이트는 "만일 사람을 문제로 본다면 자기 파괴적 행동 이외에 할 수 있는 것이 없다. 그러나 사람과 문제의 관계가 외재화 대화에서처럼 좀 더 분명히 정의된다면 관계 수정의 가능성은 여러 가지로 많아진다."(White, 2010)라고 하였다.

앞서 ADHD로 진단받은 아동의 예에서 보았듯이 ADHD를 아동과 떼어 놓으면 아동은 자신에 대한 폄하와 부정적 정체성에 사로잡히지 않고도 ADHD가 자주 나타날 때와 그렇지 않을 때가 있는 것을 알아차릴 수 있고, ADHD가 아동 자신과 가족 그리고 친구와 학교생활에 미치는 영향에 대해서 살펴볼 수 있으며, 자신이 ADHD와의 관계를 어떻게 설정하고 싶은지도 결정할 수 있게 된다. 이는 문제로 가득찬 내담자의 지배적 이야기에 갈라진 틈새를 만들어 줄 것이다. 그리고 '질환이 있는 환자'라는 이야기 줄거리에 맞지 않는 독특한 이야기가 갈라진 틈새를 뚫고 나올 기회를 줄 것이다. 뿐만 아니라, 개인화되고 탈맥락화된 ADHD라는 문제를 사회문화적 맥락 속에서 살펴볼 수 있는 기회도 갖게 될 것이다. 자녀가 ADHD 진단을 받으면서 태교를 잘못한 탓은 아닐까 자책하던 어머니는 이를 자녀의 개인적 문제만으로 보기보다는 규율 권력의 중심에 있는 학교 시스템과 학력 중심 사회와의 연관성 속에서 탐색할 수 있다. 이로써 자녀와 어머니 모두 자신의 정체성에 대한 부정적 결론에 이르지 않고 대안적 정체성을 형성해 나가면서 ADHD, 그리고 학교와 새로운 관계를 설정하고 대안적 행동을 선택할 수 있는 여지를 줄 수 있다.

(3) 전문가 지식의 해체

화이트에 따르면, 푸코는 '전문가 지식이 가지고 있는 역사적이고 문화적인 한계'(White, 2014)를 지적하고 절대적 진리와 보편적 지식에 대한 담론을 해체했다. 그리고 전문가의 권력이 어떻게 지식의 새로운 형태를 만들어 가는 것인지 알려 주었다. 푸코는 권력과 지식의 문제에 대해 오랜 시간 동안 탐구하면서, 권력과 지식은 분리할 수 없으며 이 둘은 연결되어 서로를 구성한다고 보았다. 여기서 지식이란, 이른바 진리임을 표방하는 일반적, 보편적 지식을 의미하는데, 특정 지식이 진리 담론이라는 옷을 입는 것에는 권력이 관련되어 있다는 것이다. 즉, 권력이 생겨나고 유지되는 것은 보편적 지식을 생산하는 것과 관련되어 있다는 것이다.

화이트와 엡스턴(White & Epston, 1990)도 주목하듯이 푸코가 말하는 권력은 전통적인 권력 개념과는 다르다. 전통적 개념에 따르면, 권력은 위에, 그리고 중앙에 위치해 있고 어떤 것을 금지함으로써 행사된다. 그러나 푸코가 말하는 권력은 위에 있기보다는 아래에서 행사된다. 이 말의 의미는 권력은 사람들 속에 내재화되어 매 상호작용 속에서 생산 및 재생산된다는 것이다.

푸코는 현대 권력의 전략적 특색은 억압가설이 주장하듯이 성(性)의 억압에 있는 것이 아니라 오히려 성(性)의 '담론화'에 있다고 한다(Foucault, 1977). 성은 현대 권력에 의해 집중적으로 생산되며, 이를 통해 성적 주체가 구성되고 성에 관한 지식이 형성된다. 성에 대한 담론의 급증 속에서 푸코는 중세시대에 실행되었던 고백의 강요와 현대 사회의 권력실천 사이에 묘한 접합이 이루어지고 있음을 발견한다. 그는 '고백의 기술'이 성의 담론화에서도 중심 역할을 하고 있음에 주의를 기울인다. 성의 담론화 과정에서 사람들은 자신의 비밀스러운 성적 욕망에 관해 진실을 고백하라고 끊임없이 강요받는다. 그리고 권력은 이러한 과정에서 사람에 관한 지식을 축적할 뿐만 아니라 사람들을 욕망과 고백의 주체로 만든다. 이러한 '고백의 기술'은 중세시대 고해성사로 거슬러 올라가 살펴볼 수 있다.

가톨릭 교서와 고해성사의 변화를 고찰한 푸코는 '고백의 실천' 속에서 권력과 성의 중요한 연결점을 찾아낸다. '고백의 실천'은 중세시대 금욕적인 수도원 전통의 고해성사로 소급되나, 17세기에 이르면 모든 이에게 확대된다. 사람들은 자신의 육욕과 성적 비밀에 대해 고백하도록 강요된다. 노골적이고 직접적인 언급은 회피되고 순화된 언어로 덮인 가운데, 성에 대한 권력의 담론은 한시도 쉬지 않고 끊임없이 확대된다. 사람들에게는 성에 관련해 법을 위반한 사실뿐만 아니라, 영혼과 몸의 가장 깊은 충동까지도 고백해야 할 임무가 주어진다. 욕망과 관련된 모든 것은 낱낱이 진술되어야 한다.

> "…… 당신들의 모든 감각을 정확히 살피시오 …… 당신들의 모든 생각, 당신들이 한 모든 말 그리고 당신들의 모든 행위도 검토하시오. 심지어는 당신들의 꿈까지 유심히 살피고, 잠에서 깨어나서는 당신들이 그 꿈에 동의하지 않았는지를 파악하시오."(Foucault, 1990, p. 38)

[그림 2-5] 주세페 몰테니의 〈고해성사〉(La confessione)

출처: https://commons.wikimedia.org/wiki/File:Artgate_Fondazione_Cariplo_-_Molteni_Giuseppe,_La_confessione.jpg

푸코에 의하면, 이와 같은 '고백의 기술'을 통해 자기시험의 규칙이 생겨난다. 그리고 이러한 자기시험의 실천, 즉 각 사람이 자기 자신에 대해 펼치는 '진리 담론'은 '자기와의 관계'를 형성시킨다. 여기서 푸코가 주의를 기울이는 점은, 사람들에게 고백이나 자기시험의 과정이 강제나 권력의 영향으로 느껴지기보다는 오히려 해방과 치유로 받아들여진다는 것이다. 사람들은 고백의 과정을 통해, 자신에 대한 진리 담론을 생산하고 재구성하는 주체로 구성된다. 이렇게 해서 인간의 주체화가 이루어진다. 그런데 아이러니하게도 이렇게 구성된 주체는 권력에 복속하는 주체이다. 18세기를 거치면서 고백의 실천은, 종교에 한정된 영역에서 벗어나 점점 사회의 여러 분야로 확산된다.

> "고백의 효력은 재판, 의학, 교육, 가족 관계, 연인 관계 그리고 더 나아가 가장 일상적인 영역과 가장 엄숙한 의식 속으로 폭넓게 확산되었다. 사람들은 제각기 자신의 범죄, 자신의 과오, 자신의 생각과 욕망, 자신의 과거와 자신의 꿈, 자신의 유년기, 자신의 질병과 자신의 비참을 고백한다. 사람들은 가장 말하기 어려운 것을 최대로 정확하게 말하려고 애쓰며, 자신의 부모, 선생, 의사 또는 사랑하는 이에게 공개적으로 또는 사적으로 고백을 한다. 사람들은 고백한다. 아니 어쩔 수 없이 고백한다. …… 서양에서, 사람은 고백의 동물이 되었다."(Foucault, 1990, p. 76)

이처럼 집요하게 모아진 고백에 근거하여 의학, 정신병학, 교육학 등 성에 대한 현대 학문이 성립된다. 푸코는 이를 가리켜 고백의 학문이라 일컫는데, 고백의 의식과 내용에 의지한 학문이라는 의미이다. 사람들은 이제 신부 앞이 아니라 의사나 학자, 상담자 앞에서 고백하게 된 것이다. 푸코에 따르면, 이렇게 고백하는 사람들은 자신의 비밀에 대해 진실의 담론을 펼치는 주체로 보인다. 그러나 이들이 펼치는 담론의 '진정한' 진실성은 다시 학문적 분석을 통해 판독되고 해석되어야 하므로 이들은 담론의 주체인 동시에 객체이다. 과거에 고해하던 주체들이 죄를 용서해 주시는 '주님'께 복속되었다면, 현대의 주체들은 '고백의 학문'에 복속된 존재이다.

성에 관한 담론의 분석은 푸코의 권력이론에서 세 가지 축을 이루는 권력, 주체의 구성, 지식의 밀접한 연관성을 명확하게 보여 준다. 즉, 현대의 권력이 주체를 구성하고 생산하는 과정에서 합리성의 대표적인 결과물인 지식이 쌓이고 학문이 발전된다. 이렇게 본다면 현대의 지식과 학문 또한 권력의 작용이 낳은 생산물에 불과한 것이라고 할 수 있다(Foucault, 2008).

푸코가 기술한 바와 같이 대부분의 의학적, 심리학적 전문 지식은 이른바 '환자'의 고백에 기초해 만들어졌으며, 치료 과정 또한 '환자'의 고백에 기초해 구성되었다. 그럼에도 불구하고 진단을 확정하고 치료 개입이 이루어지는 과정에서 '환자'의 생각과 목소리는 소외되고 전문가의 지식이 우위를 점한다.

정신과에서 만성 우울증으로 진단받고 상담에 참여한 한 청년 내담자는 자신이 의사가 진단한 대로 진짜 우울증인지 아니면 이제는 그만 노력하고 싶은 건지 잘 모르겠다고 했다. 만약 우울증이란 명칭을 잠깐 옆으로 치워 두고 지금 상태나 느끼는 것을 자신의 말로 설명한다면 어떻게 말하고 싶은지 물어보니, 취업을 위해 노력하다가 지친 상태이고, 더 노력해도 소용없을 것 같은 생각이 들며, 때로 막막해서 죽고 싶다는 생각이 든다고 했다. 그리고 이런 시대에 태어난 것이 원망스럽고 화가 나서 눈물이 나며 가끔 물건을 부수고 싶기도 해서 그럴 때면 혼자 벽을 친다고 했다.

그렇다면 우울증이라는 질환으로 진단할 때와 내담자의 말로 기술된 현재의 상태에 기초해 대화를 나누는 것은 어떠한 차이가 있을까? 우울증으로 진단된 내담자는 자신을 우울증 환자로 구성하면서 이전에 자신이 학교 활동에 적극적으로 참여하고 친구들과 활발히 관계를 맺었던 것은 가면 우울증의 상태로 여기기 시작하였고, 좋은 학점을 받기 위해 성실히 노력한 것은 학점에 대한 강박행동에 해당하는 병리적인 것으로 판단했다. 우울증이나 강박증이란 병으로 진단을 하게 되면 내담자는 현재 질환 상태에 있으므로 전문가의 치료방법에 따라 약을 복용하거나 심리치료를 받으면서 다시 대기업 취업을 위해 노력하는 길을 선택하는 수밖에 없다.

그러나 이러한 전문적 진단명에서 벗어나서 "그만 노력하고 싶다."라는 내담자 자신의 이야기에서 출발하면 내담자의 삶의 모습에 대한 다양한 이야기의 가능성이 열리고, 내담자의 삶과 사회문화적 맥락이 자연스럽게 연결될 수 있다. "이제 그만 노력하고 싶다."라는 것은 그동안 내담자가 취업을 위해 꾸준히 노력해 왔다는 것을 보여 주기도 하고, 결코 남들이 말하는 것처럼 내담자가 '나약'한 사람이 아니라는 것도 알려 준다. 내담자가 한때는 왕따를 당하기도 하였지만 그 이후 노력을 통해 친구들과 잘 지내는 다양한 기술을 습득한 이야기도 들을 수 있다. 더 자세히 이야기를 나누다 보면 대기업 취업이라는 목표는 자신이 진짜로 원하는 삶의 최종 목표가 아니고 사회문화적 환경 속에서 제시되었던 목표였고 자신이 진짜로 원하는 삶은 다르다는 인식에 도달할 수도 있다. 또한 취업이라는 목표에 도달하지 못한 것은 개인의 노력과 성실함의 부족 때문이 아니며 사회와 이 시대의 문제라는 것, 혼자만 이러한 상황에 처한 것이 아니라는 것 그리고 이러한 생각은 미취업에 대한 변명이나 핑계가 아니라는 것도 더욱 확실해진다. 어쩌면 죽고 싶다는 생각은 자신이 선호하는 삶을 살지 못하고 쓸데없는 일에 계속 매달려야 하는 현재 삶에 대한 거절과 거부를 의미하는 것이기도 하다.

기존의 상담치료에서는 내담자가 만약 "저는 우울증이 아니고 많이 지친 상태예요."라고 한다면 상담자는 "그게 바로 우울증의 증상"이라며 내담자가 '저항'한다고 할 것이다. 내담자의 말을 전문가의 판단을 부인하거나 거부하는 왜곡된 심리의 산물로 보는 것이다. 문화, 계층, 성, 인종, 환경에 관계없이 인간의 특성과 인간의 발달에 대해 알려 주는 보편적인 전문 지식의 존재를 가정하는 경우, 상담 장면에서 내담자의 경험과 작은 이야기는 간과되기 쉽다. 전문가인 상담자의 이야기에 힘이 주어지고 내담자의 목소리는 소외된다. 지엽적 지식(local knowledege)'은 우위에 있는 일반적, 보편적 지식과 비교되고 평가절하됨으로써 침묵 속에 묻힌다(Foucault, 1980). 하지만 내러티브상담에서는 전문적 지식에 기초해 진리라고 말해진 것, 병리적이라고 진단된 것, 문제라고 말해진 것에 대해 내담자가 자신의 지엽적 지식을 펼쳐 가면서 재협상하고 대안적 이야기를 만들어 낼 기회를 갖게 된다.

전문 지식 역시 역사적 · 정치적 과정의 결과이며 산물임에도 불구하고 이를 보편적인 지식, 보편적 진리의 기초로 보는 모더니즘의 관점은 상담자의 객관성, 공평성, 중립성에 대한 신화를 만들었다(White, 2014). 이에 따라 화이트는 상담에서의 권력 관계에 대해 끊임없이 경고한다.

> "만약 우리가 권력과 지식의 분리가 불가능하다는 것을 받아들인다면 …… 그리고 우리는 동시에 권력의 영향을 받고 있으며, 다른 사람에게 권력을 행사하고 있다는 것을 받아들인다면, 우리는 우리 자신의 실천에 대한 순진한 견해를 받아들일 수 없을 것이다. 또한 우리는 단순히 우리의 실천이 일차적으로 우리의 동기에 의해 결정된다거나 우리가 개인적인 동기를 점검함으로써 권력/지식의 장(field)에 참여하는 것을 완전히 피할 수 있다고 가정할 수 없을 것이다."(White & Epston 1990, p. 29)

화이트는 내러티브상담 또한 우리가 살고 있는 사회적 맥락과 문화 속에서 이루어지며 그 외부에 존재하는 것이 아니라는 점을 강조한다. 그러므로 상담자는 언제나 자신이 권력과 지식의 영역에 참여하고 있다는 것을 가정해야 하고, 자신의 기술과 실천에 내포된 숨겨진 힘의 관계를 탈신비화시키고 정체를 드러내기 위해 노력해야 한다. 이를 위해 상담기록지나 녹화 영상을 살펴보면서 상담관계 속에서 드러난 자신의 권력 남용을 발견하는 것이 중요하다. 내러티브상담을 하는 상담자는 책임감을 갖고 자신이 당연하다고 생각하는 것을 점검하며, 상담관계와 사회 속에서 자신의 위치 그리고 이와 관련된 특권과 한계를 인정하고 표현해야 한다. 또한 자신의 성별, 인종, 계층, 문화에 부합하는 독특한 이해와 경험을 인정하고 이러한 한계를 넘어 대안적인 문화를 지향해 나가려고 노력하는 것이 필요하다(White, 2014).

참고문헌

권석만(2012). **현대 심리치료와 상담 이론: 마음의 치유와 성장으로 가는 길**. 서울: 학지사.

김용태(2009). 가족 상담: 가족치료의 개념적, 철학적 변화. **상담학연구, 10**(2), 1201-1215.

김욱동(1991). **포스트모더니즘과 포스트구조주의**. 서울: 현암사.

이선혜(2020). **이야기치료**. 서울: 학지사.

Besley, A. C. (T.). (2002). Foucault and the turn to narrative therapy. *British Journal of Guidance & Counselling, 30*(2), 125-143. https://doi.org/10.1080/03069880220128010

Corey, G. (2017). **심리상담과 치료의 이론과 실제** [*Theory and practice of counseling and psychotherapy* (10th ed.)]. (천성문, 권선중, 김인규, 김장회, 김창대, 신성만, 이동훈, 허재홍 공역). 서울: 학지사. (원저는 2016년에 출판).

Dueck, A., & Parsons, T. D. (2004). Integration discourse: Modern and postmodern. *Journal of Psychology and Theology, 32*(3), 232-247.

Fleuridas, C., & Krafcik, D. (2019). Beyond four forces: The evolution of psychotherapy. *SAGE Open*. January-March 2019, 1-21. https://doi.org/10.1177/2158244018824492

Foucault, M. (1973). *Wahnsinn und gesellschaft: Eine geschichte des Wahnsinns im Zeitalter der Vernunft*. Frankfurt am Main: Suhrkamp Verlag.

Foucault, M. (1976). *Überwachen und strafen: Die Geburt des gefängnisses*. Frankfurt am Main: Suhrkamp Verlag.

Foucault, M. (1977). *Der Wille zum wissen: Sexualität und wahrtheit 1*. Frankfurt am Main: Suhrkamp Verlag.

Foucault, M. (1980). Two Lectures; 7 and 14 January, 1976, The College de France. In Gordon C (Ed.), *Power/Knowledge: Selected interviews and other writings, 1972-1977*. New York: Pantheon Books.

Foucault, M. (1990). **성의 역사 1: 앎의 의지** (*Histoire de la sexualité, 1: La volonté de savoir*). (이규현 역). 서울: 나남. (원저 1976년에 출판).

Foucault, M. (2008). *Die Hauptwerke*. Frankfurt: Suhrkamp.

Habermas, J. (1990). *Die Moderne-ein unvollendetes Projekt. Philosophisch-politische Aufsätze 1977-1992*. Leipzig: Reclam.

Kim, E-Y. (1995). *Norbert elias im diskursvon moderne und postmoderne*. Marburg: Tectum Verlag.

Koslowski, P., Spaemann, R., & Löw, R. (Eds.) (1986). *Moderne oder postmoderne?: Zur signatur des gegenwärtigen zeitalters*. Weinheim: VCH Verlagsgesellschaft.

Lyotard, J. F. (2018). **포스트모던의 조건**(2판) (*La condition postmoderne*). (유정완 역). 서울: 민음사. (원저는 1978년에 출판).

Madigan, S. P. (1992). The application of Michel Foucault's philosophy in the problem externalizing discourse of Michael White. *Journal of Family Therapy, 14*(3), 265-279.

Madigan, S. P. (2019). *Narrative therapy* (2th ed.). Washington, DC: APA.

Reese-Schäfer, W. (1989). *Lyotard zur einführung*. Hamburg: Junius Verlag.

Sarup, M. (2005). **후기구조주의와 포스트모더니즘** [*An introductory guide to post-structuralism and postmodernism* (2nd ed.)]. (전영백 역). 서울: 조형교육. (원저는 1993년에 출판).

Thomas, L. (2002). Poststructuralism and therapy-what's it all about?. *The International Journal of Narrative Therapy and Community Work, 2002*(2), 85-89. www.dulwichcentre.com.au

Wellmer, A. (1985). *Zur moderne und postmoderne: Vernunftkritik nach adorno*. Frankfurt am Main: Suhrkamp Verlag.

Welsch, W. (1991). *Unsere postmoderne moderne*. Weinheim: VCH Acta Humaniora.

White, M. (1991). Deconstruction and therapy. *Dulwich Centre Newsletter, 3*, 21-40.

White, M. (1997). *Narratives of therapists' lives*. Adelaide, South Australia: Dulwich Centre Publications.

White, M. (2004). *Narrative practice and exotic lives: Resurrecting diversity in everyday life*. Adelaide, South Australia: Dulwich Centre Publications.

White, M. (2010). **이야기치료의 지도** (*Maps of narrative practice*). (이선혜, 정슬기, 허남순 공역). 서울: 학지사. (원저는 2007년에 출판).

White, M. (2014). **내러티브 실천: 마이클 화이트와의 대화** (*Narrative practice: Continuing the conversations*). (김유숙, 최지원, 안미옥 공역). 서울: 학지사. (원저는 2011년에 출판).

White, M., & Epston, D. (1990). *Narrative means to therapeutic ends*. New York, NY: W. W. Norton & Company.

제3장

내러티브상담의 원리와 과정

김혜경(도운심리상담센터 소장)

내러티브상담은 포스트모던 혁명의 완벽한 표현으로 최근 상담 및 가족 상담 영역에서 커다란 영향력을 행사하고 있다. 내러티브상담은 사람들이 행동하는 방식보다 그들이 의미를 구성하는 방식에 초점을 둔다(Nichols & Schwarts, 2002). 그래서 내러티브상담은 경험이 어떻게 기대를 형성하는가, 그리고 이 기대가 이야기를 조직함으로써 어떻게 다시 경험을 형성하는가에 대한 이해에 관심을 둔다.

화이트(White)는 "사람이 문제가 아니라 문제가 문제다."라고 보며, 내러티브상담 역시 지금 우리가 살고 있는 사회적 맥락과 문화 속에서 이루어지고 있으므로 상담자는 상담관계의 권력을 인식하고 자신이 당연하다고 생각하는 것을 점검해야 한다고 보았다(White, 2014).

이렇게 새로운 패러다임의 상담 접근인 내러티브상담은 어떤 가정과 원리를 가지고 있고, 무엇을 상담의 목표로 삼으며, 상담자는 어떤 위치에 있고 또 어떤 태도를 취하는지, 상담은 어떤 과정으로 진행되는지에 대해 알아보려고 한다.

1. 내러티브상담의 원리

1) 내러티브상담의 가정

내러티브상담은 사람을 자기 인생의 전문가로 보며, 상담관계에서 내담자를 대화의 중심에 두고 비난하지 않으며 존중하는 상담 및 지역사회 작업방식이다. 내러티브상담은 문제를 사람과 분리된 것으로 본다. 내담자가 호소하는 문제를 사람과 분리시켜서 바라보려고 하며 "사람이 문제가 아니라 문제가 문제다."라고 본다(White, 1997; White, 2010). 내담자에게는 많은 기술과 유능함, 믿음, 가치, 헌신 경험, 능력이 있어서 스스로 문제에 대한 관계를 변화시킬 수 있으리라고 가정한다.

내러티브상담에서는 사람이 의미를 만드는 존재이며 매일 경험하는 사건 속에서 의미를 찾아내려 한다고 본다. 사람은 경험에 의미를 부여하며 살아간다. 이런 의미 부여에 사용되는 것이 바로 언어이다. 언어로 삶의 경험을 해석하고 의미를 붙이며, 말로 표현된 삶은 우리 자신이 된다. 우리는 자신만의 이야기를 지니며 이러한 이야기는 개인의 현재와 미래의 삶을 형성한다(McNames & Gergen, 2004; White, 2010).

삶의 이야기에는 언제나 관계와 상황이 있으며, 이것이 우리가 사건에 부여하는 의미와 해석을 좌우한다. 이러한 사회적 맥락에서 존재하는 이야기 중 어떤 부분에는 다른 것보다 더 많은 비중이나 가치를 부여하게 된다. 사회에서 모두가 그렇다고 인정하는 지배적 이야기에는 가치와 비중을 더 두게 될 것이며, 그에 반하는 이야기는 억압되거나 문제 이야기가 되기도 할 것이다. 내러티브상담에서는 그동안 억눌리고 망각되어 온 개인 삶의 지식과 기술을 찾아내고자 한다. 거기에서 내담자가 선호하는 이야기를 찾아내고 발전시킨다.

삶은 하나가 아닌 여러 이야기로 구성되며, 또한 동시에 펼쳐진다. 삶의 이야기에는 명확하지 않은 것도 많고 모순된 것도 있으며 정체성에 대한 진리는 없다고 본다. 사람들은 유리한 경험과 불리한 경험을 동시에 할 수 있다. 그러나 하나의 경험을 토대로 전체를 규정하거나 그 경험 자체를 전체라고 보는 방식은 문제와 문제 이야기를 만든다. 내러티브상담에서는 사람들이 이야기하는 방식을 바꿈으로써 삶의 변화를 경험할 수 있다고 본다. 문제는 인간의 특정 부분이 우리 사회에서 부정적으로 취급될 때 발생한다. 마치 그 부분이 삶의 전체라 인식하며 그 사람의 정체성이라 정의될 때 문제가 발생한다는 것이다. 따라서 문제의 사회문화적 맥락을 바라보고 그 사람이 선호하는 삶과 자신에 대한 이야기를 만들어 내는 과정을 통하여 문제를 해체하고 정체성을 재구성해야 한다고 본다(White, 1997).

내러티브상담의 중요한 원칙은 상담자가 내담자의 이야기에 대해 잘 모른다는 자세로 궁금증과 호기심을 가지고 내담자에게 기꺼이 질문하는 것이다. 상담자는 대화의 방향을 결정하지 않으며 내담자에게 질문하고 그가 선택하게 한다. 내담자는 대화의 방향을 결정하는 데 중요한 역할을 한다. 내담자와의 대화는 올바른 방향이 따로 정해져 있지 않고 여러 방향으로 가능하다(White, 2010).

2) 내러티브상담의 원리

내러티브상담은 사람들의 경험이 어떠한 이야기 형식으로 조직되고 유지되는지 파악해서 이야기하는 방식을 다르게 바꾸고자 한다. 내담자의 문제 이야기를 새로운 방식으로 어떻게 다르게 이야기할 수 있는가에 주안점을 둔다(고미영, 2004). 문제의 경험을 중심으로 만들어진 이야기를 문제에 젖은 이야기, 문제 이야기라고 부르는데, 이것은 사회문화의 지배적인 이야기에 영향을 받은 이야기이다. 이러한 문제 이야기는 내담자와 그의 가족이 원하지 않는 삶으로 그들을 인도한다. 문제 이야기는 내담자의 성공이나 자신감을 그의 삶에서 몰아내어 그의 존재를 인식하지 못하게 하며 결국 내담자가 자신의 이야기로 살지 못하도록 한다. 이 문제 이야기를 인식하고 그에 대항하여 새롭게 만들어지는 내담자의 이야기를 대안적 이야기라고 부른다. 문제 이야기에 영향받지 않고 자신의 입장에서 자신의 이야기를 쓰는 것, 문제 이야기에서 자신이 선호하는 대안적 이야기를 다시 쓰는 것이 내러티브상담이 추구하는 것이다. 이러한 과정에는 여러 가지 원리와 다양한 기법이 있다. 외재화와 독특한 결과를 조명하는 대화, 다시쓰기 대화, 회원재구성, 정의예식, 치료적 문서 기법은 뒷장에서 자세히 안내될 것이므로, 여기서는 내러티브상담의 기법을 이해하는 데 바탕이 되는 원리인 '해체적 경청하기'와 '부재하지만 암시적인(이중 경청)' 내용에 대해 알아보고자 한다. 내러티브상담의 기법뿐만 아니라 상담자의 위치와 태도 및 원리도 상담의 기제로 작동하며 상담의 척도로 이야기된다(Stillman, 2022).

(1) 해체적 경청하기: 문제를 사회, 문화, 역사 등의 맥락에 두기

내러티브상담자는 내담자의 이야기를 들으면서 어떤 이야기에 중점을 두고 말할지, 내담자에게 영향을 주는 문제 이야기가 무엇인지 생각해야 한다. 내담자에게 부정적 영향을 미치는 문제 이야기, 사회문화의 지배적 이야기를 내담자와 분리하여 문제 이야기의 원천을 탐구하고 드러내야 한다. 이러한 분리와 탐구는 내담자의 새롭고 대안적 이야기를 시작할 수 있는 공간을 마련하는 기반이 된다. 문제 이야기의 분리에서 탐구로 이어지는 이러한 관점은 내담자의 이야기를 따라 상담자와 내담자가 같이 떠나는 여행과 같다(고미영, 2004).

이 여행의 출발점을 '해체적 경청'이라고 볼 수 있는데, 이는 문제를 중심으로 만들어진 내담자의 이야기를 해체하려는 의도를 가지고 듣는 것을 말한다(White, 1993). 이야기를 해체한다는 것은 이야기를 열어서 풀어헤치는 것으로 이야기가 만들어진 과정에 눈을 돌리고 그 이야기를 지지해 온 사건이나 관계를 찾아내는 것이다. 해체적 경청은 문제 이야기가 현재 그 사람의 삶과 관계에서 영향을 주는 영역을 드러내고 그 안에서 미치는 영향력의 정도를 알려 준다. 화이트는 이 해체를 '우리가 당연시하는 현실과 그 관습을 전복시키는 것'이라고 했는데, 이는 소위 '진실'이라고 여기는 사회 관습과 친밀한 삶의 방식에서 떨어져 나오는 것이다(White, 1993). 문제는 특정한 개념이나 신념의 지지를 받을 때만 살아남고 번창할 수 있다. 문제는 혼자 뚝 떨어져서 존재하는 것이 아니라 사회 속에서 당연시되고 '그렇게 하는 게 맞다'는 인식 속에서 살아 있다(White, 2014). 우리가 살고 있는 사회문화의 신념과 생각, 관행이 문제와 문제 이야기를 지지하고 있기 때문에 문제는 살아남는다. 그래서 우리는 이를 해체하려고 하는데, 해체는 문제를 우리와 '떼어 놓기'를 한다고 할 수 있다. 문제를 사람과 떼어 내서 문제가 사람에게 끼치는 영향을 열어서 펼쳐 보는 것이다. 어떤 내담자는 문제와 자신을 떼어 놓는 것에 이의를 제기하고 받아들이지 못한다. 문제를 분리해서 이야기하고자 하면 문제가 따로 떨어져 있거나, 찾아오는 것이 아니라 나 자신인 것 같다고 말하거나, 내 안에 있다고 얘기하는 경우가 종종 있다. 이는 문제가 사람에게 딱 붙어서 분리가 어렵게 느껴지고 문제를 가진 사람이 문제라고 보는 사회문화의 시각과 관념이 깊게 영향을 주고 있는 것이다.

우리는 사회문화의 이러한 신념과 생각, 관행을 대부분 '당연한 것' '진리' '상식'으로 여기며 그것이 문제라고 생각하지 않는다(White, 2014). 여기에 부합되지 않는 자신이 문제라고 생각하는 것이다. 예를 들어, 남성이 여성을 학대하는 행동은 이러한 폭력을 정당화하고 허용하는 가부장제와 남성 우월적 관념이 그 사회에 팽배하고 지지해 줄 때에만 일어날 수 있다.

우리는 내담자의 이야기를 들으면서 질문을 통해 내담자가 문제에서 더 멀리 떨어지도록 도우려 한다. 개인적인 수준에서의 해체는 자신과 주변의 관계에 대한 생각과 관행에 영향을 주는 문제를 검토하고 내담자의 여러 관계나 개인적인 경험의 다른 맥락을 검토하는 것이다.

이러한 문제의 해체는 선호하는 이야기에 초점을 두고 진행된다. 문제의 해체를 통해 내담자에게 영향을 미치는 지배적 이야기를 인식하고, 그 영향력을 탐색하고 평가하면서 내담자에게 지배적 이야기가 끼치는 영향이 괜찮은지 아닌지 묻게 되며, 그 과정에서 내담자의 선호하는 이야기를 만난다. 내담자가 문제에 영향을 받지 않고 다르게 행동했을 때나 내담자가 원하는 방향으로 행동했던 예외 상황을 통해 문제에 영향을 받지 않은 내담자가 선호하는 이야기를 찾아갈 수 있다. 관행은 개인적 영역뿐 아니라 넓은 사회적 영역에서도 일어나기 때문에 개인적 영역의 해체와 함께 사회적 영역에서의 해체도 중요하다. 사회적 영역에서의 해체는 그 사회에서 얘기되고 통용되는 이야기나 관행을 인식하고 떼어 놓고 보는 것이다.

(2) 부재하지만 암시적인(이중 경청)

우리가 언급한 이야기에는 언제나 언급하지 않은 반대편의 의미가 있다. 어떤 입장을 문제로 선택하면 선택하지 않은 반대 입장, 즉, 선호하는 이야기가 있다는 것이다. 이것이 '부재하지만 암시적인(absent but implicit)' 것의 의미이다. 우리가 문제 이야기를 말하는 것은 선호하는 이야기가 있다는 의미이기도 하다(White, 2010). 그래서 '부재하지만 암시적인'이라는 것은 문제라고 얘기하는 표면에는 나타나 있지 않지만 내담자가 원하고 바라는 선호하는 이야기가 있음을 암시한다. 예를 들어, 아이가 등교를 거부하는 문제가 있어 내방한 가족은, 학교는 꼭 가야 하며 아이가 등교를 잘하고 학교생활에 잘 적응했으면 하는 선호하는 이야기가 있다. 또한 시험을 보고 난 후 자신의 점수에 만족하지 못하고 자신을 바보라고 자학하는 학생이라면 공부를 더 잘해서 시험에서 높은 점수를 받고 싶다는 바람이 있다고 볼 수 있다.

문제 이야기에만 집중해서 듣게 되면 우리는 그 이야기의 영향을 받아서 내담자와 같이 막막하고 무겁게 느끼게 되고 암울할 것이다. 그래서 문제 이야기의 영향에서 벗어나 이야기의 표면에는 나타나 있지 않지만 암시적인 것을 보는 이중경청이 필요하다. 이처럼 부재하지만 암시적인 것을 인식하는 일은 사람들의 삶에서 선호하는 이야기에 관한 대화를 시작하는 데 매우 유용하다. 부재하지만 암시적인 내담자가 선호하는 이야기는 내담자의 바람과 내담자가 어떤 사람이고 무엇을 중요시하는지를 말해 주는 정체성을 담고 있기 때문이다.

우리가 경험하는 실체는 다른 경험과 독립적이지 않다. 우리가 경험을 통해서 만들어 가는 의미에는 또 다른 의미가 숨겨져 있기 때문이다. 우리가 경험하는 현재의 사실은 과거에 반대로 경험했던 의미를 알기 때문에 현재의 경험에 대한 사실을 우리가 인식하는 것이다.

2. 내러티브상담의 과정

1) 상담의 목표

내러티브상담에서는 내담자가 호소하는 문제의 해결을 목표로 하지 않으며, 문제 해결을 넘어 내담자가 자기 삶의 이야기를 다시 쓰도록 하는 데 관심이 있다. 즉, 내담자가 자신의 과거와 미래를 다시 쓰도록 돕는다. 우리는 내담자를 상담해야 할 증상이나 해결해야 할 문제를 가진 사람으로 보기보다는, 존엄성과 능력을 가진 사람으로 간주하고 자기 삶의 이야기를 발달시키도록 돕는다. 또한 내담자가 주체적으로 자신의 삶에 책임을 지며 주도적이고 능동적으로 생활할 수 있도록 하는 데 중점을 둔다.

우리는 사람 자체를 문제시하는 사회문화의 강력한 영향력에서 벗어나 최대한의 선택을 할 수 있도록 하는 데 관심이 있다. 사람들이 사회문화와 더 나은 방식으로 관계 맺으며 그들에 대한 새로운 이야기를 함께 쓰는 일에 관심을 갖는다.

내러티브상담은 내담자의 정체성에 문제가 있다고 보지 않고 자신만의 입장에서 내담자의 정체성을 영웅적인 것으로 변형하도록 고안되어 있다(Nichols & Schwarts, 2002). 영웅적인 것이라 함은, 즉 사회의 지배 담론이나 사회문화에 영향받지 않은 자신만의 이야기라고 할 수 있다. 이것은 내담자나 가족 구성원이 그들의 갈등을 직면하거나 서로 더 솔직해짐으로써 성취되는 것이 아니라, 사람을 문제와 분리한 후 공동의 적과 싸우기 위해 가족이 연합함으로써 이루어진다. 사람을 문제와 분리하고 문제에 당하지 않았던 예외 상황인 '독특한 결과' 혹은 '빛나는 사건'—일상적으로 늘 당하던 문제에 예외적으로 그들이 문제에 저항했거나 문제 이야기와 반대되는 방식으로 행동했던 때—을 찾음으로써 시작된다. 예를 들어, 자신이 무능하다는 이야기를 가진 사람이 있다면 우리는 무능함의 원인을 탐색하거나 변화시킬 처방을 내리지 않는다. 대신 그 사람이 살아오면서 무능함에 영향을 받은 삶의 효과에 대해 질문할 것이고, 무능함에 영향을 받지 않고 그가 더 좋아하는 방식으로 행동했던 때를 물어보고 그 부분을 강조할 것이다. 또한 그가 이러한 시각에 동의하든 동의하지 않든 우리 사회가 '무능함'을 보는 시각과 함께 어떻게 자신의 삶에 '무능함'이 찾아왔는지를 함께 탐색하도록 권유할 것이다.

내러티브상담자는 내담자와 내담가족이 삶의 주체로서 자신의 입장을 확립하고 의식을 향상하여 문제 이야기에 영향을 받지 않고 대안적 선택과 수행을 하도록 돕는다. 또한 이렇게 형성된 자신의 입장과 주체의식(personal agency)을 자신의 정체성으로 재구성하여 자신이 선호하는 자기 이야기를 구축하도록 하며, 자신의 정체성을 사회적 관계를 통해 전파하여 더욱 돈독하게 하려고 한다. 내담자나 내담가족이 사회의 중심 목소리와 사회문화의 영향에서 벗어나 자신(가족)의 입장을 인식하고 확립하면 자신의 목소리를 가지게 되고 자기 입장의 위치를 알게 된다. 이것은 그들을 새로운 입장과 위치에 있게 하며, 지배 담론과 사회문화가 주는 영향력에서 벗어나 더 이상 문제가 있는 사람이 아닌 자신의 입장이 분명한 사람이 된다.

이러한 자신의 새로운 입장은 사회문화의 중심 목소리에 자주 영향을 받고 흔들리게 된다. 그래서 이러한 입장을 알아주고 지지해 주는 사람들을 찾고 연결시키는 과정을 통해 새로운 정체성을 강화하고 더 견고하게 구축해야 한다.

2) 상담자의 자세(위치 및 태도)

첫째, '탈중심적이지만 영향력은 있는(decentered but influential) 입장'의 자세이다(Stillman, 2013; White, 1997; White, 2010). 내러티브상담의 상담관계에서는 이야기의 중심이 내담자에게 있다. 내담자 삶의 이야기 전문가는 내담자라고 보기 때문에 상담자는 상담관계에서 중심적인 입장에 있지 않고 중심에서 조금 비켜서 있다. 다만, 내담자의 이야기를 잘 들어 주고 영향력을 주는 위치에서 질문을 한다. 지금까지 상담관계에서는 상담자가 지식이 풍부한 전문가의 입장이었다. 상담자는 상담

이론 공부를 많이 하고 상담 경험도 풍부한 사람이었기에 내담자들은 그의 조언을 구했다. 하지만 내러티브상담에서는 모든 사람을 자기 삶의 전문가라고 인정한다. 어느 누구도 당사자보다 자신의 삶을 더 잘 알 수는 없다. 물론 상담자가 상담이론 공부와 상담 경험은 많겠지만, 내담자 삶의 이야기에서는 내담자만큼 잘 알 수는 없다. 따라서 내러티브상담에서는 내담자를 상담의 중심에 두고 상담자는 중심에서 조금 비켜서서 내담자를 자신의 이야기에서 전문가로 인정하며 질문하는 입장을 취한다.

둘째, '잘 모른다는 자세'로 호기심을 갖는 자세이다. 상담자는 내담자 행동의 어떠한 의도를 미리 '알고 있는 것'이 아니므로, 내담자의 설명에 귀를 기울이지 않을 수 없다. 상담자는 내담자에게서 배운다는 자세로 그에 대한 호기심을 가지고 그가 말하는 이야기에 진지하게 귀를 기울일 때, 내담자가 이해한 것이나 경험했던 것을 함께 탐색해 나갈 수 있다(Anderson & Goolishian, 1988; McNamee & Gergen, 2004). 따라서 내러티브상담자는 잘 모른다는 자세로 내담자의 이야기에 호기심을 가지고 알고자 하는 자세로 질문을 한다. 상담자는 진정한 호기심과 관심을 가지고 한 인간의 삶의 이야기 속으로 들어가는 여행자와 같다. 따라서 내러티브상담은 내담자의 도움을 얻어 그의 삶의 이야기 속으로 깊이 들어가는 여정이다.

셋째, '내담자가 결정할 수 있는 능력을 존중'하는 자세이다. 내러티브상담에서 상담의 중심은 내담자에게 있으며 상담자는 중심에서 비켜서서 내담자를 중심에 두고 내담자의 입장과 이야기를 듣는다. 이 과정에서 상담자는 내담자의 입장을 충분히 듣고 그것을 이해하는 데 집중하며, 내담자에게 상담자의 입장을 말하거나 사회문화의 이야기를 주입하거나 강요하지 않는다(White, 2014). 즉, 내담자 스스로 결정할 수 있는 능력을 존중한다. 상담자는 내담자의 어떠한 입장이나 의견도 존중하며 중심에서 비켜서서 내담자에게 질문한다. 그것이 내담자의 인생에 미치는 영향에 대해서도 스스로 평가하도록 질문하며, 그렇게 평가하는 이유에 대해서도 묻는다. 이러한 질문을 통해 내담자의 입장을 충분히 잘 듣고 이해하는 것이 내담자의 결정할 수 있는 능력에 대한 존중이다. 이렇게 이야기하는 과정을 통해 내담자는 자신의 입장을 만나고 만들어 나간다.

넷째, 문제의 영향을 이해하고 내담자가 말하는 '선호하는 이야기를 지지'하는 자세이다. 내러티브상담자는 내담자의 문제 이야기를 내담자와 분리하여 문제의 영향을 이해하려고 한다. 문제는 특정 개념이나 신념의 지지를 받을 때만 살아남고 번창할 수 있다(White, 2014). 따라서 문제는 내담자가 살고 있는 사회문화의 신념과 생각, 관행이 문제와 문제 이야기를 지지하기에 살아남아 내담자에게 영향을 주고 있는 것이라고 본다. 상담자는 이러한 문제의 영향을 이해하고 문제와 문제 이야기를 내담자와 분리하여 그에게 미치는 문제의 영향을 보고자 한다. 그리고 문제의 영향에서 벗어나 문제에 영향을 받지 않은 내담자의 선호하는 이야기를 찾고 지지하기 위한 작업을 한다.

다섯째, 작은 것(점)이 눈에 띄고 연결되는 느낌이 들 때 '멈추어 질문'하는 자세이다. 작은 것(점)은 내러티브상담의 은유로 내담자가 문제 이야기에 반하는 경험이나 문제 이야기에 영향을 받지 않고 그의 입장을 보여 주는 사건 등 문제 이야기에 당하지 않은 예외경험이다. 이러한 예외경험이 보이고 연결되는 느낌이 들 때 상담자는 멈추어 질문한다. 내담자는 문제 이야기에 잠식되어 있기 때문에 문제 이야기가 영향을 주지 않았다는 점을 인식하지 못하거나 인식하고 있어도 아주 사소하게 생각하는 경우가 많다. 또한 상담자가 예외경험에 초점을 맞추고 질문해도 처음에는 문제에 영향을 받지 않은 경험이라고 인식하지 못하고 대수롭지 않게 생각한다. 이때 상담자가 멈추어서 질문하고 초점을 맞춤으로써 내담자는 이 경험(점)에 주목하며 상담자의 질문에 대답하기 위하여 멈추어 생각하게 된다. 그리고 얘기를 나누면서 문제 이야기에 당하지 않았거나 영향을 받지 않았던 때가 있었음을 알게 되고 어떻게 그럴 수 있었는지, 자신의 생각대로 했던 행동을 자신의 입장에 비춰 보게 된다. 여기서부터 내담자는 주체적으로 자신의 입장을 가지고 선다는 것과 자신이 중요시하는 것에 대하여 생각해 보게 된다. 또한 이러한 내담자의 입장과 삶에서 중요시하는 바는 그의 대안적 이야기를 만들어 가는 토대가 된다.

여섯째, 내담자의 생각과 개념을 외재화하고 그것이 가장 중요한지, 내담자의 기대와 일치하는지, 그 이유는 무엇인지 물어보며 '알아가는 자세'이다(Stillman, 2013). 그래서 내담자가 자신의 이야기를 하도록 한다. 내담자의 문제 이야기를 듣다 보면 문제를 외재화하기가 어려울 때도 있다. 내러티브상담자는 문제 이야기를 잘 듣고 이해하며 문제에서 내담자를 분리하여 떼어 내는 해체 작업을 해야 하는데, 이것이 바로 문제의 외재화 작업이다. 문제 이야기를 따라가는 것은 상담자가 내담자에게 영향을 미치는 사회문화의 신념과 생각 및 관행이 당연하다고 진리와 상식으로 인정하는 것이다. 이는 상담자 또한 사회문화의 영향에 동의하는 것으로 내담자에게 사회문화의 지배적 이야기를 따르도록 하는 역할을 하게 된다. 내러티브상담에서는 문제와 내담자를 분리해 문제가 내담자에게 미치는 영향력을 파악하고 문제의 영향력을 인식시키는 데 중점을 둔다. 상담자는 내담자의 문제 이야기를 들으면서 문제라고 얘기되는 생각과 개념을 외재화하고 그것의 영향력을 탐색하며 내담자의 기대 또는 바람과 일치하는지를 질문한다. 이런 과정을 통해서 내담자가 자신의 입장(위치)에 멈춰 서서 문제가 자신에게 미치는 영향력을 바라보고 자신의 이야기를 할 수 있도록 돕는다. 그래서 내러티브상담자는 문제와 사람을 분리해서 보는 시각과 입장을 유지하고, 상담 과정의 적절한 상황과 시기에 문제를 외재화하는 방법을 사용한다. 상담자는 내담자에게 영향을 미치는 문제 이야기를 내담자로 보지 않고 문제와 사람을 분리하여 바라보는 입장을 취하는 것이 중요하다.

3) 상담 과정

내러티브상담을 적용한 상담 과정은 대략적으로 문제 이야기의 경청과 해체, 부수적 이야기의 구축, 대안적 이야기의 구축, 대안적 정체성의 구축 순으로 이루어진다([그림 3-1] 참조).

상담의 시작에서 상담자는 내담자가 이야기하는 문제 이야기와 내력을 경청하면서 문제를 해체하는 외재화 질문 과정으로 진행할 수도 있고 내담자의 이야기에 따라 내담자가 크게 주목하지 않았던 문제해결의 기술이나 문제에 당하지 않았던 독특한 결과의 질문 과정으로 진행될 수도 있다. 내러티브상담 상담은 다양한 방법과 위치에서 시작할 수 있으며 그 중심에는 내담자의 이야기가 있다. 상담자는 내담자가 말하는 이야기에 따라 안내되는 대로 내담자의 이야기를 만나고 문제 이야기를 해체하고 내담자가 선호하는 대안적 이야기를 만들어 가는 과정을 시작한다. 상담이 진행되면서 내담자의 이야기에 따라 상담자가 질문하고 내담자가 대답하는 과정을 통해 문제 이야기를 해체하고 조명받지 못했던 부수적 이야기를 만나게 된다. 부수적인 이야기가 풍부한 이야기로 발달하고 재구성되면서 대안적 이야기로 발달하고 대안적 이야기를 더 굳건히 해 줄 대안적 정체성으로 구축된다(이선혜, 2020).

화이트는 은유를 적용하여 문제로 자문하는 사람들과의 작업, 즉 상담을 그들과 함께 떠나는(정확하지 않은 목적지를 향해 미리 정해지지 않은 경로를 따라 함께하는) 여행으로 보고 여행 지침서를 지도로 보았다(2010). 이 지도는 목적지까지의 경로를 찾는 단지 참고하기 위해 구성된 지침서로 '진짜' 또는 '정확한' 지침서가 아니며 화

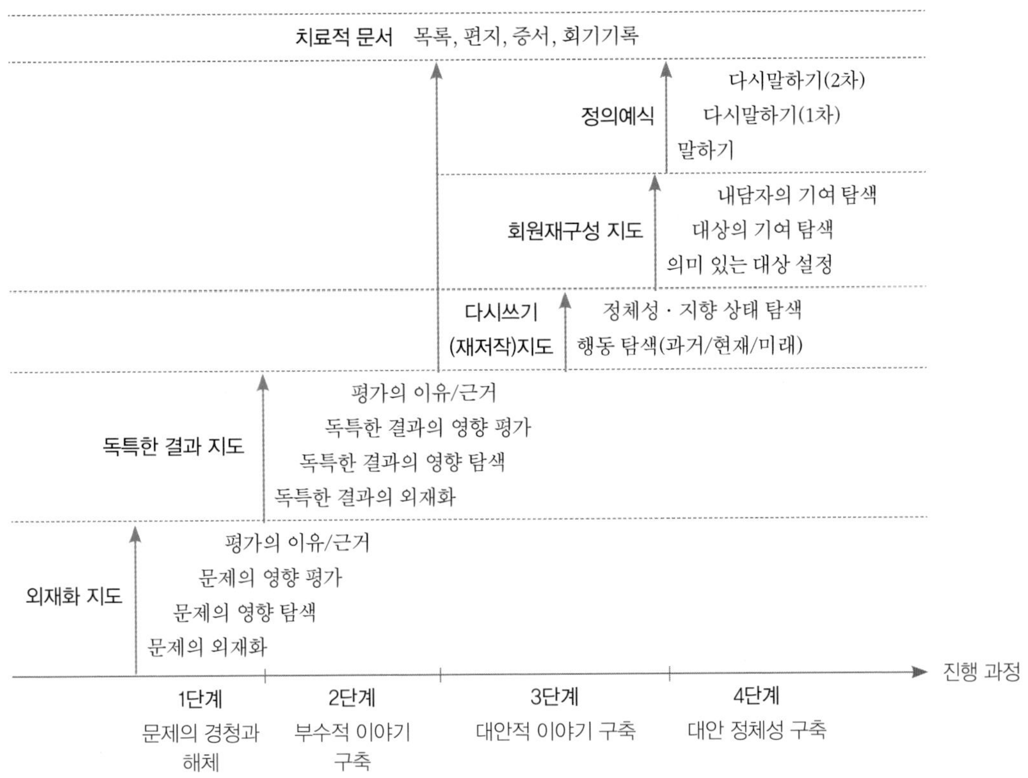

[그림 3-1] 내러티브상담의 과정과 대화 지도

출처: 정문자, 정혜정, 이선혜, 전영주(2018), p. 377.

이트는 자신이 제시한 이 지도의 길 이외에도 다양한 길이 존재하며 상담자가 이것을 인식하는 것이 중요하다고 강조했다.

그리고 그는 내러티브상담의 기법별로 상담의 대화 과정인 질문을 지도로 정리하여 상담자들이 상담 시에 활용할 수 있도록 했다. 외재화 지도, 독특한 결과 지도, 다시쓰기(재저작) 지도, 회원재구성 지도, 정의예식 등이 있으며, 각 기법의 지도는 뒷장에서 하나하나 자세히 안내되고 설명될 것이다. 또한 그는 각 기법의 지도를 모두 모아 한 장의 지도로 정리하여 산에 올라 산 아래를 한 눈에 내려다보듯이 상담 과정을 한눈에 조망할 수 있게 하였다([그림 3-1] 참조). 각 지도는 기법별로 세부 단계와 단계별 질문으로 이루어지며 내담자의 이야기 전개에 따라서 상담자가 필요한 기법을 유연하게 선택적으로 적용하여 사용할 수 있다.

내러티브상담에서 대화 지도는 정해진 순서가 있는 것이 아니며 내담자가 어떤 표현을 하기 전에 상담자가 미리 그에 대한 반응을 결정하는 일을 하지 않는다. 상담자는 대화를 주도하거나 통제할 목적으로 지도를 사용하지 않는다. 대화 지도는 내담자의 삶에서 간과되고 있는 측면에 대한 탐색 기회를 열어 주는 방향으로 상담자의 반응을 형성하는 데 도움을 준다. 그렇게 되면 내담자가 이전에는 상상도 하지 못한 방식으로 자신의 삶의 문제와 어려움을 다룰 수 있는 가능성을 발견하게 한다. 또한 대화 지도는 내담자로 하여금 자신의 생애 사건을 새롭게 이해하게 하고, 자기 삶에서 포기했던 측면에 대해 호기심을 갖도록 하며, 간과되었던 자기 정체성의 부분에 매료되기도 하고, 때로 자신의 문제에 대한 자기 반응에 스스로 놀라워하는 위치에 서게도 한다(White, 2010). 이러한 과정에서 내담자의 삶에서 간과되었던 부수적 이야기를 만나게 되고 부수적 이야기가 풍부한 이야기로 발전되며 대안적 이야기로 재구성되는 놀라운 이동을 만나게 된다.

참고문헌

고미영(2004). **이야기 치료와 이야기의 세계**. 서울: 청목출판사.

이선혜(2020). **이야기치료**. 서울: 학지사.

정문자, 정혜정, 이선혜, 전영주(2018). **가족치료의 이해**(3판). 서울: 학지사.

Anderson, H., & Goolishian, H. (1988). Human systems as linguistic systems: Preliminary and evolving ideas about the implications for clinical theory. *Family Process, 27*(4), 371-393.

McNamee, S., & Gergen, K. J. (Eds.) (2004). **심리치료와 사회구성주의: 자기 이야기의 새로운 구성** (*Therapy as social construction*). (김유숙 역). 서울: 학지사. (원저는 1992년에 출판).

Nichols, M. P., & Schwarts, R. C. (2002). **가족치료: 개념과 방법** [*Family therapy: Concepts and methods* (5th ed.)]. (김영애, 정문자, 송성자 공역). 서울: 시그마프레스. (원저는 2001년에 출판).

Stillman, J. (2013). **내러티브 접근과 집단상담**. 한국이야기치료학회 국제 워크숍 자료집.

Stillman, J. (2022). **내러티브 슈퍼비전**. 한국이야기치료학회 내러티브 슈퍼비전 워크숍 자료집.

White, M. (1993). Deconstruction and therapy. In S. Gilligan & R. Price (Eds.), *Therapeutic conversations* (pp. 22-61). New York, NY: W. W. Norton & Company.

White, M. (1997). *Narratives of therapist lives*. Adelaide, South Australia: Dulwich Centre Publications.

White, M. (2010). **이야기치료의 지도** (*Maps of narrative practice*). (이선혜, 정슬기, 허남순 공역). 서울: 학지사. (원저는 2007년에 출판).

White, M. (2014). **내러티브 실천: 마이클 화이트와의 대화** (*Narrative practice: Continuing the conversations*). (김유숙, 최지원, 안미옥 공역). 서울: 학지사. (원저는 2011년에 출판).

제2부

내러티브상담의 주요 기법

제4장
외재화

신영화(군산대학교 사회복지학과 교수)

"사람이 문제가 아니라 문제가 문제다."

사람은 이야기하는 방식을 바꿈으로써 삶의 변화를 경험할 수 있다. 내담자는 삶의 당사자로서 자신의 방식으로 살아갈 권한이 있다. 자신이 경험하는 일상을 자신의 목소리로 이야기할 때 자신답게, '나답게' 살아갈 수 있다. 내담자는 사회문화에 의해 정의되거나 일반화된 규범이나 관습이 정의하는 문제 이야기를 자신의 것으로 받아들인 채 상담자를 찾는다. 내담자가 이야기하는 말, 행동 또는 어떤 자질이 우리 사회에서 부정적으로 취급될 때, 그것은 문제로 이야기된다. 문제라고 불리는 말, 행동, 자질이 그의 삶 전체를 대표하며 그 사람의 정체성으로 받아들인다.

'외재화 대화(externalizing conversation)'는 사람과 문제를 분리하여 사람과 문제의 관계를 다시 보게 하는 기법이다. 사람과 문제 사이의 거리를 두게 하고, 사람과 문제 사이에 공간을 만든다. 외재화 대화는 문제를 대상화한다. 사람을 범주화하고 대상화하는 전통적인 사고와 차별화한다. 문제가 사람의 본질을 반영하는 것이라는 전통적인 사고에 반기를 들고 내담자의 정체성을 문제에서 분리시킨다. "사람이 문제가 아니라 문제가 문제다."라는 말은 화이트(White)가 한 말로 외재화 대화를 대표한다. 외재화(externalizing)는 사람과 문제에 대한 새로운 관점을 제시한다는 면에서 내러티브상담을 대표한다.

1. 외재화의 정의

1) 외재화의 유래와 정의

(1) 외재화의 유래

외재화는 1980년대 초 가족 상담 분야에서 처음 소개된 개념이다. 화이트는 고질적이고 다루기 어려운 문제로 고통받는 아동과 작업하면서 외재화 기법을 사용했다. 외재화 작업은 매우 세심한 접근이면서 유머와 재미가 있었다. 화이트는 유분증(encopresis)을 호소하는 아동 · 가족과 함께 외재화 대화를 적용한 논문(White, 1984)을 발표했고, 이것은 전문가들의 높은 관심을 끌었다. 이를 계기로 다양한 전문가가 아동, 청년, 성인을 대상으로 개인, 가족, 집단을 매개로 한 상담에 외재화 대화를 적용하면서 가능성을 확장했다(White, 2010).

사례: 교활한 응가

유분증은 자신도 모르게 속옷에 대변을 보는 문제로 아동과 가족에게 수치심, 패배감, 절망을 가져오고 가족관계를 지배하여 갈등과 소진을 가져온다. 유분증은 가족의 일상을 지배하여 사람의 존재감이나 관계는 희미해지고 그 횡포가 뚜렷하게 전면으로 부각된다(이영분, 김유순, 신영화, 전혜성, 최선령, 2020, p. 292). 내담자 가족이 유분증을 다루기 위해서는 그것의 부정적인 영향력에서 벗어날 수 있는 강둑과 같은 안전지대가 필요하다. 화이트와 내담자는 유분증 대신에 '교활한 응가(Sneaky Poo)'라는 이름을 붙였다. '교활한 응가'라는 표현을 사용하면서 내담자 가족은 문제에 거리를 두어 수치심에서 벗어나 안도할 수 있게 되었다. 내담자 가족은 호기심을 가지고 문제를 바라볼 수 있는 영역에 있게 되었다. 안전지대에서 상담자와 가족은 또한 '교활한 응가'가 부린 횡포가 내담자 가족의 다양한 관계와 미래 삶에 대한 전망에 미친 결과를 검토했다. 이들은 '교활한 응가'의 영향력에 대한 입장을 말하면서 문제와 아동의 관계를 수정하는 기회를 갖게 되었다. 더 나아가 '교활한 응가'와 결별하고 자신들의 삶을 회수하는 과정은 매우 발랄하고 재미있는 방식으로 접근되었다. 아동과 가족은 문제해결의 주체로서 정체성을 새롭게 구성하는 대안적 이야기로 나아가는 통로를 찾을 수 있게 되었다.

(2) 외재화의 정의

외재화는 다양하게 이해되고 있는데, '사람이 문제가 아니라 문제가 문제다'로 가장 잘 요약할 수 있다. 덴보로(Denborough, 2017)는 외재화 기법에서 말하는 사람과 문제의 관계에 대한 관점을 상징화하여 시각적으로 제시하고 있다([그림 4-1] 참조).

왼쪽 그림 '사람이 문제다'는 문제가 사람 안에 있는 것으로 본다. 이 그림에서 사람과 문제는 동일시된다. 속옷에 실례를 하는 아동은 '유분증'으로 불린다. 우울증을 호소하는 중년 여성은 '우울증'으로 대치된다. 문제가 사람 내면에 있다고 내재화된다. 내재화된 대화에서 문제는 사람의 내면이나 본질과 관련되어 전문가 지식에 의해 범주화되고 사람은 대상화된다.

오른쪽 그림 '사람이 문제가 아니라 문제가 문제다'는 문제와 사람을 분리하는 외재화를 상징한다. 문제는 사람 밖의 영역에 있다. 사람과 문제 사이에 공간이 만들어진다. 사람이 선택하기에 따라 문제에서 더 먼 거리 두기와 문제의 영향을 받지 않는 공간을 확장할 수도 있다. '유분증'은 '교활한 응가'로 불리고, '우울증'은 '깊은 우물'로 불릴 수 있다. 문제와 사람은 동일시되지 않는다. 사람은 문제에서 영향을 받지만, 자신의 목소리를 가지고 자신이 누구인지 말할 수 있게 된다. 외재화의 목

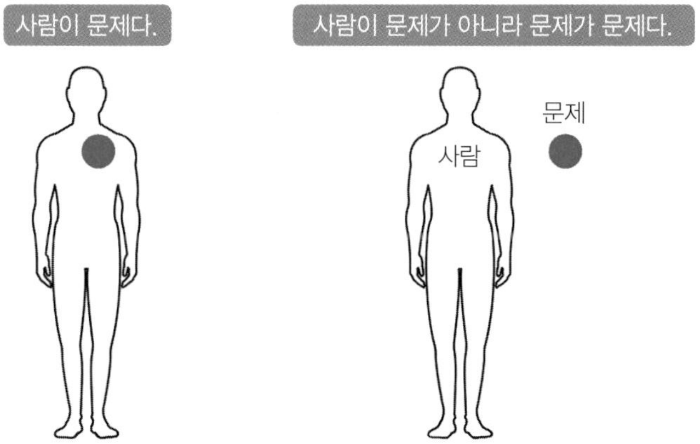

사람이 문제다.

사람이 문제가 아니라 문제가 문제다.

사람

문제

[그림 4-1] 문제의 외재화

출처: Denborough (2017), p. 38.

적은 사람과 문제가 동일하지 않다는 것을 인식하게 하는 것이다. 사람이 아니라 문제를 대상화하는 접근이다. 문제는 사람 내면에 존재하는 것이 아니라 문화와 역사의 산물로 인식되며, 사회적으로 구성되고 시간을 거쳐 만들어진다. 사람과 문제에 대한 인식이 달라질 때 사람과 문제의 관계를 수정할 여지가 생긴다.

2) 문제의 외재화

(1) 문제를 외재화하는 방법

문제를 외재화하는 방법은 다양하다. 한 가지 방법은 질문을 할 때 스스로 "나는 우울한 사람이다."라고 묘사하는 사람에게 형용사를 명사로 바꾸어 질문한다. "이 우울은 얼마나 오랫동안 당신에게 영향을 미쳤나요?" "우울은 당신에게 당신 자신에 대해 무엇이라고 말하나요?" 하는 방식으로 명사형으로 말할 수 있다.

또 다른 방법은 문제를 의인화하는 것이다. 가정과 학교에서 발생하는 온갖 말썽 때문에 가족과 교사를 걱정시키고 친구들에게 외면당하는 어린아이와 일한다고 생각해 보자. 어린아이가 어른들의 걱정과 처벌, 친구의 외면과 스스로에 대한 불신과 낭패감에서 더 이상 말썽을 피우지 않기를 원한다면, 이때 문제를 외재화하는 질문으로 "말썽쟁이는 너를 어떻게 속이지?" "말썽쟁이가 주로 언제 너를 찾아오지?"가 가능하다. 또는 내담자에게 '쓸모없다'고 말하는 부정적인 목소리가 들린다면, "부정적인 목소리는 언제 처음 당신을 찾아왔나요?" "부정적인 목소리는 어떻게 당신에게 쓸모없다고 설득하나요?" 등으로 의인화하여 질문할 수 있다. 내담자와 상담자의 협력 과정에서 문제에 대한 적절한 이름이 떠오르지 않을 때가 있다. 이런 경우에는 문제에 부합하는 적당한 이름을 부여할 때까지 '그것' 또는 '그 문제'로 부르며 대화하는 것이 가능하다.

어린아이들은 자신의 문제가 가진 복합성과 모호함 또는 감당하기 어려운 고통으로 인해 문제에 이름 붙이기가 어려울 수 있다. 비슷한 경우의 성인을 포함하여 어린아이들에게는 문제가 어떻게 생겼는지 그림을 그리는 것이 도움이 된다. 그림을 그린 후에 그림에 대해 떠오르거나 연상되는 단어를 찾아보고, 자신의 문제를 특징화하는 이름을 선택할 수 있다. 이러한 질문과 과정을 통해서 사람과 문제 사이에 공간이 만들어진다. 그리고 사람은 문제와의 관계 수정을 시작할 수 있게 된다. 〈표 4-1〉은 내재화 대화와 외재화 대화를 비교하여 문제를 외재화하는 방법을 제시하고 있다.

표 4-1 문제를 외재화하는 방법

사람이 문제다	사람이 문제가 아니고 문제가 문제다
나는 우울해요. 방 밖으로 나가고 싶지 않아요.	우울이 당신을 방 밖에 못 나가게 하는군요.
나는 걱정이 많아요. 새로운 것을 하려면 언제나 불안해요.	걱정이 당신이 새로운 일을 하는 것을 방해하는군요.
나는 게을러서 숙제를 제때 하지 못해요.	게으름이 당신이 숙제를 제시간에 하는 것을 방해하는군요.
내가 말썽 부린다고 엄마는 맨날 나를 혼내요.	말썽쟁이는 당신과 엄마 사이를 이간질하고 있군요.
나는 의욕이 없어요. 아무것도 할 수 없어요.	그 문제가 당신이 무엇인가를 하는 것을 하지 못하도록 하는군요.

(2) 외재화의 대상

① 문제의 외재화

내담자가 상담자에게 가져오는 모든 이슈는 외재화 대화로 개입할 수 있다. 외재화의 대상은 상담받으러 온 사람들의 경험, 설명이나 상상력만큼 다양할 수 있다. 내담자의 문제에 초점을 두어 외재화될 수 있는 것은 문제시되는 행동 외에 감정,

표 4-2 외재화의 초점과 질문

대상	외재화의 초점	외재화 질문
감정	불안, 걱정, 두려움, 죄책감, 우울 등	• 불안은 어떤 상황에서 가장 큰 힘을 발휘하나요? • 걱정은 당신이 품은 희망에 대해 어떻게 말하나요? • 죄책감은 당신에 대해 무엇이라고 말하나요?
사람들과의 문제	말다툼, 비난, 갈등, 다툼, 불신, 질투, 실랑 등	• 말다툼은 얼마나 당신들의 대화에 끼어들려고 하나요? • 비난은 당신들에게 어떻게 하도록 하나요? • 갈등은 당신들에게 대해 무엇을 말하려 하나요?
문화와 사회적 관습	모성 신화, 부모 비난, 여성 비난, 이성애 지배, 인종 차별, 경제적 합리주의	• '모성애는 타고난다'는 생각은 당신의 어머니 역할에 어떻게 영향을 미쳤나요? • 이성애의 고정관념은 당신과 파트너의 관계에 대해 뭐라고 말하나요?

출처: Morgan (2013), pp. 47-48 재구성 및 수정.

사람들과의 문제, 문화와 사회적 관습 등이 있다.

② 내재화된 자질의 외재화

외재화의 대상은 문제만이 아니라 강점, 신뢰, 자존감과 같이 흔히 개인의 내재화된 자질도 해당된다. 외재화 대화를 통해 우리는 능력에 대해 많은 것을 탐색할 수 있다. 그 역사를 탐색하고, 능력에 기여한 사건과 사람에 관해 질문할 것이다. 외재화 대화는 문제에만 초점을 두지 않는다. 상담자는 능력과 같은 긍정적인 내재화된 자질과 관련하여 외재화 대화를 적용한다. 또한 능력을 역사와 문화의 산물로 이해하기 때문에 어떻게 내담자의 삶에서 유능감이 만들어졌는지, 누가 그것을 만드는 데 도왔는지, 그 이야기를 듣고 가장 놀라지 않을 사람은 누구인지, 무엇이 그것을 지속하게 하고 가능하게 했는지, 내담자에게 그것이 의미하는 바는 무엇인지, 이것과 관련된 문제해결 기술은 무엇이 있는지 등을 질문할 수 있다. 이 과정을 통해 강점, 신뢰, 자존감, 유능감과 같은 자질이 생활에서 문제의 영향을 대처하는 데 사람들에게 더 의미 있고 더 관련성을 가지도록 한다.

③ 지역사회 실천에서 외재화

외재화 대화는 상담실 밖에 집단 실천이나 지역사회 실천에서도 적용할 수 있다. 잘 알려진 지역사회 외재화 실천은 남동부 아프리카 말라위(Malawi)에서의 교육 프로젝트이다. 외재화는 에이즈(HIV: 인간면역결핍바이러스/AIDS: 후천성 면역결핍증후군) 위기에 대한 대응으로 사용되었다. 에이즈를 둘러싼 낙인과 침묵은 지역사회의 분리를 가져왔다. 이 문제가 외재화되었고, 에이즈는 미스터/미즈 에이즈(Mr/Ms AIDS)로 의인화되었다. 에이즈의 전략, 희망, 꿈을 명확하게 표현하고 드러나게 하는 방식으로 미스터/미즈 에이즈와 지역사회가 대화하는 것이 지역사회의 협력에 기여했다. 또한 미스터/미즈 에이즈에 대항하는 돌봄 공동체로 외재화된 돌봄 부인(Mrs Care)의 정체성과 의인화도 지역사회 변화를 자극했다(Sliep & CARE Counsellors, 1998). 말라위 프로젝트에서 영감을 받은 호주 지역보건센터에서 원주민 지역사회를 대상으로 당뇨병 교육 프로젝트를 실행했다. 당뇨병은 설탕(sugar)으로 의인화되었고, 지역주민들은 당뇨병에 대한 수치심과 무지에서 자유로워지고, 유머와 호기심으로 함께 어울렸으며, 관련 전문가들이 협력했다(Wingard, 1998).

3) 외재화 대화의 기대 효과

(1) 내담자는 자기비난에서 벗어나 자신의 삶을 되찾을 수 있다는 안도감을 가진다

내담자는 문제로 인한 고통을 겪으면서 문제를 자초하거나 자신과 문제를 동일시하면서 자기비난과 자기부정을 경험한다(사람과 문제를 분리하고 문제와 사람을 떼어 놓고 보는 외재화에 대한 내담자의 가장 공통적인 반응은 안도감이다). 자신이 문제가 아니며 자신에 관한 다른 이야기를 더 많이 다루는 방법이 있다는 생각에 마음이 편해진다. 문제의 영향으로 인해 가려졌던 그들 삶의 다른 측면이 있다는 데 안도한다(Russell & Carey, 2004).

(2) 외재화는 문제를 삶의 중심부에서 주변으로 이동시킨다

외재화 대화는 사람의 삶에서 문제를 중심부에서 벗어나게 한다. 사람과 문제 사이에 공간이 생겨난다는 의미이다. 자신을 가치 없는 사람이라고 이해하는 대신에, '가치 없음'이 자신의 삶을 지배했다는 것을 알게 되고 그것에 역사가 있으며 그 영향에서 삶을 되찾을 기회가 있다는 것을 이해하게 된다. 문제가 외재화되면 문제를 유지시킨 특수한 힘을 밝힐 수 있고, 그 영향을 감소시킬 수 있는 힘이나 활동에 대한 지식을 발견할 수 있다. '가치 없음'의 외재화 대화에서 사람은 가치 없음을 대신하는 '희망'을 설명할 수 있다.

(3) 문제에 대한 입장말하기는 자신의 삶을 되찾을 공간을 확대한다

문제와 문제의 영향력에 대하여 평가하고 입장을 취하도록 질문하는 것은 사람들이 문제의 영향에서 자기 삶을 되찾기 시작하는 공간을 더 많이 만들게 한다. 사람들이 문제에서 한 걸음 물러나 거리를 두고, 그것의 역사와 부정적 영향을 탐색하면서 자신들이 다른 경계, 다른 영토에 서 있음을 발견하고 익숙해진다. 문제 밖의 인진지내는 문세의 영망을 받을 수도 있지만, 사기비난이나 부정적 판난에서 보나 자유로운 공간이다.

(4) 생활 기술과 삶의 지식이 삶의 중심부에 위치한다

문제는 중심에서 벗어나고 문제와 관련된 생활 기술과 삶의 지식이 대화의 중심에 온다. 이런 것이 탐색의 초점이 된다. 또한 문제는 사람의 정체성과 분리된 것으로 이해된다. 문제의 영향력을 감소시키는 내담자의 노력을 유지시키고 지지하며 그의 노력을 당연하게 인정해 주는 가족과 친구의 연대를 탐색하는 것이 보다 더 가능해진다(Carey & Russell, 2002).

2. 외재화 대화의 지도

외재화 대화의 지도는 문제에 초점을 둔 지도이다. 내담자는 문제로 인한 고통이나 문제에 대한 풍부한 이야기를 가져온다. 자신의 삶이 온통 문제로 가득 찼다고 생각하는 사람은 문제를 말하고 인정받고 문제와 관계를 수정하는 과정이 필요하다. 외재화 대화 지도는 문제를 외재화하는 구조를 제공한다. '지도(map)'라는 표현은 화이트가 즐겨 사용하는 은유(비유)에서 비롯되었고 상담 질문의 길잡이 또는 통로(pathway)라고 불린다. '외재화 대화 지도'는 외재화 질문을 단계별로 도식화하는 방식이다. 그것은 경험에 가깝게 문제 정의하기, 문제의 결과 탐색하기, 문제의 영향력 평가하기, 평가의 근거 제시하기의 4단계이다.

외재화 대화 지도는 내담자의 문제에 대한 입장, 문제와의 관계에 대한 입장을 스스로 이야기할 수 있는 상황과 맥락을 제공하기 때문에 '입장말하기(statement of position)' 지도라고 불린다. 외재화 대화 과정을 통해 상담자는 내담자가 경험하는 문제의 역사와 영향을 질문함으로써 내담자의 고통과 경험을 이해하고 인정해 줄 수 있다. 내담자는 자신의 문제가 삶에서 어떤 위치를 점하고 있는지 알아내고, 자신이 염려하는 것의 근거를 말할 수 있다. 또한 내담자가 소중하게 여기는 것에 대해 스스로 이야기할 수 있다. 따라서 내담자는 자신과 문제와의 관계를 평가하고 문제와 문제의 영향력에 대한 입장을 가지게 된다(White, 2010).

외재화 대화 지도의 4단계에서 제시하는 사례는 아들을 '아동학대'하고 있다고 자책하고 절망하는 어머니와 함께한 『내러티브상담 접근의 가족 상담 사례연구』(신영화, 2020)에서 발췌했다. 11세 아들과 단둘이 사는 어머니는 직장을 다니면서 가사와 양육의 부담을 홀로 감당하고 있었다. 내담자는 '아동학대'를 멈추고 아들과 관계를 개선하기를 원했다.

1) 1단계: 경험에 가깝게 문제 정의하기

외재화 대화의 첫 번째 단계에서는 내담자가 말하고자 하고 이해하고자 하는 문제에 대해 내담자 방식으로 정의를 내리는 것을 돕는다. 내담자는 전문적 용어나 일반화된 언어를 사용하여 자신의 경험과 거리가 있는(experience-distant) 표현에서 자신의 경험에 가깝게(experience-near) 나름의 방식으로 문제를 정의할 수 있게 된다.

문제의 외재화, 즉 문제에 이름을 부여하거나 인격을 부여하는 것은 사람과 문제 사이에 경계를 만들고 사람들이 경험하는 문제나 곤경 사이에 경계를 만든다. 문제에 이름을 부여하고 사람이 아니라 문제를 주어로 사용하면서 사람은 문제와 동일시되어 꼼짝 없이 문제와 같이 취급되는 것에서 벗어날 수 있게 된다. 여전히 문제에게서 영향을 받지만, 사람과 문제 사이에 공간이 생긴다.

1단계: 경험에 가깝게 문제 정의하기 사례

문제 상황을 내담자의 경험에 가깝게 탐색하는 과정에서 어머니가 상담에서 다루기를 원하는 문제는 처음에 호소한 '아동학대'가 아니라, '마음을 다스리지 못하는, 감정 조절이 안 되는, 마음이 조급해지는' 것으로 초점이 전환되었다. 이에 문제를 '조급증'으로 외재화하여 '조급증'에 관한 외재화 대화 작업이 이루어졌다.

어머니: 퇴근하고 저녁에 준호 수학 공부를 봐주는데, 감정 조절이 잘 안 돼요. 마음을 다스리기 어려워요.

상담자: 공부를 봐주는데 감정 조절이 안 되고 마음을 다스리기 어렵다고요. 그것은 어떻게 시작되나요?

어머니: 처음에는 준호 옆에서 학습지 문제 푸는 것을 기다려요. 애를 지켜보고 있다가 마음이 급해져서, 결국에 소리를 지르고……. 준호는 "지금 하고 있잖아." "싫어! 안 할래!" 그러면 결국 손이 나가요.

상담자: 그렇군요. 지난주에 상담을 시작하시면서도 마음을 다스리지 못하고 준호 반응을 기다리지 못한다고 말씀하셨어요. 그것에 이름을 붙인다면 뭐라고 할까요?

어머니: 으음……. '조급증'이 어떨까요?

상담자: 그럼 조급증은 하루 중 언제 어머니 주변에 있나요? 조급증은 하루 종일

어머니 옆에 있나요?

어머니: 제가 좀 급한 성격이긴 한데, 주로 저녁에 준호 공부 봐주는 시간하고 아침에 준호 학교 챙겨 보낼 때 있는 것 같아요. 네, 옆에 있어요.

문제 정의의 주 저자는 내담자이다. 문제를 정의하는 과정은 내담자와 상담자의 협력에서 가능하다. 하지만 문제를 정의하는 제1저자의 지위는 자신의 경험에 가깝게 문제를 설명하는 사람, 내담자에게 있다. 경험과 거리가 있는 전문 또는 일반 용어를 사용하면 문제에 대한 전문 지식이나 문제해결 기술을 당사자가 아닌 타인에게 양도하게 되고, 내담자 자신의 특수한 문제나 상황과 거리가 있는 것을 다루게 된다. 사람들이 상담자를 찾아와 '문제는 우울증이다' 또는 '불안' '아동학대'를 말한다면, 그것은 전문가의 언어이며 일반화된 용어이다. 당사자의 경험과는 먼 표현이다. 우울증이나 불안을 호소하는 사람이 있다면, 그가 경험하는 우울증과 불안을 가장 잘 아는 사람이 누구인지를 생각해 본다면, 당사자에게 당신의 우울증, 당신의 불안은 어떤 것인지 경험에 가까운 설명을 요청해야 한다. 상담자의 언어, 즉 내담자의 경험과 거리가 있는 언어나 개념, 진단명은 지식의 위계를 만든다. 상담자는 위계의 꼭대기에 있고, 문제로 어려움을 호소하는 사람은 위계의 가장 낮은 곳에 위치하게 된다. 경험에 가깝게 설명하도록 내담자에게 요청하는 것은 당사자에게 주요 저자의 저작권을 부여한다. 따라서 문제해결의 책임이 상담자나 다른 사람에게 양도되지 않는다. 내담자가 상담실에 가지고 온 것은 다른 사람의 지식이 아니라 자기 자신의 지식이다. 경험에 가깝게 문제를 정의하는 과정에서 활용할 수 있는 질문은 다음과 같다.

- 경험에 가깝게 문제 정의하기에서 가능한 질문
  - 이런 문제를 무엇이라고 부를까요?
  - 이것은 당신에게 무엇을 연상시키나요? 그것을 생각하면 어떤 이미지가 떠오르나요?
  - 혹시 문제를 그림으로 그릴 수 있을까요?
  - 이 문제의 크기는 얼마나 될까요? 혹시 무슨 색깔인가요? 어떤 모양인가요?
  - 이 문제가 사람이라면 누구라고 부를까요? 성별은 여자, 남자 혹은 어떤 젠

더로 부를까요?

2) 2단계: 문제의 결과 탐색하기

외재화 대화의 두 번째 단계에서는 문제가 내담자 삶의 다양한 영역에 미치는 영향력이 어떠한지 질문한다. 문제의 결과 탐색하기는 내담자가 자신의 소망과 지향을 비롯하여 삶의 여러 영역에서 문제의 영향을 탐색하는 것이다. 삶의 영역은 가정, 직장, 학교, 또래집단과 같은 생활 영역, 자기 자신과의 관계, 가족관계, 친구관계와 같은 관계 영역, 내담자가 추구하는 목적, 소망, 꿈, 열망, 가치와 같은 정체성 영역 그리고 미래 계획과 가능성 등을 포함한다(White, 2010).

외재화 대화는 문제의 이름 짓기와 같은 문제의 정의에서 마치는 것이 아니라, 지속적으로 이루어진다. 사람과 문제의 관계를 수정하기 위해서 문제가 사람의 삶에 미친 영향에 대해 조사하는 과정이 필요하다. 문제의 결과를 탐색하는 것은 내담자에게 문제와 자신의 역사에 대해 말할 수 있게 하고, 문제로 인한 고통을 이해받고 인정받을 수 있게 한다. 문제와 다른 사람들과의 관계 그리고 문제의 협력자를 밝히면서 문제의 결과를 탐색하는 질문은 문제를 사람에게서 계속 분리시킨다.

2단계: 문제의 결과 탐색하기 사례

'조급증'이 어머니와 아들의 관계에 미치는 영향을 탐색하는 과정에서 '조급증'이 어머니와 아들의 일상생활, 어머니와 아들의 관계와 어머니의 정체성에 미치는 영향을 발견할 수 있었다.

상담자: 조급증이 옆에 있을 때, 조급증은 어머니와 준호 사이에 어떤 영향을 미치나요?

어머니: 안 좋지요. 애한테 소리 지르게 하고, 애는 말만 하고 안 움직이고 그러면 손이 나가서 때리고 혼내 주면, 준호도 소리 지르고 싫다고 안 한다고 비티고……. 점점 더 사이가 나빠지지요. 그러다가 준호가 잠들고, 아침에 학교에 가고 나면 '또 내가 넘어졌구나, 몹쓸 짓을 했구나, 천벌받을 짓을 했구나.' 하고 자책하고 좌절하고 교회에도 부끄러워 못 가겠어요.

• 문제의 결과 탐색하기에서 가능한 질문
  – 조급증은 어머니와 준호의 관계에 어떤 영향을 미치나요?
  – 조급증은 어머니 자신이나 준호에 대한 생각이나 정체성에 어떤 영향을 미치나요?
  – 조급증은 어머니의 신앙생활에 어떤 영향을 미치나요?
  – 조급증은 어머니의 미래 계획에 어떤 영향을 미치나요?

3) 3단계: 문제의 영향력 평가하기

외재화 대화의 세 번째 단계에서는 문제의 활동 방식과 활동 내용을 평가하고, 문제가 내담자의 삶에 미치는 주요한 영향을 평가하도록 지원하는 문제의 영향력을 평가한다(이선혜, 2020). 사람들은 문제에 대한 자기 입장을 이야기하는 것을 어렵게 받아들일 수 있다. 특히 문제의 복잡성이나 양면성으로 인해 평가를 주저할 수 있다. 예를 들어, 아동 · 청소년은 친구들과 함께 재미로 다른 친구를 놀리거나 따돌리는 것을 평가하기 어려워한다. 아동은 따돌림당한 친구가 겪는 감정이나 피해에 대해 공감하지만, 친구들과 함께 어울리고 싶고, 그 과정에서 재미를 느꼈기 때문에

3단계: 문제의 영향력 평가하기 사례

상담자는 조급증이 어머니와 아들의 관계에 미치는 영향을 요약함으로써 '조급증'에 대한 어머니의 영향력 평가하기를 요청했다.

상담자: 조급증이 준호와 어머니의 사이를 안 좋게 하고 나빠지게 만드는군요. 준호는 준호대로 싫다고 반항하고, 어머니는 또 넘어졌구나, 부끄러워 교회에도 못 가게 만드는군요. 그럼 조급증에 대해 어떤 입장이신가요?

어머니: 어떤 입장이라니요?

상담자: 조급증을 계속 옆에 두고 계실 것인가요? 아니면 거리를 두거나 헤어질 생각이 있나요? 조급증이 시키는 대로 살 것인지, 관계를 끊고 싶으신지요?

어머니: 당연히 조급증과 멀리해서 끊고 싶어요. 조급증이 시키는 대로 순응하지 않을래요.

자신의 문제행동의 영향력을 평가하고 입장을 취하기가 어렵다. 문제에 대한 내담자의 입장을 긍정이나 부정의 한 가지 방향으로 몰아가는 것은 '총체화(totalizing)'에 해당한다(White, 2010). 총체화는 문제 맥락의 복잡성과 사회문화적 맥락을 배제할 수 있고, 내담자가 가진 소망이나 소중한 가치, 삶에 대한 선호를 간과할 수 있기 때문에 지양할 필요가 있다. 이때는 평가 질문에 참고할 수 있도록, 문제의 주된 영향에 대해 나누었던 대화(2단계)를 간략히 요약해 줄 수 있다.

- 문제의 영향력 평가하기에서 가능한 질문
  - 이러한 결과가 긍정적이라고 할 수 있나요, 아니면 부정적이라고 할 수 있나요? 아니면 둘 다 맞나요, 아니면 둘 다 아닌가요?
  - 이러한 결과가 당신의 삶에 도움이 됩니까, 아니면 문제의 삶에 도움이 됩니까?
  - 이 문제와 함께 살아야 한다는 것에 대해 어떻게 생각하세요?
  - 당신 삶에 책임을 가지는 사람이 누구이길 원하나요? 당신인가요? '조급증'인가요?
  - 말씀하신 문제가 이런 행동을 계속해도 괜찮으세요?

4) 4단계: 평가의 근거 제시하기

외재화 단계의 네 번째 단계에서는 내담자가 3단계에서 밝힌 문제와 문제의 영향력에 대한 평가에 '왜'라는 질문을 하는 평가의 근거 제시하기를 한다. '왜'는 평가에

4단계: 평가의 근거 제시하기 사례

3단계에서 어머니는 '조급증'과 관계를 끊고 싶다는 입장을 말했다. 이어서 어머니의 입장의 근거를 질문했다.

상담자: 조급증에 순응하지 않겠다는 의지가 강하시네요. 조급증을 끊고 싶은 것은 무엇을 희망하시길래 그런 판단을 하시는 것이지요?

어머니: 저는 하느님의 사랑을 믿는 사람이에요. 하느님의 사랑받는 사람이 되고 싶고, 변화하고 싶어요. 변화하는 방법을 배우고 싶어요.

대한 도덕적 판단이 아니라, 내담자의 문제 영향력 평가의 근거로서 그리고 문제에 대한 입장말하기의 근거로서 삶에서 소중한 것과 삶의 기술을 묻는 것이다.

일반적으로 상담이론에서 '왜'라는 질문은 내담자의 방어기제를 자극할 수 있으므로 '왜' 질문을 사용하지 말고 '어떻게' '무슨'을 사용하라고 한다. 내러티브상담에서는 상담받는 사람의 정체성을 구성하는 희망, 가치, 생활의 기술이나 원칙, 삶의 목적을 중요하게 여기기 때문에 그것을 '왜'를 사용하여 질문한다. '왜'를 사용하여 이러한 의도나 가치를 밝히는 것은 독특한 결과의 발견이나 문제에 대한 대처행동의 기반을 제공한다.

- 평가의 근거 제시하기에서 가능한 질문
  - 왜 괜찮으세요?
  - 왜 괜찮지 않으세요?
  - 어떻게 해서 그런 입장을 가지게 되셨나요?
  - 무엇이 소중해서 그런 판단을 하시나요?

화이트는 대화에서 일어나는 것을 명확하게 하는 방법을 고안했다. 그것은 시간에 따라 나타난 외재화 대화에서의 변화를 도식화하는 것이다. '조급증'을 가진

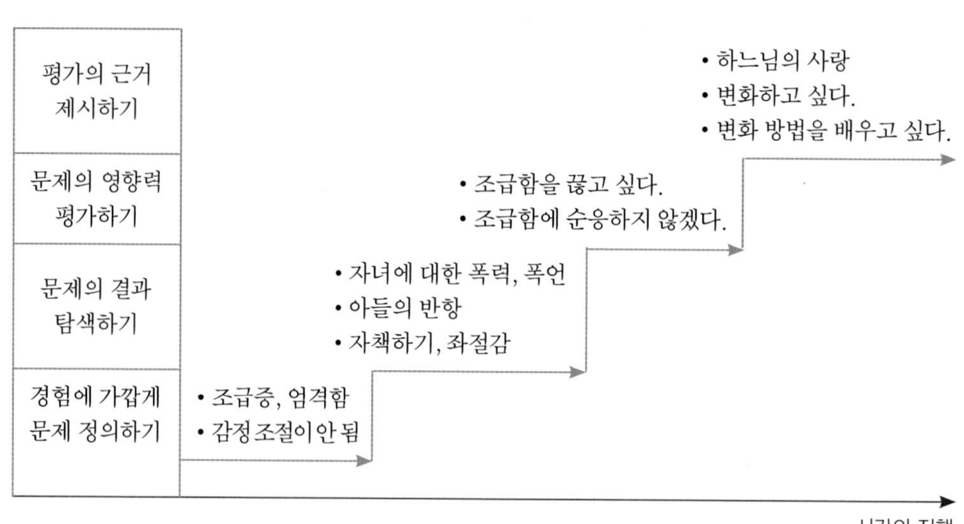

[그림 4-2] 외재화 대화 지도

출처: 신영화(2020), p. 514.

어머니와 함께한 4단계 외재화 대화 실천을 시간의 진행에 따라 도식화하여 [그림 4-2]로 제시했다.

3. 외재화 대화의 확장

1) 문제의 사회문화적 맥락 탐색하기

외재화 대화는 내재화된 문제에 초점을 두고 그것을 외재화한다. 외재화 대화는 사람과 문제의 관계가 역사와 문화에 의해 형성되었다는 것을 탐색하는 것이다. 따라서 문제의 외재화는 사람과 문제의 관계와 역사와 문화의 맥락을 다루는 출발 지점이다(Russell & Carey, 2004).

예를 들어, 외재화 대화에서 이런 질문이 가능하다. 우울은 누군가의 삶에 얼마나 오랫동안 영향을 미쳐 왔는지, 우울이 사람들의 삶으로 들어올 때 우울의 진입에 기여한 요인이 있는지, 우울이 그 사람에게 그리고 다른 사람들과의 관계에 미친 실제 영향은 무엇인지, 언제 그 영향은 강하고 언제 약해지는지, 우울을 유지시키는 것은 무엇인지, 어떤 상황에서 우울의 영향력을 감소시키는 해독제로 작용하는 것은 무엇인지 등이다. 이런 질문은 문제에 줄거리를 제공한다. 문제에 줄거리를 부여하는 것은 문제가 누군가의 삶에 미친 영향을 시간과 사회문화적 맥락에서 밝히는 작업이다. 문제의 존재를 지속시켜 온 '당연시되거나' '진실' 또는 '흔히 있는 일'로 여기는 문화적 신념, 생각, 관습이 문제시되고 도전받게 된다(Morgan, 2013). 젠더, 인종, 문화, 섹슈얼리티, 계급 그리고 광범위한 힘의 관계가 문제의 형성에 어떻게 영향을 미치는지를 탐색할 수 있다. 가부장제와 성차별이 여성이 경험하는 우울에 어떻게 기여하는지, 가정 내 성역할 고정관념이 부부갈등에 어떻게 기여하는지, 모성 신화가 '나쁜 엄마'에 어떻게 기여하는지 등을 탐색하는 것은 사람과 문제와의 관계를 재수정하는 것을 돕는다. 문화에 내재된 신념과 관습이 개인의 감정과 관련된 문제나 부부관계에서의 갈등과 폭력 문제에 어떻게 영향을 미치는지를 탐색하여 해체하는 것이 문제해결의 촉진제로 작용한다(Freedman & Combs, 2009). 또한 이 작업은 사람들에게 문제의 영향에서 자신의 삶을 되찾는 데 도움이 되는 많은 정보와 풍부한 이해를 제공할 수 있다.

외재화 대화 지도에서 소개하고 있는 '조급증'의 영향을 받는 어머니 이야기로 돌아가 보자. 어머니는 '조급증'과 거리두기를 하기 위해 노력하는 데도, 조급증은 어머니에게 지속적으로 불안과 긴장을 가져왔다. 이에 조급증의 맥락으로 작용하는 담론을 탐색하고 해체하는 작업을 진행했다. 어머니는 매일 밤늦게 아들이 숙제와 학습지 공부를 마칠 때까지 지키고 있고, 아침에는 씻기고 먹이고 제시간에 등교시키기 위해 아들과 실랑이를 하고 있었다. 어머니의 조급함은 아들의 학습, 건강하고 깨끗한 외모와 관련이 있었다. 조급증과 일상생활을 관련지어 어머니가 따르고 있는 담론을 탐색했다.

담론의 해체 작업에서 탐색된 것은 어머니의 '배우지 못한 열등감'과 '사람은 배워야 한다.' '공부는 하면 된다.'는 신념이었다. 그리고 어머니는 '자식은 부모에게 순종해야 한다.'는 부모-자녀 관계에 대한 경직된 신념을 가지고 있었으며, 한부모 가정 자녀에 대한 편견인 '아비 없는 자식'이라는 소리를 듣지 않게 하려고, 남들이 한부모 가정이라는 것을 알지 못하게 하려고, 매일 깨끗이 씻기고 먹여서 제시간에 학교에 보내는 노력을 해 왔고, 아들에게 엄격하게 대했다는 것을 발견했다. 어머니가

사례: 문제의 사회문화적 맥락 탐색하기(담론의 해체)

상담자: 지난 시간에 어머니께서는 조급증이 준호가 행동하도록 기다리는 것을 하지 못하게 하고, 말만 하고 행동하지 않는 것을 혼내도록 하며, 점점 더 사이를 나빠지게 만든다고 하셨어요. 그런데 조급증이 이렇게 어머니와 준호 사이를 갈라놓고, 준호가 스스로 행동하도록 기다리지 못하게 하는 데는 뭔가 어떤 조급증의 지시가 있거나 어머니가 따르는 신념이 조급증을 부추기고 있는지 궁금해요. 어머니께서 자녀교육에서 중요하게 여기는 이야기나 신념은 어떤 것이 있나요?

어머니: (잠시 생각하고) 제가 배우지 못한 열등감이 있어요. 집안 형편상 초등학교도 간신히 마치고 공장 다니면서 야간 중학교를 다녔는데 결국 마치지 못했어요. 초등학교 졸업으로는 사람 대접을 못 받았어요. 그러다가 신앙생활을 하면서 성경 공부에 재미를 붙이고 책도 읽으면서 '사람은 배워야 한다.' '공부는 하면 된다. 할 수 있다.'는 자신감이 생겼어요. 그래서 우리 아들은 어떻게 해서든지 대학까지 공부를 시켜야겠다고 결심했어요.

상담자: 어머니 인생의 생생한 경험에서 나온 신념이군요. 그런데 또 궁금해요. '사람은 배워야 한다.' '공부는 하면 된다.'는 것은 어디에서 배우셨나요? 아니면 어머니가 살아오면서 경험하고 스스로 깨닫게 된 것인가요?

어머니: '하면 된다.'는 말은 많이들 하잖아요. 근데 그것보다는 내가 깨우쳤다는 것이 맞지요. 학교를 다녔지만 하도 어려워서 간신히 한글을 읽고 맞춤법도 엉망이었어요. 성경 필사를 하면서 글을 제대로 배웠어요. 지금까지 살아온 인생은 배워서가 아니라 독학으로, 지금도 뭐든지 배우는 것이 재미있어요. 모르면 아는 사람에게 물어보고.

상담자: 그렇군요. 어머니는 배우는 것이 재미있으시군요. 우리 준호도 배우는 것을 재미있어 하나요?

어머니: 가르치면 아는데, 사는 게 어려워서 차분하게 책 읽히고 그러지 못해서인지 집중을 못하고 이해력이 떨어져요. 나가서 노는 것은 좋아하는데……. 무슨 말씀인지 알겠네요. 준호가 공부를 재미있어 하고 스스로 깨우쳐야 한다는 거죠. 우리 애는 억지로 하라고 명령하는 것을 엄청 싫어하는데…….

따르는 담론의 해체 작업은 어머니 자신의 신념이 아들이 원하는 것인지, 아들이 따르기에 적절한지, 지나치게 엄격하지 않은지를 탐색하고 자신과 아들의 삶과 정체성을 재구성하는 것을 가능하게 했다.

2) 문제에 대한 책임감과 입장 취하기

상담자는 사람들의 행동에 대한 책임을 용서할 수 있는 권한이 없다. 외재화 대화에 대한 비판 중의 하나는 가정폭력이나 아동학대, 학교폭력, 사이버 괴롭힘과 같이 타인의 인권을 침해하는 행위나 범죄행위에 대해 행위자에게 책임을 회피하게 한다는 것이다. 외재하는 사람들은 그들이 행동이나 행동이 실제 결과에서 분리하려는 것이 아니다. 외재화의 핵심 요소는 외재화된 문제가 사람의 삶과 문제의 영향을 받은 모든 다른 사람에게 미친 실제 영향을 자세하게 탐색하는 것을 포함한다. 이러한 영향을 자세히 탐색함으로써 외재화 대화는 사람들이 외재화된 문제에 대한 입장을 취하도록 하고 그 영향과 영향을 감소시키는 데 참여하도록 한다.

외재화 대화에서 중요한 요소는 문제를 유지시키는 특정 아이디어, 신념 및 관행을 탐구하는 것이다. '폭력'의 특정한 관행은 '타인에 대한 심판' '권력에 대한 행동' '무심한 행동' '통제행동' '우월함의 과시' 등을 포함할 수 있다. 상담에서 이러한 관행과 사고방식의 실제 효과를 신중하게 탐색하는 것이 중요하다. 이렇게 함으로써 내담자의 삶에서 폭력의 기원과 결과를 의식하게 할 수 있다. 아이디어와 관행이 사람의 삶과 관계에 미치는 영향을 추적하고, 그들의 삶에서 이러한 아이디어와 관행의 역사를 명확히 할 때, 그리고 이러한 관행이 보다 광범위한 젠더관계와 힘의 구조에 의해 어떻게 지지되고 유지될 수 있는지에 대한 연결고리가 만들어질 때 내담자의 책임 있는 행동을 촉구할 수 있다. 그럼으로써 권력과 통제에 관한 아이디어와 관행에 입장을 취하고 책임 있는 행동을 취하는 것이 가능해진다. 이 과정에서 당사자가 폭력, 권력 및 통제를 지지하는 아이디어와 관행에 덜 영향을 받은 독특한 결과를 확인할 수 있으며, 이러한 독특한 결과는 보상, 돌봄이나 연민이라는 책임 있는 행동의 대안적 이야기를 열 수 있게 한다. 특권을 해체하고 타인에 대한 폭력이나 기타 유해행위에 대한 책임을 지는 대화에는 상담자의 책임이 따른다(White, 1995).

참고문헌

신영화(2020). 아동학대 위기 가족에 대한 이야기치료 접근의 사례연구. **가족과 가족치료, 28**(4), 503-532.

이선혜(2020). **이야기치료**. 서울: 학지사.

이영분, 김유순, 신영화, 전혜성, 최선령(2020). **사례로 배우는 가족 상담**. 서울: 학지사.

Carey, M., & Russell, S. (2002). Eyternalizing: Commonly asked questions. *International Journal of Narrative Therapy and Community Work, 2*. Retrieved March 25, 2005, from http://www.dulwichcentre.com/au/externalising.htm

Denborough, D. (2017). **우리 삶의 이야기, 다시쓰기: 영감을 끌어내어 경험을 변환시키는 이야기치료의 모든 것** (*Retelling the stories of our lives: Everyday narrative therapy to draw inspiration and transform experience*). (허남순, 양준석, 이정은 공역). 서울: 학지사. (원저는 2014년에 출판).

Freedman, J., & Combs, G. (2009). **이야기치료: 선호하는 이야기의 사회적 구성** (*Narrative therapy: The social construction of preferred realities*). (김유숙, 전영주, 정혜정 공역). 서울: 학지사. (원저는 1996년에 출판).

Morgan, A. (2013). **이야기치료란 무엇인가?** (*What is narrative therapy?: An easy-to-read introduction*). (고미영 역). 서울: 청목출판사. (원저는 2000년에 출판).

Russell, S., & Carey, M. (Eds.) (2004). *Narrative therapy: Responding to your questions*. Adelaide, South Australia: Dulwich Centre Publications.

Sliep, Y., & CARE Counsellors (1998). 'Pang'ono pang'ono ndi mtolo-little by little we make a bundle.' In D. Denborough, M. White, & A. Morgan, (Eds.), *Introducing narrative therapy: A collection of practice-based writings*. Adelaide, South Australia: Dulwich Centre Publications.

White, M. (1984). Pseudo-encopresis: From avalanche to victory, from vicious to virtuous cycles. *Family Systems Medicine, 2*(2), 150-160.

White, M. (1995). *Re-authoring lives: Interviews and essays*. Adelaide, South Australia: Dulwich Centre Publications.

White, M. (2010). **이야기치료의 지도** (*Maps of narrative practice*). (이선혜, 정슬기, 허남순 공역). 서울: 학지사. (원저는 2007년에 출판).

Wingard, B. (1998). Introducing "sugar". In C. White & D. Denborough (Eds.), *Introducing narrative therapy: A collection of practice-based writings*. Adelaide, South Australia: Dulwich Centre Publications.

제5장

독특한 결과

박숙현(구디프렌즈 이야기실천협동조합 교육이사)

내러티브상담에서는 사람들을 자신의 삶에 관하여 누구보다도 전문가(Parry & Doan, 1994: 김번영, 2015 재인용)로 본다. 따라서 내담자의 삶을 꾸려 가는 데는 상담자의 전문적 이론이나 지식보다 내담자의 삶의 지식과 기술을 우선시한다. 내러티브상담의 과정은 문제의 힘에 눌려 무가치하게 여기거나 없는 줄 알았던 내담자 나름의 삶의 지식과 기술을 발굴하여 정체성을 풍부하게 하는 과정이다. 독특한 결과는 내담자의 삶의 지식과 기술이 존재하는 영역이다.

내러티브상담자인 나에게 독특한 결과는 '신호탄'이다. 문제에 휩싸인 삶의 이야기에 보내는 구조신호인 것이다. 문제 이야기에서 빠져나와 어디로 첫걸음을 떼야 할지 알게 하여 막막하지 않게 한다. 많은 경우 그 첫걸음은 다음 걸음을 인도하여 대안적 이야기로 전진하는 행보를 열어 준다. 신호탄은 내담자가 쏘아 올리기도 하고, 때로는 내가 내담자의 이야기에서 신호탄을 알아챈다. 그때 문제에서 탈출하도록 구명정이 될 수 있는 질문을 던진다. 때로 내담자도 나도 그 이야기에서 신호탄을 발견할 수 없을 때는 반영팀을 비롯한 다른 사람들의 관점을 끌어올 수도 있다. 대안적 이야기로 향해 갈 수 있는 방법은 여러 입구가 있고, 우리는 그 어떤 입구를 통하든지 목적지에 도달할 수 있다.

독특한 결과는 인간의 삶을 이야기로 바라보는 관점과 어떻게 연관되어 있을까? 이것을 이해하는 데 '빙산의 일각'을 은유로 사용하는 것이 도움이 된다. 정신분석에서도 '빙산의 일각' 비유를 사용한다. 수면 위로 드러나 눈에 보이는 부분은 의식 영역으로, 수면 아래에 감춰져 드러나지 않는 부분은 무의식 영역으로 설명한다.

내러티브상담 관점에서 보면 한 사람의 모든 이야기를 빙산 전체로 비유할 수 있다. [그림 5-1]에서 당신의 눈에는 무엇이 보이는가? 빙산의 부분이 보일 것이다. 상담실을 찾아 문제로 가득 찬 이야기를 하는 사람이 있다고 가정하자. 이때 이 사람의 이야기는 수면 위에 보이는 빙산으로 드러난 이야기, 지배적 이야기, 문제 이야기이다. 내러티브상담자는 '이것은 이 사람의 이야기의 일부일 뿐이야.'라는 믿음을 가지고 있다. 왜냐하면 그 어떤 삶도 하나의 이야기로 모두 담아낼 수 없기 때문이다(고미영, 2012, p. 164).

[그림 5-2]에서 보듯이 수면 위와 아래에 보이는 빙산 전체가 이 사람의 이야기이다. 수면 아래에 잠겨 있는 빙산은 드러나지 않은 이야기, 부수적 이야기, 문제 밖의 이야기이다. 이 영역에 독특한 결과가 존재한다.

[그림 5-1] 빙산의 일각

[그림 5-2] 빙산의 전체

1. 독특한 결과의 이해

'독특한 결과'에서 말하는 독특함은 '어떤 입장, 누구의 입장에서 본 독특함인가?' 한마디로 말해 '문제'의 입장에서 볼 때 '그것'이 독특하다는 것이다. 그리고 '그것'에 해당하는 것이 독특한 결과라고 할 수 있다.

다음의 문장을 통해 살펴보자.

> "준석이는 무기력해서 학습에 의욕이 없고 자주 결석한다. 그러나 가끔 지각하지 않고 등교한다. 그림을 그릴 때만큼은 활력이 넘친다."

준석이의 이야기에서 문제를 외재화하면 '무기력'은 준석이에게 학습에 의욕이 없게 하고 자주 결석하게 한다. 준석이가 '가끔 지각하지 않고 등교하는 것' '그림을 그릴 때만큼은 활력이 넘치는 것'은 문제인 무기력이 볼 때 예외적이고 독특한 현상으로 준석이의 삶에서 독특한 결과이다.

독특한 결과란 '가끔 지각하지 않고 등교하는 것'과 같이 '별 다른 의미 없이 스쳐 지나간 경험'(White, 2010)이며, '그림을 그릴 때 활력이 넘치는 것'과 같이 '문제의 영향력에서 벗어나 다르게 경험되는 사건'(Morgan, 2013)이다. 대화에서는 대체로 '사소한 건데, 별거 아닌데, 가끔은, 어쩌다가'와 같은 표현과 함께 나타난다. 이를 통해 알 수 있듯이 독특한 결과는 하찮게 여기는 것, 주목받지 못하는 것, 무심코 지나친 것, 예외적인 것, 의도하지 않은 것에 해당된다.

독특한 결과의 이해를 돕기 위해 문제의 외재화를 통해 알 수 있는 것을 〈표 5-1〉에 정리했다.

표 5-1 문제 외재화를 통해 알 수 있는 것

① 문제가 내담자에게 하는 것	③ 문제가 영향력을 미치지 못하고 있는 내담자 삶의 영역
② 내담자가 문제에게 하는 것	

〈표 5-1〉에서, ② 내담자가 문제에게 하는 것과, ③ 문제가 영향력을 미치지 못하고 있는 내담자 삶의 영역에 독특한 결과가 존재한다. 독특한 결과는 사람들의 삶

에서 문제 이야기의 힘을 약화시키고, 대안적 이야기의 줄거리를 풍부하게 발전시켜 주는 재료가 된다.

2. 독특한 결과의 발견과 확장

독특한 결과를 발견하고 이야기를 어떻게 발전시킬 수 있는지 지수 이야기[1]로 살펴보자.

지수의 문제 이야기

어느 날, 지인에게서 다급한 전화가 왔다. 동료의 자녀가 우울증, 공황장애로 심리상담을 받는데 더 이상 심리상담을 하고 싶어 하지 않는다는 것이다. 지인의 요청으로 나는 지수를 만나 보겠다고 했다. 지수가 자발적으로 나를 찾은 것은 그로부터 3개월이 지나서였다.

지수는 군입대 신검에서 '자기도 모르는 병'이 있다는 것을 알았다. 우울척도 고위험군으로 나타나 불안장애 판정이 내려졌다. 잘 지내는 줄만 알았던 지수의 소식은 가족들에게도 충격 그 자체였다. 지수가 학교폭력 피해를 겪으며 힘든 시간을 보낸 것도 그때 알게 되었다.

어머니는 지수가 대학을 간다든가 확실한 진로를 모색하지 않고 아르바이트를 전전하는 것을 걱정하였으며, 언제 또 공황장애나 우울증으로 힘들어질지 불안해했다. 특히 핸드폰 대출 사기를 당하면서 정신적으로 충격을 겪었고 한동안 외출도 하지 못했다.

1) 문제 이야기와 대조적인 사건 조명하기

문제 이야기는 문제를 겪고 있는 당사자에게는 삶을 힘들게 하는 이야기, 고통스러운 이야기, 피하고 싶은 이야기라고 할 수 있다. 문제가 내담자의 삶과 관계에 미치는 영향을 상세히 탐색하는 과정에서 의외로 문제가 영향을 미치지 못하고 있는

1) 지수는 누군가에게 도움이 된다면 자신의 이야기를 써도 좋다고 허락해 주었다. 이 장의 목적에 맞춰 지수의 이야기를 일부 발췌하였고, 이름은 가명임을 밝힌다.

영역이 드러날 수 있다. 또 내담자가 오히려 문제에 힘을 행사하거나 문제와는 다른 방식으로 살아낸 경험을 발견할 수도 있다. 이것은 문제 이야기와는 대조적인 사건이다. 내담자가 대조적인 사건을 의미 있는 사건으로 받아들인다면 이것은 독특한 결과가 된다.

독특한 결과는 내담자의 삶의 다른 사건이나 상황, 관계, 의미와 연결 지음으로써 비로소 삶 안에 단단히 자리 잡게 된다. 예를 들면, '어려웠지만 견뎌 낸 일'을 독특한 결과로 발견했을 때 다음과 같은 질문으로 독특한 결과를 다른 사건, 상황, 관계, 의미와 연결할 수 있다.

- 어려운 상황에서 견뎌 보고자 하는 생각은 어떻게 하게 되었나요?
- 무엇이 어려움 가운데서도 그냥 있지 않도록 이끌었나요?
- 어려운 상황을 견뎌 낼 수 있었던 삶의 자원(의도, 태도, 능력, 관계 등)은 무엇이었나요?
- 어려운 상황을 견뎌 내는 과정에서 길러진 것은 무엇인가요?
- 어렵지만 견뎌 냈던 그때의 당신에게 지금의 당신은 어떤 말을 해 주고 싶나요?
- 어려운 시기를 겪어 봤기에 자신이나 삶에 대해 알게 된 것은 무엇인가요?
- 어렵지만 견뎌 낸 경험은 앞으로 살아갈 자신에게 어떤 이야기를 해 주나요?
- 당신이 어렵지만 견뎌 낸 것을 알고 있는 사람은 누구이고 그는 당신의 어떤 모습을 보았을까요?

지수의 문제 이야기는 일이 힘들어지면 피하고 도망간다는 것이다. 아르바이트 경험에서 피하고 도망가는 것과 다른 이야기는 없었을까? 이러한 호기심을 가지고 지수와 아르바이트 경험을 구체적으로 이야기해 보고 싶어 질문했다.

상담자: 가장 기억에 남는 아르바이트가 있나요?

지 수: 신발 매장 재고관리 했던 일이 기억나네요.

상담자: 좀 더 얘기해 줄 수 있나요?

지 수: 마감 때 재고 수량을 파악하는 일인데 3개월간 계속 수량이 틀리는 거예요. 매니저에게 매일같이 혼이 났어요.

상담자: 계속 혼이 난 것이 기억에 남는 건지……. 아니면 다른 이야기가 있는지…….

지　수: 팀 회식 때 매니저가 "지수 씨 잘하는 거 아는데 중간에 실수하는 지점이 있더라. 그거만 보완하면 잘할 거야."라고 말해 주는 거예요. 그때 '조금만 더 잘하면 실수하지 않고 맞게 할까?'라는 생각을 하게 되었어요. 그동안 일을 빨리 끝내려고 했던 게 실수로 이어진 건 아닌지 되돌아보면서 피하지 않고 해결해 보려고 노력하게 되었죠.

상담자: 3개월간 혼나면서도 출근했고, 충고를 듣고 피하지 않고 해결해 보려고 노력한 것은 뭐 하나 제대로 한 것이 없고 힘든 일이 있으면 피하기만 하는 것과 비교해 볼 때 어떤 생각이 드나요?

지　수: (깜짝 놀라며) 제가 피하지 않고 해 보려고 했네요.

'3개월간 혼나면서도 출근했고, 충고를 듣고 피하지 않고 해결해 보려고 노력한 것'은 '뭐 하나 제대로 한 것이 없고 힘든 일이 있으면 피하기만 한다'는 문제 이야기와는 대조적인 경험이다. 문제 이야기와는 맞지 않는 독특한 결과이다.

지수는 아르바이트 경험을 더 이야기하면서 자신이 경험을 하며 그 경험 속에 있는 자신을 평가하고 필요한 부분은 방법이나 태도를 바꾸었고 긍정적인 결과로 이어진 것을 발견했다. 우리는 다음과 같이 써 보면서 확인했다.

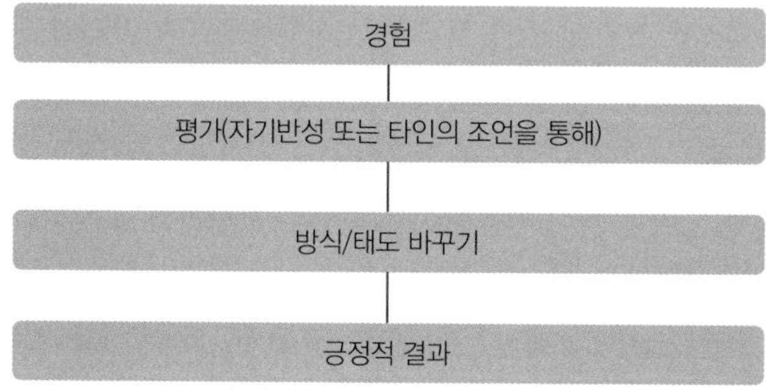

상담자: 지수가 해 온 방식을 알게 되니 어떤가요?

지　수: 너무 좋죠. 부질없이 시간만 보낸 게 아니었어요. 저 나름대로 방법을 찾아왔다는 게 좋아요.

상담자: 자기 나름대로의 방법……. 경험하면서 반성이나 조언을 통해 평가해 보고 필요한 부분은 방식이나 태도를 바꾸면서 긍정적인 결과를 얻게 된 자신을 보니 앞으로에 대해 어떤 생각을 하게 되나요?

지 수: 힘든 일자리에도 도전해 볼 수 있을 것 같아요.

지수는 아르바이트에서 피하고 도망가기와 다르게 대응해 온 자신을 발견하게 되었고, 이로 인해 새로운 일에 도전해 볼 수 있는 힘을 얻게 되었다. 이와 같이 문제와는 대조되는 독특한 결과를 조명하는 대화는 자신의 삶에 이미 자리 잡고 있는 자기가 사용해 온 지식과 방법을 알게 하고, 이는 대안적 정체성을 세워 준다.

2) 독특한 결과를 선호하는 이야기로 만들기

문제를 해체하기 위해 경청하고 문제가 삶에 미치는 영향을 알아보는 과정에서 독특한 결과가 될 수 있는 통로를 발견할 수 있다. 이때 통로는 '저절로' 나타날 수 있다(Freedman & Combs, 2009). 지수가 아르바이트 경험에서 '3개월간 혼나면서도 출근한 것'을 이야기했다. 이것은 대화 가운데 저절로 나온 이야기이다. 저절로 나타난 이야기에 "3개월간 혼나면서도 출근한 것은 자신에게 어떤 의미가 있나요?" 혹은 "3개월간 혼나면서도 출근한 것을 뭐라고 할 수 있을까요?"와 같은 질문은 지수가 독특한 결과에 나름의 의미를 부여하고 이름을 붙일 수 있도록 초대할 수 있다.

만약 통로가 저절로 나타나지 않는다면 직접적인 질문으로 알아볼 수 있다. "연락처를 받고 난 후 무엇이 3개월 만에 저를 찾아오게 했을까요?" "분노가 치민다고 했는데 분노가 말하고 싶었던 것은 무엇일까요?" 등이다. 내담자가 이러한 질문을 의미 있게 받아들이고 대답해 보려고 한다면 독특한 결과로 발전시켜 나갈 수 있다.

독특한 결과 안에 존재하는 내담자의 지향하는 바(목적, 목표, 계획, 열망, 희망 등)와 가치(신념, 원칙, 확신, 믿음 등; White, 2010)는 내담자의 선호하는 삶을 구성하는 요소이다. 내담자의 선호하는 삶은 상담자가 내담자와 협력하여 이야기를 어떤 방향으로 구성해 나가야 할지 나침반이 되어 준다.

지수가 한동안 상담을 시작하는 이야기는 회사 입사 이후 회사에서 관리자로 인해 힘들었던 일, 동료들 사이에서의 어려움, 잦은 업무 변경으로 인한 실수 등 문제에 관련된 주제였다. 한 관리자가 장애를 가진 근로자에게 "빨리빨리 해!" "말 좀 똑바로 해!"라는 말을 일삼는 것을 보고 분노가 치밀었다. 그런데도 줏대가 없어 보고만 있었다는 것이 힘들었다.

상담자: '분노'가 말을 한다면 관리자에게 어떤 말을 하고 싶었던 걸까요?

지 수: '분노'가 말을 한다면요? "저 사람은 몸이 안 좋아서 빨리 못하는 거잖아요." "말하는 게 어려운 사람이잖아요."라고요.

상담자: 음……. 몸이 안 좋아서 업무를 빨리 못하니까……. 말하는 게 어려운 사람이니까…….

지 수: "장애인이라고 함부로 대하지 마세요."라고요.

상담자: 장애인이라고 함부로 대해서는 안 된다는 거네요.

지 수: 맞아요.

상담자: 장애인이라고 함부로 대해서는 안 된다는 것에는 지수의 어떤 생각이 담겨 있는 건가요?

지 수: 사람이니까……. 사람을 소중하게 대해야 한다는 거죠.

상담자: 사람을 소중하게 대해야 한다는 것은 지수의 줏대라고도 할 수 있을까요?

지 수: 맞아요. 그런 가치관이 있었네요.

"장애인이라고 함부로 대해서는 안 된다는 것에는 지수의 어떤 생각이 담겨 있는 건가요?"라는 질문은 지수가 가지고 있는 삶에서의 가치를 드러냈다. 줏대가 없다는 문제 이야기에서 문제와는 어긋나는 이야기, 즉 '사람을 소중하게 대해야 한다는 줏대'라는 자기 가치관을 발견한 것이다. 이것이 독특한 결과이다. 내담자가 발견한 새로운 정체성이 단단한 자신의 이야기가 되도록 다음과 같이 독특한 결과를 더 발전시켜 나간다.

상담자: '사람을 소중하게 대해야 한다는 것'과 관련한 경험에는 어떤 것이 있나요?

지 수: 식당에서 아르바이트를 할 때였어요. 보통 손님들이 식당 이모나 알바생들을 함부로 대하는 모습을 많이 봤어요. 저도 아르바이트를 할 때 어떤 손님이 주문한 것을 늦게 갖다 준다고 버럭 화를 내는 것을 당하기도 했고요. 그런데 그렇게 하지 않는 손님을 만난 거예요. 그 손님은 제게 존댓말을 쓰고 필요한 것을 부탁하고 웃으며 대해 주셨죠.

상담자: 그 손님을 자세히 기억하고 있네요. 그 손님이 지수에게 보여 준 모습은 사람을 소중하게 대해야 한다는 것과 어떤 관련이 있나요?

지 수: 저는 그분을 통해 배운 것 같아요. 사람을 통해 배운 거죠.

상담자: 그 손님께 배운 것이 무엇일까요?

지 수: 인정하고 존중하는 것이에요.

이 대화는 계속 이어졌다. 대화를 전개하는 질문은 두 방향이다.

1. 자신의 행동에는 어떤 의도, 가치, 목적, 신념, 희망이 담겨 있는가? 또는 사람과의 만남, 사건에서 어떤 깨달음이나 교훈, 지식을 얻게 되었는가? (행동 영역을 정체성 영역으로 연결하기)
2. 자신이 가지고 있는 의도, 가치, 목적, 신념, 희망 또는 깨달음, 교훈, 지식이 과거의 어떤 행동으로 나타났는가? 혹은 미래에 어떤 것을 하게 될 것 같은가? (정체성 영역을 행동 영역으로 연결하기)

행동은 정체성으로, 정체성은 행동으로 연결하면서 자신이 선호하는 이야기를 구성해 가게 된다.

상담자: 여기까지 정리해 보면 일을 통해 사람들을 만나면서 지수가 깨닫고 배운 것은 '사람을 소중하게 대해야 한다는 것, 인정하고 존중하기, 사람을 사람으로 대해 주는 것'이네요.

지 수: 네, 맞아요. 제가 배운 것이고 중요하게 여기는 가치관이에요.

상담자가 독특한 결과로 볼 수 있는 가능성을 만났을 때 기쁜 나머지 이야기를 일방적으로 해석하거나 빨리 마무리 짓는다면 독특한 결과가 풍부한 이야기로 발전할 수 있는 기회를 잃게 된다. 독특한 결과의 역사와 잠재적 가능성에 대해 질문하면서 나온 이야기를 정리하고 다음 질문을 이어 가는 상담자의 자세는 내담자가 자신의 이야기를 찾고 의미를 덧붙여 가도록 하여 이야기가 발전할 수 있게 해 준다.

독특한 결과에서 시작하여 선호하는 이야기로 만들어 가는 앞의 대화는 다시쓰기 대화[2)](White, 2010)를 지도로 활용하여 지수와 함께 그리면서 진행되었다.

2) 다시쓰기 대화는 제6장에서 구체적으로 소개된다. 독특한 결과가 그 자체만으로 존재하기보다는 새로운 이야기를 써 가는 다양한 재료가 될 수 있음을 보여 주기 때문에 이 장에도 싣게 되었다.

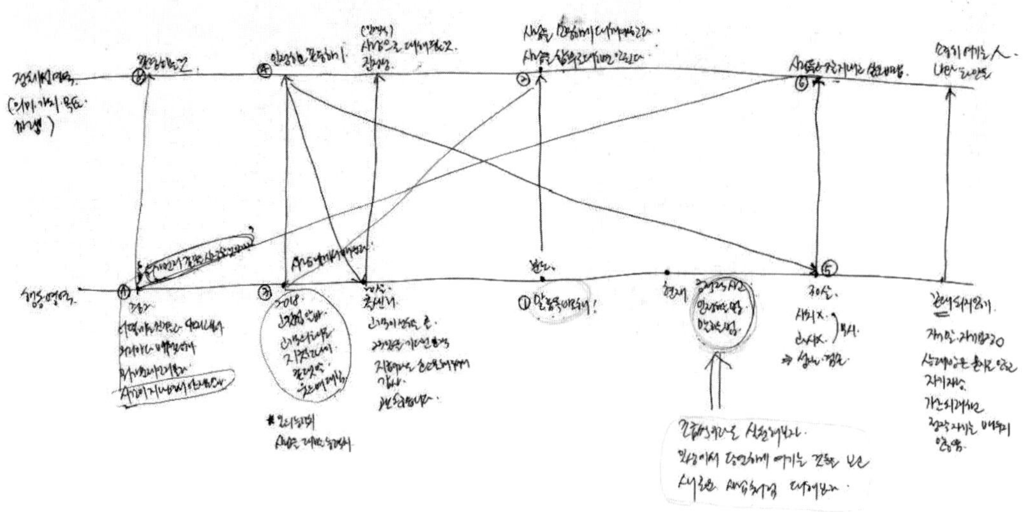

[그림 5-3] 지수와 함께 만든 다시쓰기 대화

[사례] 이야기 다시쓰기 대화

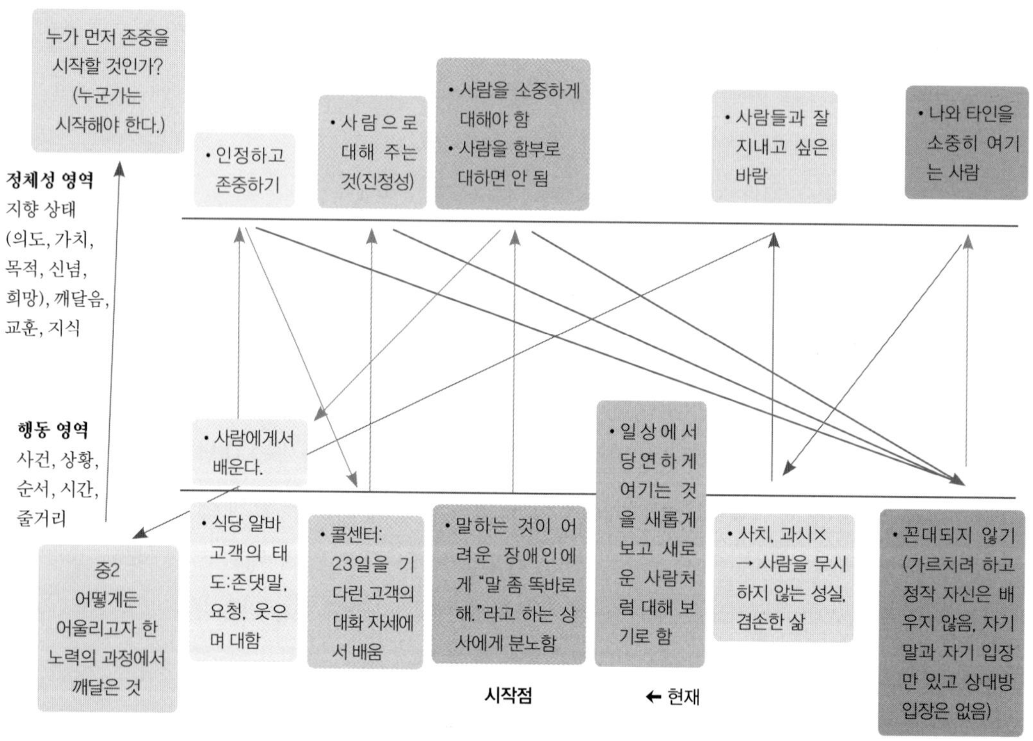

[그림 5-4] 지수와 함께 만든 다시쓰기 대화 정리

3) 대안적 이야기로 나아가는 독특한 결과의 발견과 확장

대안적 이야기로 나아가는 독특한 결과의 발견과 확장을 보여 주는 대화

지수는 11개월 전 핸드폰 대출 사기를 당해 만만찮은 빚을 떠안았다. 핸드폰 회사에서 빚을 갚으라는 독촉 전화가 올 때마다 죽고 싶었다. 자신이 죽으면 가족이 빚을 떠안게 될 것이기 때문에 죽을 수도 없는 노릇이었다. 사기를 당한 자신도 싫고 모든 것이 원망스러웠다. 빚 앞에서는 어떻게 해야 할지 막막하기만 하고 어떻게 되겠지 하는 자포자기 심정이었다. 그렇게 6개월은 빚을 한 푼도 갚지 못한 채 시간이 갔다. 그런데 결국 빚을 갚지 않으면 안 된다는 현실에 부딪혔고 "이건 내가 해결해야 되는 거네."라고 깨달았다. 그리고 5개월간 한 회사에 다니면서 빚을 갚아 나갔다. 드디어 빚을 다 갚고 난 첫 만남에서 너무 기분이 좋다며 이제부터는 상담 비용을 자기가 내겠다고 했다.

빚을 다 갚은 이벤트적인 사건(event)을 조명하는 이 대화를 통해 지수가 빚을 갚기 위해 무엇을 했는지, 빚을 갚기 위한 지수의 움직임에는 어떤 정체성이 담겨 있는지를 드러냈다. 이 이야기는 독특한 결과가 어떻게 대안적 이야기로 나아가는지를 보여 준다.

상담자: 상담 비용이 '품위유지비'라고요?(놀라 웃으며)

지 수: 빚도 갚았으니 상담을 엄마한테 의지해서 하기보다는 이제부터 '내가 내 힘으로 해 봐야겠다.' 이런 생각을 한 거예요.

상담자: 이게 얼마나 걸린 거지요?

지 수: 11개월…….

상담자: 11개월! 그걸 어떻게 해낼 수 있었어요? 어떻게 그 시간을 지나올 수 있었고 지나온 그 시간을 어떻게 말하고 싶을까요? 버텨 낸 건지, 아니면?

지 수: 진짜 견뎠다고는 생각되지만 약간 이겨 낸 게 더 맞는 것 같아요.

상담자: 11개월의 시간, '이겨 냈다'는 거네요. 어떤 것이 그걸 '이겨 냈다'고 표현하게 할까요?

지 수: 일단 우울감에서 벗어난 그리고 한없이 낮아지는 자존감을 제가 다시 조금 올릴

수 있는 것, 그리고 제 가치관이 형성됨과 동시에 그걸 지켜 내기 위해서 제가 약간 싸운 것처럼 느껴지는 것이요.

상담자: 형성하는 것으로 끝나지 않고 그걸 계속 유지하기 위해서는 어떤 싸움이 필요했던 거네요. 이겨 내는 데 좀 도움이 됐던 거나 이겨 내기 위해 해야 했던 것 혹은 어떤 것, 어떤 생각이 있었나요?

지 수: 예전에 선생님이 과거, 현재, 미래를 이렇게 두고 과거의 나를 지금에서 볼 때 어떠냐고 물어보셨잖아요. "그때는 너무 힘들었지만 지금 와서는 잘 버텼다."라고 제가 말씀을 드렸을 거예요. 그러면서 '지금 현재를 미래에서 바라보면 어떨까?'라는 생각도 해 보게 되었어요. '이것 또한 지금의 내 생각이랑 조금 같지 않을까?'라는 생각이 들면서 약간 미래의 나한테 미안하지 않게 그런 생각을 했던 것 같아요.

상담자: 그림으로 그리면 이런 거네요.

과거의 나 → 지금의 나
힘들었지만 잘 버텼어.

미래의 나 → 지금의 나
미안하지 않게 하고 싶다.

상담자: '지금의 내가 과거의 나를 볼 때 어떠냐' 하는 질문을 시점을 옮겨서 '미래의 내가 지금의 나를 본다면 또 어떨까?' 이렇게 생각해 봤군요. 미래의 내가 지금의 나를 봤을 때 미안하지 않게 하고 싶다는 생각이 이겨 낼 수 있는 힘이 되었던 거네요.

지 수: 맞아요.

상담자: 또 어떤 것이 있을까요?

지 수: 일단 저는 우울감이 너무 주체가 안 됐었어요. 그때 우울감이 너무 주체가 안 돼서 이걸 어떻게 잡을까 고민을 되게 많이 했었고 그때 약간 생각을 많이 했던 것 같아요. 생각 정리를 좀 많이 했다고 해야 되나…….

상담자: 어떻게 생각을 정리를 했을까요?

지 수: 아마 예전에도 말씀드렸듯이 '불길한 생각을 조금만 하기, 조금만 하고 집어넣기, 멈추기' 그게 사실 되게 단순하지만 단순하게 해내지 못하는 거거든요. 그것을 계속 해 보려고 조금 노력을 했던 것 같아요.

상담자: 그런 노력의 과정에서 자신에게 좀 길러진 어떤 힘이랄까?

지　수: 일단 저에 대한 믿음이 조금 있는 것 같아요. '나 우울감 이거 이겨 낼 수 있는 사람이야. 저번에도 그랬으니까. 나 지금도 이렇게 하면 이겨 낼 수 있어.' 저에 대한 자신감도 조금 생길 뿐더러 이것 또한 지나가게 할 수 있는, 약간 제가 능력자가 된 느낌이에요.

상담자: 그런 감정이나 불길한 생각이 밀려올 때 거기에 그냥 휘둘려 있지 않았네요. 그것들을 멈추게 할 수 있는 노력을 했고, 그게 되니까 또 힘들 때 '난 그때 해냈어. 또 할 수 있을 거야.' 생각하고 이런 경험으로 자신에 대한 믿음이 생겼다는 거네요.

지　수: 그렇죠.

상담자: 그런 불길한 생각을 멈추게 하는 것을 뭐라고 얘기할 수 있을까요? 제압이나 가둠이랄지…….

지　수: 딱 제압하면 언젠간 터질 걸 또 알기 때문에 약간 이렇게 섞일 수 있는…… 약간 그렇게 유도리 있게…… '맞아, 나 우울은 해. 그렇지만 나 이거 이겨 낼 수 있어. 맞아, 이 말 들어서 나도 상처는 받았어. 근데 나 10분 뒤에 멀쩡해질 거 같은데.' 약간 이렇게 인정을 하고, 그때 하지만 난 이겨 낼 수 있어라는…….

상담자: '상태 인정하기' 그리고 '나를 믿기' '나에 대한 믿음을 또 확인하기'라고 할 수 있네요. 맞나요?

지　수: 그렇죠.

지수는 빚을 갚아 온 자신의 삶을 '이겨 냈다'는 말로 표현했다. 나는 내가 알고 있는 이겨 냄이 아닌 지수가 살아온 이겨 냄을 알고자 질문했다. 이 질문으로 이겨 냄이 존재했던 삶의 맥락을 탐색하고 그 속에서 문제에 대항한 지수의 움직임을 자세히 이야기할 수 있었다. 지수의 움직임에서 발견된 문제에 대응한 방법과 생각, 그 시간 동안 길러진 힘, 자기 자신을 대하는 태도는 문제적 정체성을 해체하고 대안적 정체성을 세우는 요소가 되었다.

지수는 이제 대출 사기를 당한 것을 삶의 전환점이 된 사건이라고 말한다. 무엇이 '죽고 싶고 자포자기하게 했던 사건'을 삶의 전환점이 된 사건으로 관점을 바꾸게 했을까? 빚을 다 갚은 사건을 조명하는 대화를 통해 자신의 삶의 전환점을 만든 것은 대출 사기 자체가 아니며, 그것을 해결하기 위한 자신의 이겨 내는 움직임과 그 움직임에서 발휘되고 길러진 자신의 방법과 가치였음을 알게 되었다. 이처럼 독특한 결과가 대안적 이야기로 구성될 때 사건을 바라보는 관점도 달라진다.

4) 독특한 결과를 삶의 지향하는 바로 연결하기-입장말하기(II) (White, 2010)

독특한 결과를 발견하게 되면 상담자는 내담자를 '가깝고도 먼 이야기 여행'으로 안내한다. 가깝다고 표현한 이유는 독특한 결과가 나타난 주변(장소, 시간, 관계)을 탐색하면서 독특한 결과의 영향력을 살피기 때문이다. 멀다고 표현한 이유는 독특한 결과를 발견했을 당시에는 예상하지 못했던 내담자가 소중히 여기는 것과 연결되는 경험을 하게 되기 때문이다. 이 여행은 마이클 화이트의 입장말하기(II) 지도가 좋은 지침이 된다.

나는 입장말하기를 성명서에 비유하여 이야기하곤 한다. 정치인이나 연예인들이 어떤 사건에 개입되었을 때 기자회견을 열고 성명서를 발표한다. 사건에 대한 자신의 입장을 분명하게 하는 것이다. 입장말하기는 문제나 독특한 결과가 자신의 삶에 미치는 영향에 대해 자신의 입장(position)을 밝히는 것으로 자신의 목소리를 내는 것이다.

독특한 결과 입장말하기 지도는 문제에 대한 입장말하기 지도의 원리와 같다. 독특한 결과로 볼 수 있는 사건이나 내담자의 움직임, 문제가 원하는 것과는 다른 선택을 하게 했던 생각 등을 발견하게 되면 상담자는 내담자와 협력하여 독특한 결과를 정의하고, 독특한 결과가 자신의 삶에 주는 영향을 탐색한 후 영향에 대해 자신이 평가하고 그렇게 평가한 근거가 무엇인지를 말할 수 있는 기회를 갖는다. 독특한 결과 입장말하기 지도가 주는 효과는 독특한 결과를 통해 내담자의 삶에서 지향하는바(의미, 의도, 가치, 목적, 신념, 소망, 헌신하고자 하는 것)를 이끌어 내거나 재확인하여 대안적 정체성으로 연결할 수 있는 가능성을 열어 준다는 것이다.

독특한 결과 입장말하기 대화에서 상담자는 독특한 결과에 대해 내담자가 중심에 서도록 함으로써 상담자는 '중심에서 벗어나고', 입장말하기 지도를 활용하여 구조가 있는 질문을 함으로써 독특한 결과에 대한 입장을 취할 수 있도록 한다는 점에서 '영향력을 미치는' 역할을 수행한다.

독특한 결과를 조명하여 삶의 지향하는 바로 연결해 가는 독특한 결과 입장말하기 대화의 단계는 다음과 같다.

(1) 1단계: 독특한 결과 정의하기

문제를 외재화하는 과정에서 문제가 내담자에게 어떤 영향력을 발휘하는지 드러나게 된다. 이를 통해 문제가 내담자에게 영향력을 미치지 못하는 부분도 드러나게 되고, 또한 내담자가 문제에 대응하여 문제의 힘을 줄이거나 문제가 나타나지 않은 경험도 말하게 된다. 뿐만 아니라, 문제로 바라보던 것을 문제로 바라보지 않게 되기도 한다.

이와 같이 독특한 결과로 진전시킬 수 있는 가능성이 있는 사건, 행동, 생각 등에 상담자는 내담자가 내담자 자신의 경험에 가까운 언어로 정의를 내릴 수 있도록 협력한다. 문제를 정의할 때와 마찬가지로 독특한 결과를 정의할 때 이름 붙이기, 이미지로 표현하기, 명사화하기 등의 방법을 사용할 수 있다. 이때 상담자가 이미 알고 있는 지식이나 이해로 내담자의 경험을 단정 짓지 않고 알지 못함(not-knowing position)의 자세로 다가가는 것은 내담자가 자신의 경험을 풍부하게 이야기하고 삶의 주체로서의 자리에 서도록 한다.

1단계: 독특한 결과 정의하기 사례

지수는 회사에서 부서를 이동하고 나서 힘든 상황을 맞게 되었다. 그 상황을 피하고 싶고 회사를 그만두고 싶다고 했다. 무엇이 자신을 힘들게 하는지 문제를 외재화하고 자신의 입장을 이야기하는 과정에서 지수는 힘든 이 시점을 오히려 '미래를 준비해 가는 터닝포인트'로 삼고 싶다고 했다. 이것은 힘든 일이 왔을 때 피하기만 한다는 문제 이야기와는 대조적인 경험으로 보여 독특한 결과로 발전시키고자 질문했다.

상담자: 새로 이동한 부서에서 겪는 힘든 이 시점을 오히려 미래를 준비해 가는 터닝포인트로 삼고 싶다는 거지요. 터닝포인트가 된다는 것은 이전과 이후가 다르다는 건데, "그때 그렇게 했기에 이렇게 되었어."라고 6개월 후 혹은 1년 후 이야기한다면 '그렇게'에는 어떤 말이 들어갈 것 같나요?

지 수: 노력했다고요. 내가 해냈다고요.

상담자: 지수가 노력하거나 해내고 싶은 것은 무엇인가요?

지 수: 나 자신에게 좋은 인풋(input)을 하고 싶어요. 자격증을 따기 위해 시도한다든가 앞으로를 위해 필요한 것을 준비하고 싶어요.

상담자: 미래를 준비해 가는 터닝포인트를 만들기 위한 이러한 움직임을 뭐라고 부르고 싶나요?

지 수: '노력하기'요. '노력하기'가 좋을 것 같아요.

(2) 2단계: 독특한 결과의 영향 탐색하기

독특한 결과가 내담자 삶의 영역에 미치는 영향을 탐색하기 위해 질문한다.

독특한 결과의 영향을 탐색하는 영역은 다음과 같다.

- 시간
- 가정, 학교, 직장, 지역사회 등
- 가족관계, 친구관계, 직장에서의 관계, 자기 자신과의 관계
- 내담자 자신의 정체성
- 미래의 삶

- 가능한 질문
  - ○○이 가정에서 어떤 영향을 주나요?
  - ○○이 당신과 친구와의 관계에 어떤 영향을 주나요?
  - ○○이 당신 자신을 어떻게 바라보게 하나요?
  - ○○이 지속된다면 당신의 미래에 예상되는 것은 무엇인가요?

독특한 결과가 미치는 영향을 삶의 다양한 영역에서 탐색하는 과정에서 어쩌다 일어난 일로 무시하거나 사소하게 여기고 넘어갈 수 있었던 독특한 결과에 주목하게 된다. 독특한 결과가 출현하는 시간, 장소, 관계 등을 드러내고 영향을 평가하는 과정에서 내담자의 이야기는 풍부하게 전개된다. 풍부한 이야기의 줄거리 속에서 독특한 결과는 내담자의 삶과 긴밀하게 연결되고 중요하게 인식된다.

2단계: 독특한 결과의 영향 탐색하기 사례

지수의 삶에서 '노력하기'가 주는 영향을 탐색하기 위해 질문했다.

상담자: '노력하기'는 지수에게 어떤 영향을 줄까요? 자신이나 주변 사람들과의 관계, 혹은 미래에?

지 수: 일단 내가 나에게 게임이나 휴대폰, 사 먹는 것과는 다른 보상을 줄 수 있을 것 같아요.

상담자: 게임이나 휴대폰, 먹는 것은 어떤 보상이라고 할 수 있을까요?

지 수: 쾌락 같은 거죠. 할 때는 당장은 좋지만 금방 없어져 버리는…….

상담자: 금방 없어져 버리는 보상이 아닌 이제 다른 보상도 주고 싶다는 거네요.

지 수: 맞아요.

상담자: '노력하기'가 자신에게 주는 보상은 무엇일까요?

지 수: 나도 할 수 있다는 것을 보여 줄 수 있을 것 같고요, 나 자신도 열심히 살고 있는 것 같은 느낌을 가질 수 있을 것 같아요. 또 자격증을 하나둘씩 늘려 갈 수 있게 되겠죠.

2단계의 과정에서 상담자가 주의할 점은 독특한 결과의 영향은 긍정적일 것이라고 단정 짓지 않아야 한다. 예를 들어, 독특한 결과로 발견된 '일에서의 열정'의 영향에 대해 내담자는 직장에서는 열심히 일하는 사람으로 인정받게 하지만, 가정에서는 가족들에게 소홀하다는 말을 듣게 한다고 말할 수 있다. 이로 인해, '일에서의 열정'을 단편적으로 인식하지 않고 다양한 관점으로 바라볼 수 있게 된다. 독특한 결과의 영향을 탐색하고 나면 독특한 결과의 영향을 평가할 수 있도록 다음 단계의 대화를 진행한다.

(3) 3단계: 독특한 결과의 영향 평가하기

독특한 결과가 삶에 미치는 영향에 대해 자신이 평가해 보는 기회를 통해 내담자는 자신의 견해를 밝힐 수 있게 되고, 이는 자신의 삶에서 자신의 목소리를 내는 경험이 된다. 상담자나 타인이 발견해 주는 내담자의 강점조차도 내담자가 수동적으로 받아들이기보다 영향을 평가해 보는 경험은 내담자를 자신의 삶의 주체로서 서게 한다.

• 가능한 질문
- ○○이 가져오는 이와 같은 영향에 대해 당신은 어떤 입장인가요?
- ○○이 주는 영향이 당신은 괜찮은가요, 괜찮지 않나요? 혹은 둘 다인가요?

3단계: 독특한 결과의 영향 평가하기 사례

상담자는 노력하기가 지수의 삶에 미치는 영향을 정리해서 말해 주고 노력하기의 영향에 대한 지수의 입장은 무엇인지 질문했다.

상담자: 노력하기가 자신에게 없어지는 보상이 아닌 다른 보상, 즉 나도 할 수 있다는 것을 보여 줄 수 있게 하고, 나 자신도 열심히 살고 있는 것 같은 느낌을 갖게 하고, 자격증을 하나둘씩 늘려 갈 수 있게 한다는 거네요. 노력하기가 가져오는 이러한 변화와 열매에 대해 뭐라고 이야기하고 싶나요?

지 수: 엄청 좋죠.

평가에 대한 질문에 앞서 독특한 결과의 영향에 대해 앞의 밑줄 부분과 같이 지수가 말한 내용을 정리하여 말해 주었다. 이것은 독특한 결과의 영향에 대해 평가할 수 있도록 자신의 입장을 정리해 볼 수 있는 토대가 되는데, 이러한 요약을 '사설'(White, 2010)이라고 한다.

(4) 4단계: 독특한 결과의 영향 평가에 대한 근거 제시하기

이 단계에서는 3단계에서 밝힌 독특한 결과가 삶과 관계에 미치는 영향에 대한 내담자 자신의 평가에 대해 내담자 나름의 이유나 근거를 말할 수 있도록 질문한다.

• 가능한 질문
- ○○이 가져오는 영향에 대해 왜 그런 평가를 하나요?
- ○○이 주는 영향에 대해 그렇게 평가하는 이유나 근거는 무엇인가요?
- ○○이 미치는 영향에 대해 왜 그런 입장인가요?

이 단계에서 '왜'라는 질문은 평가의 근거, 즉 내담자가 삶에 대해 갖고 있는 의도나 목적, 가치, 열망, 신념, 헌신하고자 하는 것 등을 드러낸다. 이는 자신의 정체성을 다시 세우게 하고 지향하는 바에 따라 자신의 삶의 이야기를 다시 쓸 수 있는 바탕이 된다.

4단계: 독특한 결과의 영향 평가에 대한 근거 제시하기 사례

3단계에서 지수는 노력하기가 가져오는 영향에 대해 '엄청 좋다'고 평가했다. 이와 같은 평가를 내리게 된 지수가 갖고 있는 근거를 말할 수 있도록 질문했다.

상담자: 노력하기가 자신에게 없어지는 보상이 아닌 다른 보상을 줄 수 있게 하고, 나도 할 수 있다는 것을 보여 줄 수 있고, 내 자신이 열심히 살고 있는 느낌을 갖게 하고, 자격증을 늘려 갈 수 있게 해 줄 것 같다고 했어요. 이런 결과에 대해 지수는 엄청 좋다고 했는데, 노력하기가 가져오는 이런 결과가 왜 좋지요?

지 수: 내가 해낸다는 것, 나도 노력하면 된다는 것을 나 스스로에게 그리고 주변 사람들에게 보여 줄 수 있을 것 같아요.

상담자: 나도 해낼 수 있다, 나도 노력하면 된다는 것을 보여 줄 수 있어서 좋다는 거네요.

[그림 5-5]는 내가 지수와 나눈 대화를 독특한 결과 입장말하기지도로 정리한 것이다.

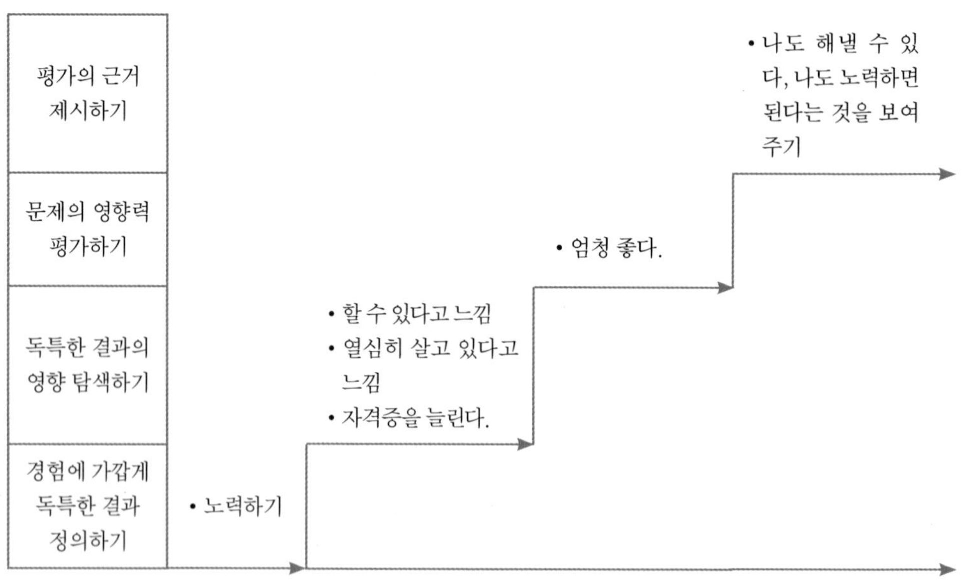

[그림 5-5] 독특한 결과 대화 지도(지수 이야기)

나의 경험상 독특한 결과 입장말하기 지도는 실제 대화에서 공식처럼 적용되지는 않는다. 예를 들면, 독특한 결과의 영향이 무엇인지를 질문하였는데 문제 이야기를 하기도 한다. 그럴 때 독특한 결과와 관련된 이야기와 문제와 관련된 이야기를 정리하여 보여 주고 어떤 이야기를 먼저 할지 선택하도록 하여 대화를 진행하는 방법이 있다. 이때 다시 대화 지도를 활용하면 된다. 지도가 있기에 다른 길로 들어갔다가도 다시 목적지를 향해 갈 수 있다.

5) 삶을 독특한 결과로 바라보는 관점

관점이 사실을 구성한다(Linstead, 2004: 김번영, 2015, p. 286에서 재인용). '그 사건'을 어떤 관점으로 바라보느냐에 따라 사건에 대한 의미가 달라지고 의미와 연결되는 경험이 선택되어 이야기가 된다. 관점에 따라 우리의 인생은 여러 가지 버전(version)의 이야기로 쓰일 수 있다.

'삶을 독특한 결과로 바라보는 관점'을 이야기하기에 앞서 관점이 삶에 주는 영향을 살펴보자.

2021년 TVN에서 방영된 드라마 〈슬기로운 의사생활 2〉 1화의 내용 중 '두 개의 차트(chart)'를 다룬 부분은 관점의 차이가 가져오는 다른 결과를 잘 보여 주고 있어 소개한다. 〈슬기로운 의사생활 2〉 1화에서 산부인과 전공의 민하는 두 개의 차트를 보며 말한다.

> "같은 날, 같은 산모예요. 차팅한 사람도 같은 사람 저예요. 산모도 같고 날짜도 같고 전공의도 같고 교수님만 바뀌었는데, 차팅이 몇 시간 만에 완전히 바뀌었어요."

동료 의사 겨울은 차트 1을 보고 아이가 죽을 것 같다고 했다. 차트 2를 봤을 때는 "아이가 살겠네."라고 했다. 임신 19주 조기 양막 파수 상태에 놓인 산모를 만나는 두 의사는 다음과 같이 판단한다. 차트 1의 담당 의사는 '양수가 거의 없다'에 주목하였고, 그에 따라 산모에게 유산을 권한다. 차트 2의 담당 의사는 태아의 움직임은 좋은 상태이고 산모의 출산에 대한 간절한 의지와 건강상 큰 이상이 없음에 주목하여 임신을 유지하며 가 보자는 소견을 내놓는다. 이 장면은 삶에서 마주한 상황에서 우리가 무엇을 볼지, 어떻게 볼지를 지시하는 관점의 힘을 새삼 깨닫게 한다.

이제 이 상황에 놓인 산모의 입장에 서 보자. 산모는 임신 19주 양막 파수를 어떤 사건으로 바라봤을까? 드라마의 맥락으로 볼 때 그저 불행한 사건으로만 받아들이지는 않았을 것이다. 자신에게 온 생명을 지켜 내기 위해 자신의 목소리를 내야 할 사건으로 보았을 것으로 짐작된다. 그러했기에 첫 번째 의사의 소견을 일방적으로 따르지 않고 의사를 바꿔 달라고 한 것이다. 산모는 임신 19주 양막 파수 사건을 엄마로서 더 강해지는 계기로 삼았을 것이다.

삶을 독특한 결과로 바라본다는 것은 자신의 삶에 자기 나름의 설명을 하고 새롭게 의미를 부여하는 작업이다. 다가오는 사건들에 주체적으로 의미를 부여하고 계기로 활용하는 것이다. 삶을 독특한 결과로 바라보는 관점을 형성하는 하나의 방법은 해체적 시각을 갖는 것이다. 사회나 공동체가 당연시 하는 관점으로 삶을 바라볼 때 삶이 제한되고 억압받을 수 있다. 이때 상담자는 내담자와 협력하여 경험을 해석하는 관점이 어디서 온 것인지, 누구의 기준인지 탐색함으로써 자신의 삶을 평가하는 기준이 절대적 진실이 아님을 알게 된다. 이로 인해, 다른 각도와 자신의 관점으

차트 1	차트 2
Oligohydramnios with ruptured membrane	산모 BT 36.8℃, uterine contraction(−)
• 현재 19주에 조기 양막 파수된 상태로, 양수 거의 없어 정상적인 임신 유지 어려움을 설명함 • 현 주수에 분만 진행 시 태아 viability 없는 상태로 태아 생존 가능성 낮음을 설명함 • 조기 양막 파열 시, 제대 탈출, 자궁 내 감염, 조기 진통 등의 위험성 발생 가능성이 높으며 산모에게도 염증의 원인이 될 수 있음 • 조산 발생 시 폐성숙 부전으로 인한 호흡 곤란 등의 합병증 빈도가 증가함을 설명함	• 현재 19주에 조기 양막 파수된 상태이고, 양수는 거의 없으나 태아의 움직임은 좋은 상태임 • 태아의 위치는 역아, 자궁 내 infection 징후 및 자궁 수축 없이 안정적임 • 자궁 내 감염 예방을 위해 항생제 사용할 예정이며 자궁 수축 발생 시 조절 예정임 • 안정적으로 현 상태 23주까지 유지 시, 태아 viability 있는 주수로, betamethasone 고려 예정 • 필요시 제왕절개 수술을 해야 함

[그림 5-6] 두 개의 차트

로 재해석할 수 있게 되어 삶을 제한하고 억압하는 해석의 영향에서 벗어나 대안적 이야기로 나아갈 수 있다.

삶을 독특한 결과로 바라보는 관점을 지닐 때 사건 자체가 삶의 방향키를 잡는 것이 아니라 자신이 자기 삶의 방향키를 잡게 된다. 즉, 삶에서 일어나는 사건들에 주체적으로 의미와 가치를 부여함으로써 풍부한 이야기로 발전시켜 나간다.

삶을 독특한 결과로 바라보는 관점은 지수의 이야기에서도 발견되었다. 지수는 불안장애로 정신병원 입원 생활을 했다. 이는 누구에게도 '말하고 싶지 않은 경험'이었다. 그런데 '피하고 도망가는 사람이라는 이야기'가 '피하지 않고 해결해 보려고 노력한 이야기'로 재구성되어 정체성에 대한 새로운 관점이 생기면서 정신병원 입

환우들과 함께 지내면서 배운 사람에게 다가가는 자세

- 사람들에게는 내가 모르는 아픔이 있을 수 있다.
- 누군가를 라벨화하거나 규정짓지 않고 대하는 것이 중요하다.
- 사람을 한 번 더 돌아본다.
- 공감한다는 것은 사람이 어떤 상황에 처했을 때 내가 그 상황에 들어가서 같이 간다는 것이다.
- 말을 끊지 않고 다 듣고 난 후 내 이야기를 한다.
- 쓸데없는 감탄사를 하지 않는다.

원 경험은 말하고 싶지 않은 경험이 아닌 사람에게 다가가는 자세를 배우게 된 경험으로 다시 바라보게 되었다.

내러티브상담자로서 나는 상담을 "일상을 '이야기하기'[3]로 가져오기"라고 부르는 것을 좋아한다. 우리 삶의 경험은 의도적으로 이야기하지 않으면 과거라는 시간 속으로 묻혀 버릴 수도 있고, '그때 그 순간'의 상황과 관계 속에서 해석된 경험으로 박제되어 버릴 수도 있다. 이야기하기 작업은 우리 삶의 경험을 이러한 위험에게서 구출하여 새로운 해석을 만날 수 있는 기회를 부여한다.

어쩌면 우리 삶에는 독특한 결과가 아닌 것이 없다. 우리의 이야기는 사건 자체가 아닌 저마다 받아들인 사건에 대한 경험을 담은 것이기에 그 사건이 독특한 결과여서 독특한 결과가 아니라 독특한 결과로 보기 때문에 독특한 결과가 될 수 있지 않을까? 우리 삶에 일어난 일과 앞으로 일어날 일을 내 삶을 풍부하게 엮어 가는 이야기로 삼기 위해 주체적으로 해석할 때 우리는 자기 이야기의 주인으로 살아갈 수 있으리라 싶다.

독특한 결과는 내담자의 삶의 지식과 기술이 존재하는 영역이다. 독특한 결과가 될 수 있는 경험을 조명하여 확장하게 되면, 문제 이야기에 가려져 있던 내담자 나름의 삶에서의 움직임과 방법, 가치가 드러난다. 이는 문제가 규정하는 부정적 정체성에 대항하는 대안적 정체성의 요소가 된다.

독특한 결과는 내담자가 문제에 힘을 행사하거나 문제와는 다른 방식으로 살아낸 경험, 문제가 내담자의 삶과 관계에 영향을 미치지 못하고 있는 영역에 존재한다. 독특한 결과 안에 존재하는 내담자의 지향하는 바(목적, 목표, 계획, 열망, 희망 등)와 가치(신념, 원칙, 확신, 믿음 등; White, 2007)는 내담자의 선호하는 삶을 구성하는 요소이다. 내담자의 선호하는 삶은 상담자가 내담자와 협력하여 이야기를 어떤 방향으로 구성해 나가야 할지 나침반이 되어 준다.

독특한 결과는 내담자 삶의 다른 사건이나 상황, 관계, 의미와 연결 지음으로써 비로소 삶 안에 단단히 자리 잡게 된다. 이야기가 새롭게 구성된다는 것은 독특한 결과가 삶 안에 자리하게 된다는 것이다. 이렇게 구성된 이야기는 삶을 살아가는 힘 있는 이야기가 된다.

3) 우리가 사는 세계 안에서의 경험을 이해하고, 거기에 의미를 부여하는 작업(고미영, 2012)

독특한 결과로 볼 수 있는 가능성을 만났을 때 상담자가 일방적으로 해석하거나 이야기를 빨리 마무리 짓는다면 독특한 결과가 풍부한 이야기로 발전할 수 있는 기회를 잃게 된다. 독특한 결과가 가진 역사와 잠재적 가능성에 대해 질문하면서 내담자가 자신의 이야기를 찾고 의미를 덧붙여 가도록 하여 이야기를 발전시켜 나가야 한다.

참고문헌

고미영(2012). **이야기 치료와 이야기의 세계**. 서울: 청목출판사.

김번영(2015). **이야기치료의 원리와 실제**. 서울: 학지사.

Anderson, H., & Goolishian, H. A. (1988). Human systems as linguistic systems: Preliminary and evolving ideas about the implications for clinical theory. *Family Process, 27*(4), 371-393. https://doi.org/10.1111/j.1545-5300.1988.00371.x

Freedman, J., & Combs, G. (2009). **이야기치료: 선호하는 이야기의 사회적 구성** (*Narrative therapy: The social construction of preferred realities*). (김유숙, 전영주, 정혜정 공역). 서울: 학지사. (원저는 1996년에 출판).

Linstead, S. (Ed.). (2004). *Organization theory and postmodern thought*. London: SAGE.

Morgan, A. (2013). **이야기치료란 무엇인가?** (*What is narrative therapy?: An easy-to-read introduction*). (고미영 역). 서울: 청목출판사. (원저는 2000년에 출판).

Parry, A., & Doan, R. E. (1994). *Story re-visions: Narrative therapy in the postmodern world*. New York, NY: The Guilford Press.

White, M. (2010). **이야기치료의 지도** (*Maps of narrative practice*). (이선혜, 정슬기, 허남순 공역). 서울: 학지사. (원저는 2007년에 출판).

TVN 〈슬기로운 의사생활 2〉(2021). 1회.

제6장

다시쓰기

최지원(서울신학대학교 학생상담센터 상담교수)

내러티브상담은 인간 삶의 본질을 이야기라고 본다. '나'라고 하는 정체성은 우리 내면의 어디에선가 찾을 수 있는 고정된 어떤 것이 아니라 이야기의 축을 따라 끊임없이 생성되는 유동적 실체인 것이다. 나는 이야기를 통해서만 입체적으로 표현될 수 있고 그렇게 표현된 이야기는 다시 정체성을 강화시키는 역할을 한다. 즉, 나는 이야기를 생산하는 주체이면서 이야기에 의해 만들어지는 객체이기도 하다. 그런 면에서 우리 삶의 이야기는 하나의 서사 행위이자 서사물이라 볼 수 있다. 누군가의 이야기처럼 이야기(narrative)는 가장 인간을 닮은, 가장 인간적인 소통의 방식이다.

심리학자 제롬 브루너(Jerome Bruner, 1990)는 우리가 표현하고 사는 이야기 안에는 언제나 지배적인 이야기에서 동떨어져 남은 정서와 생생한 경험이 들어 있다고 했다. 내러티브상담은 사람들이 말하는 이야기가 결국 그들의 삶에 의미를 부여하도록 결정한다는 핵심적인 생각에 기반을 두어 이루어진다. 우리는 어떤 이야기를 하면서 그것을 사실로 표현한다기보다 의미를 부여하는 존재이다. 우리가 표현하고 사는 이야기는 모두 '사실'이 아니라 '실재'인 것이다.

화이트와 엡스턴(White & Epston, 1990)은 상담 장면에서 텍스트 유추(Bruner, 1990)로 다시쓰기(re-authoring) 대화를 탐색하는 방법을 활용했다. 다시쓰기는 내러티브상담 이론과 실천 자체의 철학적 근간이 되었다고 할 수 있다. 사람들이 자신의 삶을 이야기할 때 그것 자체가 진짜 경험한 내용을 대표하는 것은 아니다. 지배적 이야기에 반대되는 실질적 경험 안에 치명적인 측면이 내포되어 있음을 알 수 있다. 특히 외재화 대화 과정 중에 사람들은 녹아 있는 문제 이야기에서 분리될 수 있고, 분리될 때 경험 속에서 무시했던 측면을 다시 알아볼 수 있게 된다. 이렇게 숨어 있었으나 무시했던 측면의 발견이 곧 지배적인 이야기에 반대되는 측면이라 볼 수 있다.

화이트와 엡스턴(White & Epston, 1990)은 다시쓰기 대화가 사람들이 일관되게 당연하게 여겼던 것에서 벗어나 시간과 주제와 특정 주제를 기반으로 삶의 순간순간을 서로 연결하도록 돕는다 했다. 그들이 말한 삶의 이야기 가운데 존재하는 좀 더 무시되고 간과되었던 영역을 상담자와 함께 알아차리고 발견해 가는 과정을 '독특한 결과'(Combs & Freedman, 2009)라고 한다. 독특한 결과를 발견하고 잡는 과정을 통해 대안적 이야기가 쓰일 수 있다. 예를 들어, 한 내담자가 '난 실패한 인생'이라고 표현했다고 하자. 상담자와 이야기를 진술해 가는 과정을 통해 자신을 자랑스러운 아버지, 바르고 착실한 회사원 그리고 요리에 손재주가 좋은 사람이라는 다른 이야기를 찾아낼 수 있었다. 이는 사람의 문제를 전체화시켜서 표현하게 되는 것을 지양하도록 도와주는 대화이다.

화이트와 엡스턴(White & Epston, 1990)은 독특한 결과가 다시쓰기 대화를 시작할 수 있는 중요한 전환점의 시작이라고 본다. 독특한 결과는 문제중심적 이야기에서 대안적 이야기로 확장할 수 있게끔 여지를 준다. 물론 독특한 결과를 찾기 위해 선행되어야 하는 것이 외재화 대화이다. 외재화 대화를 잘 진행하면 문제 속에 숨겨진 다양한 대항의 이야기, 반대되는 이야기, 저항의 이야기, 치유의 이야기를 만날 수 있다. 외재화 대화 속에서 다양한 이야기의 재료를 발견하는 과정을 통해 이야기 속에 숨어 있는 독특한 결과를 찾을 수 있으며, 이 독특한 결과는 대안적 이야기의 튼튼한 구성을 위해 씨실과 날실로 잘 엮어야 한다.

다시쓰기 대화는 인간의 경험의 시간과 공간, 주제 사이에 대안적인 측면을 채워 넣는 것이다. 다시쓰기가 진행되고 촉진될수록 '독특한 재설명' 질문은 사람과 관계에 대해 반영할 수 있는 새로운 발달 단계들을 탐색할 수 있게 돕는다. 질문은 시간의 흐름에 따라 독특한 결과를 찾을 수 있도록 구성되어 있다.

행동 영역과 정체성 영역을 교차하고 연결하는 것 또한 다시쓰기 대화 과정에서 중요하다. 구조주의에서 의미하는 정체성 영역은 욕구, 동기, 특성, 강점, 자원, 결함과 소유, 특성, 충동 등이 포함된다. 그렇지만 이런 영역은 삶에서 빈곤한 지식만을 제공할 뿐이다. 이것보다는 의도, 목적성, 가치와 신념, 희망, 꿈과 비전, 삶을 위한 헌신의 방법 등이 정체성 영역을 구성할 수 있다.

내러티브상담은 결국 대안적 이야기를 찾고 튼튼하게 만들기 위해 질문하면서 확장해 가는 이야기를 의미한다. 정체성 영역은 문화적 정체성, 의도된 이해와 학습 혹은 깨달음도 포함된다. 치료적 대화를 하면서 문제가 녹아진 이야기, 문제 이야기 속에 대안적인 주제를 포함하기(이야기 안에 놓인 혹은 선호하는)의 두 가지 트랙 이야기를 기술하게 된다. 호기심을 갖고 스캐폴딩 대화를 하다 보면 행동 영역과 정체성 영역을 교차하며 만나게 된다. 행동 영역은 언제, 어디서, 누가, 무엇을과 같은 시간 연속선상에서 일어나는 일이며, 정체성 영역은 이야기와 관련된 개인적인 결정 또는 문화의 범위에 의해 형성된다.

인생 이야기와 개인의 정체성은 '마음'의 영역을 구성하는 것으로 간주되기도 한다(White, Stephen Madigan과의 개인적인 대화, 1992). 내러티브상담의 대화와 질문을 통해 대안적인 마음의 영역이 확장되고 재구성되며 다시쓰기를 할 수 있다. 다시쓰기 대화는 내담자들로 하여금 정보를 다시 이해하고, 독특한 결과를 강조하고, 이야기의 의미를 자각하도록 돕는다. 내담자의 능력, 희망, 꿈 그리고 헌신에 관련된 정보를 계속 수집하도록 질문하게 된다. 이런 대화는 지루하고 뻔한 대화를 벗어나 새롭고 신선한 재진술이 될 수 있도록 한다. 이 안에는 만족감과 주체의식, 지식이 채워지기 때문이다.

다른 영역을 연결하는 내러티브상담 질문은 다음과 같다.

- 잘 알려진 문제가 시간의 흐름에 따라 어떠한 영향을 받고 생성되며 지속되었는지 질문한다.
- 문제 자체를 지속시키도록 도운 사회적인 압력 측면을 질문한다.
- 문제에서 대안적 이야기를 찾지 못하게 하는 문화적인 헌신을 피악한다.
- 선호하는 자기를 기억해 낼 수 있는 여유 공간을 만들어 내도록 어떤 방법을 시도할 것인지 연구한다.
- 주변 인적 자원과 공동체 지지 세력을 활용하고 채택한다.

앞의 질문을 통해 내담자는 생태학적 관점, 거시적으로 자신의 정체성 이야기를 바라보게 되고, 이는 다시쓰기를 가능하게 만든다.

1. 영향력 질문

1) 개인과 가족 관계에 영향을 미치는 문제의 영향력 맵핑하기

- (문제를 '걱정인형'이라고 외재화 했을 때) '걱정인형'은 회사에서 어떻게 드러나는가? 회사를 제외한 다른 측면은 어떠한가? 관계에서는 어떠한가?
- '걱정인형'이 자신만의 노하우를 갖고 있다고 할 때 미래에 당신의 꿈에 어떤 영향을 미치는가?
- '걱정인형'이 관계를 깨고 친구를 위한 시간을 당신에게 남기지 않는다는 것에 대해 당신은 어떻게 생각하는가?

2) 문제의 삶에 존재하는 개인과 가족의 영향력 맵핑하기

- 당신도 모르게 '걱정인형'에게 당신의 삶의 우선권을 갖게 한 적은 없었는가?
- '걱정인형'이 삶의 중심이 되도록 도운 사람이나 상황이 있었는가?

2. 독특한 결과 질문

- 혹시 오늘 상담에 오기 위해 '걱정인형'을 슬쩍 어디에 버려 두었는가?
- 미래에 '걱정인형' 없이 당신에게 쉼을 주고 있는 상상을 해 볼 수 있는가?
- '걱정인형'을 벗어나 희망을 갖도록 도운 것은 무엇이라고 여기는가?

파르페를 생각해 보자. 파르페라는 메뉴는 과자나 과일, 아이스크림이나 크림을 겹겹이 쌓아 올린다. 파르페는 한 종류로 만들지 않는다. 이야기의 다시쓰기는 파르페와 같다. 기본적으로 철학적 바탕과 외재화, 독특한 결과 그리고 상담적 대화에서 진술과 재진술이 오고가는 과정을 겹겹이 쌓아 가다 보면 비로소 다시쓰기가 실현될 수 있다. 다시쓰기라는 메뉴는 단순한 것이 아니라 복잡한 겹층이라 할 수 있으며, 그 층은 질문으로 쌓는 것이다. 다음은 이야기의 다시쓰기를 위해 내담자를 주 저자로 만들 수 있도록 하는 단계를 살펴보도록 하겠다.

3. 내담자를 주 저자가 될 수 있도록 초대하는 방법

1) 새로운 이야기를 제공할 수 있는 큰 주제(정체성 이야기)를 조심스럽게 따라가기

대학에서는 새 학기가 시작하는 3월 첫 주 금요일 오전 9시였다. 비가 스산하게 내리는 날이었다. 새 학기 시작 첫날 그것도 금요일 아침 1교시, 비까지 온다. 전공 수업도 아닌 교양 수업에 학생들은 강의실을 가득 메웠다. 교수가 학생들에게 질문한다. "수강 정정 기간은 다음 주인데 오늘 비도 오는 첫 주 금요일 아침 1교시 교양 수업에 와서 앉아 있는 여러분은 무엇을 중요하게 여기는 사람이란 것을 말해 줄까요?" 돌아가면서 답을 한다. 한날한시 같은 강의실에 앉아 있는 학생들의 행동은 모두 공통된다. 그러나 '무엇을 중요하게 여기기에 지금 이 자리에 앉아 있는지'라고 정체성 영역을 묻는다면 모두 다른 이유로 대답을 한다. 미나는 성적이 중요해서, 연아는 건강과 규칙적인 생활이 중요해서 그리고 선영이는 수강 신청은 책임감이고 약속이기 때문에 온 것이라고 말한다. 이처럼 같은 행동을 하고 있어도 그 행동을 하게끔 유발한 원동력, 정체성 영역은 숨어 있고 드러나지 않지만 결정적인 근간이 된다.

앞의 예처럼 다시쓰기 대화를 위해서는 내담자의 내러티브를 행동 영역에서 정체성 영역으로 확장시키는 것이 중요하다. 자신의 선택과 결정과 행동이 자신의 정체성 영역에 의한 것임을 발견할 때 비로소 주체의식을 자각할 수 있다. 내담자의 겉으로 드러난 삶의 이야기 속에 숨겨져 있는, 내담자가 인식하고 표현하지 못하고 있는 정체성 영역의 이야기를 상담자의 질문을 통해 이끌어 내며, 상호적으로 왔다 갔다 하는 진술과 재진술의 형식을 통해 내담자의 삶의 이야기가 새롭게 다시 쓰이는 것이다. 정체성 이야기는 내담자가 자신의 삶에서 조연이 아닌 주연임을 깨닫게 해 주고 다양한 버전의 이야기를 재구성할 수 있는 여지를 만들게 돕는다.

'조심스럽게 따라가기'라는 문구를 덧붙인 이유는 공동 협력적인 상담자의 자세를 반영한다. 내러티브상담에서 중시하는 탈중심적이지만 영향력은 있는 상담자의 역할은 정체성 영역을 주도적으로 적극적이고 신속하게 이끄는 과정이 아니라 조심스럽게 내담자가 주체의식을 가질 수 있게끔 거리감을 유지하면서 작업하는 데 있다. 이는 화이트가 아동과 가족들을 치료할 때 가장 추천하고 선호하는 상담자의 위치이다. 내담자들이 그들 삶의 주인이고, 특히 가족들은 자신들의 지식, 기술, 선호도를 독특하게 갖고 있으므로 이들을 작업의 우선순위에 놓는다. 이 역할에서는 상담자가 상당히 적극적이고도 비판적인 역할도 하지만 전혀 중심에 서지 않는다. 영향력은 발휘하지만 특별한 치료적 계획표를 내세우지 않으며, 비계를 형성하는 질문과 반응을 주로 한다. 그래서 내담자와 가족들이 스스로 자신들의 보지 못했던 이야기를 발견하게끔 한다. 대부분 인종이나 연령, 성별, 선호도, 계층, 신체 조건, 교육 정도 등과 관련된 문제에 이런 상담자의 역할이 중요하다고 보았다. 간단히 요약하면, 내러티브상담에서 중요하게 생각하는 사회적 · 문화적 관점에 의해 형성된 지배적인 이야기와 문제가 녹아져 있는 이야기의 경우 상담자가 공동 협력적 역할을 담당할 때 가장 효과적이라는 것이다. 즉, 큰 이변이 없는 한 내러티브상담에서는 상담자의 이러한 위치를 선호한다. 따라서 상담자는 자신의 생각을 중심부에 두지 않지만 질문을 통해서 영향력을 행사하는 것을 중요하게 생각한다. 상담

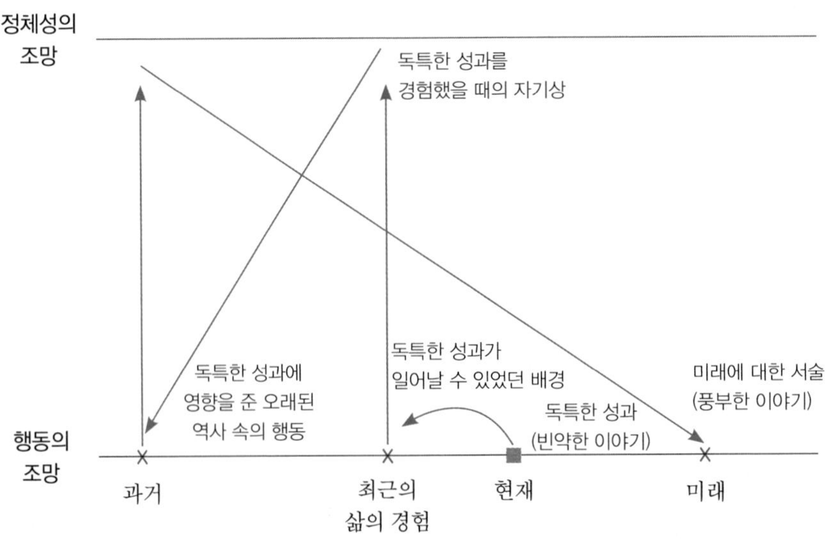

[그림 6-1] 다시쓰기 대화의 구조

자와 내담자가 함께 이야기를 만들어 가는 것이다. 그들은 나란히 서서 작업을 진행한다. 이것이 공동 협력의 자세이며, 이를 통해 이야기를 다시쓰기하고 주 저자(re-authoring)와 공동 저자라는 은유가 도출될 수 있다.

2) 문제 이야기를 외재화하고 그때 느껴지는 감정과 사고를 이야기하기: 은유

다음은 아들의 틱 증상 때문에 괴로워하는 엄마와의 양육상담 과정에서 이루어진 대화이다.

내담자: 저는 아들의 틱을 볼 때마다 진짜 신경 쓰여서 미치겠어요. 오죽하면 아들 문제가 아니라 제 문제인 것은 아닐까 싶어서 상담을 왔다니깐요.

상담자: 아들의 틱을 볼 때마다 신경 쓰인다 하셨는데, 혹시 아들의 틱을 바라보는 이런 심경을 생각하면 어떤 사물이나 이미지가 떠오르나요?

내담자: 음, 그냥 유령이요.

상담자: 유령이요. 어떻게 생겼나요? 색깔이나 크기를 설명해 주실래요?

내담자: 너무 징그럽고 마주치면 미칠 것같이 싫어요. 배경은 검고 형체 없이 하얀 색깔이에요. 크기는 적당하고요.

상담자: 징그럽고 마주치면 미칠 것같이 싫네요. 유령은 얼마나 자주 나타나나요?

내담자: 음……. 갑자기 나타났다가 사라지는데 지금 이야기하면서 생각해 보니 유령은 제가 부르는 것 같아요.

상담자: 본인이 부른다는 것이 무슨 의미인가요?

내담자: 저는 유령이 자기 멋대로 나타난다고 생각했는데 마주치기 너무 싫다고 이야기하다 보니 제가 부른다는 생각이 들어요. 유령은 저의 싫은 과거를 보는 것 같아서 싫은데, 사실 유령은 통제불가가 아니에요. 제가 자꾸 초청한 거예요. 어처구니없이…….

상담자: 유령이 갑자기 혼자 나타나는 게 아니라 본인이 불러서 온다는 것을 알면 어떤 차이가 생기나요?

내담자: 아직은 잘 모르겠는데요. 일단 그렇게까지 유령이 끔찍하거나 싫지는 않을 것 같아요. 유령과 어떻게 지내야 할지는 다시 생각해 봐야 할 것 같고요. 지금은

모르겠어요.

상담자: 그래요. 일단은 유령이 처음만큼 끔찍하거나 싫지는 않다는 말이네요. 유령과 어떻게 지낼지는 차차 생각해 보면 좋겠어요.

화이트는 내러티브상담에서 내담자 안에 존재하였던 문제를 끄집어내어 사람과 분리해서 다룸으로써 문제를 풀어헤치는 작업을 하며, 이것을 외재화 대화라고 했다. 그는 문제를 일단 풀게 되면 문제가 더 이상 사람의 삶을 붙잡지 않게 된다고 믿었다.

① 외재화 대화 과정

확인된 문제에 대해 외재화하는 질문은 사람이 문제를 가지고 있는 것이 아니라 문제가 사람을 소유하고 있다는 것을 암시하는 내용으로 구성된다.

예) "거짓말은 딸이 부모와 불화하는 방법으로 행동하게 했군요. 맞나요?"

상담자는 내담자의 이야기를 듣는 가운데 먼저 그들을 구속하고 지배적으로 영향을 미치고 있는 것을 분별해 내고, 그 지배적인 것을 해체시키는 것이다.

② 외재화 대화의 효과

앞과 같은 질문은 사람과 문제를 분리시키는 개입을 하는 것이고, 점차 새로운 대안적 이야기를 시작할 수 있는 공간을 마련해 주는 과정을 거치는 것이다.

예) "이러한 문제가 당신의 삶 또는 생활에서 어떠한 영향을 미치고 있습니까? 그러한 영향에 대해 어떻게 느끼십니까? 그것은 당신에게 좋은 그림을 그려 주나요, 부정적 그림을 그려 주나요? 이 문제는 당신에게 어떻게 하라고 설득합니까? 이 문제가 당신을 다른 사람들에게서 고립시키고 있나요? 왜 그렇게 고통스러운지 말씀해 주시겠어요? 왜 그렇게 슬프게 느끼고 있나요?"

내러티브상담자는 사람들의 이야기에 이미 구축되어 있는 사실을 해체시키는 상호작용, 즉 이야기를 바꾸어 주는 맥락을 조성해 나가는 것이다. 문제는 사람들과 분리된 것이므로 처음부터 사람들에게 문제의 원인이 아니라, 문제의 영향으로 인한 결과에 대한 질문으로 상담을 시작한다. 앞에 제시한 상담 대화처럼 아들의 틱 증상을 '유령'으로 외재화한다. 외재화의 묘미는 이처럼 개인적인 역사와 사고와 감정이 담긴다. 문제가 누군가에 의해 소유된 것이 아니라 문제가 그들을 소유하려 한다는 사실을 자연스럽게 암시한다. 예를 들면, "아이의 틱 때문에 당신이 고통스럽군요."라고 하거나 "틱이 당신과 아들 사이에 갈등을 불러일으키게 만들고 있어요."와 같이 문제의 원인에 초점을 맞추기보다 문제 그 자체를 외재화하는 것이 중요하다. 이렇게 은유로 외재화하면서 유령을 자신에게서 떼어 놓고 이야기하는 순간, 내담자는 유령의 기능과 유령의 유래, 역사, 유령의 속성을 하나씩 풀어놓게 된다. 외재화 대화는 내담자가 자신의 삶에서 결혼 전에 '문제 해결사'로 살아왔고 얼마나 유능했었는지를 기억나게 돕는다. 반면, 그렇게 최선을 다해 유능하게 지낸 자신이 출산 후 육아를 하면서 자식은 자신의 인생처럼 쉽게 통제되거나 주도되지 않는다는 무력감을 처음으로 경험했다. 그래서 아들의 틱이 유독 받아들이기 힘들었고 자신이 유령을 스스로 초청하고 있다는 것까지 깨닫게 된다. 물론 이런 대화는 내담자의 통찰 정도와 준비도 혹은 상담 대화 과정을 반복하는 경험 속에서 터득될 수 있는 것이므로 외재화 대화를 반복하는 것이 중요할 것이다.

외재화 작업을 할 때 이야기 은유가 강조되는 이유를 살펴보고자 한다. 은유란 글자의 한자 뜻을 풀이하면 '숨을' 은(隱)과 '깨우칠' 유(喩)이다. 직접적이 아니라 은근하게 숨어서 깨우침을 준다는 의미이다. 은유는 언어적 표현과 관련되지만 다양한 사고와 더 깊은 관련이 있다. 은유는 실재를 다르게 기술할 수 있도록 돕는 역할을 한다. 언어 그 이상의 역할을 하고 실재를 다양하게 바라볼 수 있어서 의미의 잉여를 창출하는 것이다. 은유는 모호하지만 다의적이어서 실재를 다각도로 해석하고 이해할 수 있게 돕고, 시간의 흐름에 따라 인식의 변화를 가능하게 한다(배선윤, 2007).

내러티브 은유(narrative metaphor)는 내담자들이 자신들의 실재를 새롭게 표현하고 의미를 확장하여 재구성해 볼 수 있도록 촉진한다. 다양한 은유적 표현은 자체적으로 인간의 사고를 증식시킨다고 말할 수 있다. 특히 은유는 상담에서 활용될 때 자기방어를 줄여 주고 문제를 외재화할 수 있게 돕는다(김유숙, 고모리, 최지원, 2013). 시각적인 강점이 뛰어난 자폐 성향의 내담자들에게 은유로 외재화하는 것이 효과적이었던 연구 결과처럼, 내러티브 은유는 자신과 문제를 분리하고 객관화시키는 외재화를 촉진시킬 수 있다. 그리고 이야기의 핵심과 경험의 정서적 측면에 접근할 수 있게 돕는다(McGuinty, Armstrong, Nelson, & Sheeler, 2012). 은유는 다양한 해석을 가능하게 해 주므로 은유의 결과는 예측이 어렵고 과거와 현재 그리고 미래를 폭넓게 연결시킬 수 있다(이재화, 전요섭, 2011).

은유의 치유적인 기능을 살펴보면 다음과 같다. 은유는 새로운 의미를 창출하고 의미 세계를 다양하게 열어 주기 때문에 해석의 초점을 변화시켜 주며, 이런 인식의 전환이 바로 치유를 유발할 수 있다(이윤주, 양정국, 2007). 또한 직접적이지 않아서 긴장과 방어를 줄여 주기 때문에 자연스럽게 감정 표현을 할 수 있고 스스로 문제에 대한 접근이 용이하게 된다. 즉, 문제를 자신의 정체성 이야기와 분리시켜 외재화시키므로 객관적 시각을 유지할 수 있도록 돕는다. 은유는 감정 및 정서를 촉진시켜 준다. 은유는 인지와 정서 양쪽의 표현이므로 사고 과정을 촉진시켜 주고, 실재를 표현하는 과정에서 심상적으로 묘사할 때 사고와 관련된 감정이 촉진될 수 있다(Anthony, 2002). 결과적으로, 은유를 슈퍼비전 상황에서 활용할 때 얻는 이익은 다음과 같다.

첫째, 은유를 시공간적·복합적으로 표현하게 할 때 장기 기억의 촉진이 일어나서 삶에서의 변화가 지속될 수 있다(김유숙, 고모리, 최지원, 2013; Siegel, 2001).

둘째, 은유는 대인관계 신경생리 입장에서 살펴볼 때 심상적 표현을 하는 우뇌적 정신 활동이므로 정보 전달의 기본 수단이 되는 논리와 분석, 언어 활동을 담당하는 좌뇌적 활동을 촉진시켜 준다. 따라서 대인관계에서 이루어지는 의미 있는 대화를 언어로 표현함과 동시에 시공간적인 은유적 표현을 덧입힐 때 정보와 함께 에너지가 전달될 수 있으므로 정신적 통합을 촉진한다(Siegel, 2010).

3) 문제 이야기가 지속될 수 있도록 사용하는 강력한 전략을 깨닫기

다음은 직장에서 부하 직원들에게 언어 및 신체적 폭력을 행한 관리자 내담자의 상담 과정이다.

직장에서 부하 직원들에게 폭언과 폭행을 한 40대 남성 직장인 서민중 씨는 심리상담을 위해 휴직한 상태였다. 20년 넘게 한 분야에서 일을 해 온 나름 전문가이고 업계 베테랑이며 일에서 실수가 생기지 않도록 성실하게 노력해 왔다. 자신이 관리자가 되면서 일 처리나 마무리가 자신이 직접 개입하는 만큼 만족스럽지 못하는 상황이 반복되어 부하 직원들을 고통스럽게 혼내는 상황이 벌어졌었다. 사장과 부사장은 민중 씨가 영업을 잘할 뿐만 아니라 일을 성실하게 처리함에도 불구하고 부하 직원들과의 관계 때문에 부정적인 피드백을 주고 있었다. 민중 씨는 상담 과정에서 자신의 부하 직원 폭행을 '강아지'라고 외재화했다. 강아지는 냄새를 잘 맡고 영역을 확장하며 주위를 돌면서 자신의 구역을 체크한다고 표현했다. 강아지를 통해 입장진술 대화를 진행한 결과, 민중 씨는 자신의 일에 있어서 스스로 '전문가'라는 생각을 확고하게 갖고 있고 일에 대한 열정이 높음을 발견할 수 있었다. 즉, 직장에서 강아지가 나타나게끔 만드는 요인은 '나는 일에 있어서 전문가이다. 실수하지 않는다. 일의 마무리는 결국 돈과 연결된다.'는 강력한 나름의 칠힉과 삶의 진략에 의해 폭력행동은 정당화되었고 확고하게 지켜 오도록 강화했다. 왜냐하면 자신이 영업으로 가져온 일이 늘 하나같이 성공했고 그 성공이 또 다른 성공을 불러왔기 때문에 민중 씨가 자신의 일에 대한 애착과 나름의 방식이 잘못되지 않았다고 믿게끔 확고함을 다졌다.

앞의 사례처럼 민중 씨는 외재화를 통한 자신의 문제 영향력 탐색을 통해 문제 이야기가 지속될 수 있게끔 사용하는 강력한 전략을 깨달을 수 있었다. 문제 이야기를 해체하면 그 안에는 문제 이야기가 강력하게 유지되게끔 작성된 튼튼한 시나리오가 있음을 발견할 수 있다. 내담자들은 아이러니하게도 문제 이야기를 지배하는 강력한 전략에 대해 깨닫고 이야기 나누는 과정을 통해 '무엇이 중요한지'를 만난다. 이처럼 이야기의 다시쓰기를 위해서는 먼저 문제 이야기, 담론에 지배받는 이야기가 지속될 수 있도록 사용하는 전략이나 배경을 확인하는 과정이 중요하다. 독특한 결과를 발견하기 위한 앞선 작업으로 외재화가 매우 중요한 것처럼 이야기의 다시쓰기를 위해서는 근본적으로 문제 이야기를 지속하도록 조력하는 상황을 인식하고 해체하는 과정이 중요하다. 인간이 유지하고 있는 자신의 이야기는 무엇인가? 우리의 경험은 이야기에 의해 의미가 결정되고, 스스로 어떤 것은 버리고 어떤 것은 선택하는 과정으로 편집하게 된다. 결국, 이런 편집 과정으로 만들어진 이야기가 인간의 경험을 어떻게 표현할지 결정하여 인간관계와 삶의 방식에 영향을 미친다. 강력하게 문제 이야기를 지속시킬 수 있는 패러다임과 패턴을 자각하는 것은 새로운 이야기를 쓰고 강화하기 위해 필수불가결한 과정인 것이다. 이를 위해서는 질문이 필요하다. 질문은 경험에 다가가는 것이 아니라 경험을 창출하는 기능을 한다. 앞의 사례에서 상대적 영향력 질문의 경우 민중 씨는 '자신은 일의 전문가인 만큼 일에서 결코 실수가 있어서는 안 된다.'는 담론을 해체할 수 있다. 그렇다면 여기서 할 수 있는 질문은 다음과 같다.

- 당신은 어떤 과정으로 '자신은 일의 전문가인 만큼 일에서 결코 실수가 있어서는 안 된다.'는 생각에 빠져들었는가? 이런 사고를 하게 된 훈련 배경은 무엇인가?
- 일에서 실수하지 않고 성공적인 경험을 하는 것은 당신의 삶에 어떤 영향을 미쳤는가?
- '강아지'는 당신이 어떻게 살게끔 영향을 미쳤는가?
- '강아지'를 좋아했던 주변 사람들은 누구인가?
- '강아지'로 인해 누가 덕을 제일 많이 보았을까? '강아지'가 서민중 씨에게 있는 것을 누가 가장 좋아할까?

이러한 방식으로 일에서 완벽주의적인 자신의 이미지를 해체하면서 그것으로 덕을 봤을 때와 손해를 봤을 때를 구분 지어 살펴볼 수 있다. 민중 씨는 자신이 '강아지'를 왜 중요하게 생각할 수밖에 없었는지 배경을 이해한 후에는 '강아지'보다 '강아지'를 초청할 수밖에 없는 자신의 정체성 영역, 가치와 희망을 더 중요하게 고려할 수 있게 된다.

4) 구체화하고 명료화하는 질문을 천천히 확장하기

다음은 25년간 부부관계를 유지해 온 중년 부부의 상담 대화 과정이다.

다음은 부부의 대화에서 아내가 부부관계 이미지를 외재화하는 대화 과정이다. 아내가 남편에 대한 생각과 감정을 어떻게 표현하는지 살펴보기 위해 천천히 따라가면서 질문을 통해 확장하고 명료화하는 과정을 경험한다.

상담자: 부부관계를 어떤 이미지로 표현하라고 하면 뭐라고 부를 수 있을까요? 사물이나 이미지로 표현한다면요.

아　내: 생각해 보니까 어깨동무가 생각나더라고요. 같이 어깨동무하면서 가는 게 아닐까……. (눈물)

상담자: 벌써 눈이 촉촉해지시네요. 어깨동무를 떠올렸을 때 이것을 시각화한다면 보통 어깨동무한다면……. 조금만 더 구체적으로 표현해 주실 수 있으세요?

아　내: 남편과 저의 어깨동무죠.

상담자: 혹시 어깨동무를 하는 시간이나 시점은 언제일까요?

아　내: 시간으로 보면 늘…… 같이 있을 때나 아닐 때나 같이 간다는 느낌. 그런 느낌. 편안하고 의지가 되는 느낌이 드는 시점이요.

상담자: 같이 간다, 편안하다, 의지가 된다는 느낌이네요. 혹시 어깨동무는 ○○ 씨에게 살아오면서 어떤 역할을 했을까요?

아　내: 내가 하고 싶은 일을 할 수 있게 하는 바탕……?

상담자: 굉장히 중요한 기반같이 들려요. 어깨동무가 나에게 가장 활발한 역할을 했던 때를 떠올려 보라고 하면 언제가 가장 떠오르세요?

아　내: (남편의) 현재의 모습일 수도 있고…… 과거부터 어깨동무는 아니었는데요…….

상담자: 그럼 언제부터 어깨동무를 생각하게 된 걸까요?

아　내: 결혼하고 어느 정도 시간이 지났을 때…… 애들이 좀 컸을 때.

상담자: 어깨동무가 아내 삶에 들어왔다고 느꼈던 시점은 언제일까요?

아　내: 글쎄요…… 그게요. 큰 아이가 중학교 그때 즈음…….

상담자: 어느 정도 자녀가 컸을 때. 특별한 이유가 있을까요?

아　내: 아이들을 케어하고 학교생활 할 때 제 생각대로 남편이 바쁘고 하니까……. 큰 아이가 중학교에 가게 되면서 저 혼자는 안 되더라고요. 그때 아빠가 정말 많이 도움되었어요. 제가 해 줄 수 없는 부분을 같이 케어해 주고…… 그때부터 그런 생각이 많이 들지 않았나.

상담자: 그때 생각하시면 아직도 의지가 되시고 고맙다는 생각이 많이 드시나 봐요. 어깨동무가 아내분에게 가장 고마운 역할을 했던 때를 떠올리라고 하면 언제일까요?

아　내: 시점은 그 정도인 것 같은데…… 어떤 때보다 내가 하는 일을 이해해 주고 지지해 주고……. 먼저 해 봐라…… 막지 않고…… 내가 잘할 수 있게 도와주고…….

질문은 기술이 아니라 자세이다. 호기심을 갖고 내담자의 이야기를 진심으로 궁금해하는 자세에서 질문이 생성되는 것이지, 질문 목록을 잘 갖고 있다가 따라 사용할 수 있는 것은 아니다. 따라서 질문은 기법이 아니라 철학이라 할 수 있다. 그 예로, '부재하지만 암시적인', 드러나지 않지만 존재하는 것을 다루는 대화를 들 수 있다. 이것의 의미는 삶의 경험을 표현하기 위해서 그것이 아닌 경험과 구별할 수 있어야 한다는 뜻이다. 즉, 모든 표현은 그 반대에 근거한 것으로 볼 수 있고, 나는 이를 '드러나지 않지만 존재한다'고 설명한다. 따라서 이제껏 경험하지 못했던 새로운 것을 경험할 수 있도록 진입점을 찾아야 한다. 겉으로 표현한 이야기의 이면에 관심을 가지고 말한 부분과 말하지 않은 부분이 맺고 있는 관련성을 찾아 연결시킨다.

부재하지만 암시적인 대화를 시도할 때에는 다음과 같은 절차의 질문으로 가능하다.

첫째, "전 존중받지 못해요."라고 말한다면 "그렇다면 존중받는 것은 무엇을 보고 알 수 있나요?"라고 물어서 존중받는 것과 존중받지 못하는 것 사이를 분류하는 작업이 필요하다. 모든 표현은 그 무엇인가에 대한 상대적인 것이기 때문이다. 즉, 내담자의 표현을 잘 따라가면서 탐색해야 한다.

둘째, 무엇에 대한 표현인지 확인한다. "이런 기대를 가지고 있다는 것은 당신이 무엇을 중요하게 생각한다는 것을 말해 줄까요?"

셋째, 반응이나 행동에 이름을 붙인다. "걱정거리와 어려움을 표현한다는 것은 무엇을 묵인하지 않겠다는 나의 표현일까요?" "묵인하고 넘어갈 수 없다는 것을 어떻게 보여 주었나요?" "지금 상황을 받아들일 수 없다는 마음인 것 같은데 어떻게 대응하나요?"

넷째, 행동으로 나타나는 기술과 지식, 정체성 영역을 탐색한다. "그런 행동을 하는 것이 어떻게 가능했나요?" "그 행동은 당신이 인생에 대해서 무엇을 알고 있다는 것을 보여 줄까요?"

다섯째, 행동의 의도와 목적을 탐색한다. "무엇을 희망하고 그런 행동을 한 걸까요?"

여섯째, '부재하지만 암시적인' 것에 어떤 가치를 부여하는지 살핀다. "그것은 당신이 무엇을 소중하게 여긴다는 것을 말해 줄까요?" "무엇이 가치 있다고 생각하시나요?"

일곱째, '부재하지만 암시적인'의 사회적 그리고 관계적 역사를 살피면서 이 행동을 미래로 연결하는 것이 중요하다.

5) 오래된 이야기의 규칙에 대항할 수 있는 새로운 이야기의 규칙을 만들어 가기

다음은 30대 전문직 여성의 공황 증상을 다루던 상담 과정이다.

다음은 연애에서 여러 번 실패 경험이 있고 매번 자신이 차였다고 확고하게 믿는 성격이 발랄하고 외모가 화려한 전문직 30대 여성, 화사 씨와의 상담 대화 일부이다. 화사 씨는 외동딸이고 재테크도 잘하며 표면적으로 부족함 없어 보이지만, 실제로는 남들에게 쓴소리를 못하고 맞대응도 잘 못하며 자기주장이 강하지 않은 성격이다.

화　사: 사실 뭐 매번 차였으니까 차이는 게 익숙하긴 한데 기분이 안 좋더라고요. 친구들이 매번 저 보러 "너 결혼하려면 악녀가 돼야 해. 아니면 못해." 라고 말했었는데 진짜 그래야 하나 봐요.

상담자: 친구들이 말하는 악녀와 화사 씨가 생각하는 악녀는 뭔가요?

화　사: 뭐 그런 거죠. 쥐락펴락하고 하고 싶은 말 다 하고 재테크도 더 해서 당당하게 보란 듯이……. 눈치 안 보고.

상담자: 아, 그러면 악녀는 사람을 쥐락펴락하고 하고 싶은 말 다 하고 재테크도 더 해서 당당하게 눈치 안 보는 거란 거죠. 그러면 화사 씨는 악녀가 되고 싶나요? (네.) 그렇다고 하면 이 중에 화사 씨가 악녀가 되기 위해 해 왔던 것과 미처 못 했던 것이 뭐가 있죠?

화　사: 재테크는 그래도 많이는 아니지만 했고, 쪼끔 모았고요……. 하고 싶은 말을 하거나 눈치 안 보는 것은 의외로 못하죠. 하는 것처럼 보이는데 잘 못해요.

상담자: 그러니까…… 재테크는 해 왔고 하고 싶은 말을 하거나 눈치 안 보는 것은 잘 못해 왔던 거네요. 남들은 화사 씨가 잘한다고 생각했는지 모르겠지만 실상은 아니에요.

화　사: 네……. 왜 남들은 내가 잘한다고 볼까요? 쎄 보이나 봐요.

상담자: 그러게요. 겉으로 보이는 모습만으로 표현을 잘한다고 생각하나 보네요. 속상하네요. 그러면 화사 씨가 당장이라도 악녀가 되기 위해 새롭게 시도해 보고 싶은 게 있나요? 아니면 혹시 이미 시작하고 있는 것은요?

화 사: 아…… 그렇게 물으시니까 안 나가고 싶은 연말 모임이 있거든요. 그 모임 때문에 공황도 왔었고. 안 가고 싶은데 차마 멀리서부터 오고, 애도 있는 언니들도 열심히 오는데 제가 안 간다고 하는 게 무섭기도 하고…… 미안하기도 하고……. 그런데 너무 안 가고 싶어요.

상담자: 아까 이야기하실 때 악녀가 되고 싶다 하셨는데, 그러면 악녀가 되기 위해서 이번 연말 모임을 어떻게 처리하고 싶은가요?

화 사: 솔직하게요? 안 나가고 싶죠. 그런데 나가야 해요. 안 그러면 또 욕하고 다음번에 또 석고대죄시킬지 몰라요.

상담자: 그러면 딜레마네요. 안 나가고 싶은데 나가야 하고…… 어떻게 해야 두 마리 토끼를 다 잡죠?

화 사: 음…… 이러면 어떨까요? 안 나갈 수는 없어요. 압력이 있어서. 그런데 저는 맨날 늦는다고 혼나고 눈치 주니까 그냥 아예 언니랑 친구 먼저 밥 먹으라 하고 저는 차 마실 때 맞춰 간다고 할래요.

상담자: 그러니까 안 나갈 수 없으니 맨날 약속에 늦는다고 혼나는 것보다 먼저 저녁 먹으라 하고 나는 차 마시러 늦게 가겠다 하신다는 거죠? 그러면 뭐가 달라질까요?

화 사: 제가 몇 시까지 가겠다 하고 그 시간은 꼭 지켜야 하죠. 다만, 긴장감 속에서 밥은 안 먹어도 되니까 그리고 늦지 않는 것을 보여 줄 수 있으니까 생각보다 불편하지 않을 것 같아요.

상담자: 아, 시간 약속도 지킬 수 있고 밥을 같이 먹는 것이 불편하지 않을 수 있다는 거죠? 새로운 아이디어인데요? 그렇게 실제로 하고 나면 뭐가 좀 달라질 수 있을까요?

화 사: 일단 기분 좋을 것 같아요. 제가 주도적으로 약속 시간 정해서 안 늦으면 욕도 안 먹을 것이고 저도 제 표현을 한 거니까요. 결국 일거양득이죠. 뿌듯할 것 같아요. 그리고 자꾸 하다 보면 그들도 늦는다고 저를 무시하지 않을 수 있지 않을까요?

상담자: 화사 씨 기분도 좋아지고 욕도 안 먹는 데다가 자기 표현까지 할 수 있는 좋은 기회네요. 이런 행동을 해 보고 나면 계속 하고 싶을까요?

화 사: (웃으며) 네. 제대로 악녀가 되는 과정인 거니까 좋다 싶으면 점점 더 많이 할 수 있지 않을까요?

상담자: 그러게요. 악녀가 되는 과정이 화사 씨 마음에 들면 계속 해 볼 수 있다는 말이네요.

오래된 자신의 이야기, 담론에 지배받는 이야기와 탄탄하게 지속되어 온 나름의 규칙에 대항할 수 있는 새로운 이야기는 외재화 대화를 통해 나타날 수 있다. 외재화 대화는 잘 이루어질 때 자연스럽게 독특한 결과를 발견할 수 있는 여지가 생기며, 문제에 대항해 온 혹은 새롭게 대항하고 싶은 새로운 이야기를 확장하는 과정은 매우 중요하다. 외재화 대화를 통해 예외적인 것을 끌어내어 '독특한 결과'를 형성하면서 다지는 것은 내러티브상담의 중요한 과정이며 기술이다. 독특한 결과란 지배적인 이야기의 밖에 존재하는 것으로서 이전에는 도외시된 삶의 경험 중에서 자신에게 매우 중요한 경험을 의미한다. 화이트는 독특한 결과가 '예전의 경험 또는 관계를 되찾는 것'이라고 보았다. 앞의 사례처럼 화사 씨는 겉으로 보이는 것과 다르게 '악녀'가 되고 싶다고 희망을 표현한다. 악녀가 되기 위해 나름대로 해 왔던 방법과 시도하지 않았던 방법을 질문을 통해 확인하고 원하는 바를 어떻게 계획하고 결정할지 혹은 실행할지 다룰 수 있다. 문제 이야기에 대항할 수 있는 새로운 이야기가 도출될 수 있는 준비를 나름대로 어떻게 했는지에 관하여 많은 질문을 함으로써 내담자는 스스로 자신의 능력, 지식, 기술이 있었음을 발견하게 되고, 부정적인 정체감을 줄이거나 없앨 수 있다. 내러티브상담 기법은 잃어버리고 있던 이야기를 꺼내고 사람들을 지배하는 문제에서 그들을 분리하여 힘을 부여하도록 고안되었다. 다양한 기법을 통하여 자신과 문제, 관계에 대한 내담자의 이야기를 다시쓰기하는 과정을 촉진한다. 내러티브상담 기법의 가장 큰 특징은 질문 형식에 있으나 정형화된 범주를 가지고 있는 것은 아니다. 화이트는 상담 과정에서 어떤 것도 주장하거나 해석하지 않고 단지 질문과 대답을 반복하는 과정을 중시했다.

6) 이야기를 다시 쓰고 재저작하는 통과의례: '의도를 갖고 배회하기'

이야기를 다시쓰기 위해 독특한 결과를 발견하면 '의도를 갖고 배회하는' 자세가 중요한 역할을 한다.

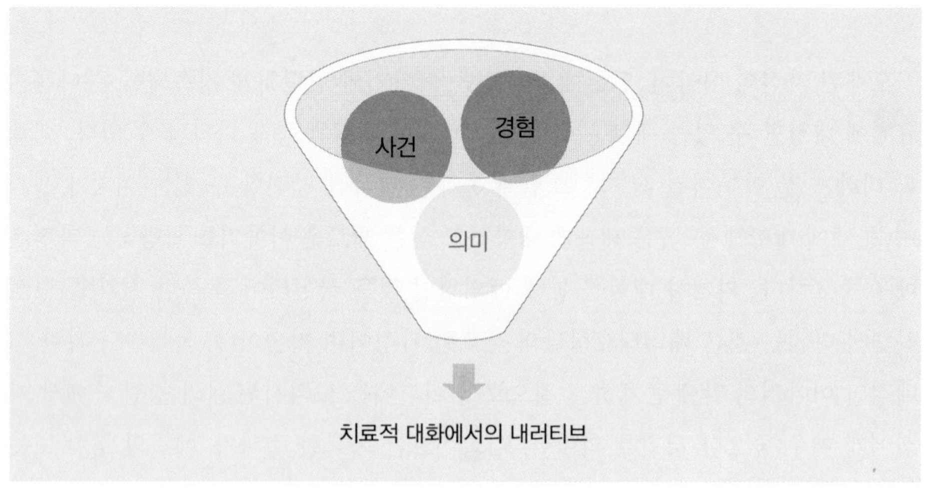

[그림 6-2] 치료적 대화에서의 내러티브

삶에서 잊힌 부분, 보이지 않는 부분에 새로운 이야기가 있을 가능성이 높기 때문에 그것에 집중한다. 경험의 어떤 측면에 집중하여 표출하는지 집중한다. 경험에는 너무 많은 것이 들어 있어서 언급되지 않은 것이 많으며, 그 경험에 대한 한 가지 이야기 자체로 그 모든 것을 설명할 수 없다. 삶의 이야기에는 불명확한 것도 모순되는 것도 있으며, 정체성에 대한 '진리'는 없다. 상담에서 내러티브 은유를 사용하는 것은 내담자가 일상적으로 하는 행동을 하나의 이야기로 엮는 작업을 도와주는 역할을 한다. 단, 삶에서 지나쳐 버렸던 일을 중심으로 이야기를 새롭게 만들어 나간다.

화이트는 의미 있는 이야기로 삶을 구성할 때 행동이 변화될 수 있다고 했다. 행동을 수정하는 것이 아니라 행동 자체가 자연스럽게 변하는 여지를 갖게 된다. 이야기가 일차이고 행동이 부차적으로 따라오기 때문에 사람들이 자신이 원하는 이야기대로 삶을 살 수 있다면 행동은 당연히 따라오게 된다. 내러티브상담에서는 이야기가 사람의 정체성이라고 표현한다. 정체성을 구성해 간다는 것은 정체성을 이루는 데 '이야기'로 자신의 삶을 표현하게 되고, 이 이야기는 단순한 단어로 이루어진 것이 아니라 그 안에 무수히 많은 가능성과 삶의 목적이나 희망, 꿈, 의도 같은 사람들의 가치가 내포되어 있다. 우리가 '다른 사람을 존중하는' 삶을 살거나 '책임감' 있는 삶을 산다는 것은 단순히 존중이나 책임감에 대한 단어 뜻을 아는 것만으로는 가능하지 않다. 이 단어가 내 삶 속에서 나만의 언어로 표현될 수 있고 그 개념을 내가 정체성으로 흡수할 수 있을 때 그런 삶을 산다고 말할 수 있다. 질 들뢰즈(Gilles Deleuze)는 프랑스 철학자로, 모든 정체성이 차이나 다름의 영향으로 생겨난다고 말했다. 특히 정체성은 고정되어 있지 않고 변화하며 유동적이라고 주장한 부분은 내러티브상담에 많은 영향을 미친다. 인간은 의미를 만드는 존재이다. 경험에 의미를 부여하며 해석적인 존재인 것이다. 인간이 가진 큰 능력 중 하나가 해석할 수 있다는 점이다. 그리고 이렇게 경험에 의미를 부여하는 것으로 우리의 삶과 행동을 형성할 수 있다.

그렇다면 우리 삶에서 이야기는 무슨 기능을 하는가? 우리 인간은 태어날 때부터 이야기를 지니고 다니며 만든다. 이 이야기는 현재의 생과 미래의 생을 형성한다. 이야기는 의미를 형성하는 틀과 관점을 제공한다. 이야기는 개인적인 역사만을 반영하는 것이 아니라 사회적, 문화적 그리고 역사적인 맥락 속에 존재하는 것이다. 인간이 만드는 창의적인 이야기 속에는 아동들의 삶에 대한 태도와 가치가 반영되어 있으며 자신이 선호하는 것이 나타난다. 주체의식이란 내 인생을 형성하는 데 나 자신이 어느 정도 영향력을 가지고 있다는 인식이다. 내 삶에서 무엇에 가치를 부여하고 어떤 의도를 가질 것인가를 결정하는데, 내가 주체가 되고 나의 존재에 대해 세상이 어느 정도는 응답할 것이라는 인식이다(White, 2005). 어떤 어려움이 닥칠 때 내담자들이 아무런 대응도 못하고 있는 것처럼 보이지만 실제로는 작게라도 대응적인 행동을 하고 있다.

7) 외재화 대화를 확장하기

먼저, 내러티브상담의 기본적인 원리와 치료적 전략에서 보여 주는 서사성(敍事性, Narrativity)을 살펴보자. 내러티브상담의 가장 기본적인 가정 가운데 하나가 우리 정체성이 여러 이야기와 경험으로 구성되었다고 보는 것이다. 우리의 경험은 정체성을 형성하는 기본 재료이기는 하지만, 이야기라는 준거 틀로 해석되기까지는 별다른 역할을 하지 못한다. 즉, 경험은 이야기라는 옷을 입고 정체성을 형성하는 플롯에 합류할 수 있다. 내러티브상담의 또 다른 기본 가정은 우리 안에 이야기는 하나만 있는 것이 아니라 다수가 존재한다는 것이다. 서사(敍事)에는 주 사건이 있고 부차적인 사건이 존재하듯이 우리 정체성을 형성하는 이야기도 주 이야기(dominant story)와 주 이야기에 합류하지 못한 부차적인 이야기가 공존한다. 주 이야기는 주 플롯(dominant plot)에 의해 경험이 인과관계적으로 엮여 통일성을 지니게 된다. 주 플롯에 의해 구성된 주 이야기가 긍정적이고 자신의 삶을 담아내기에 충분하다면 건강한 삶을 살고 있다. 반면, 그것이 적절하지 못하고 역기능적이라면 심리적 · 정서적 문제가 발생한다. 이처럼 역기능적이고 적절하지 못한 주 이야기를 내러티브상담에서는 '문제에 젖은 이야기(problem situated story)'라고 부른다. 문제에 젖은 이야기는 우리 삶의 다른 경험, 다른 작은 이야기를 충분히 담아내지 못하는 특성이 있기 때문에 플롯에 의해 기술된 주된 이야기를 '빈약한 서술(thin description)'이라고 한다. 내러티브상담의 목표는 내담자로 하여금 문제에 젖은 플롯에 의해 서술된 문제에 젖은 이야기에서 자신의 존재를 분리시켜 '대안적 이야기(alternative story)'를 개발하도록 돕는 것이다. 이때 대안적 이야기를 개발함에 있어서 이야기의 재료가 되는 것은 이미 내담자가 가지고 있지만 문제에 젖은 이야기 때문에 주목하지 않았던 경험, 부차적으로 취급된 이야기이다.

그렇다면 이처럼 내담자를 지배하는 문제에 젖은 이야기에서 자기의 존재 자체를 분리시켜 작가적 안목을 길러 준 다음 대안적 이야기를 개발해 가도록 하는 데 어떤 기법이 사용되는 것일까? 이는 치료적 발문을 통해서 가능하며, 내러티브상담의 핵심적인 발문법으로는 외재화 대화(externalizing conversation)와 다시쓰기 대화(re-authoring conversation)를 들 수 있다.

외재화 대화는 내러티브상담의 가장 핵심적인 기법 가운데 하나로서 내담자의 문제에 젖은 이야기를 존재 자체에서 해체하는 작업이다. 즉, 외재화 대화의 목표는 문제와 자신을 완전히 동일시하는 내담자로 하여금 자신의 문제를 객관적으로 보고 검토할 수 있는 작가적 시각을 길러 주는 것이다. 그러기 위해서 문제에 이름을 붙여 주어로 표현하는 것이 도움이 된다. 이 기법은 서사학적인 관점에서 볼 때 이야기하는 행위로서 강화(discourse)의 차원을 응용하고 있는 것을 알 수 있다. 특히 그 가운데에서도 시점 바꾸기와 관련이 있다. 내담자에게 자신의 문제를 객관화시켜 보라고 다그친다고 곧바로 그런 능력이 길러지는 것은 결코 아니다. 상담자는 내담자가 그렇게 볼 수 있는 길을 안내해야만 하는데, 언제나 1인칭으로만 서술되는 자기 서사를 그녀와 같은 3인칭으로 바꾸어서 서술하기, 자기가 아닌 제3자나 자신을 괴롭히는 문제로 화자를 바꾸어서 서술하기 또는 문제 밖에서 객관적으로 그것을 관찰하는 입장에서 재서술하기 등 다양한 방법을 안내할 수 있다.

8) 나의 이야기를 우리의 이야기로 연결하기

(1) 정의예식

정의예식은 사람들의 생활 이야기를 다양한 단계로 형성된 대화와 다시 대화하는 것을 통하여 자신에 대한 정체성을 확대하는 것이다.

- **정의예식을 위한 대화의 과정**
  - –1단계: 대화하기
  - –2단계: 대화에 대하여 다시 대화하기
  - –3단계: 다시 대화한 것에 대하여 다시 대화하기
  - –4단계: 다시 대화한 것에 대하여 다시 대화하고, 다시 또 대화하기

4명의 가족 구성원과 하는 가족 상담을 예로 들면, 상담자는 먼저 두 명과 인터뷰를 시작하는데, 이것이 말하기(telling)이다. 나머지 두 명의 가족 구성원은 청중이 되어 상담을 경청하고, 자신이 무엇을 들었는지를 대화하는데, 이것이 다시말하기(retelling)이다. 다시 왼쪽의 가족 구성원 두 명과 재진술하는 동안 무엇이 일어났는지에 대해 질문하는데, 이것은 다시말하기에 대한 다시말하기(retelling of retelling)이다.

예: "대화를 하면서 당신의 주의를 끄는 것은 무엇입니까? 당신의 삶과 정체성에 대해 떠오르는 그림을 말로 표현해 보세요. 새로운 그림 안에서 당신의 목적은 무엇입니까? 당신이 선호하는 것은 무엇입니까? 당신에게 중요한 것은 무엇입니까?"

(2) 외부증인 집단

상담 과정에서 신중하게 선발된 외부증인 앞에서 내담자 삶의 이야기를 공유하고 공명이 일어나는 대화이다.

- 내러티브상담에서는 상담자가 한 명 또는 두 명과 먼저 대화를 하고 나머지 참여자는 대화의 청중이 된다. 여기서 청중을 외부증인 집단이라고 부른다.
- 화이트는 정의예식을 통하여 치료에 참여한 내담자와 청중(외부증인 집단) 모두에게 카타르시스를 경험하도록 한다고 주장한다.
- 외부증인 집단에게 주는 과제 중의 하나는 내담자의 대화가 어떻게 자신을 감동시켰는지에 대해 생각하고 서술함으로써 인정 과정을 거친다.
  - 자신의 표현이 외부증인 집단을 감동시킨 사실의 인식은 내담자에게 큰 힘이 된다.
  - 화이트는 듣는 경험을 통해 청중의 삶에 영향과 변화를 주었음을 아는 것은 대화에 참여한 모든 사람에게 큰 도움이 된다고 주장한다.

우리가 갖고 있는 이야기는 어떤 의미일까? 모든 이의 이야기는 그것을 지지하는 환경에 깊숙이 뿌리를 내릴 때 유지되고 존속될 수 있다. 따라서 내담자의 새로운 자아정체성 이야기를 강화하기 위해서는 이런 변화를 지지하는 청중과 집단을 찾은 후 새로운 이야기를 강화하기 위한 문서를 작성하거나 성취한 작은 변화에 계속된 질문을 하는 것, '다르게 해 보는 것을 상상할 수 있다면' 등의 질문을 하는 것이 필요하다. 다시쓰기의 목적 정보를 수집하기 위한 질문이 아니라 경험을 불러오기 위해 질문한다. 인간의 경험은 자신에게 해당되는 의미로 색깔을 입히고 어떤 형태를 주며, 그 사람이 살고 있는 삶의 관련성 여부에 따라 관심을 가지느냐 마느냐를 결정하도록 돕는다. 다시쓰기 대화는 내담자의 문제에 젖은 이야기에 대항할 수 있는 작은 이야기를 대안적 이야기로 발전시키려는 것이다. 하나의 이야기는 사건과 이 사건을 해석하는 것으로 구성되어 있다. 사건만을 단순하게 나열해서는 의미 있고 통일성 있는 이야기가 되지 못하는 것이다. 물론 행동 중심의 플롯으로 진행되는 영화는 아무런 해설 없이 사건의 연쇄만 보여 줄 수 있다. 그러나 한 사건 다음에 어떤 사건이 나올지 배열하는 행위 자체가 이미 해석을 전제로 편집된 것이다. 내러티브상담에서 대안적 이야기를 개발하기 위해서 사용하는 기법은 지그재그 질문이다. 즉, 내담자의 삶의 경험을 행위와 그것을 해석하는 정체성 관점을 번갈아 가면서 질문하는 방법이다. 고미영(2004)은 다음과 같이 실례를 들었다.

- **행위 영역 및 관점:** "당신의 삶에서 정말 중요한 이 특별한 신념을 보여 주는 이와 비슷한 다른 사건이 또 있나요?"
- **정체성 영역 및 관점:** "그때 일어난 사건(독특한 결과)을 돌아보면, 당신이 정말로 인생에서 중요하다고 생각한 것에 대해 무얼 말하고 있나요?"

대인적 이야기를 개발하기 위한 지그재그 질문을 통하여 내러티브상담자는 문제에 젖은 주된 이야기 때문에 주목받지 못했던, 내담자가 이미 경험한 것, 작은 이야기에 주목하도록 촉진한다. 물론 부정적인 플롯에 대항하는 한두 가지 사례를 발견했다고 해서 그것이 극복되지 않기 때문에 대안적 이야기는 충분하게 서술될 필요가 있다. 이처럼 어떤 이야기가 긍정적으로 충분하게 서술되는 것을 '풍부한 서술(thick description)'이라고 한다. 어떤 이야기를 탄탄하고 풍부한 서술이 되게 하는 데 서사학적인 기법을 적용하는 것보다 더 좋은 방법이 있겠는가. 내러티브상담 상담자는 플롯, 이야기의 3요소(인물, 사건, 배경), 배경의 3요소(공간, 시간, 시대적 상황), 주 사건, 부차적 사건 등을 고려하면서 이제 내담자에게서 갓 태어난 이야기가 탄탄한 서사로 발전될 수 있도록 촉진해야 한다. 내러티브상담은 이 모든 과정을 상담자와 내담자의 대면관계 속에서 생생하게 진행한다는 점에서 독서치료와 차별된다.

내러티브상담에서는 이러한 과정을 통해서 개발된 대안적 이야기가 내담자의 삶에 더욱 확실하게 영향을 미치도록 하기 위해서 사용하는 두 가지 기법이 있는데 '회원재구성 대화(re-membering conversation)'와 '정의예식(definitional ceremony)'이다. 회원재구성 대화는 대안적 이야기에 대한 시점을 바꾸어 서술하기이다. 즉, 자신에게 긍정적인 영향을 미쳤거나 영향을 미치고 있는 인물들을 내담자의 서사에 초청하여 그들의 시각으로 평가하고 반응하도록 하는 기법이다. 이렇게 함으로써 중요한 사람들의 영향력을 과거에 묻어 두지 않고 다시 현재로 불러들여 그들이 내담자의 삶에 지지와 도움을 줄 수 있게 된다. 이때 내담자가 어떤 인물에게 얼마만큼의 권한을 줄지에 대한 주도권을 행사하기 때문에 부정적인 영향을 미친 사람들은 배제하거나 영향력을 감소시키고 긍정적인 영향을 미친 사람에게 대폭 권한을 부여할 수 있다. 이는 작가놀이와 다름 없다는 것을 알 수 있다.

한편, 정의예식은 대안적 이야기를 개발하는 과정부터 공식적인 청중을 만들어 주는 기법까지 내러티브상담만의 독특한 특징을 이룬다. 일면경(一面鏡)이 설치된 물리적 공간이 필요한데, 그렇지 못할 경우 두 공간을 나누어 한 공간은 말하는 공간, 한 공간은 듣는 공간으로 약속한다. 말하는 공간에서 내담자와 상담자가 말하는 것(telling)을 청중이 듣는 공간에서 지켜본 후 소감을 나눈다(retelling). 이때 내담자는 듣는 공간으로, 정의예식에 참여하는 청중은 말하는 공간으로 이동한다. 이제 내담자는 한 사람의 청중으로서 자신의 대안적 이야기가 청중에 의해 회자되는 것을 듣게 된다. 그리고 그 들은 바에 대해서 소감을 말하는데, 이것을 다시 대화하기(retelling)에 대한 다시 대화하기(retelling)라고 부른다. 마지막으로, 내담자와 상담자, 청중이 함께 모여 지금까지 나온 대화나 비평에 대해 모두 함께 성찰하는 시간을 가진다. 이처럼 내러티브상담에서는 상담장면에 의도적인 청중을 초대하여 저자–화자–메시지–수화자–독자라는 서사적 소통 구조를 만들어 줌으로써 내담자가 개발한 대안적 이야기가 보다 강력한 영향력을 미치도록 한다. 자신의 이야기가 다른 사람에 의해 이야기되는 것을 경험하는 것은 물론 개인 상담 장면에서 상담자의 반영적 경청이나 텔레비전의 부부관계를 주제로 한 공개토론 역시 같은 서사적 원리에 입각한 것이라 할 수 있는데, 내러티브상담은 보다 더 정교한 서사적 기법을 적용하고 있다.

참고문헌

고미영(2004). **이야기치료와 이야기의 세계**. 서울: 청목출판사.

김유숙, 고모리 야스나가, 최지원(2013). **놀이를 활용한 이야기치료**. 서울: 학지사.

배선윤(2008). 은유치료: 문학치료에 대한 은유적 접근. 경북대학교 대학원 석사학위논문.

양유성(2011). 은유의 치료적 기능과 개입 방식. **통합예술치료연구, 1**(1), 47-60.

이윤주, 양정국(2007). **은유의 최면: 밀턴 에릭슨 상담의 핵심**. 서울: 학지사.

이재화, 전요섭(2011). 기독교 상담을 위한 은유 활용의 중요성 고찰. **복음과 실천신학, 24**, 163-188.

최지원(2014). 함께 춤추실래요?(Shall We Dance?): 황혼기 노부부 기억재구성이야기. **한국이야기치료학회지「내러진」, 1**, 55-64.

최지원(2015). 이야기치료에서의 수퍼비전: 상담자로서의 삶을 의미 있고 풍성하게 만들기. **한국기독교상담학회지, 26**(2), 169-200.

최지원(2016). 대인관계 신경생리이론을 통합한 내러티브 접근이 대학생의 사회적 지지에 미치는 영향. **한국기독교상담학회지, 27**(2), 255-284.

최지원(2017). 은유를 활용한 내러티브 수퍼비전을 통한 상담자의 경험에 대한 질적 연구. **한국기독교상담학회지, 28**(2), 179-212.

최지원, 김유숙, 고모리 야스나가(2012). Narrative therapy using play/art Vs. narrative play therapy. **家族療法研究, 29**(2), 58-64.

Atkinson, L. (1997). Attachment and psychopathology. In L. Atkinson & K. Zucker (Eds.), *Attachment and psychopathology* (pp. 3-16). New York: Guilford Press.

Beaudoin, M., & Zimmerman, J. (2011). Narrative therapy and interpersonal neurobiology: Revisiting classic practices, developing new emphases. *Journal of Systemic Therapies, 30*(1), 1-13.

Bruner, J. (1990). *Acts of meaning*. Cambridge, MA: Harvard University Press.

Freedman, J., & Combs, G. (2009). **이야기치료: 선호하는 이야기의 사회적 구성** (*Narrative therapy: The social construction of preferred realities*). (김유숙, 전영주, 정혜정 공역). 서울: 학지사. (원저는 1996년에 출판).

McGuinty, E., Armstrong, D., Nelson, J., & Sheeler, S. (2012). Externalizing metaphors: Anxiety and high-functioning autism. *Journal of Child and Adolescent Psychiatric Nursing, 25*(1), 9-16. Doi: 10.1111/j.1744-6171.2011.00305.x

Robbins, A. (2002). **네 안에 잠든 거인을 깨워라** (*Awaken the giant within*). (이우성 역). 서울:

씨앗을 뿌리는 사람들. (원저는 1991년에 출판).

Siegel, D. (2010). *Mindsight: The new science of personal transformation*. New York: Bantam Books

White, J. H. D., & Rudolph, B. A. (2000). A pilot investigation of the reliability and validity of the Group Supervisory Behavior Scale (GSBS). *The Clinical Supervisor, 19*(2), 161-171. https://doi.org/10.1300/J001v19n02_09

White, M. (2005). Children, trauma and subordinate storyline development. *International Journal of Narrative Therapy and Community Work, 3*(4), 10-22.

White, M. (2010). **이야기치료의 지도** (*Maps of narrative practice*). (이선혜, 정슬기, 허남순 역). 서울: 학지사. (원저는 2007년에 출판).

White, M. (2014). **내러티브의 실천: 마이클 화이트와의 대화** (*Narrative practice: Continuing the conversations*). (김유숙, 최지원, 안미옥 공역). 서울: 학지사. (원저는 2011년에 출판).

White, M., & Epston, D. (1990). *Narrative means to therapeutic ends*. New York, NY: W. W. Norton & Company.

제7장

회원재구성

고정은(경희사이버대학교 상담심리학과 교수)

"우리가 관계를 만드는 것이 아니라, 관계가 우리를 만든다."

(Gergen, 1994)

"우리가 누구였는지, 그리고 어떤 사람이 될 수 있는지에 관한 이야기는 다른 사람들과의 관계를 벗어나서 존재하지 않을 것이다."

(Combs & Freedman, 2016)

1. 회원재구성의 유래와 개념

회원재구성(re-membering)이란 용어는 문화인류학자인 바바라 마이어호프(Barbara Myerhoff)의 연구에서 유래되었다([그림 7-1] 참조). 마이어호프는 미국 캘리포니아 남부 지역의 도시 베니스(Venice)에 살고 있는 유대인 노인 공동체를 관찰하며 '회원재구성'이라는 용어를 개발했다. 그녀는 회원재구성을 '특별한 유형의 회상'이라 정의하며, 이는 한 사람의 인생 이야기에 담긴 사람들을 다시금 떠올리게

[그림 7-1] 바바라 마이어호프(1935~1985)
출처: http://www.writeawriting.com

[그림 7-2] Number Our Days(1976)
출처: https://www.imdb.com/title/tt0074987/?ref_=ttawd_awd_tt

하는 것이라고 설명한다(Myerhoff, 1982). 마이어호프는 감독 린 리프만과 함께 유대인 노인 공동체의 삶을 조명한 단편 영화 〈Number Our Days〉를 제작하였고([그림 7-2] 참조), 이 영화는 1977년도 아카데미 단편 다큐멘터리상을 수상하기도 했다.

마이어호프가 관찰한 내용을 좀 더 자세히 살펴보도록 하자. 마이어호프는 유대인 노인들, 특히 나치 독일의 유대인 학살부터 생존한 사람들이 그들에게 생존의 의미와 유대인으로서의 정체성을 더 강화하는 대화를 서로 주고받는 것을 목격하게 된다. 이 유대인 노인들은 한 독지가의 도움으로 미국 캘리포니아주 베니스에 그들의 공동체를 형성하였고, 그곳에 모인 대다수의 노인은 제2차 세계대전 이후 노년기 인생을 보내고 있었다. 이 공동체에서는 노인들 간에 서로 살아온 인생의 의미를 주고받는 대화가 활발하게 진행되고 있었다. 대화의 내용에는 자신의 인생에서 소중하게 여기는 사람들과의 관계, 그들과의 이야기 그리고 포로수용소에서의 경험과 생존을 위해 싸워 왔던 장면 장면을 떠올려 구체적으로 말하고, 청자들은 이를 토대로 자신의 경험과 연결하여 피드백을 주고받는 과정을 하고 있었다.

이야기를 듣는 청중은 화자의 인생에서 중요한 사건과 그 경험의 의미를 친구이자 동료 그리고 같은 유대인 생존자로서 공감하며, 지지와 격려 등을 나누었다. 이러한 나눔의 과정에서 개인의 정체성이 강화되는 것이 관찰되었다. 예를 들어, "너의 가문에서 네가 살아남았다는 건 하느님이 너와 너희 집안을 소중하게 여겨서 너에게 어떤 의미를 부여하신 거야, 너의 생존은 특별한 의미가 있어."와 같은 반영이다. 이러한 이야기 과정에서 이들은 각자 '외로운 사람' '홀로 남은 노인'과 같은 부정적 정체성이 아닌 '자기 집안에서 신의 뜻을 전달하는 사람' '집안의 대를 잇는 사람'으로의 정체성을 확인하게 된다. 또한 이러한 정체성이 내 삶에서 갖는 의미가 무엇인지를 긍정적으로 찾아가려는 사람으로서의 정체성으로 변화하는 것이 관찰되었다. 마이어호프의 회원재구성 개념은 이렇게 유래하게 되었고, 화이트(White)가 이를 내러티브상담에 활용하였다.

화이트는 사람들의 정체성은 타인과의 관계를 통해 형성된다는 후기구조주의 철학을 배경으로, 개인의 인생을 클럽(club of life)에 비유하며 그 생각을 발전시켜 나갔다(White, 1997). 개인의 삶을 그 사람의 인생에서 만난 사람들로 이루어진 클럽에 비유하며, 이 클럽 안에 관계된 모든 사람을 각 클럽의 회원으로 간주한다. 그리고 회원들과의 관계를 통해 개인의 정체성이 새롭게 형성되기도 하고 수정되기도 한다고 보았다.

아마도 많은 독자는 're-membering'이라는 단어를 접하고 '기억하다'라는 뜻의 'remember'를 떠올릴 것이다. 내러티브상담에서 회원재구성은 사람들로 하여금 자신의 인생에서 특정한 역할로 기여한 회원(member)의 존재를 기억(remember)하게 한다. 내러티브상담에서 클럽이라는 은유적 표현을 사용하는 이유는 내담자가 회원들의 멤버십 결정, 평가 등의 권한을 소유하도록 하는 데 있다. 다음의 사례를 통해 인생클럽과 회원에 대한 이해를 확인해 보자.

심리학에서 정체성은 '나'라는 개체를 '캡슐에 싸인 자아(encapsulated self)'라고 설명한다(White, 2004; White, 2010). 개인은 각자의 캡슐에 둘러싸인 독립된 개체로, 개인의 정체성을 단일적이며 분절적으로 해석하고 있다. 그러나 포스트모더니즘과 후기구조주의에 뿌리를 두고 있는 내러티브상담에서 개인은 개별적이고 분리된 개

사례: 선생님을 통해 '열심히 살고' '도전하고' '노력하는' 자신을 다시금 깨달은 지현 씨

김지현 씨(20세)는 고등학교 졸업 후 바로 취업을 하여 낮에는 일하고, 밤에는 검정고시 학원에 다니며 공부를 해 왔다. 주말에 놀고 싶은 것도 참아 가며 최선을 다하여 노력했지만, 이번 입시에서 불합격 소식만이 들렸다. 지현 씨는 지난 2년간의 노력이 성과 없이 끝나 버린 것에 힘도 빠지고, 다른 친구들처럼 부모님께 지원을 받을 수 있었다면, 굳이 낮에 일하고 밤에 공부하는 고된 길을 걷지 않았을 것 같아 부모님에 대한 원망도 쌓여 갔다. 그러던 중 고3 때 담임 선생님에게서 연락을 받았고, 주말에 선생님을 만나 식사를 했다.

그날 선생님께서는 선생님의 눈에 비친 고등학생 때 지현 씨의 모습을 말씀해 주셨다. "선생님은 학교에서 해마다 많은 학생을 만나지. 지현이처럼 도전하고 열심히 노력하는 학생은 몇 명 없어. 지현이는 어려운 상황이라 할지라도 포기하거나 좌절하지 않고, 더 나은 상황으로 변화시키려고 열심히 달려가는 것이 선생님 눈에는 보였어. 지현아, 지금은 원하는 결과가 아니지만, 선생님은 지현이에게 계속해서 좋은 기회가 올 것이라 믿어. 그리고 열심히 사는 지현이가 아주 멋진 어른이 되어 살 거라고 확신해."라고 말씀하셨다. 지현 씨는 실패라는 결과에 낙담하고 자신에게 부족한 지원 환경과 자신을 탓하고 있었는데, 선생님께서는 지현 씨의 노력을 알아주고 지현 씨의 인생을 응원해 주셨다. 지현 씨는 실패에 지배당하지 않고 다시금 도전하고 노력하는 지현 씨다운 행보를 이어 나가기로 결심했다. 그리고 자신의 인생클럽에 소중한 선생님과의 관계를 생각하며 자신의 인생도 재조명하게 되었다.

체로 존재하는 것이 아니라, 다른 사람들과의 관계를 통해 상호작용하면서 성장하고 존재하는 것이라 이해하고 있다.

회원재구성 대화는 내담자의 삶의 어느 시점에 중요한 역할을 담당하거나 의미를 준 사람을 내담자의 기억에서 소환하여, 그 사람의 눈에 비친 내담자의 정체성을 탐색하고 그 탐색한 내용을 내담자의 대안적 이야기 안에 포함시킨다. 회원재구성 대화를 통해 내담자의 인생에서 그 사람과의 관계로 받은 영향을 재(re-)구성(membering)해 보며, 지나온 시간의 경험, 에피소드 등에서 받은 교훈, 삶의 지식, 깨달음, 영향 등을 떠올린다는 의미에서 '기억하다(remember)'의 의미도 있다. 이처럼 내러티브상담에서는 개인의 정체성은 단편적인 것이 아닌 다면적인 것으로 인식한다(Russell & Carey, 2002). 회원재구성을 통해 내담자의 다양한 특성을 인정하고, 사람들과의 관계를 통해 개인의 선호하는 정체성을 탐색해 보며, 그 정체성이 강화되고 내담자가 선호하는 방향대로 진행할 수 있는 기회를 제공한다.

2. 회원재구성 대화

후기구조주의와 그 맥을 같이하는 내러티브상담에서는 사람들 간에 관계를 맺고, 그 관계 속에서 주고받는 대화를 통해 개인의 정체성이 형성되고 수정되며 재구성된다는 관점을 가지고 있다(White, 1988). 즉, 개인의 정체성은 타인과의 관계, 살아오면서 여러 경험을 통해 조우하고 관계했던 사람들 간의 관계에서 크고 작은 영향을 받는다는 것이다. 이러한 관점 아래, 상담자는 내담자의 인생에 들어와 있는 회원들과의 경험을 다시 이야기해 보는 치료적 개입을 통해 내담자의 인생클럽 회원들을 재구성(re-membering)하는 과정을 돕는다.

[그림 7-3] 인생클럽

[그림 7-4] 사람들 간의 관계

출처: https://www.pexels.com/photo/group-of-people-standing-indoors-3184396/

그렇다면 회원은 누구인가? 회원이란 내담자의 삶에서 알고 지내거나 관계된 모든 사람을 말한다. 이들 중에는 내담자가 소중하고 가깝게 여기는 회원들도 있고, 삶에서 중요한 위치를 차지하며 내담자의 선호하는 정체성에 영향력을 끼칠 수 있는 사람이나 존재도 있다. 우리가 알고 있듯이 인생에서 좋고 긍정적인 관계만 있는 것은 아니다. 오히려 내담자의 인생에 부정적 영향이나 커다란 피해를 끼친 사람들도 있을 수 있다. 이때 내담자는 자신의 인생클럽에서 해당 회원을 강등시키기도 하고, 필요한 경우 인생클럽에서 제외, 퇴출시킬 수도 있다(Russell & Carey, 2002). 이러한 작업을 통해 내담자는 자신의 인생에서 회원권을 결정하는 권한을 가지고 있

사례: 자신의 인생클럽에서 특정 회원들을 영구 퇴출시킨 지훈 씨

내담자 지훈(28세) 씨는 현재 종합사회복지관에서 근무하는 사회복지사이다. 지훈 씨는 고등학교 1학년 때 학교 선배들에게 심각한 학교폭력을 당하며 끔찍한 시간을 보내었고, 사건을 겪고 6개월 후에 학교마저 자퇴했다. 지훈 씨는 회복을 위해 자퇴 후 1년 정도 치료, 요양 그리고 상담을 받았다. 이듬해 검정고시를 준비하여 4년제 대학교의 사회복지학과에 진학했다. 대학교를 졸업하면서 사회복지사 1급을 취득하여 지금의 복지관에서 일을 시작했다. 그러나 최근 선임과의 갈등이 깊어지면서 고민이 되어 상담실을 찾았다.

지훈 씨는 상담을 통해 자신의 인생을 돌아보는 작업을 했다. 이 과정을 통해 지훈 씨는 자신이 비폭력주의자이고, 사람들을 인격적으로 대하는 것을 중요하게 생각하며 살고 있다는 것을 재인식하게 되었다. 그리고 자신의 '인생클럽'의 회원 중 자신에게 심각한 폭력을 행사한 회원들이 떠올랐다. 상담 전까지 지훈 씨는 그 가해자들과 폭력에 대한 이야기를 의도적으로 회피하기도 하였는데, 기억이 많이 흐려졌다 해도 여전히 두렵고 감정이 격해지는 일이라 생각했기 때문이다. 그러나 이번 상담을 통해 그 회원들을 자신의 인생클럽에서 '영구 퇴출'시키는 작업을 했다. 지훈 씨는 영구 퇴출된 회원들과의 경험을 통해 비폭력의 중요성과 가치를 깨닫게 되었고, 사람들을 인격적으로 대해야 하는 이유에 대해 배웠다고 했다. 끔찍한 경험이었지만 지훈 씨에게는 삶에 긍정적인 방식으로 작용했다는 것을 말하며, 그들과의 관계는 지훈 씨 자신에게 결정 권한이 있음을 선언했다. 이처럼 회원재구성은 내담자가 자신의 인생클럽에서 고통과 피해를 준 회원들과의 관계를 주체적으로 결정 및 조정할 수 있음을 확인하게 한다.

음을 인식할 수 있다. 회원에 대한 개념을 다음의 사례를 통해 이해해 보도록 하자.

회원재구성 대화는 내담자가 자신의 삶에서 의미 있는 존재와의 관계를 상호적인 관점에서 바라보도록 돕는다(고정은, 박지혜, 2022; 이선혜, 2021; White, 1997). 타인에게 어떠한 도움을 받거나 좋은 영향을 받았다고 한다면 일방향적 관계를 생각하기 쉽다. 반대로, 내가 타인에게 어떠한 부정적인 영향을 받았다면 그것 또한 수동적인 입장에 있다고 생각하기도 한다. 그러나 회원재구성 대화는 내담자를 중심으로 한 대화를 통해 관계 내 주체성을 강화시키면서도 의미 있는 존재와의 관계는 상호적이면서(양방향적 관계) 동등한 위치에 있다는 점을 이야기하는 데 중점을 둔다.

여기서 잠시 자신의 경험을 떠올려 보도록 하자. 여러분의 정체성과 관련된 여러 생각 중에서 다른 사람들은 잘 알지 못하는 나의 어떠한 면(존재하지만 잘 드러나지 않은 면)이나 어떤 특성을 인정해 주었던 사람, 나의 고유하고 독특한 점을 알아봐 주고 인정해 주며 그것을 발견해 주거나 격려해 주었던 사람들을 떠올려 보자. 여러분의 인생클럽에서 이 사람들을 소중한 회원으로 자리매김하고 그에 맞는 대우를 하는 결정 권한은 바로 여러분에게 있다. 그 회원이 여러분의 인생에 기여한 것에 대해 여러분 스스로가 인정해 주는 주체가 되고, 반대로 소중한 회원으로서 평가하고 인정해 주고 싶지 않다면 이것을 무력화시킬 수 있는 조절의 힘 또한 여러분에게 있다.

이 지점에서 다음과 같은 의문을 제기하는 사람들도 있다. 회원재구성 대화가 내담자로 하여금 세상을 자기중심적으로만 바라보게 하는 것은 아닌가라는 질문이다. 내러티브상담에서는 개인의 인생을 가장 잘 아는 전문가는 바로 당사자라고 본다. 이에 따라 상담목표도 인생의 다음 행보에 대해 내담자가 선호하는 방식으로, 주체적으로 결정할 수 있도록 한다. 회원재구성 대화도 다른 사람들의 생각에 지배되어 살았던 내담자로 하여금 삶의 주체성을 되찾을 수 있도록 하는 접근으로서 내담자의 자기 주체적인 생각을 존중하며, 더 나아가 내담자가 자신이 선호하는 바를 결정하고 향후 행보를 이어 갈 수 있도록 내담자의 선호하는 정체성을 강화시키고 격려하고 지지해 준다고 할 수 있다. 이에 회원재구성 대화는 내담자의 입장에서 중요한 사람들, 그들과의 관계, 현재 가지고 있는 정체성 그리고 내가 지향하고 강화시키고자 하는 정체성을 내담자 중심으로 다시 한번 생각하게 할 수 있는 기회를 제공하는 것이다.

그렇다면 누가 내담자의 인생에 중요한 회원이 될 수 있는가? 내담자의 인생에 중요한 영향을 끼친 사람, 내담자가 가진 삶의 철학이나 인생관에 영향을 끼친 사람 혹은 내담자가 지금 현재의 모습에 이르는 데 영향을 끼친 책이나 영화 속 주인공과 같은 가상의 인물도 가능하다. 뿐만 아니라, 반려동물이나 어릴 적부터 소중하게 여겼던 애착인형과 같은 추억의 물건 등 무생물도 내담자의 회원이 될 수 있다. 이처럼 사람은 물론 동식물도 가능한데, 중요한 점은 내담자가 판단하기에 자신의 삶에 중요한 영향을 미친 '존재'라면 누구든 무엇이든 가능하다는 것이다.

내러티브상담을 적용하려는 상담자라면 회원재구성 대화가 가능한 시점에 대해 궁금할 것이다. 회원재구성 대화는 다음의 세 가지 상황에서 시작해 볼 수 있다 (Russell & Carey, 2004).

첫째, 내담자가 긍정적인 시각에서 과거의 중요한 사람이나 관계를 언급할 때이다. 예를 들면, 앞서 살펴본 지현 씨의 경우 선생님에 대한 이야기가 전개될 때 이런 질문을 해 볼 수 있다. "선생님께서 지금 여기에 계신다면 뭐라고 말씀하실까요?" "지현 씨가 계속해서 도전하려는 마음을 먹고 새로운 일을 계획하려는 것을 아시게 된다면, 지현 씨의 어떤 면을 떠올리시며 대견스러워하실까요?" 이런 종류의 질문은 내담자의 정체성에 관한 이야기를 개발하고 확장시킬 수 있다. 또한 내담자가 클럽에서 그 회원의 자격을 강화시키는 질문이 되기도 한다.

둘째, 내담자가 특정한 어려움이나 문제가 발생하는 상황에서 이를 해결하는 데 사용한 지식, 기술, 태도 등에 대해 이야기를 할 때이다. 때로 내담자는 자신의 해결자원을 대수롭지 않게 여길 수 있다. 심지어 그것에 대해 자원이라고 생각하지 않을 수도 있다. 이때 상담자는 내담자에게 그 특정 지식이나 기술, 태도 등을 어떻게 알게 되었는지, 처음 시도하거나 실천하게 된 때는 언제였는지 등에 대해 질문해 볼 수 있다. 그리고 이런 지식이나 기술 등을 내담자에게 알려 준 사람이 있는지, 내담자가 중요하게 여기는 가치를 함께 나누고 싶은 사람이 있는지 등에 대해 질문한다.

셋째, 내담자가 자신의 정체성을 부정적 혹은 빈약한 표현으로 이야기할 때이다. 예를 들면, 지현 씨의 경우 자신을 '실패자' '노력해도 되지 않은 사람' 등으로 이야기했다. 이처럼 내담자가 자신을 형편없고, 절망적이고, 쓸모없고, 멍청하고, 답답하다 등의 부정적 표현으로 정체성을 결론 내리는 경우, 이전 상담 대화에서 내담자의 그렇지 않음이 드러나는 에피소드를 언급한다. 그리고 그 에피소드에 등장하는 회원과 내담자의 관계에 대한 이야기를 전개해 나갈 수 있도록 다양한 질문을 던진다.

앞의 상황과 질문에서 짐작할 수 있듯이, 회원재구성 대화는 어려움에 당면한 내담자를 중심으로 지지하고 긍정적인 영향을 미치는 사람들을 의도적으로 불러 모으며 내담자의 인생클럽에서 회원들의 자격을 높이는 활동이라고 할 수 있다.

회원재구성 대화는 2단계로 구성된다. 간단히 설명하면, 1단계에서는 내담자의 인생에 영향을 끼친 특정 회원을 지정해서 그 회원이 내담자의 인생에 기여한 점을 말하고, 2단계에서는 반대로 내담자가 그 회원에게 어떤 의미를 주었는지, 어떤 기여를 했다고 생각할 수 있는지에 대해 말한다. 각 단계별로 자세히 살펴보도록 하자.

1단계	회원 → 내담자에게 기여한 점 말하기
2단계	내담자 → 회원에게 기여한 점 말하기

1) 1단계: 회원 → 내담자에게 기여한 점 말하기

앞서 내담자와 함께 내담자의 인생클럽에서 특별한 의미를 주는 특정 회원에 대한 이야기를 시작했다. 회원재구성 대화 1단계에서는 본격적으로 그 회원이 내담자의 삶에 기여한 부분에 대해 구체적으로 탐색하게 된다. 내담자와의 관계는 어떤 관계인지, 그 회원을 알게 된 시간, 장소, 사건, 상황, 에피소드, 기억에 남는 에피소드 등 다양한 맥락을 다시금 살펴보고, 내담자의 인생에 미친 영향과 더 나아가 현재 상황에서 어떤 결과로 해석되는지 등의 다양한 탐색을 하게 된다. 탐색을 위한 도구로 활용할 수 있는 상담자의 질문의 몇 가지는 다음을 참고할 수 있다.

- "그 사람은 누구인가?"
- "나와 어떤 관계인가?"
- "그 사람을 언제, 어떻게 알게 되었는가?"
- "그 사람과 나 사이에는 어떤 일이 있었는가?"
- "그 사람과의 에피소드 중 한 가지를 자세히 말해 보자. 그때 당신은 몇 살이었는지, 어떤 상황이었는지 구체적으로 떠올려 보자. 이때 그 사람이 당신에게 어떤 영향을 주었는지 알아보기 위해 에피소드를 구체적으로 떠올리는 것이 좋다."
- "그 당시 나의 생각과 감정은 어떠했는가? 나는 왜 그렇게 생각했는가?"
- "그 사건은 당신과 당신의 인생에 어떤 의미인가?"

이러한 질문 과정에서 초반에 그 사람(회원)이 여러분에게 어떤 기여를 했는지를 바로 떠올리게 하거나 묻는 질문을 하기보다는 언제 어떻게 만난 사람인지로 시작하면서 대화를 구체적으로 확장하는 것이 필요하다. 이에 대한 이해를 돕기 위해 다음의 사례를 통해 회원재구성 대화의 진행 과정을 살펴보겠다.

사례: 미영 씨의 인생클럽에서 소중한 회원–초등학교 5학년 때 담임선생님

미영(39세) 씨는 어린 시절 어려운 가정형편으로 조용하고 의기소침했던 학생이었다. 초등학교 5학년 때 선생님께서는 그런 미영 씨를 따뜻하게 대해 주시고 자주 칭찬해 주셨던 기억이 있다. 상담자는 이러한 경험을 언급한 미영 씨에게 다음과 같이 질문할 수 있다.

"선생님께서 열두 살 미영이의 어떤 점을 귀하게 여겨 주셨다고 생각이 드나요?"
"미영 씨의 어떤 모습을 귀하게 여겨 주셨나요?"
"선생님께서는 미영 씨의 어떤 자질에 주목하셨던 걸까요?"
"선생님께서는 미영 씨에게 그러한 귀한 태도가 있다는 것을 미영 씨가 알 수 있도록 어떻게 이야기해 주고 행동하셨나요?"

내담자는 어떤 질문에 쉽게 답할 수도 있지만 그렇지 못할 수도 있으며, 중요한 게 아니라면서 그 경험을 축소하는 경우도 있을 수 있다. 그러나 상담자는 내담자가 이러한 질문에 대해 구체적으로 질문하고 생각해 볼 수 있도록 도와야 한다. 이 과정 안에서 내담자는 다음과 같은 답변을 할 수도 있다.

"선생님께서 하루도 빠짐없이 일기를 쓰는 성실함을 알아봐 주신 것 같아요."
"'미영이는 생각이 깊고 글도 잘 쓰는구나.'라고 하셨던 말씀이 기억나요."

미영 씨는 열두 살 때 선생님의 말씀에 큰 격려를 받았고 그 후로도 꾸준히 일기를 썼다고 한다. 그리고 그때부터 성인이 된 지금까지 무언가를 기록하며 생각을 정리하는 습관이 생긴 것 같다고 했다. 그리고 작년에는 지역신문의 신춘문예 공모전에도 수필을 출품했다고 한다. 이처럼 기억에 있던 선생님과의 관계를 다시 되짚어 보면서 미영 씨는 그간 크게 주목하지 않았던 자신의 모습을 재발견하였으며, 그러한 경험이 자신의 인생에 대해 생각해 보고 글로 적는 습관에 큰 기여를 했다는 것을 깨달았다고 했다. 미영 씨는 선생님을 통해 '성실함' '글쓰는 능력' 등이 자신의 특별한 자원임을 인식하게 되었다고 이야기했다.

상담에서 내담자들은 종종 이러한 경험을 평범하고 흔한 경험으로 치부하면서 인생의 주요한 사건으로 언급하지 않는 경우도 있다. 그러나 상담 장면에서 상담자는 내담자가 떠올린 아주 사소한 경험조차도 그것이 무엇이든 새롭게 듣고 구체적으로 질문해야 한다. 앞의 사례처럼 독자 여러분도 자신에게 '나에게 있어 의미 있는 대상이 누구인지' 한번 물어보길 바란다.

나에게 의미 있는 대상(회원)이 단 한 사람일 수도 있고 여러 명이 존재할 수도 있다. 우선, 가장 먼저 떠오르는 한 명의 회원으로 연습해 보도록 하자. 그 회원은 누구인지, 어떤 관계인지, 어떻게 알게 되었는지, 내 인생에서 어떤 의미로 남아 있는지, 왜 그렇게 생각하는지, 그 회원이 나의 어떤 모습을 주목했는지 등을 자문하며 생각해 볼 수 있다. 특정 회원이 여러분과 여러분의 인생에 기여한 점을 탐색해 보면서 회원과 나와의 관계는 물론 기여한 바를 통해 나의 인생을 다시 한번 반추해 볼 수 있다. 뿐만 아니라, 의미 있는 이와의 관계와 경험이 나의 정체성에 어떤 영향을 끼치고 연결되는지에 대해 풍부하게 이야기할 수 있다.

일반적으로 영향을 끼친 바를 탐색하다 보면 가시적인 성과(사회적 성공, 부, 명예 획득 등)로 이야기하려는 경향이 있지만, 내러티브상담의 회원재구성 대화에서는 어떠한 형태든지 내담자로 하여금 영향받은 결과로 평가된다면 무엇이든(예: 선한 것을 행하는 성격 형성에 기여, 진로 결정에 도움 등) 가능하다.

2) 2단계: 내담자 → 회원에게 기여한 점 말하기

회원재구성 대화의 1단계에서 내담자는 회원이 자신의 인생에 기여한 점을 중심으로 이야기했다. 2단계에서는 반대로 내담자가 회원에게 기여한 바를 중점적으로 이야기한다. 앞서 1단계의 사례에서 만난 미영 씨에게 상담자는 2단계에서 다음의 질문을 활용할 수 있다.

- "그렇다면 그런 이야기를 해 주었던 5학년 미영이가 성장하여 이렇게 글쓰기를 잘하고…… 글을 많이 쓰고 있는 당신을 보신다면 선생님께서 뭐라고 하실 것 같은가요?"
- "선생님이 미영 씨의 어떤 모습을 보시고 지지하신 것 같나요?"
- "미영 씨는 선생님의 바람과 기대에 부응하고자 어떤 노력을 했나요?"
- "그렇다면 그러한 것이 선생님에게 어떤 의미가 있었을 거라 생각하나요?"

상담자의 이러한 질문에 많은 내담자는 "잘 모르겠는데요." "제가 그분에게 기여한 바요?" "제가 기여한 바가 있었을까요?" 식의 반응을 보이며 답을 주저하거나, 한

번도 생각해 본 적이 없다는 표정을 짓기도 한다. 앞의 사례에서 미영 씨도 처음에는 "선생님께서 저를 도와주신 것은 많아도, 제가 선생님께 특별히 도움을 드린 기억은 없는데요."라고 했다. 즉, 미영 씨가 선생님께 기여했다는 부분을 생각하지 않고 있었다. 이러한 상황에서 다음과 같은 대화를 이어 갈 수 있다.

- **상담자:** "지금 선생님이 여기 계시다면, 열두 살의 미영이가 자라 이제 서른아홉 살이 되었고 선생님 덕분에 글을 쓸 수 있었다는 것을 알게 되셨을 때 뭐라고 말씀할까요?"
- **미영 씨:** "음…… (한참을 생각하다가) 선생님의 말을 귀담아 들어 준 것에 대해 기특하다고 하셨을 것 같아요. 한번은 선생님께서 미영이는 선생님이 말하는 것을 잘 들으니 하나라도 더 가르쳐 주고 싶다고 일기에 적어 주신 적이 있어요. 맞아요. 그때 그것을 빨간 펜으로 메모해 주셨거든요."

이처럼 회원재구성 대화는 내담자의 인생에서 의미 있는 인물의 의미는 무엇인지, 그리고 내담자가 그 사람에게 기여한 부분은 무엇인지를 함께 이야기함으로써 관계는 일방적인 것이 아니라 상호적이라는 것을 확인할 수 있게 한다. 즉, 내담자가 일방향으로 한쪽에서만 영향을 받는 것이 아니라 서로 영향을 주고받는 양방향의 관계라는 것을 확인할 수 있다. 이러한 상호적인 관점은 내담자로 하여금 내담자 자신의 인생에서 타인과의 관계에서도 주체성을 더 확고히 하는 데 효과가 있다. 또한 2단계에서 상담자는 내담자의 과거와 현재, 미래에 대한 이야기를 좀 더 풍요롭게 이야기할 수 있고, 그것을 좀 더 내담자 중심으로 확장해 나갈 수 있는 촉진 역할을 할 수 있다. 이처럼 내담자와 의미 있는 경험 및 관계가 무엇인지를 이야기하다 보면, 그동안 내담자가 혼자서는 생각하지 못했던 부분을 떠올리거나 발견할 수 있고, 자신이 선호하는 정체성을 강화시킬 수 있으며, 그것을 조명할 수 있는 데 상담자의 질문이 많이 기여할 수 있다.

회원재구성은 내담자로 하여금 인생에서 만난 특별한 사람들을 다시 기억해 내면서 자신의 인생을 탐색하고 의미를 성찰하게 한다. 이러한 과정은 내담자 입장에서 중요한 사람들과의 관계, 그리고 현재 내담자 자신의 정체성과 앞으로 다가올 미래의 정체성이 내담자 중심의 선호하는 방식으로 발달해 나가는 데 기여한다는 점을 기억할 필요가 있다.

앞에서 살펴보았듯이, 회원재구성 대화의 구조에는 1단계와 2단계가 있다. 상담에서 회원재구성 대화를 진행할 때 1단계에서는 내담자의 회원이 내담자에게 어떻게 영향을 주었는지, 2단계에서는 내담자가 그 회원에게 어떻게 기여했는지를 묻는 과정을 통해서 내담자가 선호하는 정체성을 좀 더 견고하게 만드는 데 기여할 수 있는 대화라고 설명하였다.

그러면 이 1단계에 해당하는 나의 인생클럽의 멤버였던 그 회원이 나에게 어떤 영향을 주었는가?라는 질문 형식의 예를 몇 가지 살펴보자(고정은, 2021).

• 1단계

외할머니를 자신의 소중한 회원으로 기억하는 내담자(정은)에게 다음과 같이 그 회원이 나에게 어떤 영향을 주었는지에 대한 질문을 해 볼 수 있다.

–“외할머니께서는 정은 씨에게 어떤 분이셨기에 오늘 ‘나에게 의미 있는 사람’을 떠올릴 기회에 바로 외할머니가 생각났을까요?”
–“외할머니는 어떤 분이셨나요? 외할머니에 대해 조금 더 말씀해 주시겠어요?”
–“외할머니와 정은 씨는 어떤 관계였다고 생각하시나요?”
–“외손녀인 정은 씨가 바라보는 외할머니는 어떤 특성을 가지고 계셨나요? 기억나는 것이 있으시면 말씀해 주세요.”
–“외할머니에 관한 어떤 작은 것이라도 이야기해 주실 게 있으실 것 같은데, 제가 이야기를 들어 볼 수 있을까요?”
–“외할머니는 어떤 것을 중요하게 여기셨던 것일까요? 정은 씨에게 왜 그런 말씀을 해 주셨던 걸까요? 왜 그런 행동을 보여 주셨던 것일까요?”
–“정은 씨는 외할머니와의 관계 덕분에 상황이 어떻게 달라졌다고 생각하시나요? 외할머니 덕분에 어떤 변화가 있었나요?”
–“외할머니의 이야기를 듣고 어떤 선택을 하게 된 건가요? 어떤 변화가 있었고, 무엇 때문에 변화를 하고자 마음먹은 건가요?”

여러분 자신에게도 이와 같은 질문을 하며 연습해 보고, 여러분이 이 대답을 한 이유에 대해서도 생각해 보는 경험은 회원재구성 대화를 이해하는 데 도움이 될 것이다. 꼭 앞의 순서대로 질문을 할 필요는 없다. 이러한 질문은 1단계에 해당하는 질문으로 활용해 볼 수 있는 일부 예시에 불과하다. 또한 앞의 질문을 모두 다 해야 하는 것도 아니다.

그다음은 2단계 질문이다. 앞서 내담자는 내가 그 회원(의미 있는 대상)에게 어떤 기여를 했는지에 대한 2단계 질문을 통해 내담자와 회원 간의 상호적인 관계를 인식할 수 있다고 설명했다. 1단계와 마찬가지로 2단계에서 적용해 볼 수 있는 질문을 살펴보자.

• **2단계**

1단계에서 외할머니가 내담자에게 미친 영향에 대해 탐색했다면, 2단계에서는 거꾸로 내담자(정은)가 외할머니에게 미친 영향을 살펴본다. 이러한 탐색은 내담자와 회원 간의 관계가 일방적인 것이 아닌 상호적인 관계임을 인식하게 하는 데 기여하게 된다.

–"그때 정은 씨는 외할머니께 무슨 말씀을 드렸나요?"

–"정은 씨는 외할머니의 기대에 어떻게 부응하고자 노력했나요? 그 노력을 외할머니는 어떻게 평가하셨다고 생각하시나요?"

–"외할머니께서는 정은 씨의 어떤 면을 알아봐 주셨던 것일까요?"

–"외할머니께서는 정은 씨의 어떤 모습을 귀하게 보셨다고 생각하시나요?"

–"방금 말씀해 주신 정은 씨의 행동이 외할머니에게 어떤 의미가 있었을까요? 혹시 직접 외할머니께 여쭈어 본 적이 있나요?"

–"만약에 그때에는 여쭈어 보지 않았지만, 외할머니에게는 어떤 의미가 있었을 거라고 생각할 수 있나요? 왜 그렇게 생각하시게 되었나요?"

–"외할머니께서 정은 씨가 자신의 인생에서 영향을 많이 주신 분으로 기억하고 있다는 것을 알고 계실까요?"

–"만약에 알고 계신다면 오늘 이렇게 외할머니에 대해 이야기하는 것에 대해서 외할머니께서는 뭐라고 말씀할 것 같으세요?"

–"외할머니께서는 어떤 기분이 드실 거라고 생각할 수 있을까요?"

회원재구성 대화는 사별가족을 대상으로 한 애도상담에도 적용해 볼 수 있다. 실제 애도상담에서 고인에 대한 이야기를 막연히 나누기보다는 회원재구성 대화의 지도처럼 구조화하여 1단계, 2단계 이야기를 확장시켜 나갈 수도 있다. 필자는 유가족과의 애도상담 후반부에 내담자에게 다음의 질문을 꼭 포함시킨다.

회원재구성 대화를 적용한 애도상담

상담가: 오늘 저와 고인(예를 들면, 아버님)에 대해 이야기를 나누었는데요. 만약 아버님께서 사랑하는 딸이 아버지에 대해 이렇게 생각하고 있다는 것을 알게 되신다면 뭐라 말씀하실 것 같으세요?

내담자: 아버지가 "이렇게 생각해 주니 고맙다."라고 말씀하시면서 "이제부터는 아빠 때문에 많이 힘들어하지 말고 엄마랑 씩씩하게 지내라."라고 하실 것 같아요.

이 질문에 많은 내담자는 가슴 뭉클해하며 눈물을 보이기도 한다. 그리고 고인이 내담자에게 '수고했다' '기특하다' '고생했다' '많이 힘들어하지 말아라' 등 말씀하실 것 같다는 반응을 종종 보였다.

회원, 특히 고인이 된 회원의 의미를 상호적으로 되새기는 작업은 내담자에게 사별의 의미를 다시금 탐색하게 한다. 사별은 그 사람이 물리적으로는 이 세상에 없지만, 내담자가 원한다면 그 사람과의 관계는 계속해서 유지할 수 있다는 것을 알게 한다(Hedtke, 2014). 사랑하는 사람의 죽음으로 인해 내담자가 느꼈던 고인의 빈자리, 영향력, 그리움, 안타까움, 막연함, 기다림은 '여전히 살아 있는 관계'를 통해 내담자에게 지속적으로 힘이 되어 줄 수 있으며, 그 관계에 부응하고자 더 노력하는 모습으로 발전하는 데 기여할 수 있는 새로운 가능성을 제시할 수 있다.

여러분의 인생 클럽의 특별한 회원 중 고인이 된 회원이 있는가? 앞에서 살펴본 1단계, 2단계의 질문을 여러분에게 적용해 보는 시간을 가져 보길 정중히 권한다. 당신의 인생에서 의미 있는 그 회원이 당신의 인생에 끼친 영향을 생각해 보고, 더 나아가 당신이 그 회원에게 기여한 것은 어떤 것이 있는지까지 생각해 보자. 그리고 내가 그 회원에게 말하고 싶은 것은 무엇인지, 당시에는 미처 말하지 못했지만 지금이라도 꼭 하고 싶은 말이 있는지 생각해 보자. 이 작업을 좀 더 치료적인 과정으로 삼고 싶다면, 이 질문과 여러분의 대답을 노트에 적어 볼 수도 있다. 또한 다양한 기록 방법(예를 들면, 음성녹음, 영상녹화) 등으로 시도해 볼 수도 있을 것이다.

3. 기대 효과

회원재구성 대화는 내담자의 인생클럽 회원들을 내담자의 의도대로 재구성 및 정리해 볼 수 있다. 내담자의 인생에서 어떤 영향을 주었는지 내담자의 관점에서 평가해 보고, 내담자의 다양한 정체성을 찾아볼 수 있으며, 내담자의 삶 속에서 축적된 지혜와 지식, 기술, 태도 등 내담자가 특별히 중요하게 여기는 것을 풍부하게 기술할 수 있다. 이를 영화로 비유하여 표현해 보자. 여러분의 인생을 영화로 만든다고 하면 어떤 모습, 어떤 장면, 어떤 면을 화면에 담고 싶은가? 아마 영화로 제작하더라도 여러분의 모든 면을 보여 주지는 못할 것이다. 그러나 여러분이 보여 주고 싶은, 선호하는 모습을 보이고자 하는 데 초점을 둔다면 그 영화는 당신의 의도를 좀 더 풍부하게 기술하는 도구가 되어 줄 것이다.

회원재구성 대화에서도 내담자 중심에서 영화나 소설, 에세이처럼 어떤 부분을 보여 주고 싶은지 이야기해 볼 수 있다. 그리고 회원재구성 대화를 통해서 내담자의 인생을 내담자 입장에서 평가한 의미 있는 정체성, 선호하는 정체성 그리고 내담자가 주도성을 가지고 있는 정체성에 영향을 준 인물 그리고 관계를 통한 의도적인 만남을 하는 것이라 할 수 있다. 상담을 통해서 의미 있는 사람을 다시 재조명하고, 그와 동시에 그 사람을 통해 나를 재조명한다는 것에 더 큰 의미가 있다.

이때 상담자는 내담자로 하여금 회원과의 일방적인 관계가 아닌 상호적인 관점을 가지도록 도와줄 수 있다. 그리고 내담자는 회원재구성 대화를 통해 자신의 인생에서 특정 회원을 우대하기도 하고, 더 극진하게 대우하기도 하고, 높은 자리를 주기도 하고, 점수를 좋게 평가할 수도 있다. 또한 특정 회원의 자격을 강등시키거나, 정지시키거나, 해지 및 퇴출시킬 수도 있다. 어떤 회원의 말에는 좀 더 크게 주의를 기울이고 오랫동안 생각하며 실천해 볼 수도 있고, 또 다른 회원의 말에는 의도적으로 귀담아 듣지 않고 애써 영향을 받지 않으려 하기도 한다. 즉, 내담자가 자신의 인생을 운명적인 것으로 받아들인다거나, 타인이나 사회문화적 압박으로 인해 선호하는 방향으로 변화할 수 있는 힘이나 권한이 없다고 생각하거나, 무기력함 등의 부정적 감정에 지배를 받고 있는 상황이라면, 회원재구성 대화는 내담자의 관점에서 내담자의 인생을 재해석, 재평가, 재구성하고, 통찰하며, 더 나아가 향후 자신이 원하는 방향으로 그 행보를 결정하도록 도울 수 있는 기회가 된다.

여기서 한 가지 주의할 것은 내담자에게 의미 있는 회원이 내담자가 평소 좋아하거나 사랑하는 사람일 것이라고 그 관계를 미리 단정해서는 안 된다. 어쩌면 내담자에게 아픈 기억을 준 사람일 수도 있고, 부정적 영향을 끼친 사람일 수도 있다. 그리고 그 회원에 대해 이야기 나눌 것인지 내담자에게 질문하여 확인하는 과정을 통해 내담자가 스스로 결정할 수 있도록 해야 할 것이다. 또한 보통의 대화에서는 그 사람이 나에게 준 영향력만 생각하게 되는데, 회원재구성 대화에서는 내가 그 의미 있는 대상에게 끼친 기여도는 무엇이 있는지도 함께 탐색해 본다는 점은 회원재구성 대화의 특징이라고 할 수 있다. 내담자는 회원재구성 대화를 통해 자신이 선호하는 정체성, 더 강화하고 싶은 정체성을 더 풍부하고 견고하게 만들 수 있는 기회가 될 수 있다.

참고문헌

고정은(2021). **이야기치료 강의노트**. 서울: 경희사이버대학교.

고정은, 박지혜(2022). 이야기치료를 적용한 노인 집단상담프로그램: 성인발달장애 자녀를 둔 노년기 어머니를 중심으로. **한국웰니스학회지**, 17(3), 337-342.

이선혜(2020). **이야기치료**. 서울: 학지사.

Combs, G., & Freedman, J. (2016). Narrative therapy's relational understanding of identity. *Family Process, 55*(2), 211-224.

Gergen, K. J. (1994). *Realities and relationships: Soundings in social construction*. Cambridge, MA: Harvard University Press.

Hedtke, L. (2014). Creating stories of hope: A narrative approach to illness, death and grief. *Australian and New Zealand Journal of Family Therapy, 35*(1), 4-19.

Madigan, S. (2019). *Narrative therapy* (2th ed.). Washington, DC: APA.

Mittet, K. E. (2019). Responding to grief and loss using therapeutic documents. *The International Journal of Narrative Therapy and Community Work*, 2, 59-67.

Myerhoff, B. (1982). Life history among the elderly: Performance, visibility, and re-membering. In J. Ruby (Ed.), *A crack in the mirror: Reflexive perspectives in anthropology* (pp. 99-117). Philadelphia: University of Pennsylvania Press.

Myerhoff, B. (1986). "Life not death in Venice": Its second life. In V. W. Turner & E. M. Bruner (Eds.), *The anthropology of experience* (pp. 261-286). Urbana and Chicago: University of Illinois Press.

Russell, S., & Carey, M. (2002). Re-membering: Responding to commonly asked questions. *International Journal of Narrative Therapy and Community Work, 2002*(3), 23-32.

White, M. (1988). Saying hullo again: The incorporation of the lost relationship in the resolution of grief. *Dulwich Centre Newsletter, Spring*, 29-36.

White, M. (1997). Re-membering and professional lives. In M. White, *Narratives of therapists' lives* (S. 53-92). Adelaide: Dulwich Centre Publications.

White, M. (2004). Working with people who are suffering the consequences of multiple trauma: A narrative perspective. *International Journal of Narrative Therapy and Community Work, 2004*(1), 45-76.

White, M. (2010). **이야기치료의 지도** (*Maps of narrative therapy*). (이선혜, 정슬기, 허남순 공역). 서울: 학지사. (원저는 2007년에 출간).

IMDB. https://www.imdb.com/title/tt0074987/?ref_=ttawd_awd_tt

Monterey County Rape Crisis Center presents: Community trainings. https://www.mtryrapecrisis.org

Pexels. https://www.pexels.com/photo/group-of-people-standing-indoors-3184396/

Write a Writing-Content Creation & Storytelling for Business. http://www.writeawriting.com

제8장

정의예식

이은주(전 꽃동네대학교 사회복지학부 교수)

1. 정의예식에 대한 이해

정의예식은 내담자의 선호하는 이야기가 전면으로 부각되어 전개되고 난 후, 이를 굳히고 다지며 유포하기 위한 방법으로 사용된다. 여기에서 정의(definition)되는 것은 내담자의 새로운 정체성이며, 초대받은 청중은 이를 목격하는 증인이 된다. 정의예식을 통해서 내담자와 청중(외부증인)은 삶의 주제나 가치를 공유하며 연결되는 독특한 경험을 하게 된다. 정의예식은 내러티브상담의 독특한 방식이며, 화이트(White, 2010, 2014)는 이를 자신이 치료자의 길을 걸어오면서 경험했던 여러 방법 중 잠재적으로 가장 강력한 영향력을 갖고 있는 것이라고 한 바 있다. 이 장에서는 정의예식에 관하여 설명되어 있는 『내러티브상담이란 무엇인가(What is Narrative Therapy?: An Easy-to-Read Introduction)』(Morgan, 2013), 『내러티브상담의 지도』(White, 2010), 『내러티브상담, 선호하는 이야기의 사회적 구성(Narrative Therapy: The Social Construction of Preferred Realities)』(Freedman & Combs, 2009), 『내러티브상담: 궁금증의 문을 열다(Narrative Therapy: Responding to Your Questions)』(Russell & Carey, 2010) 등에서 해당 부분을 기반으로 하여 정의예식을 설명할 것이다.

1) 정의예식의 정의

정의(定意)예식(definitional ceremony)이란 내담자의 정체성을 재정의하고, 이를 사회적으로 인정받는 예식이다. 만약 내러티브상담의 이야기 다시쓰기 단계가 잘 진행되어 내담자가 자기가 선호하는 정체성을 구축한다면, 그 사람의 이야기를 들을 청중이 필요하다. 일단 청중이 있으면, 청중은 대안적 지식을 굳히고 유포하는 역할을 한다. 이러한 청중의 사회적 인정을 통해 내담자는 자신이 선호하는 정체성이 더욱 확실해지고, 향후 이렇게 살고자 하는 삶의 행보를 더욱 확실하게 내딛게 된다.

화이트(2010)는 내러티브상담에서 행하는 정의예식이 현대 사회의 많은 예식과 대조를 이룬다는 점을 강조하고 있다. 현대 사회에서 우리가 경험하는 예식의 대표적인 예로는 입학식, 졸업식, 결혼식, 장례식, 입사식, 은퇴식 등이 있다. 이들 예식은 사회적으로 구성된 규범에 맞추어 사람을 평가하는 속성이 있다. 평가란 기본적으로 사람을 구별하고 차별하는 속성을 피할 수 없다. 그러나 내러티브상담의 정의예식에서는 내담자가 신중하게 선발한 외부증인 앞에서 자신이 선호하는 삶을 이야기하고 이를 인정받는다. 이렇게 볼 때 정의예식은 우리 사회의 통상적인 예식에 반(反)하는(counter) 예식으로서, 통상적인 예식에 대한 해독 작용을 한다고 할 수 있다.

사실상 모든 문화에는 구성원들의 삶의 이야기를 사회적으로 인정해 주는 문화적 전통이 있었다. 우리나라의 문화적 전통에서는 굿이나 판소리를 예로 들 수 있다. 굿이나 판소리에서 청중은 필수적인 요소이다. 여기에서 청중은 주인공과 무당의 대화 혹은 판소리 공연을 목격하는 증인이 된다. 청중은 그들의 이야기를 공유하면서 그들이 새로운 실재를 만들어 가는 데 필수적인 역할을 담당한다. 청중은 자기도 모르는 사이에 타인의 인생 드라마에 참여하게 되는 것이다. 그러나 이런 문화적 전통은 근대화와 서구화를 통해 심리학이라는 개인 위주의 전문가 영역에 자리를 내주고 말았다. 내러티브상담의 정의예식은 이러한 문화적 전통과 일상 심리학(folk psychology)을 복원하는 의미를 지닌다고 할 수 있다.

2) 정의예식의 기원

정의예식의 핵심은 상담에 청중을 참여시키는 것이다. 화이트(2010)는 상담에 청중을 참여시키는 양식이 다음의 세 가지 영향을 받았음을 설명하고 있다.

첫째, 아동상담에 참여한 아동들이 자발적으로 청중을 동원하는 것에서 영향을 받았다. 즉, 아동이 문제해결 노력을 성공적으로 수행하면 상담자는 이를 기념하는 상을 주곤 했는데, 아이들이 그 상을 다른 이들에게 보여 주고 자랑스러워하는 것을 보고 영감을 얻은 것이다.

둘째, 이야기 은유를 탐색하는 과정에서 영향을 받았다. 즉, 개인의 삶이 자기 이야기에 의해 형성된다는 것 그리고 자기 이야기는 소중한 사람과의 관계 속에서 기술된다는 것을 깊이 인식하면서, 청중의 중요한 역할을 깨닫게 되었다.

셋째, 개인의 이야기는 사회적으로 구성된 문화적 규범 및 거기에서 나타나는 권력관계에 의해 형성된다는 인식에서 영향을 받았다. 즉, 새롭게 형성된 이야기가 사회적 규범과 충돌하는 경우, 청중의 참여를 통해 사회적 규범을 반박하고 도전하는 데 도움이 된다는 것을 알게 되었다.

이러한 세 가지 영향을 바탕으로 하여, 정의예식이라는 방법이 개발된 데 직접적인 토대가 된 것은 가족 상담의 일방경 뒤에 위치한 전문가들의 익명성에 대한 앤더슨(Anderson)의 도전과 마이어호프(Myerhoff)의 연구이다(Russell & Carey, 2010; White, 2010). 마이어호프의 연구는 1970년대 중반 미국의 로스앤젤레스 지역에 거주하는 유대계 노인을 대상으로 하는 정체성 프로젝트에 관한 것인데, 내러티브상담의 회원재구성과 정의예식은 이 연구에 토대를 두고 있다. 이들 대부분은 유대인 대학살로 원가족을 잃고 고립된 상태였고, 이로 인해 자기 존재에 대한 불확실성, 보잘것없는 존재감을 가지고 있었다. 이들이 공동체를 통해 자신의 정체성을 회복하게 된 여러 방법 중 정의예식이 주도적 역할을 했고, 이 용어를 처음 도입한 사람이 마이어호프이다. 마이어호프가 말하는 정의예식이란 공동체 구성원이 자기 삶을 이야기하고 또 하고, 재현하고 다시 재현할 수 있도록 하는 만남의 장이다. 이를 통해 말하는 사람이 공동체 구성원 및 초대받은 외부 사람들 앞에서 자신의 방식으로 다시 태어나게 된 것(정체성의 재정의)을 말한다.

화이트는 이러한 정의예식과 청중(외부증인)이라는 아이디어를 상담의 영역으로 가져왔으며, 이를 사려 깊은 방식으로 발전시켰다(Russell & Carey, 2010).

정의예식은 정체성의 재정의와 관련된다. 화이트(2010)는 정의예식과 관련하여 정체성의 속성을 다음과 같이 말한다.

- 정체성은 공적이고 사회적으로 형성되는 것이다.

- 정체성은 인간 본성의 영향보다 역사적이고 문화적인 영향에 의해 형성되는 것이다.
- 개인의 정체성은 당사자가 자기 정체성에 대한 나름의 주장을 가지고, 이에 대한 사회적 인정을 통해 형성되는 것이다.

여기에서 청중의 기여, 즉 청중의 인정은 핵심적인 것이다. 내러티브상담에서 청중의 역할은 처음에는 내담자가 작성한 치료적 문서를 전달받고 반영해 주는 역할에 그쳤지만, 그 후 청중을 상담에 직접 참여시키는 방법으로 진전되었다. 이와 같은 공동체 모임에서 청중의 역할은, 첫째, 내담자가 주장하는 정체성을 공적이고 사실적 차원에서 확인시켜 주는 것(이야기의 인정), 둘째, 자신도 모르게 타인의 드라마에 참여하여 드라마의 줄거리를 발전시키는 것이다(이야기의 공유). 이렇게 함으로써 내담자들은 자기 자신 및 자기가 선호하는 정체성을 공동체 속에서 경험하게 된다.

3) 외부증인

(1) 외부증인이란

정의예식에서는 청중이라는 말도 사용되지만, 외부증인이라는 말이 주로 사용된다. 외부증인은 상담에 내부적으로 참여하는 사람이 아니라 외부에서 목격하는 사람이라는 의미를 지닌다. 즉, 내담자의 선호하는 이야기와 정체성에 대한 주장을 듣고 이를 인정하기 위해 초대된 제삼자를 말한다.

외부증인은 내담자의 선호하는 이야기를 확장하고 발전시키는 데 기여하는 방향으로 이야기할 수 있는 사람이다. 외부증인이 될 수 있는 사람은 다음의 세 부류이다(Russell & Carey, 2010).

- 내담자의 현재 공동체의 일부, 즉 가족, 친구, 학교나 직장 동료, 이웃이나 동네 사람 등이다. 회원재구성 대화에서 나왔던 인물(소중한 분)이 외부증인이 되면 좋은 효과를 얻는 경우가 많다.
- 전문가, 주로 상담 전문가들, 혹은 상담 실습이나 훈련생이다. 이들은 많은 경우 반영팀으로 알려져 있다.
- 이전에 내담자와 비슷한 어려움 때문에 상담자를 찾았던 사람들 중에서 타인

을 도울 것에 동의했던 사람들이다. 이들은 내담자의 어려움에 대한 경험을 공유하기에 강력한 효과를 주는 경우가 많다.

(2) 외부증인 선정 방법

상담자가 내담자로 하여금 외부증인을 초대하도록 격려하는 가장 쉬운 방법은 내담자에게 질문을 하는 것이다. 이는 앞의 세 부류 중 주로 첫 번째 범주의 외부증인 선정에 해당하며, 회원재구성 대화와 관련된다. 그러한 질문의 예는 다음과 같다(Freedman & Combs, 2009).

- “누가 당신이 이룬 변화를 아는 데 가장 관심이 많을까요? 그 사람은 여기에 왜 관심이 많을까요?”
- “당신이 이런 결심을 할 것이라고(진전을 이루었을 것이라고) 누가 예측할까요? 그 사람은 당신에 대해 무엇을 알고 있기에 이런 예측을 할 수 있을까요?”
- “우리가 나누었던 이런 이야기(선호하는 이야기의 진전)를 누가 가장 잘 받아들일까요?”
- “당신이 이런 변화의 단계를 밟았다는 것을 알면 누가 가장 기뻐할까요? 그 사람은 그것을 어떻게 알 수 있을까요?”
- “당신의 이런 발전에 가장 크게 영향을 받을 사람은 누구일까요? 그 사람은 무엇에 주목할까요?”

(3) 외부증인 준비시키기

성공적인 정의예식이 되기 위해서는 정의예식이 시작되기 전 외부증인을 준비시키는 과정이 필요하다. 화이트(White, 2010)는 외부증인에게 미리 설명하는 사항을 다음과 같이 정리하고 있다.

- ‘다시말하기’란 무엇인지, 즉 주인공 이야기의 특정 부분을 인정해 줌으로써 주인공의 이야기가 풍부하게 발전되도록 돕는 것임을 알린다.
- 의견, 충고, 평가, 설명, 칭찬, 찬사 등 타인의 삶에 대해 사람들이 보이는 일상적인 반응은 피할 필요가 있음을 알린다.
- 상담자가 필요하다고 생각될 때 끼어들 수 있다는 것을 미리 알리고 동의를 구

한다.

- 결과에 대한 전반적 책임은 상담자에게 있으므로 상담자가 중간중간 질문을 통해 방향을 이끌어 갈 것이라고 설명한다.
- 정의예식의 구조가 어떠한지 그리고 다시말하기 단계에서 어떤 질문을 받을 것인지를 설명한다. 이때 설명서를 만들어서 주는 것이 도움이 될 수 있다.

2. 정의예식의 구조와 내용

정의예식은 가장 최소한으로 상담자, 내담자, 외부증인의 세 사람이 참여하는데, 외부증인이 여러 명 참석하는 경우 더 많은 사람이 참석하게 된다. 정의예식에서 상담자의 역할은 탈중심적으로 한발 물러난다. 그러나 그렇다고 하여 상담자의 역할이 미미한 것은 결코 아니다. 정의예식을 성공적으로 진행하기 위해서는 대화에 기여할 수 있는 적절한 외부증인이 선정되어야 하고, 정의예식이 적절하게 잘 진행되어야 한다. 이를 위한 상담자의 역할은 매우 중대하며, 상담자는 외부증인의 반영이 제대로 이루어질 수 있도록 특별한 책임을 가진다.

1) 정의예식의 구조

화이트(2010)는 정의예식의 구조를 다음의 네 단계로 구분하여 설명하고 있다.

- **첫 번째 단계: 말하기(telling):** 상담자가 내담자를 인터뷰하고, 외부증인은 이를 듣는다. 이때 내담자를 정의예식의 주인공이라고 칭한다. 주인공(내담자)은 자신에게 의미 있는 삶의 이야기, 주로 선호하는 이야기를 하게 되는데, 이런 이야기를 끌어낼 책임은 상담자에게 있다. 첫 번째 단계에서 외부증인들은 일방경 뒤에 앉는다(일방경이 있는 경우).
- **두 번째 단계: 다시말하기(retelling):** 외부증인들이 일방경 뒤에서 나와 주인공과 자리를 바꾸어 상담자와 인터뷰한다. 이를 반영이라고도 칭한다. 이때 상담자는 주인공의 이야기를 들은 경험에 대하여 외부증인에게 질문하는데, 네 가지 범주로 이루어진 구조화된 질문을 하게 된다. 이에 대해서는 정의예식의 내용

에서 설명할 것이다.

- **세 번째 단계: 다시말하기에 대한 다시말하기(retelling of retelling):** 다시 외부증인이 일방경 뒤로 가고 주인공이 자리를 바꾸어 상담자와 마주 앉는다. 상담자는 주인공에게 두 번째 단계에서 외부증인의 이야기(다시말하기)를 들은 경험을 묻는다. 이를 '다시말하기에 대한 다시말하기'라고 한다.
- **네 번째 단계: 모든 사람이 다 함께 모여서 말하기:** 마무리에 참석한 모든 사람이 다 함께 모여서 자기 경험을 말하는 시간을 가진다. 이때 주인공은 상담자에게 왜 그런 질문을 했는지 등에 관해서 물어볼 수 있다. 4단계는 필수는 아니지만 현장에서 많이 행해진다.

이러한 각 단계는 뚜렷하게 구분되며, 형식에 맞추어 진행된다. 이를 위해 주인공과 외부증인의 공간을 분리하는 것은 중요하고 유익하기도 하며 예식이란 형식에도 적합하다(Morgan, 2013). 일방경이 있으면 자동적으로 공간이 분리되는데, 그렇다고 일방경이 필수적인 것은 아니다. 일방경이 없는 경우에는, 우선 첫 번째 단계인 '말하기' 단계에서 한쪽에는 상담자와 내담자가 마주 앉고, 다른 한쪽에는 외부증인이 앉는 식으로 배치함으로써 공간을 분리하면 된다(혹은 외부증인들은 뒤에 물러나 앉는다). 그리고 '다시말하기' 단계에서는 외부증인이 내담자와 자리를 바꿔 앉음으로써 상담자와 마주 앉는다. 그리고 나서 '다시말하기에 대한 다시말하기' 단계에서는 다시 외부증인과 내담자가 자리를 바꾼다. 이러한 과정에서 내담자와 외부증인 사이에 어떤 상호작용이나 대화를 하지 않는 것이 바람직하다. 만약 '다시말하기' 단계에서 내담자를 대화에 끌어들인다면 내담자에게서 청중의 자격을 빼앗는 것이 되고, 이는 내담자가 청중으로서 자기에 대한 이야기를 충실하게 듣지 못하게 되는 위험에 빠지도록 할 수 있기 때문이다. 이제부터는 각 단계의 내용을 보다 더 상세히 살펴보기로 한다.

2) 정의예식의 내용

(1) 첫 번째 단계: 말하기(telling)

첫 번째 단계에서는 상담자와 내담자가 그동안 발전된, 내담자의 선호하는 이야기를 하고 외부증인은 이를 듣는다. 말하기(telling)에서는 구조화된 형식 없이 자유롭게 상담자와 내담자가 대화하면서 그동안의 여러 회기 동안 발전해 온 내담자의 선호하는 이야기를 돌이켜 보고, 말하는 이야기가 잘 표현되도록 하는 데 중점을 둔다. 주로 이야기되는 내용은 문제가 내담자의 삶에 어떤 영향을 미쳤는지, 그 과정에서 내담자는 어떤 경험을 했는지, 문제의 영향에 맞서서 내담자는 어떤 대응을 했는지, 그리하여 내담자와 문제의 관계가 어떻게 변했는지, 그런 대응을 할 때 내담자가 소중하게 지키고 싶었던 것은 무엇인지, 그것이 내담자의 삶을 어떻게 지탱해 주었는지, 문제와 내담자의 관계는 앞으로 어떻게 변할 것으로 예측하는지에 대한 것이다. 즉, 그동안의 상담 과정을 돌이켜 보면서 대화의 방식으로 요약하는 것이다. 이때 외부증인은 내담자의 이야기를 주의 깊게 들으면서, 나중에 다시말하기를 할 수 있도록 준비한다.

(2) 두 번째 단계: 다시말하기

적당한 시점에서 상담자는 내담자와 외부증인의 위치를 바꾼다. 다시말하기(retelling)는 상담자의 질문에 외부증인이 답하는 형식으로 진행된다. 다시말하기 단계의 핵심은 말하기 단계에서 나왔던 내용을 인정하고 의미를 부여하는 과정이다. 다시말하기는 형식 없이 자유로이 진행되는 것이 아니라, 상담자의 네 단계 질문에 따라 진행되는 구조화된 진행이다. 이렇게 구조화함으로써 외부증인들의 반영이 궤도에서 벗어나지 않고 그 안에 머물도록 해 준다. 네 단계 질문은 다음과 같다.

- **표현 질문**: "당신이 들은 주인공의 이야기 중 가장 마음에 와닿은 것은 무엇인가요?" "어떤 표현이 당신의 주의를 끌었나요?" "특히 그 사람의 삶의 가치를 잘 보여 주는 표현은 무엇인가요?" 외부증인은 자기가 개인적으로 주목한 부분을 단어나 구절이나 문장으로 구체적으로 말한다.
- **이미지 질문**: "주인공의 이야기에서 마음에 와닿는 표현을 들었을 때 어떤 이미지가 떠올랐나요?" 그 이미지는 주인공의 삶에 대한 은유의 형태를 띨 수도 있

고, 주인공의 삶의 목적, 가치, 희망, 꿈을 나타낼 수도 있다.

- **공명 질문:** "당신은 왜 주인공의 그 표현에 끌렸나요? 당신 삶의 어떤 부분을 떠올리고 연관 짓게 되었나요?" "당신 삶의 어떤 부분이 앞의 표현과, 그리고 이 표현이 불러일으킨 이미지와 공명했나요?" 외부증인은 왜 주인공 이야기의 특정 부분이 그들의 주의를 끌었는지에 대해서 설명한다. 이는 주인공의 삶과 외부증인의 삶을 연관 짓는 개인적 차원의 실제적인 관심을 나타내는 것이다.
- **이동 질문:** "주인공의 삶에 대한 이야기가 당신을 어떻게 움직였나요?" "만약 당신이 이 대화의 청중으로 입회하지 않았더라면 당신이 도달하지 못했을 어떤 곳으로, 이 경험이 당신을 데려갔나요?" 이는 외부증인이 주인공의 이야기를 목격하고 그에 응답하는 과정을 통해 자기의 삶이 어떻게 달라졌는지를 나타내는 것이다.

화이트(2010)에 의하면, 이 '다시말하기'의 네 단계 범주는 자신이 청중을 참여시켰던 여러 상담 경험을 기초로 하여 만든 것으로서, 풍부한 이야기 발달에 가장 효과적이라고 결론을 얻은 것이다. 이는 타인의 이야기에 대한 우리의 일상적 반응과는 다른 것이다. 네 단계의 질문을 통해서 내담자의 삶이 외부증인의 삶의 경험과 융화된다. 즉, 외부증인들의 희망, 헌신, 신념은 어떻게든지 내담자의 희망, 헌신, 신념과 연결되면서, 이러한 연결은 내담자 삶의 대안적 이야기를 견고하게 다져 준다. 러셀과 커리(Rusell & Carey, 2010)에 의하면, 특히 외부증인이 내담자 공동체의 일부일 때 상담에서의 진전이 일상생활에서의 진전으로 옮겨질 확률이 높아진다. 즉, 상담실에서 일어나는 일과 나머지 삶 사이의 연결이 이루어질 가능성이 높아진다. 왜냐하면 사람은 사회적 인정을 통해 진정한 자기 모습이 더욱더 확실해지고 향후 그렇게 살려고 노력하게 되기 때문이다.

이때 외부증인이 내담자의 이야기를 듣고, 자신의 삶과 연관 지어서 감명받은 부분을 말할 때, 이는 내담자에게 강력한 영향을 준다. 이때 내담자들은 "내가 지나온 시간이 아무 소용없는 것이 아니라서 기쁘다." "나의 이야기가 다른 사람들에게 유용할 수 있다는 것이 기쁘다." 등으로 말한다(Russell & Carey, 2010).

(3) 세 번째 단계: 다시말하기에 대한 다시말하기

이 단계에서는 외부증인은 다시 청중의 입장으로 돌아가고, 상담자는 외부증인들의 다시말하기에 대해서 내담자가 말할 기회를 가진다. 이때 내담자는 외부증인의 '다시말하기에 대한 다시말하기(retelling of retelling)'를 하는 것이다.

화이트(2010)에 의하면, 이 과정 역시 앞에서 말한 네 단계 질문(표현, 이미지, 공명, 이동)으로 이루어진다. 이때 주의할 것은, 두 번째 단계인 이미지 질문은 내담자 자신의 삶과 정체성에 대한 이미지라는 것이다. 즉, 초점은 외부증인이 아니라 내담자라는 것을 늘 기억하는 것이 중요하다. 이 네 단계 질문은 다음과 같이 표현할 수 있다.

- 외부증인의 이야기 중 가장 마음에 와닿은 표현은 무엇인가요?
- 그러한 표현을 들으면서 어떤 이미지나 장면(외부증인의 삶이 아닌, 자신의 삶에 대한)이 떠올랐나요? 또한 그 이미지를 통해 엿볼 수 있는 자신의 삶의 지향이나 가치는 무엇인가요?
- 외부증인의 표현을 들으면서 자신의 어떤 개인적 경험을 떠올리게 되었나요?
- 외부증인의 표현을 들으면서 자신의 삶에 관해 어떤 생각, 느낌, 깨달음을 갖게 되었나요? 그리고 앞으로의 인생 행보에 대해 어떤 생각을 하게 되었나요?

(4) 네 번째 단계: 모든 사람이 함께 모여서 말하기

이 단계에서는 내담자와 외부증인 모두 함께 대화하도록 초대된다. 이때 모든 사람은 앞선 세 단계의 경험에 대해서 생각해 보고 자유롭게 말할 기회를 가진다. 이 과정의 목적은 상담의 모든 과정에 모든 사람을 참여시켜서 상담에 관련된 대화를 투명하게 하고자 하는 것이다. 이런 투명성의 실천은 내담자가 있는 자리에서만 그들의 삶을 논하겠다는 내러티브상담의 윤리적 입장에 기반을 둔 것이다. 이 단계에서 내담자는 상담자가 한 일에 대해 무엇이든지 자유롭게 물어보거나 말할 수 있다.

3. '다시말하기'에서 흔히 일어나는 위험 및 대처 방법

정의예식의 핵심은 두 번째 단계인 외부증인의 '다시말하기'라고 할 수 있다. 왜냐하면 이를 통해 내담자의 삶과 외부증인의 삶이 어떤 주제를 중심으로 연결되는 느낌을 가지게 되기 때문이다. 이때의 키워드는 연결로서, 외부증인들의 적절한 반응은 자기의 삶과 내담자의 삶을 실제로 연결한다. 이러한 연결은 그냥 연결이 아니라, 공유된 가치를 중심으로 하는 사려 깊은 연결이다.

화이트(2010), 러셀과 커리(2010)는 다시말하기 단계에서 외부증인이 흔하게 빠지는 위험을 몇 가지 열거하고 이에 대해 상담자가 대응하는 방법을 설명하고 있다. 누가 외부증인으로 참여하는가에 관계없이, 다시말하기 과정이 내담자에게 도움이 되도록 하는 책임은 전적으로 상담자에게 있으므로, 상담자의 책임이 중요하게 부각된다(White, 2010). 따라서 다시말하기 단계에서 외부증인에게 흔히 나타나는 위험을 숙지하고 상담자가 이에 효과적으로 대처하는 것은 매우 중요하다.

1) 외부증인이 내담자에게 칭찬이나 찬사를 보내는 위험

외부증인이 내담자의 긍정적인 면을 지적하거나, 진전에 대한 축하나 찬사를 보내는 경우가 종종 있다. 그 의도가 좋은 것이기는 하지만, 정의예식에서는 칭찬이나 찬사가 아닌 다른 방법으로 인정을 표현하는 것이 필요하다. 칭찬이나 찬사를 위험하다고 보는 것은 크게 다음의 두 가지 이유 때문이다.

첫째, 누군가의 행동을 칭찬한다는 것은 일종의 판단이며, 설령 그것이 좋은 방향의 판단이라고 하더라도, 내담자는 외부증인이 어떤 기준에 의거하여 자기의 행동을 판단하고 있다고 받아들일 수 있기 때문이다. 둘째, 칭찬이란 칭찬을 하는 사람이 칭찬을 받는 사람보다 높은 곳에 있다는 메시지를 가지고 있고, 그래서 칭찬한다는 것 자체가 우월성을 표현하는 것으로 읽힐 수 있기 때문이다(Russell & Carey, 2010).

이러한 이유 때문에 외부증인의 다시말하기는 칭찬이나 찬사를 보내는 것이 아니어야 한다. 그 대신에 외부증인은 내담자의 이야기를 듣는 것이 자신에게 어떤 의미였고 왜 그러한지를 말하는 것, 이것이 자신의 삶이나 업무에서 어떤 부분을 움직이고 감동시키고 영감을 주었는지를 말하는 것이 중요하다.

만약 외부증인이 내담자에게 칭찬이나 찬사를 보내고 있다면, 특히 그것이 과장되게 느껴진다면, 상담자는 효과적인 다시말하기가 되기 위해 개입할 필요가 있다. 그런 경우 상담자는 외부증인에게 질문을 하는 것이 효과적인데, 바로 첫 번째 단계의 질문인 '어떤 표현이 특히 외부증인의 마음에 와닿았는지'를 상기시키는 것이다. 예를 들면, 다음과 같은 질문을 한다. "주인공을 대단하다고 하셨는데, 주인공이 했던 이야기 중 어떤 것이 특별히 마음에 와닿으세요?" 혹은 "주인공의 어떤 말로 인해 주인공이 대단하다고 생각하시는지 궁금하네요. 주인공의 이야기 중 특히 관심이 갔던 부분이 어떤 부분인지요?"(White, 2010)

2) 외부증인이 내담자에게 충고하는 위험

외부증인이 내담자에게 충고하고 싶거나 문제를 즉석에서 해결하고 싶어 하는 것은 흔히 일어나는 일이다. 심지어는 외부증인이 충고를 질문으로 풀어서 말할 수도 있다. "당신이 이러이러하게 하는 것에 대해서 생각해 본 적이 있는지요?"라고 말이다. 이것도 충고의 한 형태라고 할 수 있는데, 실제로는 "나는 당신이 이러이러하게 해야 한다고 생각해요."라고 말하는 것과 같기 때문이다. 그러나 외부증인이 내담자의 인생에 전문가가 될 수는 없다. 그러므로 외부증인은 충고하지 않는 것이 중요하다. 외부증인이 충고하려 할 때, 상담자는 다시말하기의 궤도로 돌아가서 특히 첫 번째 단계의 질문을 상기시킬 필요가 있다(Russell & Carey, 2010).

3) 외부증인이 말하다가 길을 잃는 위험

때로 외부증인이 내담자의 삶의 이야기가 자기와 비슷하다고 여길 때, 외부증인은 자기의 경험에 대해서 길게 말하게 되는 경우가 생기며, 이렇게 되면 내담자의 이야기와의 관련을 잃게 된다. 이를 화이트(White, 2010)는 외부증인의 '자서전 쓰기'라고 표현하며, 흔히 일어나는 일이라고 했다. 상담자가 주의하지 않으면, 외부증인의 자서전 쓰기는 자칫 내담자에 대한 훈계나 큰 의미 없는 자기 이야기 늘어놓기 쪽으로 흘러가게 될 수 있다. 이때 역시 상담자는 질문을 통해 다시말하기의 궤도로 되돌아가는 것이 중요하다. 효과적인 질문의 예시는 다음과 같다. "주인공의 이야기가 당신에게 많은 영향을 준 것 같네요. 아까 들었던 이야기 중 특히 어떤 부분이 인상 깊었는지 이야기해 주시겠어요?"

4) 외부증인이 자기의 가치를 부과하는 위험

우리 모두는 외부증인으로서 말할 때 자기도 모르게 우리 사회의 규범을 재생산할 수 있다. 즉, 외부증인은 내담자가 실제로 분명하게 말하지 않았는데도 불구하고 어떤 목표를 이루기 원할 것이라고, 어떤 사건을 기뻐할 것이라고 쉽게 가정할 수 있다. 이런 것을 피하기 위해서는 외부증인은 자기 삶에 기반을 두는 가정을 계속 해체해야 하는데, 이는 많은 연습이 필요하다. 오직 내담자가 말한 가치, 희망, 꿈에 대해서만 주목하고 언급하는 것, 내담자가 명확하게 말하지 않은 가치에 대해서는 가정하지 않는 것, 이것이 중요하다(Russell & Carey, 2010).

5) 외부증인이 내담자의 고통에 초점을 맞추는 위험

정의예식의 첫 번째 단계인 내담자의 '말하기'에서는 그간 잊고 살아왔던 대안적 이야기의 자취를 찾아내는 것이 주된 내용이 되며, 두 번째 단계인 '다시말하기'에서는 외부증인이 이에 대한 반영을 한다. 그런데 두 번째 단계에서 주인공이 표현했던 고통과 좌절감에 초점을 두는 외부증인이 때로 있다. 이런 경우 상담자는 주인공의 고통이나 좌절감을 통해서 엿볼 수 있었던 가치, 희망, 꿈 등을 이끌어 내는 질문을 하는 것이 중요하다. 만일 외부증인이 주인공의 고통에 대한 어떤 표현에 주목했다면, 상담자는 외부증인에게 '주인공의 고통의 표현에 기초해서 볼 때, 주인공이 소중하게 생각하는 것이 무엇일지 추측해 보라'고 질문한다. 예를 들어, 주인공의 절망이라는 표현에 주목하는 외부증인에게는, '이를 통해 주인공이 자기 삶에 대해 어떤 희망이나 꿈을 갖고 있음을 알 수 있는지' 질문할 수 있다. 이는 자크 데리다(Jacques Derrida)의 '부재하지만 암시적인'(the absent but implicit)이란 개념에서 가져온 치료적 대화이다. 즉, 고통이란 내담자가 소중하게 여겼으나 침해당한 것이 무엇인지를 보여 주는 증거라고 이해될 수 있다는 것이다(White, 2010).

이상 정의예식의 외부증인의 '다시말하기' 단계에서 일어날 수 있는 여러 가지 위험과 그 대처방법을 살펴보았다. 이러한 위험에 대처하는 데 가장 중요한 점은 외부증인들이 말하는 것은 내담자를 위한 것이란 점이다. 즉, 내담자를 대화의 중심에 두어야 하며, 외부증인이 대화의 중심이 되어서는 안 된다는 것이다. 외부증인은 내담자의 이야기와 연결되는 자기 삶의 일부분에 대해서 말하지만, 이 대화가 계속 주인공에게 되돌아와야 하며, 되돌아오도록 하는 책임은 상담자에게 있다.

4. 비밀보장과 사생활

그동안 전통적인 상담 분야에서는 상담 회기에서 말한 그 어떤 것도 비밀이 보장되어야 한다는 믿음이 있어 왔다(물론 슈퍼비전을 위해서, 혹은 자해나 타해 가능성이 있는 경우는 예외임). 그러나 내러티브상담에서는 이러한 전통적 믿음에 대해서 다시 생각해 볼 것을 요청한다. 왜냐하면 내러티브상담에서는 내담자의 선호하는 이야기에 대하여 더 많은 청중이나 증인이 보다 더 가치가 있다는 것을 알게 되었기 때문이다. 예를 들면, 내러티브상담에서는 어떤 젊은이가 자기 삶에서 매우 긍정적인 발걸음을 내디뎠을 때 이 '좋은 소식'이 널리 퍼지도록 하는 방법을 찾는다. 이것은 전통적 상담모델에서의 사생활 존중이나 비밀보장과는 분명히 다른 입장이다. 지배 문화에서는 상담이 주로 비밀이 보장되어야 하는 일인 반면, 내러티브상담의 문화에서는 많은 내담자가 자기의 선호하는 이야기를 타인에게 알린다는 생각을 좋아한다는 것을 알게 되었다. 상담이 사람들에게 선호하는 정체성을 구성하는 맥락이 될 때 숨길 것은 아무것도 없으며, 보여 줄 것은 아주 많다(Freedman & Comb, 2009; White, 2010).

그러나 비밀보장과 사생활과 관련하여, 주인공이나 외부증인과 협의해야 할 점이 분명히 있다. 즉, 정의예식에서 언급된 내용 중 어떤 것이 외부에 말해지고 어떤 것은 말해지지 않을지, 특별히 다루지 않기를 바라는 주제가 있는지에 대하여 정의예식 전이나 후에 주인공 및 외부증인과 협상하는 것이 중요하다. 외부증인들은 자신이 참여했던 대화에 감명받기 때문에, 정의예식에서의 대화를 다른 사람들에게 전달하고 유포하기를 원할 수도 있다. 주인공의 경우에는 자기 삶의 긍정적 발걸음에 대해서 다른 사람들과 공유를 원할 수도 있고, 원치 않을 수도 있다. 이때 상담자는 주인공이 어디까지를 원하는지, 즉 주인공의 사생활을 보장하면서도 외부증인이 이 이야기를 타인과 공유할 수 있을지, 혹은 공유할 수 없을지를 토의하는 것이 중요하다. 이런 경우, 예컨대 주인공의 이름 등 누구인지 알 수 있는 세부사항에 대해서는 비밀보장이 지켜지지만 대화의 주제나 결과는 널리 공유될 수 있다고 결정할 수 있다. 여기에서 주인공 스스로의 결정이 중요한 것은 물론이다.

5. 다양한 상황에서 정의예식의 활용

앞에서는 주로 일대일 상담에 외부증인이 초청되는 상황에 초점을 맞추어서 정의예식을 설명했다. 그러나 사실상 정의예식은 그러한 상황 이외에도 다양하게 활용될 수 있다. 여기에서는 정의예식이 현장에서 활용될 수 있는 다양한 상황을 알아보고자 한다.

1) 부부상담에서의 활용

부부상담에서의 외부증인 실천은 갈등적 대화를 중단시킬 수 있다. 그 방식은 다음과 같다. 먼저, 상담자가 한 배우자를 인터뷰하는 동안 다른 배우자는 외부증인의 위치에 있도록 한다. 그다음에는 같은 방식으로 하되, 부부가 서로 역할을 바꾸도록 하는 것이다. 이때 상담자는 먼저 한쪽 배우자와 대안적 이야기를 발굴하며 다른 쪽 배우자는 이를 듣는다. 다른 쪽 배우자는 상대의 이야기 중 무엇이 의미 있었는지, 왜 의미 있었는지에 대해서 말할 기회를 갖는다. 이렇게 하는 이유는, 한쪽 배우자가 부부관계를 이야기하는 것에 대해 다른 쪽 배우자가 증인이 될 때 부부관계와 배우자에 대한 증인의 생각이 변할 수 있기 때문이다. 이것이 바로 청중의 본질이다. 한 사람이 이야기하는 동안 다른 사람은 듣고, 또 듣는 사람은 말하는 사람의 이야기에 대해 반영하도록 구조화하는 것은 서로에 대해 반박하거나 논쟁할 우려를 최소로 낮춘다.

이러한 역할 바꿈을 한 회기의 전반부와 후반부로 나누어서 할 수도 있고, 회기별로 할 수도 있다. 이러한 방식은 각자 상대방에 대한 증인이나 청중이 될 가능성을 최대로 높이고, 부부가 문제 이야기에 묶여 있거나 이로 인한 말다툼에 쉽게 빠질 위험을 줄여 준다(Freedman & Combs, 2009; Russell & Carey, 2010; White, 2010).

2) 집단에서의 활용

집단에서 정의예식을 활용하는 방법 중 대표적인 방법은 집단 구성원들 중 한 명이 그 회기의 주인공이 되고, 나머지 구성원들은 외부증인이 되는 방법이다. 이때 회기마다 한 명씩 돌아가면서 주인공이 된다. 각 회기의 집단 진행방식은 개별 면담의 경우와 유사하다. 즉, 첫 번째 단계에서는 집단 진행자와 주인공과의 대화(말하기 단계), 두 번째 단계에서는 집단 구성원들(외부증인)의 반영(다시말하기 단계), 세 번째 단계에서는 주인공의 반영(다시말하기에 대한 다시말하기), 네 번째 단계에서는 전체가 함께 말하기의 순으로 진행된다. 중요한 것은 첫 번째 단계에서 집단 진행자가 주인공과의 대화를 통해서 선호하는 이야기를 끌어내는 것이다. 이때 문제 이야기에서만 맴돌면 안 되며, 이를 벗어나서 독특한 결과를 끌어내는 것이 중요하다.

집단의 전체 흐름에 있어서 지속 기간 중에 정의예식 방법을 몇 회기 포함시킬 수도 있고, 지속 기간 전체를 정의예식 방법으로 진행할 수도 있다. 후자의 경우, 폐쇄집단이라면 집단 회기를 집단 구성원 수보다 최소한 2회기를 많게 하는 것이 좋다. 즉, 만약 집단 구성원이 6명이라면 집단 회기는 8회기로 설정하는 것이 좋다. 왜냐하면 첫 회기의 준비 단계(회원 소개, 집단 구조 설명, 문제나 어려움은 무엇인가 등을 다룸), 그리고 마지막 회기의 마무리 단계(집단 진행을 돌아보면서 요약, 장래 계획, 기록을 적은 편지나 사진, 수료증 수여 등을 다룸)가 필요하기 때문이다(Stillman, 2013).

3) 조직에서의 활용

만약 직장 내에서 어려움이 있다면, 직원들을 두 집단으로 나누어서 정의예식을 진행해 볼 수 있다. 그 진행 방법은 다음과 같다. 우선, 첫 번째 집단을 진행자가 인터뷰하고 두 번째 집단은 동료들의 이야기를 듣는 외부증인이 되도록 하는 것이다. 이때 진행자가 말하기 단계에서 활용할 질문은 그 조직의 일원으로서의 역할과 관련하여, 그들의 업무에서의 희망과 실현하고자 하는 가치가 무엇인지, 무엇이 이 희망과 가치실현을 힘들게 했는지, 무엇이 이 희망과 가치실현을 지탱할 수 있게 해 주었는지에 대해서 물어보는 것이다. 이러한 인터뷰에는 회원재구성 대화가 포함될 수 있다. 그다음 다시말하기 단계에서 두 번째 집단(외부증인 집단)은 진행자의 인도에 따라 자기 마음에 가장 와닿은 것, 그 이미지, 그것이 자신의 삶과 업무에 어떻게 연결되는지, 그것이 자신의 삶과 업무를 어떻게 다른 곳으로 이동시킬 것인지에 관한 반영을 말하게 된다. 그러고 나서 이에 대한 첫 번째 집단의 다시말하기로 진행한 후, 전체가 함께 말하게 된다.

뒤이어 역할을 바꾸어서 두 번째 집단이 인터뷰를 받는 집단이 되고, 첫 번째 집단이 외부증인 집단이 되어 반영한다. 이러한 구조는 다른 종류의 대화를 만들고, 문제 이야기에서 벗어나 동료들이 서로의 희망과 가치실현에 대한 헌신, 의도, 내력에 대해서 새로운 방식으로 알게 되고 서로 연결되는 것을 가능하게 한다(Russell & Carey, 2010).

4) 상담자 훈련에서의 활용

정의예식에서 실습생이나 훈련생이 외부증인으로 참여하는 것은 내러티브상담자로서의 능력 배양에 매우 중요한 요소가 된다. 실습생이나 훈련생은 이러한 경험을 통해 내러티브상담 업무를 배우고, 어떻게 하면 좋은 외부증인이 될 수 있는지에 대해서도 배운다. 이는 물론 내담자들의 동의가 있어야 가능하다. 내담자들이 상담 훈련생들의 배움에 기여하는 데 개방적인 것은 내담자와 상담 훈련생 모두에게 중요한 경험이 된다(Russell & Carey, 2010).

5) 익명성이 요구되는 상황에서의 활용

정의예식은 일반적으로는 외부증인이 직접 참여를 하여 이루어진다. 그러나 때로는 외부증인이 직접 참여하지 못하는 경우, 혹은 내담자가 익명성을 요구하는 경우에 다자간 회의 전화, 혹은 녹음이나 편지를 통해서 정의예식이 이루어질 수도 있다(Russell & Carey, 2010; White, 2010).

녹음이나 편지를 통해서 정의예식이 이루어지는 경우를 설명해 보자. 상담자가 주인공의 이야기를 녹음이나 편지를 통해서 외부증인에게 전하고(말하기), 이에 대해서 외부증인이 다시말하기의 네 단계에 따른 내용을 녹음하거나 편지를 써서 상담자를 통하여 주인공에게 전한다(다시말하기). 그리고 상담자는 다음번에 주인공을 만났을 때 외부증인의 녹음이나 편지를 전하고, 주인공은 다시말하기에 대한 다시말하기를 행한다. 이는 익명성을 보장하는 방법이므로 좋은 효과를 보는 경우가 종종 있다. 이러한 방식의 정의예식으로 상담자에 '의해서'가 아니라, 상담자를 '통해서' 주인공의 삶의 진전이 일어난다.

참고문헌

Freedman, J., & Combs, G. (2009). **이야기치료: 선호하는 이야기의 사회적 구성** (*Narrative therapy: The social construction of preferred realities*). (김유숙, 전영주, 정혜정 공역). 서울: 학지사. (원저는 1996년에 출판).

Morgan, A. (2013). **이야기치료란 무엇인가?** (*What is narrative therapy?: An easy-to-read introduction*). (고미영 역). 서울: 청목출판사. (원저는 2000년에 출판).

Rusell, S., & Carey, M. (2010). **이야기치료, 궁금증의 문을 열다** (*Narrative therapy: Responding to your questions*). (최민수 역). 서울: 시그마프레스. (원저는 2004년에 출판).

Stillman, J. (2013). 내러티브 접근과 집단상담. **한국이야기치료학회 국제 워크숍 자료집.**

White, M. (2010). **이야기치료의 지도** (*Maps of narrative practice*). (이선혜, 정슬기, 허남순 공역). 서울: 학지사. (원저는 2007년에 출판).

White, M. (2014). **내러티브 실천: 마이클 화이트와의 대화** (*Narrative practice: Continuing the conversations*). (김유숙, 최지원, 안미옥 공역). 서울: 학지사. (원저는 2011년에 출판).

제9장

치료적 문서

권희영(전남중부권 아동보호전문기관 치료실장)

치료적 문서(therapeutic documentation)는 내담자가 문제 이야기의 부정적 영향력에서 벗어나기 위해 선택한 의미, 가치, 방향성 등(Morgan, 2000)을 기록한 문서 형태의 결과물로서 내러티브상담의 과정에서 '기록'과 '축하'의 기능을 한다. 내담자가 문제 이야기의 부정적 영향력에서 벗어나 새롭게 구성한 대안적 이야기는 그의 삶을 이전보다 만족스럽게 만듦에도 불구하고 지배적 이야기의 부정적 영향력을 받을 가능성이 여전히 존재한다. 치료적 문서는 내담자의 삶에 새롭게 영향을 미치기 시작한 대안적 이야기의 구성 과정, 선호하는 의미와 가치, 문제 이야기에 대항하는 과정 중 사용한 내담자의 지식과 기술을 문서로 기록하여 저장함으로써 필요할 때는 언제든지 활용하는 것을 가능하게 한다(Morgan, 2000). 또한 상담 과정에서 내담자의 다양한 성과물을 다른 사람들에게 알려 이를 축하하고 기념할 수 있는 기회를 제공함으로써 대안적 이야기를 조명하고 그 의미를 강화하는 효과가 있다.

1. 치료적 문서의 특징

내러티브상담의 과정에서 내담자는 자신의 삶의 경험에 대해 다양한 이야기를 구성한다. 그 과정에서 발견하게 되는 독특한 결과와 대안적 이야기는 내담자의 삶을 이전과는 다르게 반짝이도록 만든다. 하지만 상담 과정에서 상담자와 내담자가 나누는 대화는 일시적인 특성을 가지고 있어서 상담 과정 중 의미 있는 대화를 나누고, 내담자의 삶에 긍정적인 변화가 일어나더라도 어느 정도의 시간이 흐르면 그 의미와 삶에 미치는 영향력이 점점 흐려지거나, 필요할 때 의미 있는 기억을 되살리기 힘들어진다. 이때 상담 과정 속에서 발견한 의미 있는 이야기를 기록한 치료적 문서는 대화처럼 숨거나 사라져 버리는 것이 아니어서, 필요할 때는 언제든지 다시 확인하고 내담자가 상담 과정에서 이룬 성과를 재방문하여 그 기억과 영향력을 다시 떠올리고 더 오랫동안 유지할 수 있도록 도움을 준다. 이는 우리가 삶 속에서 의미 있는 순간을 더 오래도록 기억하기 위해 사진을 찍고 이를 다시 볼 때마다 그때의 경험을 떠올리며 행복한 감정을 재경험하게 되는 것과 같은 활동이라고 할 수 있다. 내러티브상담의 과정에서 사용되는 치료적 문서가 가지는 독특한 특성은 다음과 같다.

1) 내담자가 선호하는 이야기에 대한 기록

치료적 문서의 내용에는 내담자의 선호하는 이야기, 내담자의 삶에서 발견한 소중한 의미와 가치 그리고 삶에 미치는 영향력에 관한 기록이 담겨 있다. 내러티브상담자는 내담자의 이러한 이야기가 더 오래도록 삶에 긍정적인 영향력을 미칠 수 있도록 돕기 위해 치료적 문서를 작성하는데, 그 구체적인 내용에는 내담자가 위기의 순간에 활용했던 특별한 지식, 기술, 선호하는 정체성에 대한 여러 기록이 포함된다. 이 기록의 가장 큰 특징은 삶에 긍정적인 영향력을 미치는 선호하는 이야기와 대안적 이야기의 가치를 다시 조명함으로써 그 의미를 강화하는 것에 초점이 맞추어져 있다는 것이다. 하지만 치료적 문서에 내담자의 독특한 결과 혹은 대안적 이야기만 담는 것이 아니라, 내담자가 '문제에-대항하는' 자신만의 방식을 기록으로 담을 수도 있다(Morgan, 2000). 문제 이야기를 조명하는 과정에서 작성된 치료적 문서는 문제의 부정적 영향력에 대한 것을 기록하는 것이 아니라, 내담자가 그 문제적 상황을 어떤 과정을 거쳐 극복하였는지, 그 과정 중에 사용한 기술이나 능력은 무엇인지 그리고 그 영향력은 어떠하였는지에 대한 내용이 포함된다. 이러한 작업을 통해 내담자가 문제에 집중하기보다는 문제에 대항하는 자신만의 독특한 결과에 더욱 집중할 수 있도록 조력할 수 있다.

2) 내담자가 주도적으로 작성하는 문서

치료적 문서는 내러티브상담자의 주도로 이루어지는 작업이 아니라 내담자가 원하는 방식으로, 그리고 내담자가 원하는 내용을 기록하게 된다(Morgan, 2000). 내러티브상담 과정에서 발견되는 독특한 결과 중 어떤 의미를 선택하고, 그것을 어떠한 방식으로 기록할 것인가에 대한 것은 전적으로 내담자의 의지와 의도가 반영되어야 한다. 내러티브상담을 통해 내담자 삶의 변화를 이루는 가장 중요한 원동력은 내담자 스스로 자신의 삶에 대한 '주도성'을 가지도록 하는 것이다. 따라서 치료적 문서 또한 작성하는 내용이나 작성 방식 등을 상담자가 제시하는 것이 아니라 내담자 자신이 선호하는 의미를 자신만의 방식으로 기록할 수 있도록 조력한다.

3) 내담자 개인을 위한 혹은 보다 많은 사람이 공유하는 기록

치료적 문서는 이 문서가 내담자 개인을 위해 스스로 작성한 것일 수도 있고, 내담자의 이야기를 더 많은 사람과 공유하기 위해 상담자와 내담자, 외부증인, 가족, 지역공동체와 함께 공동 작업이 이루어질 수도 있다. 상담자가 내담자와의 대화 과정에서 발견한 의미 있는 이야기 혹은 가치를 내담자가 스스로 기록하고 상담 회기 이외의 삶에서 혹은 상담 종결 이후의 삶에서 소중한 의미를 다시 되새길 수 있도록 치료적 문서를 작성할 수 있다. 그리고 내러티브상담의 과정에서 내담자의 의미 있는 변화 혹은 새롭게 발견한 가치 등을 보다 많은 사람과 공유하여 그 의미를 강화하기 위한 목적으로 치료적 문서를 작성할 수도 있으며, 종결 과정에서 내담자의 가족이나 지역공동체에 대안적 이야기의 소식을 널리 알려 축하하기 위한 문서를 작성할 수도 있다. 이러한 치료적 문서를 작성하는 활동은 내담자의 독특한 결과 혹은 대안적 이야기가 상담실 안에서만 영향력을 행사하는 것이 아니라, 내담자의 삶 속에서 그리고 가족, 학교, 직장 등 내담자가 속한 많은 공동체 안에서 함께 공유되고 상호작용할 수 있도록 돕는다.

4) 다양한 형식으로 작성되는 문서

치료적 문서는 내용상 '진단서' 혹은 '평가서'와는 다른 형식을 가지고 있는 독특하고 다양한 형태의 기록물이다. 상담 과정에서 일반적으로 작성되는 평가서는 여러 가지 증거자료를 근거로 한 논리적 결론이나 미래에 대한 예측이 포함된 글이다. 하지만 치료적 문서는 상담 과정에서 구성된 대안적 이야기에 관해 말하거나, 그동안의 과정, 현재 성취하고 있는 발전, 미래에 대한 기대와 희망이 담겨 있다(Freeman, Epston, & Lobovits, 1997). 또한 일정한 형식이 갖추어져 있는 평가서와는 달리 치료적 문서는 간단한 메모, 그림, 사진, 편지, 선언문, 증명서 등 다양한 형태로 작성된다.

2. 치료적 문서의 다양한 형식

치료적 문서는 상담 과정에서 필요에 따라 얼마든지 그 내용과 형태를 응용하거나 창작하는 것이 가능하다. 어떤 내용과 형태이든 내담자의 선호하는 이야기가 조명되고 공유되는 목적만 달성한다면 그 형식은 별로 중요하지 않다. 다음은 상담 과정에서 활용 가능한 치료적 문서의 형식과 내용에 대한 예이다. 이 외에도 상담자와 내담자의 다양한 공동 작업을 통해 만들어지는 여러 형태의 결과물이 가능하다.

1) 편지

편지의 형식으로 기록되는 치료적 문서는 상담 과정 중에 내러티브상담자가 내담자에게, 내담자가 중요한 사람들에게, 내담자가 자신의 문제 혹은 대안적 이야기에, 중요한 사람들이 내담자에게 전달하는 문서이다. 이러한 편지에 포함되는 내용으로는 독특한 결과의 발견부터 대안적 이야기의 구성까지 이르는 과정에 대한 언급, 문제 이야기에서 어떻게 벗어났는지에 대한 언급, 상담 과정에 대한 제안이나 동의, 대안적 이야기의 영향력을 유지할 수 있도록 응원하고 지지하는 글이 포함될 수 있다.

편지 형태의 치료적 문서를 작성하는 데 도움을 주기 위해 프리먼, 엡스턴과 로보

비츠(Freeman, Epston, & Lobovits, 1997)가 제시한 몇 가지 제안과 함께 그 실제 사례를 살펴보면 다음과 같다.

- **상담 과정에서 내담자가 사용했던 언어나 은유를 사용하라:** 내담자가 자신의 문제 이야기나 대안적 이야기를 언급하며 사용했던 표현이나 명칭을 편지의 내용에 자연스럽게 사용한다. 이는 내담자가 해당 시간 속으로 다시 방문할 수 있도록 기회를 주고, 편지 내용의 주인공으로서의 의식을 가지게 한다.

예) "너는 검정이가 마음에 들지 않는다고 이야기했었지……."
"흥분된 목소리로 '선생님! 어제는 행운만 찾아오는 날이었어요!'라고 말했지……."
"지난 시간에 남편의 모습이 나를 어린애 취급하는 것 같다고 말씀하셨죠?……."

- **편지의 내용 중 혹은 마지막에 질문을 첨가하라:** 질문은 내담자 이야기의 의미와 영향력이 성급하게 결론으로 들어가는 것을 방지하고, 잠깐이라도 해당 이야기에 대해 반영해 볼 수 있는 기회를 제공하는 효과를 준다. 또한 편지를 읽는 동안 내담자가 그 내용에 집중할 수 있도록 도와줄 수 있다.

예) "○○아, 너는 검정이를 너의 삶에서 없애 버리고 싶지는 않다고 했지?"
"지난 시간에 발견한 열정적인 자신의 모습을 한 주간의 삶에서 다시 발견하셨나요?"

- **관계와 영향력에 대한 표현에 유연하게 대처하라:** 외재화된 이름을 사용할 때, 치료적 대화에서 사용한 명사를 사용하고 그 관계성과 영향력을 말하기 위해 동사와 형용사의 일반적인 사용법에 얽매이지 않는 유연하고 창의적인 태도를 가져야 한다. 이는 내담자와 내담자의 삶에 대해 더욱 자세한 탐색이 가능하도록 돕는다.

예) "요즘 검정이와 너는 여전히 친하게 지내고 있니?"

"불타는 얼굴과 함께 출근을 하셨나요?"

- **가정법 사용을 고려해 보라:** 가정법을 사용한 문장은 희망이나 미래의 가능성에 대해 조명할 수 있도록 한다.

예) "만일 검은 괴물이 갑자기 사라진다면 너는 어떤 기분이 들 것 같니?"
"혹시라도 이번 상담 시간 전까지 기대하던 일이 벌어진다면 제일 먼저 저에게 알려 주시겠어요?"

다음의 글은 초등학교 여학생과의 상담을 진행하고 종결을 맞이하면서 필자가 내담자에게 전달한 편지 형식의 문서이다. 이 편지에는 그동안 내담자가 발견한 문제에 대항하는 능력, 대안적 이야기, 미래를 위한 바람 등이 포함되어 있다. 종결 회기 전에 필자가 미리 편지를 써서 준비하고, 상담 시간에 아동의 가족을 초청하여 모두의 앞에서 편지를 읽고, 그동안에 이룬 성과를 알리고 축하하는 시간을 가졌다.

종결 회기를 위해 작성한 편지

사랑하는 ○○야.

○○랑 선생님이랑 만난 지도 벌써 세 달이 지났구나!
선생님은 처음 ○○를 만났을 때 너무나도 인상이 강해서 아직도 그 시간이 생생하게 기억나는데, 너는 어떠니?

……

다행히 시간이 지날수록 ○○는 선생님에게 마음의 문을 열어 주었고, 정말 재미있고 예쁜 이야기를 많이 해 주었지. ○○가 좋아하는 게임이나 만화, 드라마 이야기, △△이랑 놀이터에서 놀았던 이야기 그리고 선생님에게 그려 주었던 예쁜 그림……. 선생님은 이 모든 것을 다 소중히 기억하고 있단다.

특히 'ㅂ'과 'ㅅ'의 이야기는 정말 특별한 이야기였어. 이 아이들 때문에 ○○는 참을성이 없고 나쁜 아이가 되었다고 말했지만, 어느 순간 이 아이들을 이겨 낼 수 있는 힘이 ○○에게 있다는 것을 발견해 낼 수 있었지. 바로 '수호천사' 말이야.
수호천사가 원래 어떤 힘을 가진 아이였는지 기억하니?

그것은 바로 '집중력'
○○가 레고, 삼겹살, 다빈치 코드, 루미큐브, 선생님, 친구 △△이랑 같이 있을 때는 바로 집중을 많이 하는 때였고, 그때는 신기하게도 'ㅂ'과 'ㅅ'이라는 녀석들이 ○○ 근처에 얼씬거리지도 못했지.

○○는 이렇게 놀라운 집중력의 힘을 지닌 수호천사를 가지고 있는 특별한 아이였어.

○○야,
선생님은 ○○가 수호천사와 함께 앞으로 더 많은 특별한 일을 해낼 것이라고 믿어. ○○가 계속 커 가면서 힘들게 하는 다른 일이 또 생기겠지만, 그때마다 이번처럼 수호천사와 힘을 합쳐 항상 특별한 성공을 이룰 수 있을 것이라고 생각한단다. 선생님도 항상 ○○를 응원할게!

○○○○년 ○월 ○일 금요일 오후
○○와 나누었던 이야기를 생각하며…….
○○○ 선생님이

2) 다양한 문서

상담 과정에서 만든 일정한 형식을 띠지 않는 다양한 문서적 형태의 결과물을 말한다. 그 안에 포함될 수 있는 내용으로는 대안적 이야기의 다양한 영향력에 대해 정리한 글, 문제 이야기에 대항하기 위한 전략을 정리한 글, 미래의 계획이나 희망을 적은 글이 가능하다. 이러한 기록물은 상담 과정에서 내담자가 자신의 이야기를 탐색하는 것을 더 용이하게 하거나, 발견한 독특한 결과를 잊지 않도록 돕는 효과가 있다. 또한 일정한 형태가 정해져 있지 않고 다양한 형태의 기록물로 작성될 수 있다. 작성 가능한 다양한 문서의 예는 [그림 9-1]~[그림 9-4]와 같다.

[그림 9-1]은 상담 중에 내담자가 자신의 삶을 탐색하는 과정에서 작성한 인생그래프이다. 단순히 그래프만 그리지 않고 삶의 특별한 순간이나 간단한 메모를 할 수 있도록 도움으로써 시간이 지나도 발견했던 독특한 결과를 잊지 않도록 한 것이다. 해당 문서의 작성이 완료된 후 내담자에게 전달하여 언제든지 새로운 발견의 순간을 돌아볼 수 있도록 했다.

[그림 9-2]는 '생명나무(tree of life) 그리기' 작업(Ncube, 2006)을 하며 나온 결과물이다. 생명나무의 각 부분에 해당하는 이야기를 메모함으로써 단순한 나무 그림이

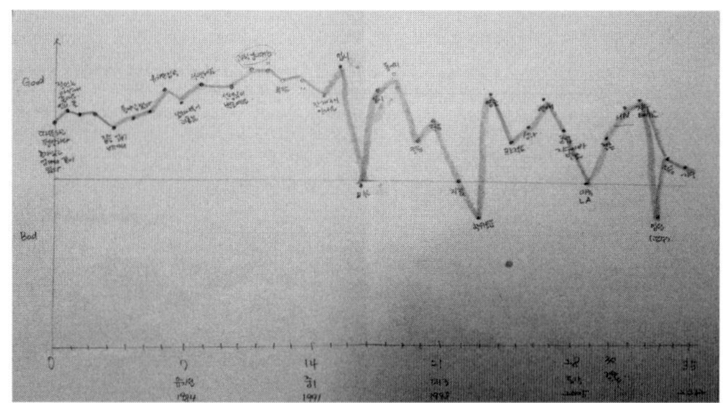

[그림 9-1] 인생그래프

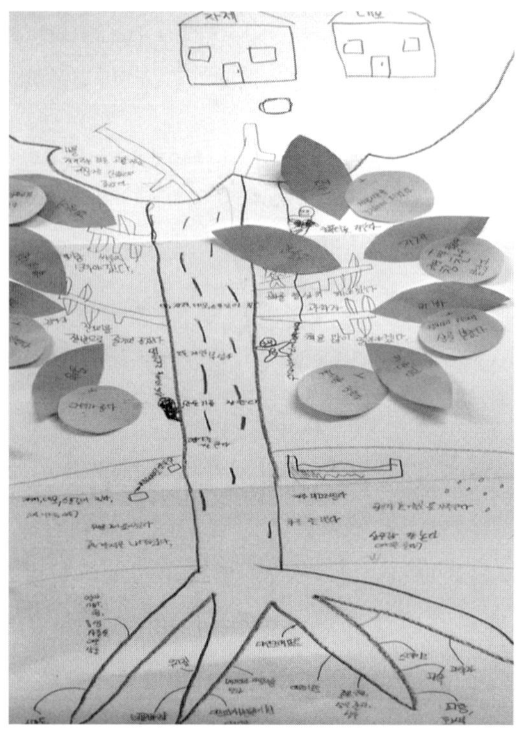

[그림 9-2] 생명나무(권희영, 2014)

아니라, 내담자의 정체성을 증명하는 기록물로 남을 수 있다. 내담자는 이러한 기록물을 볼 때마다 자신의 정체성을 재구성하는 과정이 끊임없이 이루어질 수 있다(권희영, 2014).

[그림 9-3]은 상담 대화 중 자신의 삶에 대한 희망과 바람에 대해 탐색하기 힘들

어하는 청소년 내담자를 돕기 위해 작성한 마인드맵이다. 세부적인 탐색을 힘들어 하는 청소년의 경우, 말로만 자신의 이야기를 하도록 하는 것보다 내담자의 말을 정리하여 단계적으로 적을 수 있도록 할 때 보다 용이하게 탐색이 이루어지는 경우가 있다. 이때 마인드맵을 활용하여 자신의 생각을 정리할 수 있도록 조력하면 더욱 풍성하고 의미 있는 삶의 이야기 탐색이 가능하다.

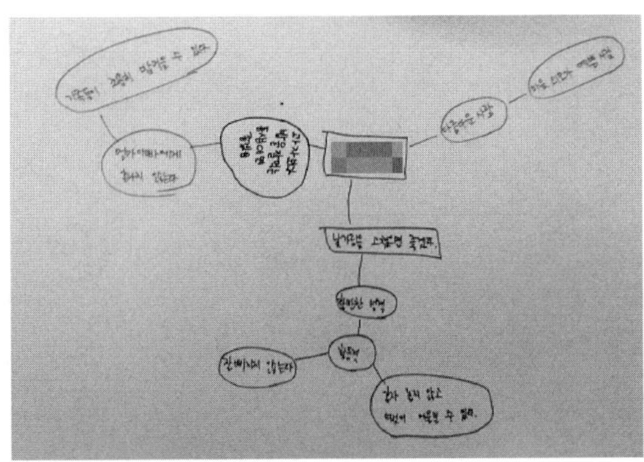

[그림 9-3] 마인드맵 그리기

[그림 9-4]는 내담자의 문제 이야기를 외재화하여 '무서운 걱정이'라는 이름을 붙이고, 그 특성에 대해 탐색한 것을 목록화하여 정리한 글이다. 내담자와 함께 '무서운 걱정이'를 멀리하기 위해서 지금까지 했던 노력 중 효과가 있었던 것은 무엇이고, 앞으로 시도해 볼 수 있는 방법은 무엇이 있는지 탐색하면서 관련된 내용을 그때그때 정리하여 목록화할 수 있도록 했다. 이러한 작업은 상담 과정 중 나눈 이야기를 한눈에 보기 쉽도록 정리하여 기억하는 것을 용이하게 하고, 다음 회기에 그 의미와 영향력에 대한 탐색 작업을 도울 수 있다. 이 외에도 내담자와의 치료적 대화 속에서 찾은 다양한 이야기를 여러 창의적인 형태로 기록하고 이를 보관하거나 많은 사람과 공유할 수 있다

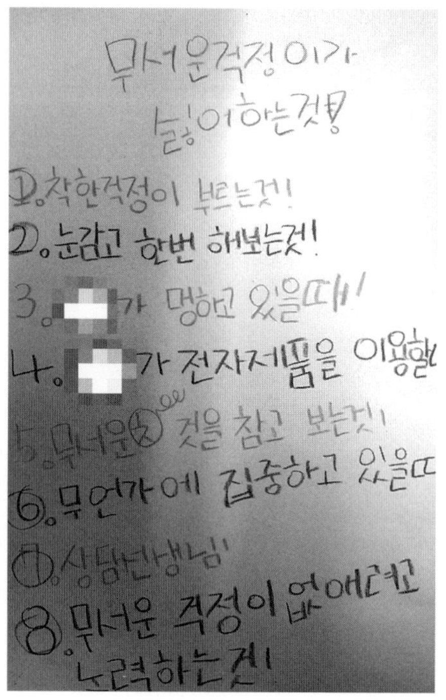

[그림 9-4] 문제에 대항하기 위한 방법에 대한 목록

3) 선언문

선언문은 주로 다른 사람들과 이야기를 공유하기 위한 목적으로 작성한 글이다. 선언문은 내담자가 선호하는 이야기와 그 영향력 그리고 미래를 위한 계획에 대한 내용으로 구성되는데, 주로 독특한 결과의 의미와 가치를 확인하고 그 가능성을 열어 두기 위해 작성하는 다른 치료적 문서의 형태와는 달리 약속이나 부탁의 형태를 띠는 특성이 있다. 선언의 의미를 가진 하나의 단어일 수도 있고, 구체적인 탐색의 내용이 들어간 장문일 수도 있다(Morgan, 2000). 이러한 형태의 선언문은 내담자 자신에게는 새로운 결심이나 바람을 되새기며 지속적인 노력을 다짐하게 할 수도 있으며, 가족이나 친구 혹은 특별한 공동체 안에서 선언 내용을 함께 공유함으로써 보다 많은 사람이 내담자의 노력을 지지하고 격려할 수 있도록 하는 역할을 한다.

4) 증명서

증명서는 내러티브상담의 과정에서 새로운 전환의 시기 혹은 종결의 시기 등 특정할 만한 의식에서 사용되는 서명이 들어간 기록물이다. 내담자가 문제와 그 영향력에서 벗어난 것을 기념하기 위한 목적(Morgan, 2000)으로 작성되거나, 내담자의 독특한 결과, 새로운 기술, 희망 등을 기념하기 위한 목적으로 작성된다. 증명서에는 작성자나 수여기관의 도장이나 사인이 들어간다. 이렇게 작성된 증명서는 내담자와 상담자 혹은 가족이나 친구들 등 내담자의 변화를 기뻐하고 지지할 수 있는 사람들과 함께하는 특별한 시간을 위해 작성되고 활용된다.

생명나무 증서

○○○님에게 이 증서를 드립니다.

위 사람은 자신에게 있는 기술과 능력을 사용하여 인생의 많은 어려움을 극복할 수 있는 귀한 사람이라는 것을 증명합니다.

소유한 기술과 능력: --

품고 있는 희망과 꿈: --

그리고 다음의 특별한 사람들이 위 사람의 인생에 좋은 영향을 준 것에 대해 감사를 표시합니다.

날짜: ○○○○년 ○월 ○일　　　　상담자 ○○○ 드림

[그림 9-5] 생명나무 활동에 사용되는 증명서

출처: Ncube (2006).

5) 핸드북

자기 삶의 전문가인 내담자가 자신의 지식이나 기술에 대해 자세히 탐색하여 정리한 글이다(Morgan, 2000). 핸드북에 포함되는 내용에는 문제에서 도망치는 과정, 문제에 관해 가지고 있는 지식, 문제를 조절하기 위한 매뉴얼로 내담자의 대안적 이야기를 구성하기 위한 전문적인 전략이 포함된다.

[그림 9-6]은 내담자가 자신의 불안한 감정을 조절하기 위해 도움이 되는 자신만의 방법에 '무지개 클로버'라는 이름을 붙이고, 이와 관련해 탐색한 결과를 정리한 글이다. 내담자는 '무지개 클로버'를 통해 자신의 문제에 대항하는 방법을 고안하였으며, 클로버에 있는 다양한 색깔을 이용하여 자신의 방법이 직접적으로 드러나지 않도록 은유적인 방법을 구체화하고, 이를 정리하는 글을 매뉴얼의 형식으로 작성했다. 이 작업을 하는 과정에서 내담자는 자신의 문제 이야기의 부정적인 영향력을 조절하는 방법에 대해 세심하게 탐색하였으며, 자신의 문제를 스스로 조절할 수 있는 전문가로서의 자부심을 느낄 수 있었다.

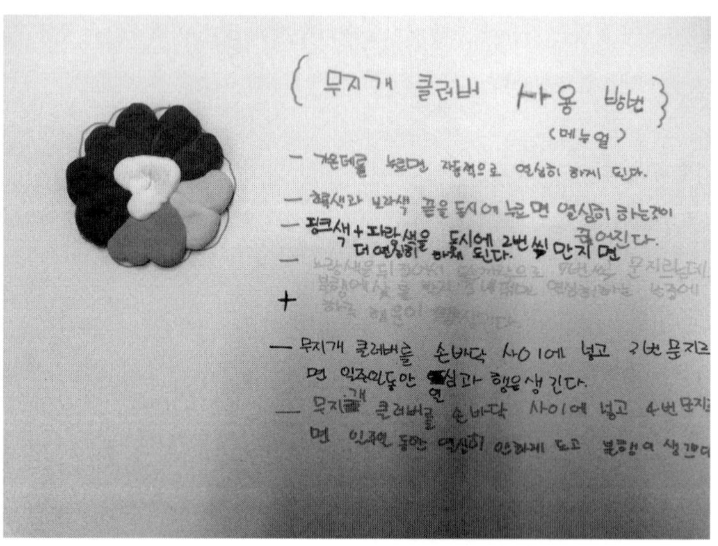

[그림 9-6] 문제에 대항하기 위한 매뉴얼

내러티브상담의 과정에서 치료적 문서의 활용은 자칫 지루해지기 쉬운 상담 대화에 활력을 불어넣고, 대안적 이야기를 구성하는 작업을 보다 흥미롭게 하며, 그

성과를 오래도록 유지하고, 다른 사람들과 함께 축하할 수 있도록 돕는다. 이러한 치료적 문서는 내담자가 원하는 자신만의 의미와 가치를 담으며, 그 형식 또한 내담자가 원하는 방식으로 진행된다. 작성된 치료적 문서는 내담자 개인이 자신의 삶 속에서 선호하는 이야기나 자신의 독특한 결과를 상기시키고, 지속적인 노력이 이루어질 수 있도록 조력하는 역할을 한다. 또한 치료적 문서의 내용이 내담자뿐만 아니라 가족, 친구 등 많은 사람과 공유될 때는 이것을 통해 내담자의 변화를 확인하고, 그동안의 노력에 대한 축하와 감사를 표현할 수 있는 기회로 활용할 수 있다. 내담자의 이야기가 보다 의미 있게 공유될 수 있도록 일정한 형식에 얽매이지 않고 창의성을 발휘한 다양한 치료적 문서의 활용이 이루어진다면, 대안적 이야기를 구성해 가는 내러티브상담의 과정이 보다 흥미롭고 풍성해질 수 있을 것이다.

참고문헌

권희영(2014). 『생명나무』 은유를 활용한 이야기치료 사례연구. **대한문학치료연구, 4**(1), 63-79.

Freeman, J., Epston, D., & Lobovits, D. (1997). *Playful approaches to serious problems: Narrative therapy with children and their families*. New York, NY: W. W. Norton & Company.

Morgan, A. (2000). *What is narrative therapy?: An easy-to-read introduction*. Adelaide, South Australia: Dulwich Centre Publications.

Ncube, N. (2006). The tree of life project: Using narrative ideas in work with vulnerable children in Southern Africa. *The International Journal of Narrative Therapy and Community Work, 1*, 3-16.

제3부

내러티브상담의 윤리와 슈퍼비전

제10장

상담 윤리와 내러티브상담

안미옥(마음나루심리상담연구소 소장)

모든 상담을 실천하는 데 윤리는 중요한 기반이자 울타리가 된다. 그리고 내러티브상담은 윤리의 중요성을 두 배로 강조한다. 왜냐하면 엡스턴(Epston)이 화이트(White)를 빗대어 언급한 바와 같이 내러티브상담을 하는 사람들은 내담자를 두 배로 존경해야 하기 때문이다(White, 2014). 윤리는 사람으로서 마땅히 행하거나 지켜야 할 도리를 말하며, 도덕과 종종 혼용된다. 하지만 도덕이 문화나 사회와 같은 거시적 맥락을 가지고 있다면, 윤리는 인간의 품행과 도덕적 의사결정에 대한 보다 구체적인 규율이라고 할 수 있다. 타인에게 해를 끼치지 말라는 도덕적 원칙은 상담윤리에 들어와서 내담자에게 해를 끼치지 않기 위해 상담자가 해야 할 일, 또는 해서는 안 되는 일을 논하고 있는 것이다.

일반적으로 상담은 "도움을 필요로 하는 사람(내담자)이 전문적 훈련을 받은 사람(상담자)과의 대화 관계에서 생활과제의 해결과 사고, 행동 및 가정 측면의 인간적 성장을 위해 노력하는 학습 과정이다(이장호, 2017). 포스트모더니즘 접근에서 '전문가'라는 단어는 자칫 부정적인 뉘앙스를 내포하는 것으로 여겨지고 거부당하는 경우가 있다. 이는 전문가라는 단어가 지배적 문화의 거대 담론에 탑승해서 권력 남용의 도구로 사용되면 안 되기 때문이다. 바로 이 부분에서 내러티브상담을 하는 상담자들이 '두 배'로 상대방을 존중하는 '전문성'을 훈련받아야 한다는 윤리적 당위성이 나온다고 볼 수 있다. 흔히 상담의 3요소는 내담자와 상담자 그리고 내담자–상담자 간의 관계라고 한다. 상담 윤리는 상담자가 내담자와의 관계에서 지켜야 하는 전문적인 자세를 다룬다는 말이다. 물론 내담자가 비윤리적인 행동, 즉 자신이나 타인을 해치려고 하거나 아동이나 노인 등 취약자들을 학대한 정황이 의심되면 신고해야 하는 윤리적 의무를 가지고 있다. 이 말은 상담 윤리가 단순히 상담실 안에서 이루어지는 상담자와 내담자의 관계를 넘어 내담자뿐만 아니라 내담자가 속한 커뮤니티의 안전과 공공의 이익에 대한 의무도 가지고 있다는 뜻이 된다. 상담 윤리는 철저히 상담자라고 하는 전문가의 자리에서 지켜야 할 책임을 논하고 있다.

이런 견지에서 이 장에서는 상담 윤리의 기초 개념을 살펴보고 상담 현장에서 다루게 되는 주요 현안을 살펴보고자 한다. 지금까지 이러한 주제는 주로 상담자와 내담자의 일대일 관계를 바탕으로 이루어져 왔다. 하지만 내러티브상담은 "가족치료의 새로운 학파"(White, 2014)로 시작하여 부부가족 상담의 중요한 모델일 뿐만 아니라 집단상담에서도 유용하게 사용되고 있다는 점 그리고 비대면 상담이 급속히 증가한 점 등을 고려하여 이러한 장면에서 특별히 고려되어야 할 윤리적 이슈도 정리해 보고자 한다. 마지막으로, 내러티브상담 개입 중 탈중심적 자세, 외재화, 반영팀, 정의예식에 깔려 있는 윤리성과 점검 사항을 다루어 볼 것이다.

1. 상담 윤리의 개념과 주요 현안

이제 상담 윤리의 기초 개념과 가장 많이 등장하는 윤리적 현안을 소개하고자 한다. 윤리에 대한 사전적 정의는 "사람으로서 마땅히 행하거나 지켜야 할 도리"이며, 나아가 직업 윤리는 "특정의 직업에 종사하는 사람들이 지켜야 하는 행동 규범"이라고 정의된다(네이버 국어사전). 그렇다면 상담이라고 하는 특정 분야에 종사하는 상담자들이 지켜야 하는 행동 규범은 어떤 개념을 바탕으로 만들어졌으며, 또한 상담 현장에서 자주 직면하게 되는 윤리적 현안은 무엇인지 살펴보고자 한다.

1) 상담 윤리의 개념

상담 윤리의 개념으로 상담 윤리의 5가지 차원, 상담 윤리의 기본 원칙, 윤리적 의사결정 모델 등을 살펴보고자 한다.

(1) 상담 윤리의 5가지 차원

웰펠(Welfel, 2020)에 따르면 상담 윤리는 다음 5가지 차원을 포함하고 있어야 한다.

- 상담자는 상담을 진행하기에 충분한 지식과 기술, 판단력, 인격을 겸비하고 있어야 한다.
- 인간의 존엄성과 내담자의 자유를 존중해야 한다.
- 상담자의 역할에 내재되어 있는 힘을 책임감 있게 사용해야 한다.
- 상담이라는 전문직에 대한 일반인의 신뢰감을 향상시키는 방식으로 행동해야 한다.
- 내담자의 복지를 최우선해야 한다.

이 다섯 가지는 상담자가 내담자와 커뮤니티를 보호해야 한다는 윤리적 이상과 가치를 보여 주고 있으며, 누구나 쉽게 동의할 수 있을 것이다. 그러나 상담 현장이라고 하는 현실에 적용해 볼 때 결코 만만한 것이 아니다. 단순히 착하게 살고 이롭게 살겠다는 상담자의 다짐만으로 현실에서 직면하는 딜레마를 다 해결할 수 없기 때문이다. 예를 들면, '상담하기에 충분한 지식은 무엇을 말하는가?' 대학원에서 상담을 전공하고 상담 분야의 권위 있는 학회의 자격증을 가지고 있다는 것이 일차적 조건을 만족할지 모르지만, 상담 윤리적인 측면에서는 실제적인 훈련과 자문, 연장교육 등 상담자의 성실성과 인격을 바탕으로 한 부단한 노력을 요구하고 있다. 또 하나의 예로, '내담자의 인간적 존엄성과 자유를 존중한다'는 이 멋진 명제는 얼마나 많은 상담자들을 윤리적 딜레마에 빠뜨렸던가? 내담자의 선택이 자신의 발등을 찍는 것과 같은 부정적인 결과를 가져올 것이라는 상황에서 내담자의 자율성은 어디까지 보장되어야 하며, 상담자의 윤리적 책임은 어디서 그 균형을 잡을 것인가 하는 것이다. 그런가 하면 때로 내담자의 비밀을 보장하는 것이 사회적 위험과 연결될 수도 있다. 불 보듯이 뻔한 위험한 선택 사이에서 상담자는 어떤 선택을 할 것인가?

수많은 상황 속에서 상담자들은 예기치 못한 윤리적 딜레마를 경험할 수 있다.

상담자들은 윤리적인 상담에 대한 기본 지식을 가지고 상담이라는 여정을 출발하지만, 이 길은 결코 혼자 갈 수 있는 길이 아니다. 내담자와 안전하게 목적지에 도착하기까지 상담자는 내담자의 복지와 내담자가 속한 커뮤니티의 안녕까지 고려하며, 선배와 동료들에게 자문하기를 주저하지 않으며 걸어가야 한다. 윤리적 상담에 대한 자문은 수시로 상담의 가치와 이상을 점검하며 나아갈 때, 예고 없이 발생하는 복잡하고 혼돈스러운 윤리적 문제 앞에서 감정에 휘말리지 않고 덜 당황하고 대처할 수 있을 것이다. 윤리적이지 못한 상담의 피해가 내담자에게 미치지 않도록 최선을 다해야 한다(Gottlieb, Handelsman & Knapp, 2013).

(2) 상담 윤리의 기본 원칙

이제 윤리적 상담을 위한 5가지 원칙인 자율성 존중, 비유해성, 선의, 공정성, 충실성(강진령 외 재인용)을 살펴보고자 한다. 이 원칙은 키치너(Kitchener, 1984)가 제안한 것인데, 윤리강령이 미처 다루지 못한 사안을 당면하는 경우라도 윤리적 방향성을 잡는 지침으로 삼을 수 있다.

- **자율성 존중(Respect for Autonomy)**: 내담자가 자신의 삶의 방향을 스스로 선택하고 자발적으로 의사결정을 하도록 존중하는 것이다. 내러티브상담에서는 내담자의 자율성에 대한 존중이 매우 강조되며, 이를 탈중심적 자세라고 한다.
- **비유해성(Nonmaleficience)**: 상담자는 내담자에게 해를 끼치지 않는 개입만 하라는 원칙이고, 해를 끼칠 가능성이 있는 개입을 하느니 차라리 아무것도 하지 않는 것이 낫다는 말이다. 이 원칙은 상담자의 유능감, 사전 동의, 다중관계와 같은 윤리적 상황의 기초가 된다.
- **선의(Beneficience)**: 상담자는 내담자에게 이로운 일을 해야 할 책임이 있다. 또한 잠재적 내담자에 대한 책임, 사회에 대한 책임도 있음을 의미한다.
- **공정성(Jutice)**: 상담자는 모든 사람이 가지고 있는 인간으로서의 존엄성을 인정하고 인종, 성별, 종교를 이유로 내담자를 차별하지 말아야 한다. 상담자가 정의로워야 한다는 것은 장애를 가진 사람에 대한 특별한 배려, 상담 접근성의 대중화도 포함된다.
- **충실성(Fidelity)**: 충실함은 상담자와 내담자 사이의 신뢰에서 시작된다. 상담자

는 불편하더라도 내담자의 이해가 우선시되도록 배려해야 한다. 상담 계약 위반, 사전 통보 없이 상담 시간 변경이나 취소, 비밀보장 위반, 신뢰를 저버리는 행위를 해서는 안 된다.

앞과 같은 윤리적 원칙은 다음의 윤리적 의사결정 모델 과정에서 중요한 역할을 한다.

(3) 윤리적 의사결정 모델

독자들은 다음과 같은 독백을 한 적은 없는가?

> "윤리적 문제로 보지 않으면 비윤리적일 수 없는 것이지."
>
> "윤리 기준에 위반되는 사실을 모르고 한 행위를 비윤리적이라고 보면 안 되지."
>
> "어떤 행위든지 이를 아는 사람이 없는 한 비윤리적이라고 볼 수 없지."
>
> "내담자가 불만을 제기하지 않는 한 윤리적 문제로 성립될 수 없겠지?" "남들도 다 하는데 내가 한다고 해서 비윤리적이라고 할 수 없지."
>
> (강진령 외, 2020, p. 20)

앞의 독백은 상담자들이 무엇인가 마음을 불편하게 하는 상황, 비윤리적일 수 있는 상황을 합리화하기 위해 흔히 할 수 있는 독백이다. 하지만 현실은 합리화의 방어기제로 해결되지 않는다. 윤리적 문제를 가지고 있는 상황은 때로 비윤리성이 명백하고 기존의 윤리강령에 의해 판단하고 즉각적인 조치를 취할 수 있는 경우도 있지만, 수없이 많은 고민과 수정을 거친 윤리강령이라 할지라도 미처 다루지 못한 딜레마적인 상황도 많다. 이럴 때 상담자들이 참고하는 것이 윤리적 의사결정 모델로 〈표 10-1〉과 같이 10단계의 과정을 설명하고 있다.

10단계에 이르는 윤리적 의사결정 모델은 많은 경우 집중하지 못하고 넘어가기 쉽다. 또한 실제 윤리적 문제가 되고 있는 많은 상황은 이렇게 10단계를 차분히 살펴볼 여유를 허락하지 않을 수도 있다. 하지만 10단계를 자세히 살펴보면 평소의 도덕 관념과 윤리적 민감성이 얼마나 우리의 직관적인 상황 판단에 중요한 것인가를 알 수 있다. 이에 더해 전문가 윤리규정과 관련 법률 등을 손쉽게 참고할 수 있는 시스템이 중요하다는 것도 보여 준다. 그리고 관련 윤리기준과 법이 없다면 기본 윤

표 10-1 키치너의 윤리적 의사결정 모델

단어	내용
1	상담의 윤리적 측면에 대한 민감한 반응
2	사례와 관련된 사실과 이해 당사자, 사회문화적 맥락 파악
3	갈등 상황에서 핵심 문제와 가능한 대안 정의
4	전문가 윤리기준, 지침, 관련 규정 조회
5	관련 윤리 문헌 탐색
6	기본 윤리 원칙과 이론을 상황에 적용
7	수련감독자나 동료에게 자문
8	심사숙고 이후 결정
9	관련자들에게 알린 뒤 결정 내용 실행
10	실행 내용의 반성

출처: 강진령 외(2009), p. 58.

리 원칙을 따져 봐야 하고 자문도 해야 할 것이다.

2) 상담 윤리의 주요 사안

이 장에서는 상담자들이 자주 경험하게 되는 구체적인 윤리적 상황과 대안으로 비밀보장, 사전 동의, 다중관계, 상담자의 가치와 윤리에 대해 간단히 정리해 보고자 한다.

(1) 비밀보장

상담에서의 비밀보장이란 상담 도중에 나눈 내용과 기록을 제3자에게 노출하지 않는다는 약속이다. 또한 상담 내용뿐만 아니라 상담을 받고 있다는 사실까지도 보호해 주어야 한다. 이러한 보호 속에서 내담자는 상담자와 신뢰를 형성하며 자신의 문제를 솔직하게 털어놓고 효과적인 문제해결 과정을 갖게 될 것이다. 하지만 비밀보장의 한계 역시 매우 중요한 윤리적 사안이다. 내담자 자신이나 사회의 안전을 위협하는 경우, 치명적인 전염병이 있는 경우, 법원의 명령, 아동학대나 방치, 상담자의 연구, 교육, 출판, 미성년자 대상과 학교 장면에서의 상담 등이 대표적인 예이며, 상담자는 상황에 적절한 대응 과정을 숙지하여야 한다.

(2) 사전 동의

비밀보장과 비밀보장 예외사항을 포함 상담 진행에 관한 충분한 설명을 듣고 내담자에게 선택의 기회를 주는 것이 상담을 시작하기 전 매우 중요하다. 내담자에게 전달되어야 하는 정보에는 상담의 성격, 상담자의 경력, 비밀보장과 예외 상황, 상담을 거부하고 종결할 권리, 상담 참여에 따르는 잠재적 이익과 위험, 상담에 대한 대안, 필요시 연락 방법, 검사 결과, 진단 및 상담 기록에 대해 알 권리, 상담 비용과 지불 방법 등이다. 상담 동의는 일회로 끝나는 것이 아니고 필요에 따라 수정이 있는 경우, 재동의가 필요하다. 또한 부부나 가족 상담의 경우 뒤늦게 합류하는 가족 구성원들의 동의서도 반드시 받아야 한다.

(3) 다중관계

다중관계란 상담자-내담자의 관계가 다른 관계와 중첩되는 것을 말한다. 상담자와 내담자의 다중관계는 모두 비윤리적인가 하는 것은 현실적이지 못할 수 있다. 예를 들면, 외딴섬에 한 명의 상담자와 한 명의 치과의사가 있는데, 치과의사가 상담이 필요한 경우 다중관계를 피하려고 상담을 거부하거나 치료를 거부하는 것은 더 큰 윤리적 문제를 가져올 수도 있을 것이다. 다음은 다중관계가 형성되기 전에 상담자가 자문해 볼 질문이다(강진령 외, 2020, pp. 201-202).

- '의무와 역할 기대가 양립할 수 없을 정도로 상충되지는 않는가?'
- '전문적 관계를 시작할 때 내담자의 복지를 향상시킬 수 있다는 판단이 상담자의 독단적인 동기는 아닌가?'
- '상담자는 다른 전문적 관계에서 상담을 할 때처럼 객관성을 유지할 수 있는가?'
- '상담자의 힘을 오용하는 일이 발생하지는 않는가?'
- '이 관계가 내담자에게 위험은 적고 이익은 많은 것인가?'
- '다중관계가 상담목표를 달성하는 데 부정적인 영향을 주지는 않는가?'
- '다중관계를 맺는 것 이외에 다른 대안은 없는가?'
- '다중관계를 맺기 전에 내담자에게 이것의 위험성에 대해 충분히 알리고 동의를 얻는 절차를 거쳤는가?'
- '다중관계로 생길 수 있는 그들의 다른 관계에 미칠 수 있는 변화에 대해 인식하고 있는가?'

- '동료 상담자들도 이 다중관계를 지속시키려는 결정을 지지해 줄 것인가?'
- '비전문적인 관계를 상담 기록부에 성실히 기록할 것인가?'
- '다중관계가 진전되어 가면서 내담자에게 끼칠 해로움이나 이로움을 모니터하기 위해 지속적으로 자문하거나 수련감독을 받을 준비가 되어 있는가?'
- '내담자와 상담자 간의 관계 악화 시 이에 따른 해로움에 대비하여 대안적인 계획을 가지고 있는가?'
- '전문적인 관계가 종료된 이후 다중관계 때문에 여러 문제가 발생했을 때, 상담자는 최대한 성실하게 추후 상담을 수행하는가?'

(4) 상담자의 가치와 윤리

가치관은 옳은 것, 바람직한 것, 해야 할 것, 하지 말아야 할 것 등에 대한 일반적인 생각으로 개인의 경험과 문화, 주변 사람과의 상호작용을 통해 만들어 간다. 내담자도 상담자도 자신들만의 가치관이 있으며, 이 가치관은 상담에 중요한 역동을 만든다. 윤리적으로 상담자는 자신이 가지고 있는 가치관이 어떤 것인지와 이러한 가치관이 상담에 미칠 영향력을 인식하고 있어야 한다. 상담자의 가치에는 상담자들의 공통적인 가치, 윤리적인 가치, 개인적인 가치로 나눌 수 있다. 상담자의 공통적인 가치에 대해서 스트럽(Strupp, 1980)은 다음과 같이 제시한 바 있다.

- 인간은 권리와 특권과 책임을 가진다.
- 각 개인은 자유에 대한 권리를 가진다.
- 인간은 타인에 대한 책임을 가진다.
- 자신이 할 수 있는 한 자신이 한 일을 책임져야 한다.
- 개개인은 존중받아야 한다.
- 인간은 지배, 조종, 강요, 주입되어서는 안 된다.
- 인간은 실수할 수 있으며 실수를 통해서 배운다.

한편, 강진령과 그의 동료들은 우리나라 상담에서 자주 등장하는 가치의 문제를 다음과 같이 제안하고 있다(강진령 외, 2020, p. 173). 각각의 이슈에 대해 상담자의 입장을 정리해 두는 것은 윤리적 상담을 위해 매우 중요하다. 여기서 입장 정리라고 하는 것은 자신의 의견을 수정하라는 것이 아니다. 자신의 가치와 입장을 인식하고,

표 10-2 상담자의 가치 점검 목록

• 낙태 • 성 정체성 • 산아 제한 • 불임/무자녀 • 일상적이지 않은 성행위 • 혼전 성관계 • 혼전 임신	• 혼외 성관계 • 배우자 폭력 • 양육권 소유 • 입양 • 아동학대/방치 • 자녀 훈육 • 성형수술	• 죽음 • 자살 • 안락사 • 외국인과의 결혼 • 정직하지 못함/거짓말 • 물질 오용 • 종교적인 신념

출처: 강진령 외(2009): 김현아 외(2015), p. 91 재인용.

이것이 상담에 미칠 수 있는 영향력을 인지하고 있어야 상담 중에 가치 갈등이 발생할 때 상담자의 가치관을 강요하는 비윤리적 입장을 피할 수 있고 내담자의 가치관을 존중하게 된다는 것이다.

2. 비대면 상담, 집단 상담, 부부가족 상담에서의 윤리

1) 비대면 상담

상담 현장에서 비대면 상담의 비중은 나날이 증가하고 있다. 비대면 상담은 화상 상담, 전화 상담, 이메일 상담 등이 있다. 비대면 상담은 접근성과 융통성이 대면 상담에 비해 뛰어나고 치료적 유익성과 소통을 향상시키는 긍정적인 면이 있다. 특히 화상 상담의 경우, 대면 상담과 거의 같은 수준의 효과와 만족도를 보이고 있으며 강한 치료적 동맹도 형성한다고 보고되고 있다. 내담자가 자신의 집에서 할 수 있기 때문에 오히려 더 편안해하며 잘 개방할 수도 있다. 또한 시간과 경비를 줄일 수 있는 이점도 있다(Hardy, Maier, & Gregson, 2021; McKenny, Galloghly, Porterb, & Burbach, 2021). 그러나 이에 따라서 윤리적인 쟁점도 떠오르는데, 즉 사생활 침해의 위험과 비밀보장의 문제, 보안의 문제 등이 대두되는 것이다. 기재를 통한 소통의 어려움과 위험성이 있고, 위기 상황에 대처하는 것이 대면 상담에 비해 제한적이다. 따라서 비대면 상담 시 다음과 같은 점에 보다 더 유의해야 한다(Korol, 2020).

- **내담자의 수용 가능성:** 상담에 사용되는 기재가 내담자에게 적절한 기재인지 확인해야 한다. 내담자는 비대면 상담을 편안해하는가? 인터넷 사용이 용이한가? 응급 상황 시 어떻게 할 것인가? 비언어적 정보 없이 상황을 판단할 때 각별한 주의가 요청된다.
- **비대면 상담 동의서 작성:** 이 동의서는 비대면 상담의 유익과 위험 요소를 설명하고 있어야 한다. 충분한 맥락적 이해 없이 생길 수 있는 오해를 최대한 예방해야 한다. 비밀보장 및 신고 의무 조항과 위기 사례에 대한 예외 조항도 설명해야 하며, 위기 사항에 대한 대처방법에 대해서도 내담자와 의논하고 명기하여야 한다.
- **상담자의 운용 능력:** 인터넷 사용하는 것에 대한 두려움은 없는가? 전화 상담의 경우, 시각적 정보 없이 소통하는 것이 편안한가? "으음." "아~." 등과 같이 소리로 상담자가 집중하고 있음을 알려 주는 것도 필요하다. 이메일로 소통한다면 글로 표현하고 소통하는 것에 자신감이 있는가?
- **기기의 보안 점검:** 백업 시스템을 점검하고 문서를 클라우드에 저장하기, 제3자가 기록에 접근하는 정도는 어느 정도인가? 카메라가 해킹당할 수도 있음을 염두에 두고 정기적인 기기 점검이 필요하다. 플랫폼의 보안도 점검하여야 한다.
- **세팅 점검:** 화상 상담 시 화면을 공유해야 한다면 다른 컴퓨터 화면이 보이지 않도록 주의해야 한다. 마이크를 점검하고 내담자 세팅도 확인한다. 내담자 외에 방에 누가 있는지 말해 달라고 하고, 필요하다면 카메라를 한 바퀴 돌려 달라고 할 수도 있다.

2) 집단 상담

집단 상담에서 내담자는 전문가인 상담자뿐만 아니라 일반인에게도 자신의 비밀을 공개해야 하는 부담감이 있다. 또한 여러 사람이 만들어 내는 역동은 개인 상담에서 일어나는 것과 다르다. 집단에서의 치유는 집단 지도자 외에 집단원 간의 역동의 영향을 받는다. 그 영향력은 개인 상담보다 더 효과적일 수도 있지만, 부작용 역시 클 수도 있다. 다음은 집단 상담 진행 시 유의해야 할 윤리적 사항 중에서 집단 상담의 독특성이 나타나는 부분을 정리한 것이다(Corey, Corey, & Corey, 2016).

- **사전 동의**: 집단을 시작하기 전 집단의 성격과 목적, 목표에 관한 정보, 비밀 유지 및 비밀 유지의 예외 상황, 집단 지도자의 이론적 성향, 지도자의 역할과 책임, 제공 가능한 집단 상담 서비스와 지도자의 자격 요건 등에 대해 집단 구성원에게 알릴 필요가 있다.
- **비자발적 집단원**: 비자발적 참여 시 집단의 성격과 목표, 집단 운영 절차, 특정 활동을 거부할 권리가 참가자에게 있다는 것, 적극적인 집단 참여가 미치게 될 영향과 더불어 비밀 유지의 한계에 대해서도 설명해야 한다. 또한 일부 집단 구성원의 부정적 태도가 전체 집단에 오염되지 않도록 주의해야 한다.
- **중도하차**: 집단을 떠날 자유가 있음을 염두에 두어야 한다. 집단을 떠나는 이유가 무엇인지 살펴보고 적절한 준비 작업과 사전 선별을 통해 미리 예방한다. 집단 중도하차 절차에 대해 집단 초기에 모든 집단 구성원에게 설명한다. 집단 구성원은 집단을 떠나기 전에 참석하고 싶지 않은 이유를 집단 안에서 개략적으로 밝힌다. 떠나려는 집단 구성원에게 다른 집단 구성원들이 남아 있으라고 압력을 행사한다면 상담자가 개입하여야 한다. 떠난 사람과 남아 있는 사람들의 미해결 감정을 처리해야 한다.
- **집단 참여 시 따르는 심리적 위험**: 지도자의 힘이 남용될 위험, 자기개방 남용으로 인한 위험, 비밀 유지 한계에서 오는 위험, 희생양을 만들 수 있는 위험, 적대적인 직면이 발생할 수 있는 위험. 이러한 위험을 줄이기 위해 계약서나 사전 동의서를 통해 예비 집단원이 위험 가능성을 인식하도록 한다. 집단 지도자는 집단 구성원들의 한계를 인식하고 요구를 존중하며, 집단 구성원에게 기회를 주는 방식을 적용한다. 공격적 언어를 피하고 직면이 왜곡되지 않도록 한다. 즉, 판단하기보다 묘사를 하며, 지도자의 해석을 강요하기보다 제시한다.
- **비밀 유지에 대한 교육**: 의도치 않게 정보가 누설되는 경우에 대해 토의한다. 다른 사람의 신원을 밝히지 않고 자기 이야기하는 방법, 집단에서의 자신의 느낌과 경험은 외부인과 말해도 괜찮으나, 다른 사람의 이야기를 하는 것은 사생활과 비밀유지권 침해임을 알린다. 이에 대한 지도자의 확고한 자세가 필요하다. 집단 지도자는 비밀을 유지해야 하는 책임이 있다. 비밀보장의 한계를 미리 알려 준다. 예를 들면, 집단 지도자가 보고해야 하는 상황, 문서화 작업, 기록 보관 절차 등이다.
- **비밀 유지의 다문화 차원**: 집단 구성원의 문화적 배경이나 상황에 따라 상담의

비밀 유지는 차원이 달라질 수 있다. 예를 들어, 상담센터에서 자택 주소로 우편물 발송하는 것이 집단 구성원에게 부담이 되는 것은 아닌지 확인해야 할 수도 있다. 그런가 하면 합법적 지위나 거주지가 없는 경우, 망명이나 난민 지위 요청 중인 경우, 모든 정보를 가족과 나누어야 하는 문화적 가치관을 가진 경우, 언어 장벽 등이 있는 경우 등은 상담자의 보다 세심한 주의를 요한다.

3) 부부가족 상담

부부가족 상담 역시 집단 상담과 마찬가지로 복수의 내담자가 가져오는 윤리적 문제가 발생할 수 있다. 다음은 내러티브상담자를 찾은 가족의 사례로서 밀러와 포러스트(Miller & Forrest, 2009)의 논문에 등장한 사례를 한국식으로 각색하고, 가족들과 내러티브상담을 할 때 고려해야 할 윤리적 쟁점을 살펴보고자 한다.

김철수 씨와 이민지 씨 부부는 수산물 가게를 운영하는 맞벌이 부부로, 고등학교 1학년과 중학교 2학년인 두 아들이 있다. 결혼 후에 두 살 터울로 아들이 태어났지만, 이민지 씨는 산후 조리가 끝나기가 무섭게 다시 일터로 나가야 했고, 아이들 양육은 주로 어린이집에 의존했다. 부모에 따르면, 큰아들 민식이가 초등학교 시절 학교 적응을 힘들어해서 선생님에게 한두 번 연락을 받은 것을 제외하고 형제는 잘 지내 왔으며, 그저 평범한 가정임을 강조하고 있다. 이렇게 성실하고 평범한 김씨 가족이 내러티브상담자인 정바다 씨를 찾은 것은 둘째 정식이의 무단결석이 잦아서 졸업이 어려워졌으며, 자살 시도가 있었기 때문이다. 가족 상담이 시작하면서 정식이가 형 민식이에게 자주 신체적 폭력을 당했으며, 여름 축구 캠프에서 성폭행을 당한 적도 있음이 드러났다. 내러티브상담자인 정바다 씨는 김씨 가족의 지배적 이야기를 새롭게 창출해 낼 수 있는 잠재력이 있다고 굳게 믿고 있었다. 하지만 정씨는 이내 혼돈에 빠지고 말았다. 김씨 가족은 정식이의 트라우마를 어떻게 다루어야 할지 몰랐다. 김씨 부부는 아들 정식이의 트라우마 경험을 수용하지 못한 채 자신들은 평범하고 정상가족으로 살아왔다는 것만을 강조할 뿐이었다.

여기서 고민해 보아야 할 윤리적 이슈를 살펴보자. 먼저, 가족 구성원들이 제시하는 이야기들이 상충하는 경우 상담자는 누구의 이야기를 따라가야 할 것인가? 개인 회기에서 등장하는 내용에 대한 비밀보장은 어떻게 할 것인가? 상담자가 각 구성원과 어떤 관계를 맺고 있으며 가족들 간에는 어떤 관계를 형성하고 있는가? 상담자와 가족 구성원은 변화된 새로운 이야기를 써 나가는 데 어떤 방식으로 얼마나 개입할 것인가? 하는 것이다. 이 사례에서 정식이의 개인 회기 중에 자신이 경험한 가족에 대해 이야기했다고 하자. 그리고 가족 회기에서 부모님은 정식이가 생각하는 가족사와는 다른 방향에서 이야기한다면, 상담자는 "정식이 이야기는 그게 아니던데요?"라고 할 수 있는가?

또한 가족 상담에서 누가 지목된 상담 대상인지를 밝혀야 한다. 이 사례에서 자살 시도까지 한 정식이가 주 상담 대상이지만, 정식이로 인해 온 가족이 받은 영향력을 무시할 수 없을 것이다. 내러티브 가족 상담자는 가족 전체를 내담자로 보지만, 정식이가 가족 상담에 가지고 온 그만의 고통을 간과할 수 없다. 즉, 가족 전체가 내담자이지만 무단결석과 자살 시도를 한 사람은 정식이라는 것이다. 동시에 정식이가 겪고 있는 문제점이 가족의 역기능 상태와 무관하다고 볼 수도 없다. 그러기에 상담자 정바다 씨는 정식이의 자살 시도와 관련된 가족 개개인의 내러티브도 들어야 한다. 정바다 씨는 가족을 하나의 단위로 보는 동시에 가족 개개인의 목소리에도 귀 기울이며 판단해 나가야 할 책임이 있다.

만약 정식이가 입원하게 된다면 정바다 씨는 이 가족 상담을 지속해야 할 것인가? 무엇이 이 가족과 정식이에게 최선의 환경을 가지고 올 것인가에 바탕을 두고 결정해야 할 것이다. 정식이가 이제까지 말하고 있지 않았던 학대 피해에 대해 오픈했을 수도 있다. 정식이만이 가지고 있던 과거사를 가족 회기에서 다루어야 한다면, 정바다 씨는 정식이에게 정보제공동의서를 받아야 할 것이다. 성공적인 가족 상담을 위해서는 정식이의 고통스러운 과거를 가족들이 아는 것이 중요하다. 그래야만 각 가족이 그들 개인의 내러티브와 가족의 내러티브를 재저작을 하게 될 것이기 때문이다.

가족이 개인 회기에서 그들의 개인적 비밀을 이야기할 수 있다. 가족 상담을 진행하면 이러한 이야기는 복잡해지고 때로 대립하기도 한다. 그렇기 때문에 상담자는 가족을 하나의 내담자 체계로 보는 동시에 개개인이 또 하나의 내담자임을 인식하고 있어야 한다. 윤리적인 상담자는 치료체계 안에서 자신의 역할이 무엇이며 경계가 무엇인지 내담자와 미리 의논하여야 한다. 또한 이러한 내용을 기록해 두는 것도 필요하다. 가족들의 얽히고설킨 이야기를 잘 다루기 위해 내러티브상담자는 훈련해야 한다. 이것이 전문가로서의 윤리적 책임이다.

3. 상담 윤리와 내러티브상담

이제 간단히 내러티브상담의 윤리적 요소를 살펴보는 것으로 내러티브상담이 얼마나 윤리에 대해서 민감하고 심각하게 다루고 있는가 하는 것을 정리해 보고자 한다. 다음 장에서도 내러티브상담의 관계 윤리, 공동체의 윤리를 다루고 있기 때문에 이 장에서는 간단하게 내러티브상담 이론에 배어 있는 상담 윤리와 내러티브상담 기법에 녹아 있는 상담 윤리에 대해 정리해 보고자 한다.

1) 내러티브상담 이론에 배어 있는 상담 윤리

내러티브상담에서의 윤리철학을 다루는 데 푸코(Foucault)를 논하지 않고 지나갈 수 없을 것이다. 엡스턴(Epston)은 화이트의 유작인 『내러티브 실천: 마이클 화이트와의 대화(Narrative Practice: Continuing the Conversation)』(2014)의 서문에서 편지 형식으로 이런 표현을 하고 있다. "푸코 덕분에 자네는 어떠한 철학적 감각에서도 자유로운 '지식'에 대해 생각할 수 있게 되었지. (……) 그래서 자네는 치료 중의 모든 대화는 서로가 선물을 교환하는 것 같은 '양방향으로 난 길'이 되어야 함을 확실히 했다네. 마이클 내게는 자네가 항상 상대방을 두 배로 존경하는 것처럼 보였네. 그건 상대방이 고통스러운 가운데 있음에도 불구하고 스스로 '고통에서 벗어나게' 하려 했기 때문일 걸세."(pp. 37-38) 엡스턴의 이 표현은 내러티브상담 저변에 흐르는 푸코의 사상, 즉 기존의 지식과 권력이 가지고 있는 지배 담론이 줄 수 있는 부정적 영향에서 상담을 어떻게 보호해 갈 것인가 대한 화이트의 고민과 노력의 모습이, 그리고 그 노력의 결과가 내담자를 두 배로 존경했던 모습으로 나타나고 있음을 보여 주고 있다. 이런 점에서 앞서 논한 일반 상담 윤리에 더해 내러티브상담자는 내담자를 두 배 더 존경하는 윤리적 책임을 지고 간다고 할 수 있을 것이다. 그 두 배가 되는 내담자 존중에는 내담자가 스스로의 문제를 해결할 잠재력에 대한 신뢰를 담고 있다.

내러티브상담은 내담자와 어떠한 관계를 맺어 나갈 것인가에 초점을 맞추고 있다. 왜냐하면 인간은 관계적 자아를 가지고 있고 사회적이고 문화적인 본성을 지닌 관계적 자아이기 때문이다. 그리고 인간이 맺는 관계는 하나하나가 독특하기 때문에 그것을 읽어 낼 책임을 상담자에게 부여하는 특수주의 윤리관을 내포하고 있는 것이 내러티브상담이다. 바이어스(Byers, 2019)는 내러티브상담에서 발견되는 특수주의 윤리(particularist ethics)를 다음과 같이 설명하고 있다. "특수주의 윤리는 행동의 동기나 행동에 대한 합리화가 아닌 인간과 인간의 만남에서 윤리가 발생한다고 본 것이다. 이는 인간의 만남 하나하나가 서로 비교 대상이 될 수 없는 독특한 것이라는 전제에서 시작한다. 그렇기 때문에 인간 사회가 이미 정해 놓은 정답을 찾아가는 일반화된 경로를 비판과 회의적인 관점에서 바라보게 된다. 화이트(White, 1997)는 그의 도움을 구하는 사람들에게 '좋은' 것이 무엇인지에 대한 일반화된 틀에 끌리지 않았다. 대신, 그가 치료를 위해 택한 것은 특수성의 발견과 표현을 지향하는 저마다의 경로를 개발하는 예술이었다. 이 경로를 개발하고 실천에 옮기는 중심에 내러티브상담의 윤리, 즉 특수주의 윤리가 자리 잡고 있다."(p. 108) 이러한 점에서 바이어스(Byers, 2019)는 내러티브상담이 관찰과 조사를 통해 결과를 일반화해 나가는 과학으로서의 심리학보다 문학적 요소가 많다고 주장했다. 문학은 인간의 성격이나 삶, 세상 돌아가는 것의 특수성을 묘사하고 이전에는 없었던 방식으로 일반적인 것을 식별해 내기도 한다. 화이트(1997)는 인간의 삶의 현실이 주어진 틀에 의해서 설명되는 것이 아니라 어떻게 각자의 삶이 독특한 경로를 통해 묘사될 수 있는지에 대해 관심을 가지고 있었다. 물론 정신분석과 뇌신경과학 등 인간의 정신 상태를 일반화하여 설명하는 많은 지식이 무용하다는 것이 아니라 인간 개개인의 삶과 생활방식의 특수성에서 오는 모든 것을 단순화시키거나 일반화시키므로 인간의 존엄성을 손상시키는 오류에 빠지지 말아야 한다는 것이다. 지배적 문화의 일방적인 독주는 여타의 대안적인 의미 창출의 길을 차단하거나 소외시켜 버리면서 결국 인간의 존엄성을 훼손시킬 수 있다. 화이트(1997)는 지배적 문화의 이야기나 그와 관련된 사회적 위치에 저항하고 상담자들이 타인의 심리전문가로서 권위적인 지위에 앉는 것을 피하려고 노력했다. 그 노력의 결과는 다음과 같은 윤리의식을 이끌어 내었다(White, 1997: 이선혜, 2020 재인용).

- 개인의 정체성은 사회적으로 구성된다는 점을 명심하라.
- 내담자 삶이 역사, 문화, 젠더, 성적 지향, 계층 등 다양성 요소의 영향을 받는다는 사실을 분명히 인식하게 하고 전문적 관계에서 그 같은 권력의 작용을 경계하도록 한다.
- 개인의 정체성은 내면에 고정된 것이 아니라 인간관계를 통해 생성되는 것이다.

상담을 통해 재구성된 내담자의 정체성을 상담자와 내담자 사이에 한정시키는 것이 아니라 누군가가 대면 또는 문서를 통해 직간접적으로 목격할 수 있도록 상담자가 적극적 역할을 수행해야 한다.

- 내담자를 이해함에 있어 상담자는 객관적이고 중립적인 판단을 하기가 매우 어렵다. 이를 숙지하는 것은 상담자가 자신의 관점을 점검하고 자신의 생각이나 가치관을 내담자에게 강요하지 않도록 예방하기 위한 자극제가 된다.

이와 같은 윤리의식은 내러티브상담의 실천에서 어떠한 행동으로 나타날까? 내러티브상담 주요 기법 속에 자리 잡고 있는 윤리의식과 윤리적 쟁점의 몇 가지 예를 살펴보고자 한다.

2) 내러티브상담 기법에 녹아 있는 상담 윤리

화이트의 상담 윤리는 어떻게 상담 장면에서 실천되었을까? 그는 상담적 상호작용과 상담적 행동의 전문가가 되는 것을 윤리적으로 보았다(White, 2016). 여기서 우리는 학문적이고 전문적 지식과 상담자의 지식을 구별하는 그의 의도를 탐색해 보아야 한다. 화이트(2016)는 상담 과정에서 얻은 지식과 상담 작업과는 상관없이 얻은 지식을 구분했다. 상담 중에 얻은 지식은 두 가지 면에서 행동 양식이 된다.

첫째, 상담 중에 언급되는 상담자의 말과 태도는 사회가 주는 위계적 권위에 저항하고 이를 회피하기 위해 배우고 연습해야 하는 지식이다.

둘째, 상담적 상호작용은 의미를 만들며, 이 의미는 내담자의 생활 양식에 영향을 미칠 수 있다. 그렇기 때문에 상담자는 자신의 상담이 내담자의 자율성을 보장하고 무해하며 덕을 이루고 공정하고 충실하여야 한다는 윤리 원칙을 점검해야 한다(White, 2016). 화이트와 엡스턴(White & Epston)은 자신이 사용하고 있는 상담 모델이 윤리적인가를 점검할 수 있는 열 가지 질문을 던지고 있다.

- 나의 상담은 인간으로서의 자기(selves)와 인간관계에 대해 어떤 입장을 취하는가?
- 나의 상담은 도움을 청하는 내담자에게 어떻게 행동하라고 하는가?
- 나의 상담은 내담자에게 상담자를 대할 때 어떻게 행동하라고 하는가?

- 나의 상담은 내담자에게 스스로를 어떻게 인식하며 어떻게 대하라고 하는가?
- 나의 상담은 사람들을 어떻게 재정의하며 새롭게 설명하고 있는가?
- 나의 상담은 누구를 내담자에 대한 전문가로 보는가? 상담자인가, 아니면 내담자 자신인가?
- 나의 상담은 내담자를 공동체와 분리시키고 소외시키는가, 아니면 협동심을 심어 주는가?
- 나의 상담에서 하는 질문은 생산적인가, 아니면 규범적인가? 즉, 사례의 독특성을 고려하는가, 아니면 사례 구분 없이 같은 접근을 두루 적용하게 하는가?
- 나의 상담은 상담자의 전문적 지식을 내담자가 따라가야 하는가, 아니면 상담자가 내담자의 세계로 들어가야 하는가?
- 나의 상담은 전문성을 무엇이라고 정의하는가? 전문성이란 동료 앞에서 자신을 드러내는데 필요한 것인가, 아니면 내담자와의 관계에서 자신의 모습인가?

이 열 가지 항목은 지시문이 아니라 질문의 형태이다. 즉, 상담자가 자신의 임상 실제를 검토하고 거기서 오는 가치와 관계의 측면을 수정할 수 있도록 하고 있다. 또한 상담관계에서 누구의 목소리가 지배적이었는지 묻고 있으며 임상의 실제적 효과성을 검토하게 한다.

이제 내러티브상담의 주요 기법과 그 기법이 내포하고 있는 상담 윤리에 대해 살펴보고자 한다. 여기서 다루고자 하는 것은 탈중심적 자세, 외재화, 반영팀, 정의예식이다. 각 기법마다 윤리적 점검 사항을 명시했지만, 단지 내러티브상담의 윤리적 중요성을 각인하기 위한 첫걸음에 불과할 것이다.

(1) 탈중심적 자세에 드러나는 상담 윤리

앞서 키치너의 상담 윤리의 기본 원칙 중 제1원칙이 내담자의 자율성 존중이었는데, 내러티브상담의 윤리적인 상담 실천에서 가장 먼저 짚고 넘어갈 것은 상담자의 자기 절제와 탈중심적 자세이다. 자기 절제는 상담에 부정적 영향을 미칠 수 있는 지배문화의 메시지가 상담자의 언어나 상호작용을 통제하라는 것이다. 내러티브상담에서 상담자의 역할은 영향력이 있지만 탈중심적이어야 한다. 일반적으로 상담자는 내담자의 문제를 정의하고 그 문제에 대해 치료자의 입장을 밝히며 조치를 취한다. 즉, 상담의 중심에 서게 된다는 것이다. 그러나 탈중심적인 상담자는 내담자가 제시한 호소 문제의 주인공이 내담자임을 인정하고 상담자의 질문을 통해 내담자는 자신의 입장을 되돌아보고 왜 이러한 입장을 취하게 되었는지 깨달을 수 있도록 촉진하는 역할을 맡게 된다. 탈중심적인 상담자는 자신이 가지고 있는 전문적인 지식으로 내담자와 그 상황을 재단하지 않고 대신 내담자가 속해 있고, 그 속에서 경험한 사회와 문화적 가치와 배경 그리고 내담자가 사용한 언어를 통해 내담자 문제를 설명할 수 있어야 한다. 상담자는 내담자가 자기 삶의 주체로서 자신이 지향하는 바를 인식하고 경로를 선택하도록 지원하는 사람이다. 내담자의 바람과 경로가 잘 드러나도록 하는 것이 상담자의 전문성과 책임성이라고 하는 윤리 영역에 속하게 되는 것이며, 이 점에서 자신의 상담이 윤리적이었나 하는 것을 앞서 언급한 질문 목록 중 다음 두 가지 사항을 점검해 보아야 한다.

- 나의 상담은 누구를 내담자에 대한 전문가로 보는가? 상담자인가, 아니면 내담자 자신인가?
- 나의 상담은 상담자의 전문적 지식을 내담자가 따라가야 하는가, 아니면 상담자가 내담자의 세계로 들어가야 하는가?

(2) 외재화 대화와 상담 윤리

외재화 대화는 사람이 문제가 아니라 문제가 문제라고 하는 대명제에서 시작한다. 문제를 대상화해 가는 외재화 대화를 화이트는 기자가 취재하는 것에 비유하고 있다. 취재 기자는 정치적 중립을 지킬 필요는 없으나 자신들이 취재하는 행위가 문제를 해결하거나 투쟁하는 것이 아닌 차분하게 사건을 조사하고 알리는 것이라고 했다. 이렇게 차분하게 조사해 나가는 과정에서 내담자는 자신을 문제와 분리하고 문제가 자신의 삶에 미친 부정적 영향력을 인식하게 된다. 화이트는 이 과정에서 유의할 것은 무조건 문제를 부정적인 것으로만 규정하지 않도록 경계해야 한다고 밝히고 있다(Freedman & Combs, 2009). 이 밖에 윤리적 점검 사항은 다음과 같다.

- '나는 내담자를 어떤 식으로 재설명하고 재정의하였는가?'
- '나는 외재화 과정 중에 약자택일의 사고방식에 갇혀서 문제의 맥락을 제대로 이해하지 못하고 자칫 내담자가 가치를 두는 것이나 내담자의 삶에 지속될 필요가 있는 것까지 부정적으로 이끌어 가지는 않았는가?'

(3) 반영팀과 상담 윤리

반영팀은 내러티브상담만의 고유한 기법은 아니다. 하지만 입장 바꾸기를 통하여 내담자의 이야기에만 답하는 것이 아니라 내담자들도 자신이 상담실에서 경험한 것에 대해 답을 할 수 있게 함으로서 개방성, 투명성, 다양성, 탈중심성을 더하고 있다. 내러티브상담의 반영팀은 공동체의 일원이라는 소속감과 협동심을 제공할 뿐만 아니라 내담자로 하여금 자신에 대한 전문가로 자신을 이해하도록 초대하게 된다. 상담자는 자신이 전문가라는 자리에서 내려와 도움을 요청하는 사람에게 자신을 내보이는 계기를 제공한다(Freedman & Combs, 2009). 이 밖에 윤리적 점검 사항은 다음과 같다.

- '반영팀의 반영은 내담자에 대한 지지, 축하, 긍정적인 것만 선택해서 이야기하기, 도덕적 평가, 문화적 평가가 아님을 미리 알렸는가?'
- '반영팀의 역할은 해석이나 제안, 충고, 훈계가 아님을 알렸는가?'

(4) 정의예식과 상담 윤리

화이트는 외부증인을 참여시키는 것에 반대하는 내담자는 거의 없었다고 했다. 상담 윤리적 관점에서 우리가 주목할 부분은 반대가 "거의 없었다."라는 것이 아니라 외부증인 참여 여부에 대해 내담자의 의견을 물었다는 부분이다. 왜냐하면 외부증인의 개입에는 비밀보장이라고 하는 윤리적 이슈가 발생할 수 있기 때문이다. 외부증인은 내담자 문제에 대해 책임지지 않고 참여는 정기적이지 않으며 거의 일회성이나 일시적이다. 화이트는 정의예식을 실시할 때 상담자들은 내러티브상담 학회뿐만 아니라 만약 타 상담관련 학회 소속이라면 소속 학회의 윤리강령을 신중히 검토할 것을 권하고 있다. 이 밖에 윤리적 점검 사항은 다음과 같다(White, 2014).

- 상담자는 외부증인 선택 시 반드시 내담자의 동의를 얻어야 한다. 만약 가족 구성원이 외부증인이 되는 경우 더욱 주의하여야 한다.
- 정의예식을 진행하기에 앞서 참가자들에게 정의예식 과정과 절차에 대해 자세히 설명해야 한다. 이 과정에서 다루지 않기를 원하는 주제가 있는지 확인해야 한다.
- 내담자의 정보를 사전에 노출하지 않을 것이라는 것을 알려 주고 철저한 내담

자 정보 관리가 필요하다. 하지만 집단 상담에서 적용되는 익명성 보장의 한계가 다수의 인원이 참가하는 정의예식에는 적용될 수밖에 없음을 미리 고지해야 한다.

- 외부증인이 치료에 직접 참석할 수 없거나 익명을 요구할 때는 녹음이나 녹화를 통해 정의예식을 진행할 수 있다. 이 경우 비대면 상담에서 요구하는 윤리적 점검 사항을 검토해야 한다.

내담자를 두 배나 존경하며 상담을 한다는 것은 아름다운 일이다. 그러나 이 아름다운 일에는 두 배의 윤리적 책임감이 필요하다. 이 장에서 나누었던 상담 윤리와 내러티브상담은 극히 일부에 불과하지만 이 무게감이 조금이나마 전달되기를 바란다. 화이트의 사후에 그가 남긴 글을 모아 출판된『내러티브 실천: 마이클 화이트와의 대화』(2014)에서 그는 자신의 상담의 전환점을 회고한 바 있다. 자신이 했던 상담의 녹음이나 녹화를 되돌려 듣거나 보며 그가 만든 전환점은 윤리적 민감성의 발전이었다. 윤리적으로 민감해지면, 그는 더욱더 내담자의 이야기에 귀 기울이게 되었고 동료와 외부증인의 의견에도 귀 기울이게 되었다고 했다. 예를 들면, 다음과 같은 장면이다. 화이트는 소년원에 있던 13세 소년과 어머니를 상담한 장면을 검토하며 경험한 것을 다음과 같이 설명한다. 어머니가 "경비가 삼엄한 소년원의 직원들이 아들에게 잘 대해 주고 있는 것을 보았습니다."라고 하자 화이트는 소년에게 "어머니께서는 네가 소년원의 직원들과 잘 지내고 있다고 말씀하셨는데, 너도 동의하니?"라고 물었다. 이 장면에 대해 화이트는 자신이 어머니의 말을 왜곡하였다고 고백했다. 소년이 주체의식을 경험하고 있을 것이라는 바람도 있었지만, 어머니가 발언한 것은 자격이 없다고 암시하는 무례한 행동을 범했던 것이다. 이에 대한 바람직한 표현은 "어머니는 소년원의 직원들이 너한테 잘해 준다고 하시더구나. 그들이 제공하는 것에 네가 잘 반응했니? 아니면 거절했니? 만약 받아들였다면 너는 어떻게 그들을 향해 마음을 열었지?"라고 밝히고 있다. 이와 같이 자신의 축어록을 검토하면서 화이트는 상담자가 부지불식간에 저지를 수 있는 권력 남용을 발견하고 줄여 나가는 것이 윤리적 상담을 위한 노력의 일환으로 보았다(White, 2014, pp. 88-89).

이와 같이 상담자는 끊임없이 자신의 상담이 윤리성을 잃지 않도록 노력해 나가야 한다. 많은 상담자는(윤리에 관한 이 글을 쓰고 있는 필자를 포함해서), 상담 윤리를 지루해하고 골치 아파 하는 경향이 있다. 이것은 상담 윤리를 윤리 규정과 법률이라

고 하는 렌즈를 통해서 경직된 시선으로 상담을 바라볼 때 더욱 그러하다. 다시 말해, 인간의 삶과 인간 사회가 지니고 있는 다양성과 유연성을 간과한 채 보물찾기 하듯 정답에 집착할 때 그러한 경향이 있는 것이다. 하지만 우리는 차츰 윤리 규정과 법을 하나의 지침으로 여기고, 결국 윤리 규정도 검토의 대상이라는 것을 깨닫게 될 것이다. 물론 검토의 대상이 되었다고 해서 윤리의 필요성이 증발해 버리는 것은 아니다. 마치 지도가 수정되더라도 여전히 지도는 우리에게 필요한 것처럼 말이다. 그리고 결국 우리는 윤리 규정과 법 규정을 알면서도 이를 뛰어넘는 전문적 판단을 하게 되는 단계에 이르는 날도 올 것이다. 비록 상담자의 윤리적 발달 단계에 따라 우리의 반응이 성숙해질지라도 이 여정에는 항상 인간에 대한 존엄성과 내담자의 복리, 상담자의 공정성과 성실성이 동행해야 한다. 상담 윤리는 완벽한 상담자가 되라는 명령이 아니라 좌절과 혼돈 속에서 도움을 요청하는 내담자를 존중하고 최선을 다하기 위한 가이드라인이기 때문이다. 온 내담자가 사람과 사람 간 협업의 태도로 삶의 새로운 가능성을 함께 찾아내는 여정에 나서는 것을 추구하고 있다.

참고문헌

강진령, 이종연, 유형근, 손현동(2009). **상담자 윤리**. 서울: 학지사.

김현아, 공윤정, 김봉환, 김옥진, 김요완, 노성숙, 박성현, 방기연, 임정선, 정성진, 정혜정, 황임란(2015). **상담철학과 윤리**. 서울: 학지사.

이선혜(2020). **이야기치료**. 서울: 학지사.

이장호, 이동귀(2014). **상담 심리학**(제5판). 박영이야기.

Byers, P. (2019). Michael White's particularist ethics in a biological age. *The International Journal of Narrative Therapy and Community Work, 3*, 106-115.

Christine, K. Online therapy: Intro to Ethics and Best Practice C19 (ed). https://www.youtube.com/watch?v=OJbdDfLlUHQ

Corey, G., Corey, M. S., & Callanan, P. (2014). **상담 및 심리치료 윤리** [*Issues and ethics in the helping professions* (8th ed.)]. (서경현, 정선진 공역). 서울: 박학사. (원저는 2011년에 출판).

Corey, M. S., Corey, G., & Corey, C. (2016). **집단상담: 과정과 실제** [*Groups: Process and practice* (9th ed.)]. (김진숙, 유동수, 전종국, 한기백, 이동훈, 권경인 공역). 서울: 센게이징러닝코리아. (원저는 2013년에 출판).

Freedman, J., & Combs, G. (2009). **이야기치료: 선호하는 이야기의 사회적 구성** (*Narrative therapy: The social construction of preferred realities*). (김유숙, 전영주, 정혜정 공역). 서울: 학지사. (원저는 1996년에 출판).

Gottlieb, M. C., Handelsman, M. M., & Knapp, S. (2013). A model for integrated ethics consultation. *Professional Psychology: Research and Practice, 44*(5), 307-313. https://doi.org/10.1037/a0033541

Hardy, N. R., Maier, C. A., & Gregson, T. J. (2021). Couple teletherapy in the era of COVID-19: Experiences and recommendations. *Journal of Marital and Family Therapy, 47*, 225-243. Doi: 10.1111/jmft.12501

Haugaard, C. (2015). Narrative practice as an ethical position and the moral legitimacy of narrative therapy. *The International Journal of Narrative Therapy and Community Work*, (3), 55-62.

Kitchener, K. S. (1984). Intuition, critical evaluation and ethical principles: The foundation for ethical decisions in counseling psychology. *The Counseling Psychologist, 12*(3-4), 43-55.

Korol, C. (2020). Online therapy: Intro to ethics and best practice C19" Edition-part 2. https://www.youtube.com/watch?v=OJbdDfLlUHQ

Lyle, R. R., & Gehart, D. R. (2000). The Narrative of ethics and the ethics of narrative: The implications of Ricoeur's narrative model for family therapy. *Journal of Systemic Therapies, 19*(4), 73-89.

McKenny, R., Galloghly, E., Porter, C. M., & Burbach, F. R. (2021). 'Living in a zoom world': Survey mapping how COVID−19 is changing family therapy practice in the UK. *Journal of Family Therapy, 43*(2), 272-294. Doi: 10.1111/1467-6427.12332

Miller, C. P., & Forrest, A. W. (2009). Ethics of family narrative therapy. *The Family Journal: Counseling and Therapy for Couples and Families, 17*(2), 156-159. Doi: 10.1177/1066480709332717

Strupp, H. H. (1980). Humanism and psychotherapy: A personal statement of the therapist' s essential values. *Psychotherapy: Theory, Research & Practice, 17*(4), 396-400. https://doi.org/10.1037/h0085938

Welfel, E. R. (2015). **상담 및 심리치료 윤리** [*Ethics in counseling and psychotherapy: Standards, Research, and Emerging Issues* (6th ed.)]. (서영석, 조화진, 최바올, 김민선 공역). 서울: 박영이야기. (원저는 2014년에 출판).

White, M. (1997). *Narratives of therapists' lives*. Adelaide: Dulwich Centre Publications.

White, M. (2010). **이야기치료의 지도** (*Maps of narrative practice*). (이선혜, 정슬기, 허남순 공역). 서울: 학지사. (원저는 2007년에 출판).

White, M. (2014). **내러티브 실천: 마이클 화이트와의 대화** (*Narrative practice: Continuing the conversations*). (김유숙, 최지원, 안미옥 공역). 서울: 학지사. (원저는 2011년에 출판).

White, M. (2016). On ethics and the spiritualities of the surface. In M. White, M. Hoyt, & Gene Combs (Eds.), *Narrative therapy classics* (pp. 195-226). Adelaide, Australia: Dulwich Centre Publications.

White, M., & Epston, D. (연도 미상). *Narrative Worldview*. In Freedman, J., & Combs, G. (Eds.), Evanston Family Therapy Center. http://narrativetherapych.easycgi.com/narrative_worldview/narrative_worldview.htm

네이버 국어사전. 윤리 검색. 2022. 11. 22. 출처

제11장

관계 윤리와 공동체 윤리

한석준(웃는마음가족 상담연구소 소장)

윤리라는 단어에 대해 생각하면 보통 사회적으로 정해진 규칙과 규범을 그대로 준수하는 것을 떠올리기 쉽다. 윤리는 정해진 기준에서 벗어나는 행동을 하면 규정된 절차에 따라 제한을 받는다는 관습이 적용되는 것으로 이해되기도 한다. 반면, 내러티브상담의 윤리에서는 지켜야 할 규칙보다 관계 속에서 상담자가 가지는 입장, 태도, 위치, 자세에 관심을 기울인다. 또한 포스트모더니즘적 접근에 입각하여 서로의 다름을 인정하고 지배적 권력의 재생산에 저항하며, 상담자와 상담 장면에 찾아온 내담자가 사람과 사람 간 협업의 태도로 삶의 새로운 가능성을 함께 찾아내는 여정에 나서는 것을 추구한다.

매년 한국내러티브상담학회에서 열리는 동계기초교육과정 내 윤리 파트에 참가한 교육생들은 다양한 질문을 한다. 여기서 한 가지 흥미로운 점은 여러 질문 중에 "그래서 내러티브상담 윤리가 무엇입니까?"와 같은 질문은 거의 없었다는 것이다. 도리어 질문의 대부분은 실천 기술에 대한 내용, 내러티브상담 과정에서 내담자에게 어떻게 질문을 하는 것이 내러티브상담적인가에 관한 것이었다. 여기서 우리는 내러티브상담의 모든 실천방식의 근간에는 내러티브상담의 윤리가 자리 잡고 있다는 점에 주목해야 한다.

우리는 보통 윤리라 하면 이미 정해진 규칙이나 규범, 행동강령을 준수하는 것이라고 떠올릴 가능성이 꽤 높다. 그리고 대개 이러저러한 지침과 규칙을 지키지 못하고 정해 놓은 기준에서 벗어나면 규제가 주어진다는 프레임 속에서 생각한다. 우리가 정해진 것을 따르려 하는 이유는 무엇일까? 궁극적으로는 규칙에 따라 살아감으로써 보다 행복한 인생을 살고 싶은 마음에서일 것이다. 그렇다면 우리는 인간이 어떻게 살아야 행복해지는 것인지를 두고, 모두가 수용하고 동의할 수 있는 윤리에 대해 정의하고 이에 대한 기준을 만들 수 있을까?

가장 손쉽게 확인할 수 있는 온라인 백과사전에서는 윤리를 어떻게 정의하고 있는지 검색하면 다음과 같이 나온다.

> "철학적 전통에서는 좋음, 옳음, 쾌락 등 이상적 가치나 규범에 따라 행동해야 하는 당위를 나타내고, 정신분석학자 프로이트에게서는 문명화의 결과로 얻게 된 도덕이나 내적 도덕 원리인 초자아의 차원에서 각 주체의 (성적) 충동을 억압하는 기제를 나타내며, 라캉에게서는 주체가 도덕이 아니라 욕망에 따라 행동해야 하는 당위를 나타낸다." (네이버지식백과, 두산백과 '윤리')

아, 몇 번을 읽어 봐도 어렵다. 정확히 무엇을 말하는 것인지 손에 쥐기가 쉽지 않다. 한 마디로 말하긴 어렵겠지만, 생각해 보면 윤리는 결국 우리가 '어떻게 살 것인가?' '어떻게 살아야 하는가?'라는 질문, 고민과 맥을 같이하고 있다. 그렇다면 내러티브상담의 윤리는 어떻게 이해될 수 있을까? 내러티브상담의 실천 윤리는 '상담을 어떻게 할 것인가? 상담에서 내담자와 어떻게 관계를 맺을 것인가? 왜 그렇게 해야 하는가?' 등에 대한 고민과 성찰로 이해할 수 있다. 우리는 이 장에서 이러한 맥락으로 내러티브상담의 실천 윤리에 대해 함께 진지하게 생각해 보고자 한다.

상담 현장에서 일하는 사람들은 저마다 다양한 상담 이론을 배우고 습득하여 축적된 선지식을 가지고 자신의 임상장면으로 들어간다. 이처럼 서로 다른 배경하에 내러티브상담을 처음 접하며 배우는 이들에게는 다음과 같은 질문이 떠오를 수 있다.

- "내가 이렇게 상담을 하는 것이 내러티브상담인가?"
- "내러티브상담 상담은 왜 이렇게 하는 것일까?"
- "내담자에게 이런 질문을 하는 것이 내러티브상담 질문인가?"

• "상담자가 내러티브상담을 실천하면서 권력을 갖지 않는다는 것이 무엇을 말하는 것일까?"

이렇게 상담자가 스스로에게 던지는 진솔한 의문과 생각이 이미 내러티브상담의 윤리적 자세와 밀접하게 연관되어 있다는 사실을 알게 된다면, 아마도 우리는 좀 더 편안한 마음으로 내러티브상담의 윤리에 대해 탐색하는 여정을 시작할 수 있지 않을까?

내러티브상담 실천 현장에서 내담자와 상담자가 마주 앉아 서로 이야기를 나누는 것은 사람과 사람의 만남이자 동시에 이야기와 이야기의 만남이기도 하다. 상담자는 사람들이 가져온 문제 이야기가 그렇지 않은 삶의 또 다른 이야기로 옮겨 가는데 어떤 윤리의식을 갖고 그 관계 속에 있어야 하는가?

기존의 전통적인 방식의 상담 윤리는 전문가 그룹의 지배적인 규칙에 근거했다면, 내러티브상담 실천방식에서의 윤리는 어느 한쪽이 다른 한쪽을 지배하는 규칙의 윤리이기보다는 서로 협력, 협업, 지지해 주는 관계 윤리를 말하고 있다. 그렇다면 도대체 내러티브상담에서 관계 윤리는 무엇을 말하고 있을까?

관계 윤리는 사람과 사람 간의 관계라는 맥락에서 요구되는 윤리적 자세에 대한 고민과 관련 있다. 상담 장면에서 내담자와 상담자의 관계와 상호 정체성은 서로 이야기를 나누는 과정에서 새롭게 구성되며 변화를 거듭하게 된다. 내담자와 상담자의 변화하고 진화하는 관계라는 특정 맥락에서 이들의 이야기와 행동이 어떤 영향을 주는지에 대한 고려가 필요하다.

우리가 흔히 접할 수 있는 가까운 예로, 부모는 보통 자녀를 대할 때 자신이 자녀보다 더 많은 인생 경험과 인생에 대한 전문적 지식, 지혜를 갖고 있다는 전문가 입장에서 자녀를 바라보곤 한다. 그리고 자녀 양육에 대한 책임감이 어느 순간에는 지나친 관심, 과보호, 과도한 책임감으로 연결되기도 한다. 이럴 때 부모는 "너희는 아직 어려서 몰라. 엄마 아빠가 살면서 다 경험해 봐서 아는데 말이야. 이게 다 너희 잘되라고, 너 위해서 하는 말이야. 옛말에 어른 말씀 들으면 자다가도 떡이 생긴다고 했어."와 같은 멘트를 쉽게 하곤 한다. 같은 맥락에서 상담자 역시 상담 장면에서 내담자를 도와주고 싶은 마음에, 자신이 가진 경험과 전문지식에 기반하여 내담자에 대한 가부장적 온정주의를 은연중에 가질 수 있는데, 내러티브상담에서는 이와 같은 담론과 관행은 내담자와 상담자의 관계 윤리를 방해하는 개념으로 본다

(Freedman & Combs, 2006).[1)]

그래서 내러티브상담의 윤리를 이해하는 데는 사람과 사람 간의 관계가 갖는 연관성이 고려된다. 상담자는 내담자에게 어떻게 반응하고 어떤 입장을 견지할 것인가? 콤스와 프리드먼(Combs & Freedman, 2002; Freedman & Combs, 2006)에 따르면, 규칙에 근거할 경우 절대적이고 보편적인 윤리가 적용되는 반면, 관계 윤리는 변화하고 진화해 가는 관계라는 특정 맥락 속에서 행동이 주는 영향이 고려된다. 이를 생각해 보면, 내담자와 상담자 간의 '관계'라는 맥락이 사라지는 순간, 상호 소통하며 이루어지는 상담 작업도 사라진다. 내담자와 상담자가 관계를 맺고 유대감을 쌓아 가며 그 속에서 말해지는 이야기에 의해 구성되는 정체성을 통하여 관계 윤리가 실천되는 것이다.

예를 들어, 어느 고등학교 국어 수업 시간 중 한 학생이 선생님의 강의에 집중하지 않고 수학책을 보고 있다. 학생이라면 당연히 선생님의 가르침에 집중해야 하고 선생님은 수업에 집중하지 않는 학생의 행동을 교정해야 한다는 기대감이 있다. 전통적인 규칙의 윤리에 따르면, '국어 시간에 수학책 보기'라는 행동은 선생님에게 제재받고 중단되어야 한다. 반면, 관계 윤리에서는 '그 고등학교의 국어 수업 시간'이라는 특정한 맥락 속에서 '한 학생의 수학책 보기'라는 행동이 그 학생에게 주는 영향을 고려하는 데 더 관심을 두는 것이다.

이와 같은 윤리의 개념은 모두 사람과의 관계와 관련되어 있다. 그러므로 상담자의 행동이 정해진 규칙을 얼마나 잘 준수했느냐가 아니라 사람들의 삶에 어떠한 실질적인 영향을 주었는지가 중요한 평가 요소가 된다(Freedman & Combs, 2009). 이렇듯 관계 윤리는 특정한 사람과 함께하는 특정한 맥락 속에서 우리의 행동 영향을 비판적으로 숙고하도록 돕는다(Freedman & Combs, 2006, p. 316). 이때 내러티브상담자는 내담자와의 관계에서 누구의 목소리가 지배적인지에 대해 질문하며 임상 실제 효과에 주목할 수 있다.

1) 관계 윤리는 이렇게 '관계적 자아'를 강조하며 전통적이고 현대적 권력이 운용되는 데 상담자가 공범이 될 수도 있는 가능성에 대한 이의를 제기하도록 한다(White, 2014).

1. 상담자의 입장, 태도, 위치, 자세로서의 윤리

내러티브상담의 윤리는 상담자가 지금까지 살아오며 경험한 지식, 상담을 배우며 얻게 된 가설, 자신의 상담 장면에서 습득한 지식, 자신의 삶에서의 체험을 기반으로 하여 다음과 같이 질문할 수 있다. '상담자라면 당연히 이렇게 해야 하는 것 아니야?' 또는 '이런 상황에서는 보통 이런 식으로 생각하고 행동해야 하는 것 아니야?'라고 상담자가 내담자에 대하여 생각, 판단, 해석, 추측, 가르치는 것을 지향하는가, 혹은 지양하는가?

1) 권력 이해하기

> "제 정신장애인 공부의 근원이 되는 것이 '치료공동체'예요. (……) 제가 레지던트를 시작할 때 우리나라에도 막 도입되어 치료공동체 모형으로 병실을 운영했어요. 예를 들면, 회진이나 치료를 교수가 아니라 환자 시간에 맞추는 거죠. 취침 시간 같은 병동 규칙도 투표로 같이 정하고요. 그런 치료공동체 규칙 중 하나가 '노 유니폼'이에요. 의사와 간호사는 가운이 없고, 환자들도 환자복이 없죠. 치료공동체는 환자와 의사의 수평적인 관계를 강조하죠."
>
> (김정효, 2020. 1. 4.)

내러티브상담의 윤리를 이해하는 데 권력에 대한 이해가 선행되어야 한다. 심리학, 사회복지학, 의학, 정신의학 등의 학문이 발전해 오면서, 사람들은 자신과 타인의 삶을 두고 유용하고 생산적인 삶이 무엇인지에 대해 끊임없이 규격화되고 규범적인 판단을 해 왔다. 그것은 규범과 자신을 비교하며 현대 사회가 선호하는 정체성을 만들어 온 것과 다름없다. 그래서 현대적 권력은 건강/질병, 정상/이상, 성취/미성취 등의 판단기준으로 사람에 대한 등급을 나누며 자신의 권력을 행사한다. 바로 이러한 표준화된 판단이 현대적 권력 작용의 핵심 활동이다(White, 2014). 고든(Gordon, 1991)은 권력과 지식은 서로 맞물려 있기에 지식 없는 권력의 행사는 불가능하며, 권력의 효과 없는 지식 또한 불가능하다고 말한다. 지식을 전달하는 행위에는 이미 편향성이 들어 있기에 지식을 갖고 있는 사람과 그 지식을 갖고 있지 않는 사람 간에 권력관계가 만들어진다(김번영, 2015).

예컨대, 내가 남보다 특정 분야의 지식을 더 많이 갖고 있고 이 사실을 남들이 알고 있다면, 특정 주제에 대해 논의를 할 때 사람들은 다른 사람들의 목소리보다 내 목소리에 더 귀를 기울일 것이다. 그만큼 내 목소리에 특권이 주어져서 나는 내가 가지고 있는 지식을 통해 권력을 갖고 이를 행사할 수 있다.

상담 장면 내의 관계에도 권력이 존재한다. 이미 내담자가 상담자의 도움을 받기 위하여(도움을 필요로 하는 입장) 직접 자신의 문제 이야기를 가지고 찾아왔다는 상황 자체가 내담자보다 상담자에게 더 큰 권력을 부여한다. 그리고 상담자의 이야기가 아니라 내담자가 도움을 받기 위해 자신의 이야기를 상담자에게 해야 한다는 점에서 그만큼 상담자는 내담자보다 더 많은 권력을 갖는다. 상담자는 내담자가 가져온 문제와 관련된 지식이 있다는 전제로 이야기가 진행되기에, 상담자로서의 권력뿐만 아니라, 상담자가 갖고 있는 지식에서 나오는 권력 또한 작동하는 것이다. 그렇다면 상담자는 내담자와의 관계에서 이 권력을 인식하고 그 상황을 내담자와 어떻게 공유할 것인가?

내러티브상담자가 권력에 대한 감수성을 갖는다는 것은 어떤 의미가 있을까? 상담자가 상담 장면에서 갖는 권력을 스스로 들여다볼 때 곰곰이 생각해 볼 만한 몇 가지 질문이 있다(White, 2014, p. 103).

- '우리의 역할은 현대적 권력에 자신도 모르게 동조하는 것인가, 아니면 매일의 삶 속에 다양성을 제공하는 것인가?'
- '우리의 역할은 획일화된 인생의 이야기를 만들어 내는 것인가, 아니면 인생의 대안적 이야기의 가능성을 떠올리며 복잡성을 인정하는 것일까?'
- '상담 장면은 이미 알고 있는 친숙한 것을 다시 한번 확인하는 곳이어야 하는가, 아니면 새로운 것을 알아갈 가능성을 만나는 곳이 되어야 하는가?'

결국 이 질문은 무엇을 이야기하고자 하는가? 내러티브상담자인 우리가 실천해야 할 일이 무엇인지에 대해서는 이 질문에 대한 성찰이 도움이 될 수 있다.

2) 위계 최소화하기

프리드먼과 콤스(Freedman & Combs, 2009)에 따르면 모더니즘 윤리는 '위에서 아래' 방식으로 처방되고 강요되는 규칙을 바탕으로 하는 경향이 있다. 상담 장면에서 위계(hierarchy)가 부각되면 전문적 지식이 강조되고 내담자와 상담자가 서로 고립되며 거리감이 생긴다. 반면, 개별적 지식, 유대감, 신뢰가 담보되면 내담자는 보다 존중받는 분위기 속에서 편안함을 느끼고, 다양한 관점을 갖게 되며, 자신의 손에 쥘 수 있는 선택지의 폭을 넓힐 수 있다. 이를 통해 내담자가 가져온 문제에 영향을 주었던 억압적인 방식이 상담장면에서 반복되는 것을 예방할 수 있으며, 서로의 이야기를 탐색하는 과정에서 서로가 서로를 통해 배울 수 있는 기회도 생겨난다. 이처럼 위계가 줄어들 때, 문제라고 불리는 행동에 대한 비난뿐만 아니라 내담자와 상담자 각자의 고립감 역시 줄어든다(Freedman & Combs, 2006).

그렇다면 상담자는 어떻게 위계를 최소화시킬 수 있을까? 상담자 자신이 위계를 최소화하는 데 기여하고 있는지 스스로 확인해 볼 수 있는 질문은 다음과 같다(Freedman & Combs, 2006).

- '문제 이야기를 정의할 때, 나는 내담자가 들려주는 경험을 충실하게 반영하고 있는가?'
- '가정하는 대신에 질문하는가?'
- '내 생각이 내담자의 생각을 따라가는가?'
- '이 대화에서 내담자가 편안하게 느끼는가?'
- '내 관심사에 너무 치중하고 있지 않은가?'
- '가능한 한 개방적이고 정직하게 하는가?'
- '누구의 목소리가 더 힘을 갖고 있는가?'

3) 탈중심적 태도

내러티브상담에서는 권력과 위계의 영향을 인식하고 이를 해체하려는 노력의 일환으로 탈중심적이지만 영향력은 있는 태도를 견지하고 있다. 이때 상담자의 지식과 기술보다 내담자의 이야기에 우선순위가 부여된다. 상담자가 이처럼 탈중심적인 태도를 가지기 위해 노력할 때, 내담자와의 관계는 수직적 위계 관계가 아닌 보다 수평적이고 평등한 관계가 될 수 있으며, 내담자와 상담자 사이의 권력 차이가 갖는 부정적 영향을 최소화하는 데도 기여할 수 있다.

내담자가 스스로 결정할 능력을 존중하고, 무시되거나 의미를 부여받지 못하여 소외될 수 있는 작은 이야기가 눈에 띄거나 이야기에 연결되는 느낌이 들 때 멈춰서서 질문할 수 있다면, 비록 상담자는 중심에서 벗어나 있어도 영향력 있는 태도를 드러내고 있는 것이다.

상담자의 이와 같은 탈중심적 태도의 영향으로 내담자는 현재 자신이 겪고 있는 고통, 걱정, 곤경 등의 문제 이야기를 해결하기 위해 자신이 살아온 과거의 삶의 시간 속에서 얻은 삶의 기술과 지식에 대해 더욱 풍성하게 이야기할 수 있으며, 자신의 삶에 대하여 자신이 전문가라는 입장을 가질 수 있다.

4) 알지 못한다는 자세

알지 못한다는 자세(not-knowing position)는 상담자가 '모른다'는 자세, '알지 못한다'는 자세를 취하는 것이다. 다시 말해, 상담자는 내담자가 들려주는 이야기를 해석, 진단, 개입하는 것을 지양하고, 내담자의 이야기에 호기심을 가지고 질문함으로써 내담자와 '함께' 이야기하는 것이다. 여기서 호기심이란, 내담자가 살아온 삶에 대하여 이해하고 존중하는 마음으로 알고 싶어 하는 자세에서 생기는 진심 어린 마음이다. 상담자는 문제 상황이 해결되기 위해서 내담자가 어떤 행동을 취해야 할지 정확히 알 수 없다는 입장이며, 내담자가 들려주는 이야기의 의미는 그것에 대해 함께 이야기하기 전에는 알 수 없다는 자세이다(Freedman & Combs, 2009). 그렇기에 상담자는 내담자가 살아오면서 경험한 사건에 어떻게 의미를 부여하고 있고 부여하고 싶어 하는지를 들으려고 하며 이해해야 한다. 다시 말해, 내담자의 문화, 지식, 나아가 내담자가 살아온 삶을 존중하는 태도를 가져야 한다. 더불어, 알지 못한다는 자세를 취하는 상담자 자신도 내담자의 이야기를 통하여 변화할 수 있다.

상담자가 알지 못한다는 자세를 가질 때 내담자에 대해 알고 싶어 하는 마음이 생기며, 이를 통해 다음과 같이 질문할 수 있다.

- '~에 대해 좀 더 알고 싶습니다.'

- '~에 대해 조금 더 설명해 주실 수 있을까요?'
- '~에 대해 그렇게 생각하게(또는 느끼게) 된 계기나 이유가 있을까요?'
- '~는 당신에게 어떤 의미인가요?'
- '~는 당신에게(또는 문제 상황에) 어떤 영향을 주나요?'
- '~는 당신에게 소중한(또는 중요한) 가치인가요?'

여기서 이런 생각을 한번 해 보는 것은 어떨까? 상담자는 내담자에 대해서 '알지 못한다는 자세'와 더불어 '안다는 자세(knowing position)'를 갖는다. 여기서 '안다는 자세'란 '당신의 삶이 문제 이야기로만 구성되어 있지 않다'는 것을 상담자인 나는 '안다는 자세'를 취한다는 의미이다. 그렇게 되면 앞에서 언급한 '알고 싶어 하는' 호기심 어린 질문이 자연스럽게 내 안에서 만들어지지 않을까?

내러티브상담 기초교육과정에서 많이 나오는 질문 중 하나는 "내러티브상담 상담자가 알지 못한다는 자세로 임해야 한다고 해서 내담자의 이야기는 그것이 무엇이든 존중하고 선택의 여지없이 그대로 따라가며 수용해야 한다는 것인가요?"이다. 그렇지는 않다. 내담자를 개별적인 개인으로만 이해한다면 고립되고 개별적인 도덕적 행위자로 보기 쉽다. 그렇게 되면 내담자가 가져온 이야기도 한 개인만이 경험하는 개인적 이야기로 제한된다. 내러티브상담은 내담자의 이야기를 경청할 때 내담자가 처한 사회문화적 구조와 담론의 맥락 속에서 내담자를 이해하려고 노력한다. 그래서 개인이나 공동체에 부정적이고 위해를 가하는 행위가 무조건 수용될 수 있는 내용은 아니다.

5) 자신을 맥락에 놓기

자신을 맥락에 놓기(situating ourselves)란 상담자가 스스로를 상담의 맥락 안에 위치시키는 것을 의미한다. 구체적으로 상담자의 전문가적 입장에 방점을 두기보다, 내담자와 상담자는 인간으로서 차이점보다 유사점을 더 많이 갖고 있고, 실수하고 틀릴 수 있으며, 살면서 힘듦과 고통을 겪는 사람이라는 생각에 기반을 두고 '사람' 대 '사람'으로서 치료적 관계를 맺는 실천방식이다.

존 닐(John Neal, 1995)은 이성 커플과의 상담에 대해 서술하면서 자신을 맥락에 놓기를 실천했던 사례를 다음과 같이 소개하고 있다.

> 상담자가 자신이 처한 맥락을 어떤 식으로든 인정함으로써 시작하는 것이 좋다. 특히 이성 커플을 대상으로 할 때 상담자의 성별의 효과를 인정하는 것이 중요하다. (왜냐하면 상담자는 파트너 가운데 한 사람의 성별과만 일치하기 때문이다.) 남성인 나의 사례에서 남성으로서 나는 여성의 어떤 경험을 이해하지 못하거나 주목하지 못하는 경향이 있다는 점을 계속 의식하면 도움이 될 것이라고 일상적으로 공표해 왔다. 내가 '잘 모른다'는 것을 알고 있는 점, 그리고 내가 '놓치고' 있는 것이 있는지 여성 내담자에게 자주 체크하기 위해 노력할 것이라는 점 등을 말이다.

상담자가 자신을 맥락에 놓는 실천을 지향하는 과정에서 투명성을 활성화하면서, 어떻게 질문할 수 있는가에 대해 살펴보자. 상담자가 자신을 맥락에 놓는 실천방식은 지속적인 과정이며, 데이비드 앱스턴(David Epston)은 이를 '투명성(transparency)'이라는 용어로 표현했다(White, 1991). 상담장면에서 내러티브상담자가 내담자에게 새로운 아이디어를 소개해 줄 때, 그 설명의 맥락은 어디까지나 상담자 개인이 살아온 삶의 경험의 테두리 안에 국한되어 있다는 사실을 내담자와 공유한다. 상담자가 자신이 억제(제한)하는 것(restraints)을 공개적으로 알리고 인식하지 않으면서 내담자가 억제하는 것을 이야기하도록 설명하는 방향에만 초점을 둔 치료적 호기심은 전문가 지식에 초점을 두는 모더니즘 신화를 영구화하는 것이다(Medigan, 1993: Freedman & Combs, 2009 재인용). 상담자가 투명성을 지향하는 대화를 한다는 것은 위계를 완화시키는 좋은 접근 방식이 될 수 있으며, 내담자와 수평적 · 협동적 관계를 실천하는 방법이 된다(Freedman & Combs, 2009).

2. 협업 윤리

내러티브상담은 특정한 문제를 제거하기 위한 기법을 한데 모아 놓은 것이 아닌 인식론, 철학, 개인적 헌신, 정치, 문화, 사회, 윤리, 실천, 삶 등에 관한 것이다(White, 1995). 내러티브상담의 윤리를 이야기할 때 단순히 내러티브상담자라는 직업인으로서의 실천뿐만 아니라, 타인, 지역공동체와 관계를 맺고 살아가는 방식의 실천까지 모두 아울러 반영해 볼 수 있다. 즉, 상담을 하러 찾아온 사람과 작업할 때의 실천방식뿐만 아니라 일상에서 만나는 사람들과 함께 시간을 보낼 때도 사람과 상황을 어떻게 바라보고, 듣고, 생각하고, 이해하며, 인식하는지에 대해 성찰해 보는 것이다. 여기서 우리는 관계 속에서 관계를 맺는 방식에 초점을 두는 실천에 대해 살펴보고자 한다(Doyle, 2017).

1) 지배하지 않는 관계 맺기

통제 윤리는 위계적이고 규칙에 근거한 윤리로서 감독적인 성격을 갖는 반면, 협업 윤리는 협력적 · 수평적 · 양방향적 관계에서 사람들이 선호하는 이야기를 선택하고, 그 이야기에 의미를 부여하도록 돕는다(Freedman & Combs, 2006). 그러므로 임상의 실제는 반드시 따라야 하는 처방이 아니라 태도를 실천하는 방식이며, 그 방식은 항상 변한다는 점을 염두에 두어야 한다(Freedman & Combs, 2009). 상담자가 내담자들과의 관계 맺는 방식(협업의 윤리)을 반영할 수 있는 질문을 다음과 같이 제안한다(Freedman & Combs, 2006, p. 340).

〈내러티브상담적 관계를 개발하기 위해 자신(상담자)에게 던지는 질문〉

① 나는 이 작업이 유용한지, 어떻게 유용한지, 반응을 따라가고 있는지 자신에게 물어보고 있는가?
② 이 관계에서 누구의 목소리가 특권을 가지는가? 그것이 작업과 관계에 미치는 영향은 무엇인가?
③ 어떤 사람이 작업에 충분히 들어가지 못하고 문을 닫고 있다는 신호를 보내는가? 만일 그렇다면 문을 닫게 만드는 데 영향을 주는 권력 관계와 담론은 무엇인가?
④ 협력을 촉진하기 위해 무엇을 하고 있는가? 누구와 협력하는가? 그 협력의 영향은 무엇인가?
⑤ 이 관계는 능동적 행위자의 경험을 열어 주는가, 아니면 닫아 버리는가?
⑥ 이 관계는 다른 사람, 공동체, 문화를 고려하고 있는가? 우리는 이 관계의 파문 효과를 생각하고 있는가?

앞에서와 같이 제안된 6가지 질문을 하나씩 다시 한번 살펴보자.

〈생각해 보기〉

① 이 작업이 유용하다면 누구에게 유용한가? 누구의 반응을 누가 따라가고 있는가? 혹시 내담자의 이야기를 듣고 반응하는 상담자의 반응을 따라가고 있지는 않은가?

② 누구의 목소리에 힘이 실려 있는지, 그것이 내담자와 상담자 상호 간 대화(상담)에 미치는 영향은 어떠한가?

③ 내담자(또는 상담자)가 작업에 충분히 들어가지 못하고 문을 닫고 있다는 신호를 보내는 것을 과연 상담자(또는 내담자)는 지금 알아차리고 있는가? 그리고 그렇게 문을 닫게 만드는 데 권력과 위계가 영향을 준다고 느껴지거나 생각되는가? 그렇다면 그 권력은 어떻게 작용하고 있는가? 혹은 어떤 지배 담론과 관계가 있는가?

④ 상담자는 내담자와 협력을 하고 있는가? 아니면 상담자의 지식이나 관습, 관행, 지배적인 문화, 지배 담론과 협력하는가?

⑤ 상담자는 내담자가 다른 것에 이끌리거나 영향을 받기보다는 내담자 자신의 생각이나 뜻에 따라 행동하거나 말했던 경험을 떠올리고, 상담 장면에서 그것에 대해 편안하게 이야기할 수 있도록 관계를 맺고 있는가?

⑥ 상담자는 내담자의 문제 이야기를 내담자의 고립된 개인으로서의 문제, 내재되어 있는 문제 이야기로 보는가? 아니면 내담자가 속한 사회문화적 영향을 받아 형성된 문제 이야기로 보는가? 상담자는 사회문화적 담론이 주는 영향을 염두에 두며 내담자와 이야기하고 있는가? 여기서 질문한 각각의 방식으로 관계를 맺었을 때, 이러한 방식은 내담자와 상담자 간에 서로 어떤 영향을 주고, 또 내담자의 앞으로의 삶의 이야기에 어떤 영향을 끼치게 되는가?

여러분도 앞의 질문을 천천히 음미하며 읽으면서 이 질문을 하는 것이 상담자인 자신에게, 한 사람의 사회 구성원으로서의 자신에게 어떤 의미가 있는지, 어떤 생각이나 느낌이 떠오르는지 체험해 보기를 바란다.

2) 가르치는 것이 아니라 협력하기

여기, 특권을 부여받은 상담자의 변화에 관한 두 가지 질문이 있다(Freedman &

Combs, 2009, p. 429).

- '나의 상담 장면은 내담자가 자신에 대한 전문가를 상담자로 보도록 하는가, 아니면 자기 자신으로 보도록 하는가?'
- '나의 상담 장면은 내담자가 상담자의 '전문' 지식에 들어가도록 요청하는가, 아니면 상담자가 내담자의 '세계'에 들어가도록 요청하는가?'

앞의 질문에 대한 답으로 어떤 생각이 떠오르는가? '내담자 자신이 자신에 대한 전문가가 되고 상담자가 자신의 전문 지식보다는 내담자의 세계에 들어가도록 하려면, 상담자는 실천 방식을 어떻게 적용할 수 있을까?'라는 질문을 스스로에게 던지는 것부터가 내담자를 가르치려는 것이 아니라 내담자와 협력하려는 상담자의 윤리적 태도를 갖추기 위한 출발점이다.

내러티브상담은 사람들을 가르치는 것이 아니라 사람들에게 질문하는 것이다. 다음과 같이 질문할 수 있다(Freedman & Combs, 2009).

- '이것이 바로 당신이 이야기하고자 하는 것인가요?'
- '이것에 대해 질문해도 괜찮을까요?'
- '이 상담은 도움이 되었나요? 어떻게 도움이 되었나요?'
- '상담이 당신의 삶에 어떤 영향을 미치고 있는지 궁금합니다. 지금까지 어떤 영향이 있었는지 말해 줄 수 있나요? 긍정적인 영향이었나요, 아니면 부정적인 영향이었나요?'
- '지난번 우리가 나누었던 이야기와 관련해서 어떤 생각과 아이디어가 떠올랐나요? 만일 그렇다면, 그런 생각과 아이디어가 떠오르기 전과 비교해서 당신의 삶에 어떤 차이를 만들었나요? 그런 차이는 당신에게 도움이 되는 것인가요?'

그리고 상담자가 상담자의 질문에 대한 내담자의 반응에 진지하게 귀 기울일 때 내담자의 생각과 느낌이 상담 장면의 중심으로(centered) 들어온다. 이러한 맥락에서 질문하기의 실천 방식은 윤리와 연관된다.

전통적인 상담 장면에서는 '왜(why)?'라는 질문은 지양하고 '어떻게(how)?'와 같은 질문을 지향하고 있다. 그 이유로 상담자가 내담자에게 하는 질문의 성격이 열린 개방형의 질문인가 또는 닫힌 폐쇄형의 질문인가를 든다. 내러티브상담에서 상담자는 내담자와의 동맹관계(이 동맹이 실제로 맺어졌는지의 여부는 내담자에 의해 가장 정확하게 드러난다; Richard, 2012) 속에서 내담자가 살아온 삶의 경험을 존중하며 그들의 경험, 동기, 지식, 기술에 특권을 주는 질문을 할 수 있다(Carlson & Erickson, 2001). 그렇기에 내러티브상담에서는 내담자에게 '왜?'라는 질문을 하는 것을 지양하지 않는다. '왜?'라는 질문은 내담자가 자신의 생각, 선호하는 삶의 방식, 추구하는 가치의 근거를 이야기할 수 있도록 돕기 때문이다. 즉, '왜?'라는 질문은 활짝 열린 개방형 질문이라 할 수 있다. 하지만 추궁하듯 이유를 묻는 '왜?'는 내담자가 부담감과 압박감을 느낄 수 있으므로 '왜?'라는 질문을 하는 데 있어서 목소리 톤과 어조를 유의해야 한다. 내담자가 자신의 이야기에 부여하는 의미의 근거가 두터워지고 견고해질수록, 내담자가 들려주는 자신의 이야기는 내담자가 살고 싶어 하는 삶의 정체성으로 구성된다. 결국 질문하기는 내담자와 상담자 간의 협업의 관계를 추구하기 위한 실천 방식이다.

3) 관계적 정체성: 윤리적 실천으로서 자아의 구축

관계(relation)라는 영어 단어의 어원은 라틴어 'relatum(서로 참조하다, 구체적으로 상관하다)'에서 기원한다. 즉, 관계는 본질적으로 서로가 서로에게 영향을 주고받는 속성을 가진다. 내담자와 상담자의 관계 속에서 각자의 정체감은 서로 영향을 주고받으며 계속해서 재구성된다. 이렇게 관계적 정체성을 발전시키는 중에 내담자와 상담자의 목소리가 서로 인정되므로, 자신만의 전문성을 가진 자신의 이야기를 쓸 수 있다. 따라서 내러티브상담의 윤리에서는 내담자가 문제 중심의 정체성이 아니라, 자신이 살고 싶어 하는, 자신이 되고 싶어 하는 정체성을 살아갈 수 있도록 관계를 맺는 것에 관심을 갖는다.

따라서 내담자와 상담자가 지속적으로 관계 속에서 자신의 정체성을 재형성하는 실천은 앞에서 이야기한 협업하기, 관계 맺기, 질문하기, 자신을 맥락에 놓기 등의 상담자의 윤리적 태도와 깊은 연관을 갖는다. 상담자는 자신의 실천 방식이 관계적 정체성과 어떻게 연관되는지 질문하면서 내담자가 선호하는 측면의 정체성을 다시 경험하고 풍부하게 할 수 있다(Freedman & Combs, 2006).

- '문제 이야기와의 관계를 변화시킨 것이 당신의 정체성을 어떻게 변화시켰나요?'
- '문제 이야기와의 새로운 관계에서 당신의 정체성을 뭐라고 이름 붙이고, 어떻게 설명할 수 있을까요?'
- '당신을 문제 있는 사람으로 바라보게 만드는 사람과의 관계 경험이 있나요?'
- '있다면, 당신의 삶과 관계 속에서 그 경험은 당신에게 어떤 영향을 주나요?'
- '당신이 선호하는 관계를 맺기 원할 때 당신 옆에 누가 있길 원하나요?'
- '그렇다면 왜 그러한가요?'

혹여나 상담자가 상담 장면에서 내담자의 표현에 대해 자신이 반응하는 태도를 인지하는 것을 놓친다면, 내담자와의 관계 속에서 자신이 내러티브상담자라는 정체성을 포기하는 것과도 같다.

4) 공동체 윤리

앞에서 살펴보았듯이 사람의 이야기는 고립된 나의 이야기로만 국한되어 끝나지 않고 다른 사람의 이야기와 연결되어 함께 구성된다. 그 다른 사람들이 모여서 공동체를 이루므로 나와 공동체는 상호 영향을 주고받는다. 따라서 공동체 작업은 내러티브상담에서 강력한 영향력을 갖는다.

내러티브상담을 처음 접하는 분들의 쉬운 이해를 돕기 위하여, 상담자로 구성된 공동체의 예를 들어 보고자 한다. 이제 막 내러티브상담에 입문한 상담자를 위한 공동체가 조성될 수도 있다. 이들이 내러티브상담에 대한 서로의 관심사와 생각을 나눌 수 있는 공동체를 갖는 것은 중요하다. 공동체 작업은 상담자들이 스스로 선호하는 존재 방식을 발달시킬 수 있도록 도울 수 있기 때문이다. 이때 공동체는 구성원들이 경험을 함께 나눌 수 있는 의미 있는 공동체로서, 새롭고 대안적인 이야기를 들어 주고 지지하며 구성원의 이야기에 특권을 부여하는 청중으로 구성된 집단을 의미한다. 또한 공동체는 상대를 평가하기 위한 집단이 아니라, 상담자들이 상담자로서 발전해 나가는 자기 이야기의 저자가 되는 데 기여한다. 이를 통해 공동 협력의 공동체 윤리가 실천된다.

상담자들이 스스로 선호하는 존재 방식을 드러내고 이에 들어맞는 실천을 수행하는 데 있어서 공동체의 구성원은 청중, 증인으로서 역할을 하며 돕는다. 그리고 공동체는 상담자들이 자신의 개인적 경험에 대해 다시 말할 수 있는(re-tell) 장소가 되어 준다(Carlson & Erickson, 2001). 이와 같은 내용은 내담자를 위한 공동체 작업에도 그대로 적용된다. 이러한 실천 공동체의 유형은 다양할 수 있다. 정의예식의 말하기, 다시말하기, 다시말하기에 대한 다시말하기 과정에 초대받은 외부증인이나 청중, 반영팀, 워크숍이나 학회, 내러티브상담과 관련된 책이나 논문 함께 읽기 등이 있다(Freedman & Combs, 2009). 이렇듯 개인의 윤리는 공동체의 윤리로 확장될 수 있으며, 결국 개인과 공동체의 윤리는 관계 윤리의 맥락 속에서 함께 이해될 수 있다.

3. 책임 윤리

한 사람의 행동을 특정한 사고방식에 기초하여 개인의 문제 영역 속에서 이해하고 행동의 기준을 제시하는 것을 지배 윤리라고 본다면, 내러티브상담에서는 행동을 결과가 아닌 과정으로 보며 문화적 배경이 다른 사람들과의 구체적인 상호작용으로 부각시키는 것을 책임 윤리라 강조하고 있다(White, 2014). 여기서 설명할 책임감과 책임지는 실천은 한 개인과 공동체 모두에 적용된다.

1) 책임감

책임감이란 정의롭지 못함에 대처하는 것에 관심을 기울이는 것이다(Freedman & Combs, 2006). 개인과 공동체의 윤리는 실천에 대한 상담자의 책임을 강조하며 내담자에게 구조—상담 장면에서 필연적으로 상담자가 내담자에 비해 더 많은 권력을 가질 수 있다는 것, 상담자는 알지 못한다는 자세를 가지고 내담자의 문제 이야기에 대해 내담자와 함께 이야기해 나갈 것이라는 태도를 취한다는 입장—에 대해 설명함으로써 상담자로서 보다 윤리적으로 책임지는 자세를 갖는 것을 추구한다(White, 2014).

화이트는 권력 차이가 가져올 수 있는 잠재적인 부정적 영향력을 인정하면서, 치료적 관계 자체가 완전히 평등할 수 있다는 가정은 옳지 않다고 말한다. 만약 완전히 평등한 관계가 가능하다고 생각하는 순간 상담자는 더 이상 상담자로서 갖는 권력에 대해 생각할 필요가 없을 것이다. 그리고 상담자로서의 책임과 윤리에 대해서도 생각하지 않을 것이다(White, 1995). 그러므로 내담자와 상담자의 관계에서 상담자가 권력을 갖는 것이 불가피하다는 진실을 인정한다면, 상담자가 자신이 가진 권력을 내담자와 공유하고 어떻게 행사할지, 즉 상담자의 책임과 윤리에 대한 생각이 필요해진다. 여기서 내러티브상담자는 이러한 책임을 어떻게 질 수 있을까?

2) 책임지는 실천

책임지는 실천(accountability practices)이란 한 개인 또는 공동체의 차원에서 억압받는 목소리가 누군가에게 받아들일 수 있는 통로가 마련되는 실천을 의미한다. 개인으로서는 한 사람이 가지고 있는 다양한 선호하는 이야기가 문제 이야기에 지배되어 부수적인 이야기로 밀려날 때, 또 공동체 차원에서는 소위 주류에 속하지 못한 이들의 목소리가 소외되고 주변화되며 억압받을 때, 이들의 이야기가 누군가에게 들려지고 이해되며 반응을 얻을 수 있도록 돕는 것이 책임지는 실천의 모습이다. 또한 더 특권이 있는 지배집단의 성원이 스스로 자각하지 못했던 억압적 관행에 맞서며 주변화된 집단 구성원을 책임질 수 있도록 상담자는 필요한 정보를 제공한다(Freedman & Combs, 2006). 홀(Hall)은 책임지는 실천을 설명할 때 '동반자의 책임'이라는 용어를 사용한다(Hall, 1996: Freedman & Combs, 2006 재인용). 즉, 책임지는 실천은 공동체 구성원을 모아 협동하게 하고, 대안적인 사회적 실천을 지지하며, '전문적' 지식과 특권을 받은 세계를 전복하는 접근 방식을 취하는 것이라고 말한다(Freedman & Combs, 2009).

상담자는 내담자가 자신과는 다른 성별, 계층, 사회문화적 환경에서 성장했으며, 내담자와 상담자 모두 삶에 관한 고유의 특별한 이해와 경험을 가지고 있고 영향을 받으며 살고 있다는 사실을 이해한다. 그리고 내담자가 상담자의 표현에서 자신이 이야기하고 있는 것이 완전히 이해되지 못하고 있다는 생각이나 느낌이 든다면, 그러한 느낌과 생각을 자유롭게 상담자에게 이야기할 수 있는 환경이 조성되어야 한다.

내러티브상담자가 내담자와 협업하며 이야기를 나누는 과정에서, 내담자가 어떤 진단에 의해 범주화되기보다는 좀 더 수평적인 관계에서 자신의 고유한 신념과 삶의 가치가 편안하며 안전하게 수용되며 인정된다고 느낄 수 있는 분위기가 확보될 때,

그 상담 장면은 상담자가 책임지는 실천을 할 수 있는 좋은 무대가 되어 줄 것이다.

내러티브상담은 고립이 아닌 연결과 상호작용을(Lee, 2012), 획기적인 해결책으로 모든 것을 해결한다는 지배의 윤리(Paljakka & Sanni, 2018)가 아닌 협업의 윤리(White, 1997)를 제안한다.

집필진들이 출판사로부터 전달받은 원고 가이드에는 한 개 장을 중학교 2학년 학생이 지하철역 세 정거장 가는 동안에 읽을 수 있을 정도로 쉽게 글을 써 달라는 내용이 있었다. 그런데 내러티브상담의 윤리가 그렇게 말랑말랑하게 쉽고 만만하지만은 않기에, 출판사의 요청에 부응하여 쓰기가 쉽지 않았다. 동시에 이 책으로 내러티브상담을 공부하는 사람들이 '이것이 내러티브상담의 윤리구나' 하면서 무엇인가를 손에 쥘 수 있게 해야겠다는 부담과 고민이 있었다.

하지만 이러한 고민과 함께 엎치락뒤치락하며 내러티브상담의 윤리에 대하여 생각한다는 것이 이미 내러티브상담의 윤리적 태도라 할 수 있기에 쓰는 입장에서 힘이 되고 위안을 삼을 수 있었다. 그렇기에 내러티브상담 윤리에 관한 글을 쓰는 것과 내러티브상담에 관심 있는 많은 사람이 이 책을 찾아 읽으면서 생각한다는 것 모두 내러티브상담자로서 책임감을 가지고 책임지는 실천을 드러내는 하나의 방식이 될 수 있다.

데이비드 엡스턴은 화이트가 재즈의 즉흥연주에 대해 이야기했던 것을 언급하며, 재즈 연주자 서드나우(Sudnow, 2001)의 책 『손이 가는 길: 새롭게 쓴 설명(Ways of the Hand: A Rewritten Account)』을 같이 읽어 보자고 말하면서 내러티브상담와 재즈를 잘 아는 친구들을 불러 함께 이야기 나누어 보자고 화이트에게 제안한다(White, 2014).

재즈라는 음악장르에서는 즉흥연주(improvisation)가 폭넓게 사용된다. 같은 곡이라도 연주자에 따라 다르게 해석되고 다른 느낌으로 연주될 수 있다. 내러티브상담자들은 특정 상황의 문제 이야기를 저마다 다르게 바라볼 수 있으며, 내담자들과 새로운 대안적 이야기를 연주해 나갈 수 있다. 다만, 이때 즉흥연주를 하기 위해서는 연주자 각자가 다루는 악기에 대한 전문성이 담보되어야 한다. 마찬가지로 내러티브상담에서 내담자와 상담자는 각자 자신이 살아오면서 얻은 삶의 지식과 기술에 대한 전문성을 인정받고, 자신의 삶의 전문가로서 서로 함께 이야기하며 끊임없이 저작, 재저작을 반복한다. 이처럼 함께 마주 앉아 이야기를 모아 가는 과정 속에서 우리는 아름다운 합주곡을 연주할 수 있다. 마치 협화음과 불협화음을 모두 다루어

한 편의 웅장하고 아름다운 교향곡을 완성할 수 있듯이 말이다.

이처럼 상담자의 태도는 상호 역동적 맥락 안의 실천으로 이해되기에 내러티브상담의 윤리는 간단히 한 단어로 규정되기 어려운 미묘한 성격을 갖는다. 그렇기에 내러티브상담자들이 내러티브상담 윤리를 실천하는 것은 그리 쉽지만은 않을 수 있다. 하지만 화이트(2014)는 생각할 수 있다는 것은 실제 행동으로 이어질 가능성도 그만큼 높아지는 것이라고 이야기했다. 우리가 각자의 현장에서 끊임없이 고민하고 반추하는 성찰의 시간은 우리가 각자의 삶 속에서 윤리적 실천의 주체로서 존재할 수 있게 하는 선물로 보답될 것이다.

참고문헌

고미영(2016). **지역사회를 위한 이야기치료**. 경기: 공동체.

김번영(2015). **이야기치료의 원리와 실제**. 서울: 학지사.

김정효(2020. 1. 4.). "묻지마 범죄 표현부터 잘못" 국립 정신건강센터장의 정곡. 한겨레신문.

두산백과. 윤리(ethics, 倫理).

이현경(2007). **이야기치료: 이론과 실제**. 경기: 양서원.

Carlson, T. D., & Erickson, M. J. (2001). Honoring and privileging personal experience and knowledge: Ideas for a narrative therapy approach to the training and supervision of new therapists. *Contemporary Family Therapy, 23*(2), 199-220.

Combs, G., & Freedman, J. (2002). Relationships not boundaries. *Theoretical Medicine and Bioethics, 23*(3), 203-217.

Doyle, E. M. (2017). Proposing an ethic of responsiveness. *Journal of Systemic Therapies, 36*(3), 39-51.

Epston, D. H., & Carlson, T. S. (Eds.) (2017). *Journal of narrative family therapy: Ideas and practices in the making*. www.journalnft.com

Freedman, J., & Combs, G. (2006). **이야기 치료의 이론과 실제: 부부치료를 중심으로** (*Narrative therapy with couples and a whole lot more!*). (허남순, 이경욱, 여혜숙, 오세향 공역). 서울: 학지사. (원저는 1980년에 출판).

Freedman, J., & Combs, G. (2009). **이야기치료: 선호하는 이야기의 사회적 구성** (*Narrative therapy: The social construction of preferred realities*). (김유숙, 전영주, 정혜정 공역). 서울: 학지사. (원저는 1996년에 출판).

Gordon, C. (Ed.) (1991). **권력과 지식: 미셸 푸코와의 대담** (*Power/knowledge: Selected interviews and other writings 1972-1977*). (홍성민 역). 경기: 나남. (원저는 1980년에 출판).

Hall, R. (1996). Partnership accountability. In C. McLean, M. Carey, & C. White (Eds.), *Men's ways of being* (pp. 217-238). Boulder, CO: Westview.

Ilic, D. (2017). *Conversation analysis of Michael White's decentered and influential position*. Fort Lauderdale, FL: Nova Southeastern University.

Lee, P. L. (2012). Making now precious: Narrative conversations with asylum seekers. *International Journal of Narrative Therapy and Community Work, 1*, 1-10.

Linnell, S. (2004). Towards a 'poethics' of therapeutic practice: Extending the relationship of ethics and aesthetics in narrative therapies through a consideration of the late work of Michel Foucault. *The International Journal of Narrative Therapy and Community Work, 4*, 42-54.

Lobovits, D. H., Maisel, R. L., & Freeman, J. C. (1995). Public practices: An ethic of circulation. In S. Friedman (Ed.), *The reflecting team in action: Collaborative practice in family therapy* (pp. 223-256). New York, NY: The Guilford Press.

Madigan, S. P. (1993). Questions about questions: Situating the therapist's curiosity in front of the family. In S. Gilligan & R. Price (Eds.), *Therapeutic conversations* (pp. 219-230). New York, NY: W. W. Norton & Co.

McNamee, S. (2015). Radical presence: Alternatives to the therapeutic state. *European Journal of Psychotherapy & Counselling, 17*(4), 373-383. Doi: 10.1080/13642537.2015.1094504

McNamee, S., & Gergen, K. J. (Eds.) (2004). **심리치료와 사회구성주의: 자기 이야기의 새로운 구성** (*Therapy as social construction*). (김유숙 역). 서울: 학지사. (원저는 1992년에 출판).

Neal, J. H. (1995). *Gender and men in narrative couples therapy*. Presented at "Narrative Ideas and Therapeutic Practice," Third International Conference, Vancouver, BC.

Paljakka, S. (2018). A house of good words: A prologue to the practice of writing poems as therapeutic documents. *Journal of Narrative Family Therapy, 2018*, Special Release, 49-71. www.journalnft.com

Richardson, C., & Reynolds, V. (2012). "Here we are, amazingly alive": Holding ourselves together with an ethic of social justice in community work. *International Journal of Child, Youth and Family Studies, 1*, 1-19.

Shantasaravanan, K. (2016). *Re-experiencing the Rojak: Narrative therapy and community work in Singapore*, 10-14.

Taliaferro, J. D., Casstevens, W. J., & Gunby, J. T. D. (2013). Working with African American clients using narrative therapy: An operational citizenship and critical race theory framework. *The International Journal of Narrative Therapy & Community Work, 1*, 34-45.

Thomas-Stark, S. (2016). *A narrative inquiry into the use of nature-based therapy material in children's identity development*. Pretoria, ZA: University of Pretoria.

Weingarten, K. (1991). The discourses of intimacy: Adding a social constructionist and feminist view. *Family Process, 30*(3), 285-305. Doi: 10.1111/j.1545-5300.1991.00285.x

White, M. (1991). Deconstruction and therapy. *Dulwich Centre Newsletter, 3*, 21-40.

White, M. (1995). *Re-authoring lives: Interviews & essays*. Adelaide, South Australia: Dulwich Centre Publications.

White, M. (1997). *Narratives of therapists' lives*. Adelaide, South Australia: Dulwich Centre Publications.

White, M. (2010). **이야기치료의 지도** (*Maps of narrative practice*). (이선혜, 정슬기, 허남순 공역). 서울: 학지사. (원저는 2007년에 출판).

White, M. (2014). **내러티브 실천: 마이클 화이트와의 대화** (*Narrative practice: Continuing the conversations*). (김유숙, 최지원, 안미옥 공역). 서울: 학지사. (원저는 2011년에 출판).

제12장

내러티브 슈퍼비전

이선혜(중앙대학교 사회복지학부 및 심리서비스 대학원 교수)

내러티브상담에서 슈퍼비전은 상담자 개인의 일과 삶에 대한 내러티브를 해체하고 재구성하는 포스트모던 대화 과정이다. 내러티브상담 세계관에 비추어 볼 때, 우리가 익히 알고 있는 많은 것은 사회문화적 맥락 속에서 구성된 생산물이다. 내담자 삶의 이야기는 사회문화적 규범과 가치의 영향 속에서 만들어지고 정의된다는 점에서 사회적 산물이다. 상담이라는 '전문적 행위'도 정상적 · 기능적 인간상을 내세우는 모더니즘 시대에 하나의 산업으로 발전한 사회적 산물이다. 이렇게 볼 때 내러티브상담의 슈퍼비전 또한 하나의 사회적 산물이라 하겠다.

내러티브 슈퍼비전, 즉 내러티브상담의 슈퍼비전은 슈퍼바이저와 상담자 모두가 자신의 존재와 자신이 수행하는 전문적 활동을 사회문화적 산물로 바라보고 지속적으로 반영하는 과정을 통해 대안을 모색하는 공동 작업이다. 대안적 '의미'는 수평적 관계 속에서 공동으로 만들어지는 것이고 만들어지는 중에 있는 것이며, 그래서 절대적 결론을 내릴 수 없는 것이라 인식된다. 이에 따라 슈퍼바이저는 슈퍼바이지를 중심에 두고 자신은 탈중심적 입장에서 슈퍼바이지가 한 사람의 자연인이자 상담자로서 자신의 가능성에 대해 보다 많은 선택지를 가질 수 있도록 지원한다.

이와 같은 인식에서 출발하여 이 장에서는 내러티브 슈퍼비전이 국내 상담 실천

현장에서 어떤 모양새로 만들어질 수 있을지 독자들과 함께 탐색해 보고자 한다.

1. 시대정신과 내러티브상담[1)]

이 절에서는 세계화와 국가화, 사회경제적 양극화, 가족의 재구성, 다양한 가치와 규범의 공존과 갈등, 감염병과 환경 위기 등 21세기형 난제 앞에서 이 시대를 관통하는 시대정신은 무엇이고 그러한 시대정신이 인간 삶, 관계, 정체성의 주제를 다루는 전문가로서 내러티브상담자에게 주는 시사점이 무엇인지를 함께 생각해 본다.

1) 심리상담 패러다임은 시공을 초월하는 불변의 것인가

심리상담 모델은 지난 100년간 진화와 발전을 거듭하여 현재 인터넷을 통해 검색되는 수가 400여 개에 이르는데, 이를 움직임이나 흐름의 차원에서 바라볼 때 크게 다섯 가지로 분류된다(Fleuridas & Krafcik, 2019). 처음 세 가지 물결은 정신역동, 행동주의, 인본주의-실존주의로, 시간적으로 볼 때 상대적으로 오래된 것이다. 한편, 최근의 두 가지 물결은 1960년대 시작된 체계적 접근을 비롯하여 1980년대 이후 신자유주의, 세계화 등의 정치경제적 변화와 포스트모더니즘, 페미니즘 등의 사회문화적 움직임으로 대변되는 시대정신 속에서 확산된 여러 접근을 포함한다.

첫 세 가지 물결에 포함되는 많은 심리상담 모델이 20세기에 만들어진 심리학 이론에 토대를 두고 있다. 성격이나 발달에 관한 다양한 이론을 활용하여 개인의 어려움을 설명하고 해결 방안을 제안한다. 특히 개인의 사고, 정서, 행동 발달 면에서 규범적 · 기능적 성과를 촉진하는 데 관심을 둔다. 각 물결은 현상을 설명하는 방식에 있어 서로 다른 전제를 갖고 있기 때문에 다른 범주로 구분되기도 하나, 구조주의와 모더니즘 시각에서 접근한다는 공통점을 갖고 있다. 이러한 접근의 이면에는 현상을 실재로 인식하는 절대론적 세계관이 존재하고 있다. 상담자는 그것을 인지하거나 하지 못한 상태에서 내담자 문제를 객관적 실재로 간주하고 현상의 기저에 존재

1) 이선혜(2020), pp. 11-16 내용을 재구성함.

하는 핵심 문제를 교정하고자 한다. 그런 의미에서 이러한 모델은 현대 심리학 속에서 나고 자란 20세기 사회문화적 산물로서, 이 시대가 추구하는 인간의 성장, 발달, 변화의 담론을 직간접적으로 반영하고 있다(이선혜, 2020).

이와 대조적으로, 제4와 제5의 물결에 속하는 모델은 포스트모더니즘 및 포스트구조주의와 관련 있는 다양한 인문사회과학 이론의 영향을 받아 발달했으며, 그 배경에는 상대론적 세계관이 존재한다. 내담자 문제의 발생과 경과에는 기본적으로 특정 가치와 규범을 절대시하는 사회문화적인 맥락이 존재한다는 입장이다. 따라서 문제해결을 추구하는 과정이나 지향점 또한 그 절대성에 의문을 제기하고 변화를 요구하는 등 기존에 사실 또는 진실로 간주되던 이론이나 지식에 도전하는 모양새이다(이선혜, 2020).

내러티브상담은 제4와 제5의 물결에 해당하는 심리상담 및 사회운동 모델로, 20세기 후반 문학, 철학, 인류학, 언어학, 역사학, 사회학 등 인문사회과학 분야에서 크게 주목받은 다양한 사상, 이론, 연구방법을 임상 현장에 적용하는 과정 중에 개발된 모델이다. 이는 인간의 삶이나 거기서 발생하는 어려움을 바라봄에 있어 기존 심리상담 모델과 구별되는 전제와 시각을 갖고 있다. 내담자의 '문제' 자체보다 '문제'의 맥락에 주목하여 내담자와 문제적 맥락과의 관계 수정을 통해 내담자의 현실을 재구성하고자 한다.

심리상담 패러다임의 변천

- 제1의 물결: 정신역동
- 제2의 물결: 행동주의
- 제3의 물결: 인본주의-실존주의
- 제4의 물결: 초월심리, 가족체계, 페미니즘, 다문화, 생태심리, 사회구성주의·포스트모더니즘
- 제5의 물결: 사회정의, 옹호

출처: Fleuridas & Krafcik (2019).

2) 내러티브상담은 왜 불편한 모델인가

전자와 후자 물결에 속하는 모델 사이에는 인간 존재와 현실에 대한 인식론적 차이가 존재한다. 나아가 이러한 차이는 내담자의 문제와 상황을 정의하는 단계부터 변화를 위한 접근을 수행하고 평가하는 단계에 이르기까지의 전 과정에 걸친 실천 방식의 차이로 이어진다. 상담자가 특정 심리상담 모델을 적용한다는 것은 그 모델이 제시하는 이론과 기법은 물론 그것이 전제하는 인간관과 세계관까지 총체적으로 동원하는 것임을 의미한다. 그래서 내러티브상담 모델을 따르려는 상담자는 심리학 렌즈보다 주로 인문사회과학에서 유래된 이론의 렌즈를 통해 내담자가 처한 상황을 바라보고 내담자가 선호하는 변화를 현실 속에 구현해 내는 데 주력한다(이선혜, 2020).

내러티브상담 전반을 관통하는 핵심은 '사람이 문제가 아니라 문제가 문제다(Problem is the problem, not the person)'라는 원칙에서 쉽게 찾아볼 수 있다. 사람을 문제시하는 것은 일종의 관행으로, 문제를 개인 내면에 존재하는 자기(self)의 역기능에서 비롯되는 것으로 보는 이해 방식에서 오는 것이다. 오히려 문제는 개인의 특징(성, 인종, 성격특성, 장애, 정신적 상태 등)을 범주화하고 판단하는 사회 담론에서 비롯되는 측면이 있다. 따라서 문제는 문제일 뿐, 그 문제로 지장받는 사람의 정체성(사람됨)과 동일시될 수 없다고 본다.

내러티브상담은 결핍과 교정의 메타포에서 해체와 재구성의 메타포로의 패러다임 전환을 요구하는 포스트구조주의 모델로서, 선형적 사고는 물론 순환적 · 체계적 사고에 익숙한 상담자에게도 커다란 도전이 되는 모델이다. 20세기 심리학을 기반으로 발달한 대부분의 상담 모델은 내담자 문제를 객관적 실재로 간주하고 핵심 문제를 교정하고자 한다. 하지만 내러티브상담은 내담자 문제의 배경에 특정 가치와 규범을 절대시하는 사회문화적 맥락이 존재한다는 문제 인식이 있기 때문에 기존 이론이나 지식의 절대성에 도전하는 행보를 취한다. 따라서 내러티브상담을 실천한다는 것은 내담자의 문제와 상황을 정의하는 단계부터 변화를 위한 접근을 수행하고 평가하는 단계에 이르는 전 과정에서 실천 방식의 대전환을 의미하는 것이다(이선혜, 2020).

내러티브상담자의 최대 관심사는 내담자로 하여금 선호하는 자기 모습과 자기 삶의 모습을 주변의 지지자들과 함께 지속적으로 만들어 가고 발전시키도록 지원하는 것이다. 전통적 모델에 익숙한 상담자에게는 이러한 접근이 마치 다른 종류의 렌즈를 착용하는, 그것에 익숙해지기까지는 얼마간의 시간을 요하는 낯선 경험이 될 수 있다(이선혜, 2009). 지역이나 문화권을 막론하고 발달 초기부터 현재까지도 내러티브상담이 배우고 익히기 수월하지 않은 접근 중 하나로 자주 언급되는 이유이다. 그러나 중장기적으로 볼 때, 다른 종류의 렌즈를 편안하게 착용할 수 있다는 것은 대안 창출의 가능성을 높이고 실천 주체로서 상담자의 역량이 성장하는 것이기도 하다.

3) 내러티브상담은 우리 시대의 사회적 요구에 화답할 수 있는가

내러티브상담(White & Epston, 1990)은 가족 상담 분야에서 발달한 모델로 2000년을 전후하여 '내러티브상담' 또는 '내러티브 접근'이라는 명칭으로 국내 가족 상담 분야에 소개되기 시작했으며, 최근에는 개인 상담 분야에서도 널리 인지되고 있다. 국내에서 가족 상담 실천 현황에 대해 2005년과 2018년에 두 차례 설문조사가 이루어졌는데, 내러티브상담은 그간 국내 상담자들의 꾸준한 관심을 받아 왔으며 교육과 적용 면에서 우선순위가 높아지고 있다(이선혜, 서진환, 신영화, 2005; 최지원, 김수지, 2018). 1차 조사에서 내러티브상담은 12가지 가족 상담 모델 중 교육훈련 경험이 있다는 응답이 8순위에 그쳤으나, 2차 조사에서는 3단계 상승하여 5순위로 올라섰다. 또한 1차 조사에서 내러티브상담은 전략적 접근과 함께 주로 적용하는 접근 7순위로 나타났으나, 2차 조사에서는 응답이 3배 이상 증가하면서 4순위를 기록했다. 나아가 내러티브상담은 두 차례 조사에서 모두 향후 적용하고 싶은 접근 1순위로 지목되었는데, 이는 상담자들 사이에서 내러티브상담의 교육훈련과 적용에 대한 관심과 욕구가 지속되고 있음을 잘 보여 주는 것이다.

한국 사회에서 내러티브상담에 대한 이 같은 관심은 사회 구성원의 생존 현실에서 발생하는 다양한 삶의 어려움을 '어떻게 바라보고 지원할 것인가'라는 상담자의 고민과 맞닿아 있다. 우리 사회는 1990년대 세계화와 더불어 인구고령화와 여성의 노동시장 참여 증가로 인해 신사회 위험의 영향권하에 놓이게 되었으며, 그러한 조류 속에서 가족생애주기, 가족구조, 가족가치관, 가족기능 변화 등이 가속화되었다(정문자, 정혜정, 이선혜, 전영주, 2018). 우리 사회에서 1997년 외환 위기는 소위 '가족의 약화와 해체'가 본격화하면서 한국인들의 삶을 이해하고 살아가는 방식에 근본적 변화를 초래한 계기가 되었다(한준 외, 2017). 'N포 세대' '헬조선증후군'와 같은 유행어는 졸업, 취업, 결혼, 자녀 출산 등 한때 우리 사회에서 당연시되던 삶의 수순과 모양이 어떠한 이유로든 더 이상 당연한 과정이자 목표가 아니라는 현실 인식을 단적으로 보여 주게 되었다. 최근 코로나19 사태로 인한 고용 및 주거 불안 그리고 양극화 심화는 이 같은 사회 현실과 인식 변화를 가속화하는 것으로 지적되고 있다(관계부처합동, 2020).

이렇듯 불확실하고 통제할 수 없는 사회구조적 조건은 다른 한편으로는 우리 사회에서 규범으로부터의 이탈을 다름과 차이로 인식하는 시각의 발달을 촉진하는 데 기여한 측면이 있다. 성정체성, 종교, 인종, 문화, 장애 등 다양한 영역에서 상이한 가치와 특성을 가진 집단들이 가시화하면서 사회적 차원에서는 상생을, 실존적 차원에서는 비규범적 존재 방식에 대한 무비판적·비판단적 태도를 구현 가능케 하는 휴먼서비스 모델의 필요성과 유용성이 증가하고 있다. 이러한 점이 아마도 다양성의 시대정신과 성장·힐링을 지향하는 상담 분야의 트렌드가 교차하는 지점에서 상담자들이 포스트모던 상담 모델에 주목하게 되는 이유일 것이다(이선혜, 2020).

2. 내러티브 슈퍼비전의 특징

이 절에서는 내러티브 슈퍼비전의 주된 특징을 살펴본다. 포스트모던 상담에 공통적으로 적용되는 슈퍼비전의 목표와 전제에 대해 먼저 알아보고, 이어서 내러티브 슈퍼비전의 기본 원칙과 목표에 대해 설명한다.

1) '슈퍼비전'이란 용어의 이슈

상담 분야에서 흔히 사용하는 슈퍼비전(supervision)이란 용어에는 최소한 두 가지가 전제되어 있다.

첫째, 슈퍼비전을 주고받는 주체들 간에 위계적이고 수직적인 관계가 존재한다.

둘째, '좋은 상담자'에 대한 정의를 전제로 그것을 정상화하고 평가하는 기준이 사용된다. 이와 대조적으로, 포스트모던 접근으로 분류되는 내러티브상담, 해결중심 단기상담, 협력적 언어체계의 경우, 다양한 가능성에 가치를 두고 있기 때문에 슈퍼바이저의 전문적 지식이 항상 우위에 있다고 보지는 않는다(Speedy, 2000). 이러한 이유 때문에 포스트모던 접근에서는 슈퍼비전이란 용어의 대안으로 공유비전

(sharevision), 공동비전(co-vision), 멘토링(mentoring), 코칭(coaching) 등 다양한 용어가 언급되는데, 내러티브상담에서는 종종 자문(consultation)이란 용어를 사용한다.

2) 포스트모던 슈퍼비전의 공통적 전제

포스트모던 접근으로 분류되는 상담 모델은 공통적으로 다음과 같은 기본 전제에 기초하여 내담자 현상을 이해하고 접근한다. 이 같은 기본 전제는 슈퍼비전 장면에서도 동일하게 적용된다.

(1) 슈퍼비전은 공동으로 의미를 구성하는 과정이다

의미는 사회적 상호작용과 사회적 합의를 통해 발달된다. 현상에 대한 이해, 특히 진행 중인 대화는 사회적으로 협상된 것이며 그 이해가 존재하는 맥락과 불가분의 관계에 있다. 훈련체계(슈퍼바이저-상담자)는 치료체계(상담자-내담자)와 마찬가지로 일종의 의미생성체계 또는 언어체계로서 슈퍼바이저와 상담자는 그 속에서 함께 의미를 만든다. 즉, 슈퍼비전은 슈퍼바이저와 상담자의 전문적 식견이 공유되는 협력적 · 이타적 · 수평적 과정이다(Gergen, 1985; Saleebey, 1994).

(2) 의미는 항상 '만들어지는 과정에 있는 무엇'이다

말이나 의사소통은 항상 새로운 해석의 가능성을 내포하고 있기 때문에 완전하거나 분명하거나 지속되는 것이 아니다(Anderson & Goolishian, 1988). 포스트모던 관점에 기초한 슈퍼비전은 상담자로 하여금 치료적 '현실'이 어떻게 생성되는지 그리고 그 과정에서 시시각각 의미가 변하는 속성을 갖고 있는 언어가 어떤 역할을 하고 있는지에 관심을 기울이도록 한다.

(3) '알지 못함의 자세'를 취한다

포스트모던 접근에서는 내담자와 치료적 상호작용을 함에 있어 '알지 못함의 자세(not-knowing position)'(Anderson & Goolishian, 1992)를 중시한다. 상담자는 전문가(내담자와 공조하지 않는) 입장이 아니라 내담자에 대해 호기심을 가지는 자세(Cecchin, 1987)로 내담자를 대하도록 기대된다. 상담자 태도의 이러한 전환은 내담자가 자신의 강점과 능력을 파악하고 자신과 자신이 처한 상황에 대해 보다 자발적인 이해를 발전시키도록 도움으로써 결과적으로 치료적 상호작용을 촉진한다(Gardner et al., 2008).

슈퍼비전 관계도 이와 유사하다. 포스트모던 슈퍼바이저의 입장은 '알지 못함의 자세'(Anderson & Goolishin, 1992)로 요약된다. 지식은 전문적 권위에서 오는 것이 아니라 타인과의 사회적 상호작용에서 비롯되는 것으로 인식되기 때문에, 슈퍼바이저의 전문적 식견은 고도로 축적된 지식을 전달하는 것이 아니라 슈퍼비전 대화를 노련하게 이끌어 나가는 것에 있다. 비전문가적 입장(non-expert position)을 취하는 것이 슈퍼바이저의 경험과 전문적 식견에 대한 부정을 의미하는 것은 아니다. 선지식(pre-knowing), 즉 '선택적으로 수집되고 해석된 자료에 바탕을 둔 절대적 결론'이란 결코 존재하지 않음을 의미하는 것이다(Allen, 1993, p. 40).

(4) 다양한 관점을 음미하고 새로운 의미를 개발하는 슈퍼바이지 역량을 향상시킨다

슈퍼비전 체계의 목적은 새로운 의미를 공동 개발하고 나아가 학습과 변화를 위한 맥락을 조성하는 것으로서(Anderson & Swim, 1995, p. 2), 슈퍼바이지가 스스로에 대한 의미를 변화시키도록 하는 데 초점을 둔다(Davis et al., 1994; Parry & Doan, 1994; White & Epston, 1990). 그런 의미에서 포스트모던 슈퍼비전은 무능과 막힘보다는 유능과 성장에 관한 치료자의 새로운 자기 이야기를 공동 구성하는 과정이라 할 수 있다(Davis et al., 1994, p. 2).

3) 포스트모던 슈퍼비전의 목표와 초점

내러티브 슈퍼비전을 포함하는 포스트모던 슈퍼비전의 목표는 슈퍼바이지가 대화를 치료적으로 이끌어 나갈 수 있도록 그 능력을 함양하는 것이다. 슈퍼바이저는 훈련, 교육, 임상에서 비롯된 자신의 경험과 지식을 활용하면서도 슈퍼바이지가 갖고 있는 독특한 경험과 지식을 음미하고 육성하기 위해 최선을 다한다(Gardner, Bobele, & Biever, 2008). 포스트모던 슈퍼비전에서는 내담자에게 초점을 두기는 하지만 슈퍼바이지 자신이나 슈퍼바이지 능력에 관해 새로운 정보나 견해를 만들어 내도록 슈퍼바이지를 독려한다(Parry & Doan, 1994; White & Epston, 1990). 슈퍼바이저는 주도적 입장에서 새로운 정보나 견해를 제공하기보다 새로운 정보를 만들어 내는 슈퍼바이지 능력을 향상시키는 데 주력한다(Anderson & Swim, 1995; Aronson,

1993: Gardner et al., 2008에서 재인용; Davis, Gorman, & Lockerman, 1994; Ungar, 2006).

이렇게 볼 때 내러티브 슈퍼비전의 목표는 상담자로서 슈퍼바이지의 빈약한 이야기와 정체성이 풍부하게 재구성될 수 있도록 돕는 것이라 할 수 있다. 슈퍼바이지가 내담자를 지원하는 과정에서 경험하는 어려움을 외재화하거나, 슈퍼바이지가 간과하고 있었던 자신의 실천 역량에 주목하도록 하거나, 내담자 성과를 확대시키는 방안에 대한 다양한 아이디어를 함께 나누는 등 슈퍼바이지의 실천 역량을 발달시키고 상담자로서 임파워먼트의 경험을 할 수 있도록 지원한다.

또한 슈퍼바이지는 자연인이자 상담자이고 이 두 가지 삶의 이야기와 정체성이 서로 연결되어 있다. 따라서 내러티브 슈퍼비전을 통해 자연인으로서 슈퍼바이지의 삶의 이야기와 정체성이 보다 풍부히 재구성되도록 지원할 수 있을 것이다. 자연인으로서의 슈퍼바이지의 삶의 이야기와 지향하는 가치 등이 상담자로서의 슈퍼바이지의 실천의 모습과 어떤 관련성이 있는지, 상담자로서의 역량 발달에 어떤 영향을 주었는지 그리고 상담자로서의 성취와 도전이 반대로 자연인으로서의 슈퍼바이지의 정체성과 어떤 관련이 있는지 등의 주제와 관련하여 슈퍼비전 대화가 이루어질 수 있다.

4) 내러티브 슈퍼비전의 기본 원칙

내러티브 슈퍼비전은 내러티브상담을 이끌어 가는 동일한 원칙에 의해 이루어진다. 무엇보다 내담자 삶의 실질적 조건이 변화하는 방향으로 치료하고 슈퍼비전하는 데 중점을 둔다는 점에서 내러티브상담과 슈퍼비전은 모두 정치성을 내포하고 있다(Kahn & Monk, 2017). 내러티브상담에 기반한 상담의 기본 원칙을 다시 한번 살펴보면 다음과 같다.

- 내담자 문제를 사회정치적 맥락 속에서 개념화함
- 내담자를 억압하는 '정상성'에 대한 규범에 도전함
- 상담자와 내담자의 당사자 지식(local knowledge)을 정당한 것으로 평가하고 일상과 관계상의 변화를 만들어 내는 데 도움이 되는 지식으로 바라봄
- 억압 담론에 맞설 수 있는 주체로서의 의식을 촉진함으로써 내담자 삶과 정체성에 실질적 영향을 주고자 함

앞의 원칙을 전제로 칸(Kahn, 2013)은 내러티브 슈퍼비전의 핵심 요소를 다음의 다섯 가지로 제안했다.

- 지식을 담론으로 바라보기
- 현실을 현상에 대해 다중적 관점과 해석이 공존 가능한 공간으로서 바라보기
- 지식을 공동으로 구성하기
- 슈퍼바이지와 내담자 관점과 경험에 가치를 부여하기
- 지시 대신 질문 사용하기, 비단정적 표현 사용하기

5) 내러티브 슈퍼비전의 목표

내담자와 마찬가지로 상담자도 상담 현장에서 다양한 문제나 어려움을 만난다. 내담자가 그렇듯 상담자 또한 거대 담론과 거대 내러티브가 작동하는 상담문화 속에서 자신의 일과 삶에서 발생하는 문제나 어려움에 대해 정상-비정상, 능력-무능력, 의존-독립 등 이분적 사고를 동원하여 평가하는 경향이 있다. 이는 근대적 자기(modern self)를 둘러싼 자기통제의 신화, 삶을 계획하고 관리한다는 발상 등에 가치를 부여하는 관행에 따른 불가피한 결과이다. 그래서 내담자와의 대화가 잘 풀리지 않을 때 조력전문가로서 상담자의 정체성은 부정적 영향을 받는다. 이러한 상황이 반복되면 상담자는 자신의 전문적 경험을 평가절하하고 상담자로서의 자기 정체성에 관해 실패나 결핍의 주제를 중심으로 빈약한 결론을 내리기도 한다(Fox, 2013; Winslade, 2002).

내러티브 관점에서 상담자의 일과 삶은 서로 분리된 것이 아니다. 상담자의 전문지식과 기술이 발전하는 과정에는 교육과정은 물론 사적 경험이 함께 녹아들어 있다고 보기 때문이다. 상담자로서 우리 삶에 존재하는 모든 것은 우리가 하는 전문적 활동에 영감을 줌으로써 내담자와의 상담 대화를 보다 창의적으로 이끌어 갈 수 있도록 해 준다. 그 때문에 슈퍼비전에서 이루어지는 대화는 슈퍼바이지는 물론 슈퍼바이저 개인의 삶의 이야기를 포함할 수 있고, 슈퍼비전 대화는 슈퍼바이지의 치료적 활동에서 대안과 가능성을 공동으로 구성하는 데 초점을 둔다. 내러티브 슈퍼비전에서는 '개인적인 것이 곧 전문적인 것'(White & Hales, 1997)이기 때문이다.

3. 내러티브 슈퍼비전의 유형과 방법[2)]

상담자가 되고자 입문하는 사람들은 일반적으로 정규 교육과정을 통해 이론을 학습하고 실습이나 수련과정을 통해 실전을 배운다. 그런데 내러티브상담을 가르치고 배우는 데는 이런 접근 방식이 그다지 효과적이지 않다. 포스트구조주의 및 포스트모더니즘 세계관을 배경으로 하는 내러티브상담은 통상적 상담 모델의 세계관과 차이가 있기 때문에 이미 상담에 대한 교육과 훈련을 받은 경험이 있더라도 낯설고 난해하게 느껴지는 경향이 있다. 이미 익숙해진 관점을 유지한 채 그 경계를 벗어나 새롭고 낯선 관점을 배우고 적용하는 일은 종종 혼란을 가져오고 목적의식을 상실하도록 만들기 십상이다.

그래서 국내외 현장에서 내러티브상담을 가르치고 슈퍼비전을 해 왔던 이들은 슈퍼바이지가 내러티브상담 세계관을 이해하고 적용하며 기술과 기법에 연결시키는 데 도움을 주고자 다양한 방법을 개발해 왔다. 이러한 방법 가운데는 교육적 성격이 강한 것도 있고, 슈퍼비전의 성격이 두드러지는 것도 있으며, 심지어 치료적 감성을 자극하는 것도 있다. 그럼에도 여기서 한 가지 주목되는 점은 이 방법 가운데 내러티브상담의 세계관과 원칙을 직접 수행하도록 하는 성격의 방법이 꽤 있다는 것이다. 내러티브상담을 실천한다는 것이 이론서에 나오는 기법을 사용하는 것 이상의 의미를 갖기 때문이다. 이론을 익히는 과정에 실습이 동반되고 실습을 통해 이론을 이해해야 비로소 내러티브상담적 대화의 질문 하나하나가 의미 있는 텍스트 구성에 기여할 수 있다.

그런 의미에서 내러티브 슈퍼비전은 통상적 심리상담의 슈퍼비전 방식과 유사한 것으로 보기 어렵다. 이론을 가르치고 실전을 지도하는 맥락과 방법 사이에 경계가 선명하지 않아서이다. 오히려 교육, 훈련, 슈퍼비전의 경계를 넘나드는 방식이라는 설명이 더 가깝다고 할 수 있다. 다음 〈표 12-1〉에 제시된 방법은 슈퍼바이지 자가 평가에서 개인 슈퍼비전, 집단 슈퍼비전, 이론 수업 중 활동 등 다양한 맥락에서 내러티브상담의 세계관을 익히고 적용하는 데 유용하게 사용될 수 있다.

2) 이선혜(2021)에서 발췌 및 재구성함.

표 12-1 내러티브 슈퍼비전의 다양한 방법

	명칭	초점	자료
1	자가평가모형	치료적 대화의 구조와 내용에 대한 자가점검	이선혜(2005)
2	질문 다시쓰기	슈퍼바이지 질문 기술 향상	Epston(2017)
3	거꾸로 배우기	모범 사례 연구를 통한 내러티브상담 이론 및 기술 습득	Carlson et al. (2017)
4	상담치료문화 해체하기	포스트구조주의 세계관의 이해(사회문화적 산물로서 치료문화, 상담자–내담자 권력관계)	Morgan(1999) 이선혜(2008, 2009)
5	슈퍼바이저의 면접	• 슈퍼바이지의 치료적 기술 향상 • 슈퍼바이지의 전문적 정체성 재구성	White(1992), Fox(2013)
6	반영팀	• 슈퍼바이지의 치료적 기술 향상 • 슈퍼바이지의 전문적 정체성 재구성	Fox et al. (2002)

1) 자가평가모형 활용하기

포스트구조주의 세계관과 인간관에 따라 치료적 대화를 진행하는 요령을 터득하는 빠른 방법 중 하나는 화이트(White, 2010)가 개발한 지도(map)에 따라 치료적 대화를 주고받는 것이다. 지도란 대화의 순서와 내용을 안내하는 지침으로, 목적하는 바에 효율적으로 도달하기 위해 만들어진 일련의 질문이다. 내러티브상담의 지도는 대표적으로 외재화 대화, 독특한 결과 대화, 회원재구성 대화를 들 수 있으며 현재도 계속 개발되고 있다. 상담자가 지도에서 안내하는 단계에 따라 특정한 질문을 던지고 내담자가 그에 답하는 과정을 거치면서 내담자는 상당히 생소한 방식으로 자신의 삶을 바라보고 이야기하는 경험을 하게 된다.

회기가 종료된 뒤 상담자는 [그림 12-1]과 [그림 12-2]와 같이 자신의 질문을 지도의 지침과 비교하면서 스스로 지난 회기를 평가하고 다음 회기를 준비할 수 있다. 먼저, 치료 대화를 전사한 뒤 각 질문(X)에 번호를 부여하고, 각 질문이 속하는 질문 범주/단계(Y)를 확인한 뒤 값(X, Y)을 차트 위에 표시한다. 즉, 각 질문이 상담자가 사용한 지도상의 어떤 범주/단계에 속하는지를 확인하여 해당 위치에 표시하는 것이다. 그런 뒤 차트에 표시된 질문의 전반적 분포와 이동 경로를 추적하면서 자신이 던졌던 질문의 범주와 내용이 어떠한지, 즉 치료적 대화의 흐름을 얼마나 효과적이고 효율적으로 만들어 나갔는지에 관해 자신의 역량을 스스로 평가할 수 있다.

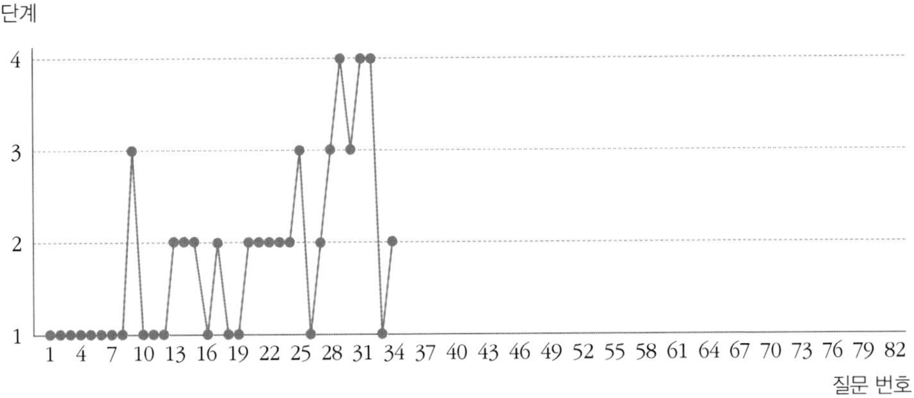

[그림 12-1] 외재화 대화: 전문가

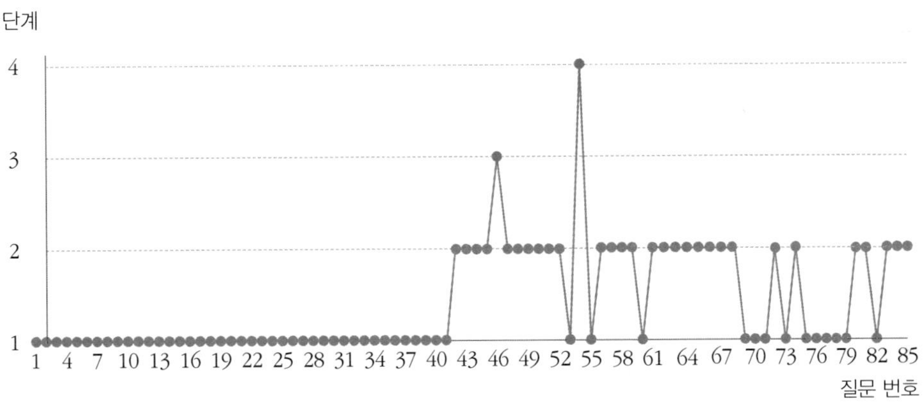

[그림 12-2] 외재화 대화: 훈련생

예를 들어, [그림 12-1]과 [그림 12-2]를 통해 전문가와 훈련생이 각자 외재화 지도에 따라 진행한 대화를 살펴보자. 전문가는 33개의 질문으로 외재화 지도의 4단계 대화를 마무리한 반면, 훈련생은 80개 이상의 질문을 하였으나 4단계에 진입하지 못한 채 대화를 마친 것을 인지할 수 있다. 훈련생은 이 차트를 통해 자신의 대화가 주로 1, 2단계에 머무르고 있었음을 시각적으로 확인하게 되는 동시에, 이번 대화에 이어 앞으로 3, 4단계의 대화를 발달시키기 위해 내담자에게 어떤 질문을 던질 수 있을지 생각해 보게 된다. 이 분석방법에 관한 보다 구체적인 사항은 이선혜(2005)의 연구를 참조할 수 있다.

이 자가분석 방법은 내러티브상담의 질문하기 방식에 익숙해지는 과정을 매 회기 상담자가 스스로 진행할 수 있다는 점에서 유용하다. 또한 이후에는 내담자 내러티브의 해체와 발달 정도를 가늠하고 내러티브 발달을 더욱 촉진하기 위해 향후 회기에서 던질 만한 질문거리를 구상하기 위한 유용한 방법이 될 수 있다. 기억할 점은, 여기서 차트에 기록하는 것은 상담자의 질문이지 내담자의 내러티브가 아니다. 그래서 문제가 얼마나 어떻게 해체되고 있는지, 그리고 새롭게 발달 중인 내러티브의 질이 어떠한지, 즉 어느 정도 풍부한 기술(thick description)이 되고 있는지를 평가하는 데는 한계가 있다. 따라서 이 방법이 상담자의 진척을 평가하는 유일한 방법이 될 수는 없다. 또한 화이트(2010)의 지적대로 일단 해당 지도에 익숙해지면 지도의 지침에 얽매이지 않고 보다 유연하게 대화를 진행하는 방향으로 자신의 역량을 발달시킬 수 있음을 기억할 필요가 있다.

2) 슈퍼바이저의 질문 다시쓰기

내러티브상담의 개발자 엡스턴(Epston)은 최근 질문 기술 향상을 위한 슈퍼비전

상1: 지난번에 '긍정의 힘'에 대해서 말씀하셨는데 그럼 현재에는 그 '긍정의 힘'이 어떻게 힘을 발휘하나요?

내1: 새로운 거에 도전하는 것을 좋아해요. 교육적인 것도 있는데.... 지금은 그걸 알고, 해야 되는 것도 아는데.... 머리로는 알고 지금 도전해야겠다는 생각도 있는데... 아직 안 되네요.

상2: 왜 그러신 것 같아요? 악마가 어머님을 조정하나요?

내2: 뭔가 눌려 있는 느낌? 뭔지는 모르겠는데 어디서 해답을 찾아야 할지... 세상에 대한 두려움이 있지 않을까 싶어요.

상3: 그 두려움은 어디서 오는 걸까요, 어머니?

내3: 모든 생활환경에서 오는 중압감... 작은 것에서부터 일어서야 되지 않을 까하는 생각 드는데 잡고 일어서야할 그게 없는 거예요

상4: 예전에는 어머님이 잡고 일어날 힘이 어디에 있던 것 같으세요?

내4: 가족이었던 것 같아요... 정말로 움츠려 들다가 어느 순간 '아 이거 아니지' 벌떡 일어나 움직이면서 밖에 나가서 추진해 나가는 그런 것도 있었는데 지금은 그런 게 안 되요. 방법을 모르겠어요.

상5: 아이들도 있고 그전이랑 상황이 변한 것은 남편이 없다는 것인데 지금은 왜 잘 안될까요? 남편에 대한 두려움 때문일까요?

[메모:1] CAU 2019-07-04 08:41
- "새로운 것에 도전하는 것을 좋아한다"고요?
- 무언가에 도전했던 일에 대해 이야기 해주시겠어요?
- 언제부터, 어떻게 새로운 일에 도전하는 것을 즐겨하게 되었는지요?

[메모:2] CAU 2019-07-04 08:45
- 눌려있는 느낌, 세상에 대한 두려움이란 표현을 하셨는데, 그것에 대해 조금 더 자세히 이야기 해주시겠어요? 둘 중 하나도 좋고 둘 다도 좋고요
- 언제, 누구와 혹은 어떤 상황에서 그런 느낌이 오지요?

[메모:3] CAU 2019-07-04 08:48
- "작은 것에서 부터 일어선다", "잡고 일어서야 할 그게 없다"고 하셨는데, -
- 그게 무슨 의미이지요? 그런 생각을 언제부터 어떻게 하게 되었을까요? 과거 경험을 생각해볼 때 작은 것에서부터 시작하거나 잡고 일어설 것이 있었던 때가 기억나세요? 그 일들에 대해 이야기 해주세요.

[메모:4] CAU 2019-07-04 08:52
"벌떡 일어나...추진해나가는.."이라고 하셨는데, 그 때 있었던 경험을 이야기해주세요.
- 언제, 어디서, 어떤 상황에서 그렇게 했는지요?
- 어떻게, 무슨 생각에, 무슨 마음(바람, 목적)에 누구의 응원 등으로 그렇게 할 수 있었을까요?

[그림 12-3] 슈퍼바이저의 대안 질문 예시

출처: 한국가족치료학회(2016)에 제시된 축어록을 발췌하여 사용함.

방법의 하나로 슈퍼바이지의 치료적 질문에 직접 피드백을 제공하는 방법을 채용하고 있다(Epston, 2017). 상담자는 자신의 상담 회기를 전사하여 슈퍼바이저에게 제출하고 슈퍼바이저는 축어록을 검토하면서 [그림 12-3]과 같이 상담자의 질문에 대해 대안을 제시해 준다. 슈퍼바이저는 축어록 텍스트를 한 줄 한 줄 읽어 내려가다가 상담자가 질문한 지점에 멈추어 서서 상담자가 이미 던진 질문 이외에 어떤 다른 질문을 할 수 있을지 제안한다.

이 대화는 이미 종료되었기 때문에 슈퍼바이저가 대안 질문을 제시한다 해도 내담자의 대답이 달라지지는 않는다. 즉, 매 질문에 대안이 제시되는 데 그칠 뿐이다. 그럼에도 이러한 제안은 문제를 외재화 또는 맥락화하는 언어 표현과 같은 미세 기술을 익히는 데 도움이 될 뿐만 아니라 내담자의 대답 가운데 어디에 주목할 것인지, 주목되는 점을 어떻게 확장해 나갈 것인지(unpacking) 등 대화의 돌파구를 찾거나 흐름을 돌리는 방법에 대한 영감을 줌으로써 이후 회기에, 혹은 향후 다른 사례에서 진행될 치료적 대화에 새로운 가능성을 열어 줄 수 있다.

3) 거꾸로 배우기

이 방법은 내러티브상담의 공동 개발자 엡스턴의 아이디어에서 출발한 것으로 모범 사례를 통해 내러티브상담의 세계관과 기술을 터득해 가도록 하는 방법이다(Carlson et al., 2017). 엡스턴은 '지식 전수' 위주의 판에 박힌 교육이 상담자의 상상력과 창의성을 훼손한다고 보면서, 선 이론 학습과 후 적용의 전형적 교육방법이 아니라 오히려 모범 사례를 먼저 접하는 '거꾸로 배우기(learning backwards)'를 통해 내러티브상담의 이론, 개념, 원칙, 기술을 명확히 가르칠 수 있다고 보았다. 여기서 모범 사례란 내러티브 철학과 전제를 충실히 반영하는 방식으로 진행된 사례로서, 학술적 글쓰기가 아니라 상담자가 현장에서 내러티브상담 접근으로 내담자를 만나면서 경험한 바를 실무적 글쓰기로 정리한 이야기 형태의 텍스트를 말한다. 다시 말해, 사례 이야기는 실천에 관한 보고서를 이야기 버전으로 전환시킨 것으로서, 독자로 하여금 상담자와 내담자를 비롯한 등장인물들의 생각, 관심사, 희망에 빠져들게 하려는 의도하에 작성된 텍스트이다. 그런 의미에서 학술용어나 참고문헌을 사용하여 상담자의 실천적 개입을 기술하는 통상적 방식과는 거리가 멀다.

이론이 아닌 사례를 통해 내러티브상담을 배우는 방법의 핵심은 교육생들로 하여금 사례를 숙독하고 매핑하면서 내러티브상담에 기반한 접근이 실제로 어떻게 이루어지는지를 목격한 뒤 이론에 접하도록 하는 데 있다. 이 과정은 크게 3단계로 구성되며, [그림 12-4]와 같이 진행된다.

첫 번째 단계에서 학생은 사전에 배부받은 모범 사례를 개별적으로 숙독하고 그에 대한 반영문을 작성하여 수업에 참여한다. 학생은 수업에서 2인 1조를 구성하여 각자의 반영문을 참고하며 상담자로서 화자의 가치, 신념, 윤리 등에 대한 인상을 나눈다.

두 번째 단계에서는 상담자의 질문을 의도와 연결 지어 본다. 즉, 상담자의 의도(지향)가 어떤 질문에 어떻게 반영되어 그 같은 의미 있는 상담 성과(결과)에 이르게 되었는지 그 과정을 조목조목 매핑한다.

세 번째 단계에서는 학생이 자신이 진행한 사례를 전사하고 앞서 모범 사례에 대

- 모범 사례 읽기
  - 질문 가이드에 따라 수업 전까지 반영문 작성하기(주목되는 질문, 이야기 반전 지점 등)
  - 2인 1조 반영, 집단반영을 통해 화자의 가치, 신념, 윤리 도출하기
- 모범 사례 매핑하기
  - 상담자 가치/윤리와 질문을 연결 짓기
  - 질문의 배경, 이유, 방향(x가 아니라 y를 질문하는) 유추하기
  - 간과했던 점을 보게 한 질문 찾기
  - 낯선 행동을 하게 한 질문, 내담자 됨됨이(정체성)가 드러나도록 한 질문 찾기
  - 자신을 미덕이 있는 존재로 보도록 한 질문을 찾고 내담자의 시각 전환에 이르기까지의 과정 짚어 보기
  - 상담자가 던진 일련의 질문을 무엇이라 부를 수 있을지 적절한 명칭 찾아보기
- 자기 사례 매핑하기
  - 교육생이 자신의 실천 사례를 전사하고 모범 사례를 분석했던 방식 그대로 자신의 사례에 적용하여 매핑하기
  - 사례 진행 시 지침으로 삼았던 지향(가치, 신념, 윤리) 명명하기, 그러한 지향이 자신의 실천에 어떻게 투영되었는지 그 방식/과정 명명하기
  - 모범 사례의 질문 방식과 함께 스스로 개발한 고유한 질문 방식 모두 매핑하기

[그림 12-4] '거꾸로 배우기' 개요

해 연습한 것과 유사한 방식으로 자신의 상담 대화를 매핑해 본다. 이 과정은 대학에서 한 학기 교과로 진행할 수 있으며, 이 같은 독특한 교육 기회에 참여한 경험에 대한 반영으로 학기를 마무리할 수 있다.

이 방법은 독자로 하여금 상담자의 생각과 마음의 세계로 들어가도록 함으로써 실천을 이야기하는 것(telling)이 아니라 보여 주는 것(showing)으로 만들 수 있다는 이점이 있다. 칼슨(Carlson)과 엡스턴은 실제로 한 학기 동안 이 방법을 실험적으로 적용하면서 여러 측면에서 흥미로운 경험을 했음을 보고하고 있다. 상담자의 실천담을 통해 상담 대화를 이끄는 가치, 신념, 윤리를 이해하는 교육 방식은 학생으로 하여금 자기 자신만의 내러티브상담 방법을 찾아 나가는 과정을 촉진할 수 있었다. 그러나 학생들은 깔끔한 파워포인트에 기초한 이론 교육이 선행되지 않았던 것 때문에 자신들의 신장된 역량과 성취를 쉽게 인정하지 못했다. 칼슨과 엡스턴에 따르면, 이러한 현상은 '정당한 학습'에 대한 지배 담론이 갖고 있는 힘을 잘 보여 주는 것이며, 그래서 그들은 때로 이러한 담론을 외재화하여 다루었다고 털어놓은 바 있다(Carlson et al., 2017, p. 96).

'쪽집게' '핵심정리' '오답오트'와 같은 표현은 '좋은 성과'를 담보하는 '학습'이 어떤 것이고 어떻게 이루어지는지에 관한 한국 사회의 지배 담론을 잘 보여 준다. 이 점을 상기할 때, 잘 정리된 이론 수업 없이 모범 사례를 숙독하고 분석하는 데 바로 뛰어드는 이 방법은 한국 교육생들에게 유용하면서 낯선 경험이 될 수 있다.

4) 상담문화 해체하기

포스트구조주의 시각에서 볼 때, 심리상담 및 치료는 하나의 문화 현상으로서 젠더, 나이, 인종, 민족정체성, 계층, 이성애우월주의 등을 둘러싼 담론에서 자유로울 수 없다. 담론은 가치를 공유하는 언어, 행동, 규칙, 신념의 체계로서 특정 담론의 배경에는 특정 세계관이 존재한다. 단적으로 말하면, 담론은 '실행 중인 세계관'으로서 비가시적 특성이 있기 때문에 사람들은 그것을 원래부터 당연한 것으로 여기고 '현실'로 받아들인다. 상담 활동 또한 하나의 담론으로서 상담 지식의 위계, 상담자–내담자 관계, 전문적 서비스 절차 등을 둘러싼 정치 현상에서 자유로울 수 없다. 따라서 상담치료가 주류문화를 재생산하는 방식에 대한 이해 없이는 오히려 그러한 문화를 재생산하는 과정에 가담하는 결과가 발생할 수 있다(White, 2010).

포스트구조주의의 영향을 받은 내러티브상담은 개인의 내면이나 역기능적 가족이 아니라 담론 속에서 문제를 찾고자 한다. 문제 이야기를 지지하는 담론이 무엇인지 찾아내고 문제가 그 담론과 어떤 관계가 있는지를 파악하면 문제와 사람을 분리할 수 있게 되기 때문이다. 상담자의 관심사가 '사실'에서 '담론'으로 패러다임 전환이 이루어지면 문제를 지탱하는 담론이 가시화되고 상담자는 완전히 다른 세계를 보게 된다. 그렇게 되면 결과적으로 그러한 담론을 반대하거나 약화시키거나 그 영향력을 저감시키는 일이 수월해져서 든든하고 생명력 있는, 문제와 결이 다른 내담자의 삶의 이야기를 생성하는 일이 보다 가능해진다. 다음의 두 가지 방법은 익숙한 것을 낯설게 바라보는 연습으로서, 상담자가 포스트구조주의 시각으로 내담자를 바라보는 것이 어떠한 것인지를 직접 체험하도록 함으로써 포스트구조주의 세계관으로의 시각 전환을 촉진하는 활동이다.

(1) 모건서베이

첫 번째 방법은 모건(Morgan, 1999)이 내러티브상담 입문자들에게 포스트구조주의 세계관과 내러티브상담의 문화에 대한 이해를 촉진하기 위해 개발한 훈련자료로(이하 모건서베이), 훈련생들로 하여금 관점의 차이(구조주의와 포스트구조주의)가 질문의 초점과 방식의 차이로 이어짐을 경험하도록 하기 위한 것이다. 구체적으로 모건서베이는 〈양식 A〉와 〈양식 B〉의 두 가지로 이루어지는데, 전자(〈부록 12-1〉 참조)는 통상적 상담치료의 접수 과정에서 흔히 질문하는 내용이나 방식을 대표하며, 후자(〈부록12-2〉 참조)는 포스트구조주의 맥락에서 인간을 이해하고자 할 때 중시하는 내용이나 방식을 대표하는 것이다. 훈련생들은 자신의 반응(사고와 감정)에 주의를 기울이며 두 가지 질문지에 응답을 작성한 뒤 반영 작업을 통해 자신들의 경험과 생각을 나눈다. 반영은 훈련생 경험을 포스트구조주의 관점에서 조명하기 위해 모건(1999)이 구성한 열세 가지 질문에 따라 진행된다.

호주 훈련생들을 대상으로 이 활동을 수행하면서 모건(1999)은 그 성과가 기대 이상이었음을 보고했다. 훈련생들은 내러티브상담의 세계관과 상담관을 직접 체험하는 기회를 가지는 성과를 얻었을 뿐만 아니라, 상담자로서의 성장과 비전에 관한 내용을 포함하는 매우 다양하고 풍부한 반영을 교환하였다(Morgan, 1999). 한편, 자료를 국문으로 번역하여 국내 대학원생들에게 유사한 방식으로 이 활동을 적용했을 때(이선혜, 2009), 활동 소감 가운데 몇 가지는 호주 훈련생들과 공통적이었으나 특이한 차이점도 관찰되었다. 구체적으로, 〈양식 A〉에서 병리중심 언어가 당사자에게 부정적 영향을 끼는 방식과 〈양식 B〉가 내담자에 대한 호기심과 존중의 느낌을 주는 방식에 대한 소감은 양국 훈련생들 사이에서 유사하게 나타났다. 하지만 한국 학생들은 두 가지 양식 간 차이를 호주 훈련생들에 비해 훨씬 적게 인지하는 경향이 있었고, '객관적' 정보를 묻는 단답형 문항을 효율적이라 평가했으며, '주관적' 정보를 수집하기 위해 자기 노출과 표현을 촉진하는 질문 방식이 불편하고 부담스럽다고 보고했다. 이러한 결과는 동일한 활동이라도 교육생의 개인적 · 사회문화적 배경에 따라 달리 경험될 수 있음을 보여 주는 것이다. 또한 교육생들에게 익숙하거나 익숙하지 않은 전제를 가시화함으로써 향후 교육훈련의 의제를 제시하는 효과가 있다.

(2) 상담 윤리에 관한 열 가지 질문

두 번째 방법은 교육생 자신의 상담관을 해체하는 연습이다. 하나의 사회 현상으로서 상담 활동은 상담자-내담자 간의 권력관계 속에서 일어난다(White, 2001). 사회문화적 규범과 관행은 구성원의 대인관계 방식뿐만 아니라 전문적 관계 방식에도 영향을 미쳐, 상담자-내담자 간에도 권력 불균형이 발생하는 결과로 이어진다. 내러티브상담은 내담자 삶 전반에 억압으로 작용하는 지식, 규범, 관행 등이 치료적 관계에서 반복되지 않도록 하기 위해 무엇보다 '탈중심적이지만 영향력은 있는' 상담자 입장을 강조한다(White, 2010). 탈중심적이라는 말은 문제를 정의하고 변화의 방향을 결정하는 데 있어 상담자가 중심이 되지 않는다는 의미이다. 대신 상담자에게는 내담자의 내러티브와 정체성을 재구성하기 위한 의도적 · 체계적 대화 과정을 주도적으로 제어해 나갈 책임이 있다.

[그림 12-5]는 수년 전 화이트와 엡스턴이 상담자 성찰을 위해 개발한 질문으로, 이를 읽고 이해하고 답변하는 과정에서 상담자는 전문적 관계에 대한 자신의 생각(전제)은 해체할 수 있다(이선혜, 2008). 이 연습을 통해 상담자가 얻게 되는 성찰은 개인에 따라 다르지만 그중 몇 가지를 예시하면 다음과 같다.

첫째, 인간 정체성을 성장기 경험을 기초로 내면에 자리 잡는 어떤 것으로 인식하는 방식이 하나의 담론이라는 것을 깨닫는다. 만일 인간 정체성이 지속적으로 재구성된다는 전제에서 출발한다면 상담 대화는 문제에서 대안으로 초점이 전환될 수 있다.

- 이 모델은 인간의 '자기'와 인간관계에 대해 어떤 입장을 갖고 있는가?
- 이 모델은 내담자를 대할 때 어떤 식으로 행동하라는 암시를 주는가?
- 이 모델은 내담자가 상담자를 대할 때 어떤 식으로 행동해야 한다는 암시를 주는가?
- 이 모델은 내담자가 자기 자신을 어떻게 보고 어떻게 취급하도록 하는가?
- 이 모델에서 내담자는 어떤 식으로 재설명되거나 재정의되는가?
- 이 모델은 내담자로 하여금 상담자와 자신들 가운데 누구를 그들 문제에 대한 전문가로 보게 하는가?
- 이 모델은 내담자들을 가르고 소외시키는가, 아니면 공동체 의식과 협력심을 심어 주는가?
- 치료적 질문이 새로운 것을 생성해 내는가, 아니면 규범적 방향으로 흐르는가? (특히 그 질문이 삶을 특정한 방식으로 재단하는 데 혹은 만병통치약 구실을 하는 데 목적을 둔 것인지)
- 이 모델은 상담자로 하여금 '전문가' 지식의 세계로 들어가도록 하는가, 아니면 도움을 구하는 이들의 세계로 들어가도록 하는가?
- 이 모델에서 말하는 '전문성'의 정의는 무엇인가? 이 모델의 전문성이 동료와 타인 앞의 상담자 모습에 초점을 둔 것인가, 아니면 도움을 구하러 온 사람 앞의 상담자 모습에 초점을 둔 것인가?

[그림 12-5] 내러티브 관점에서 본 상담 윤리에 관한 열 가지 질문

출처: https://www.narrativetherapychicago.com/narrative-worldview(국문출처: 이선혜, 2008)

둘째, 내담자의 삶을 평가하는 기준이 나이, 젠더, 인종, 문화 배경, 종교, 건강과 병리에 관한 전문 지식 등 권력 요소에 의해 영향을 받는다는 점을 인지하게 되는 것이다. 이렇듯 상담자가 내담자 문제를 맥락화하게 되면, 내담자와 문제를 분리하고 나아가 내담자와 문제 사이의 관계를 조정한다는 발상이 가능해진다.

셋째, 상담자가 문제 규명과 해결방법 도출에 대한 권위와 책임이 있다고 보는 것이 하나의 담론임을 인식하는 것이다. 이러한 인식은 상담자로 하여금 수직관계에 작용하는 권력의 영향을 최소화하기 위해 자신의 관점을 점검하고 자신의 생각을 내담자에게 강요하지 않도록 하는 실천을 촉진한다(White, 2001).

5) 슈퍼바이저의 면접

슈퍼비전의 일환으로 슈퍼바이저와 면접하는 것은 슈퍼바이지의 전문적 정체성

표 12-2 상담 대화와 슈퍼비전 대화의 평행적 관계

	치료 장면	슈퍼비전 장면
초점	내담자	상담자(슈퍼바이지)
주제	내담자 삶의 이야기	전문적 활동의 이야기 상담자 개인 삶의 이야기
과정	삶의 이야기 재구성	전문적 활동의 이야기 재구성 개인 삶의 이야기 재구성
성과	내담자가 선호하는 자기 정체성과 현실 구성	상담자가 선호하는 개인적 · 전문적 자기 정체성과 현실 구성

재구성과 관련이 있다. 내러티브상담에서 상담과 슈퍼비전은 평행관계에 있다. 내담자를 중심에 둔 상태에서 문제 이야기와 대조되는 독특한 결과를 찾아 부수적 이야기를 발달시키고 그것을 다시 대안적 이야기로 풍부하게 발전시키는 상담 대화의 방식은 모두 그대로 슈퍼비전에 적용된다. 〈표 12-2〉와 같이 상담과 슈퍼비전은 중심 인물이 내담자와 상담자라는 차이가 있을 뿐, 대화가 중심인물의 내러티브를 재구성하는 방향으로 진행된다는 점에서는 유사하다.

내러티브 슈퍼비전에서 상담자(슈퍼바이지)는 대화의 중심에 서서 자신의 다양한 실천 경험이나 사건을 표현하는 기회를 갖고, 슈퍼바이저는 이러한 표현이 이루어질 수 있는 안전한 공간을 조성하는 역할을 수행한다. 슈퍼바이저는 면접자가 되어 상담자가 자신의 실천 경험이나 사건에 부여하는 의미, 그러한 의미가 전문적 활동에 주는 영향 그리고 그런 사건과 그 의미가 상담자의 삶에 미치는 영향 등에 대해 다음과 같이 질문할 수 있다(Fox, 2013).

- 경험 이야기하기
  - '내담자와의 대화를 구체적으로 이야기해 주세요. 내담자가 문제를 뭐라고 부르던가요? 내담자는 문제를 어떻게 경험하고 있나요?'

- 상상 이야기하기
  - "'그 심정을 한마디로 표현한다면 뭐라고 할 수 있을까요? 그 심정을 뭐라고 부르시겠어요?'라고 내담자에게 묻는다고 가정해 봅시다."

–'이런 식으로 문제에 이름을 붙이면 내담자와 어떤 대화를 할 수 있을까요?'
–'그러면 이 내담자와 어떤 식의 상담이 가능해질까요?'

• 전문적 정체성 이야기하기

상담자: 어떻게 해야 할지 모르겠어요.

슈퍼바이저: 이 내담자를 상담하면서 대화를 잘 풀어 나갔던 적이 있었나요? 그 때에 대해 구체적으로 이야기해 주세요.

–어떤 의도(생각)로 그렇게 했나요? 어떤 점을 중요하게 생각해서 그렇게 했나요?
–그 생각을 한 마디로 표현한다면, 뭐라고 할 수 있을까요?
–앞으로 내담자와 어떻게 대화를 진행할지에 대해 무슨 아이디어가 떠오르나요?
–내담자와 대화할 때 이 점을 잘 기억한다면 앞으로 어떤 것이 가능할까요?

슈퍼바이저와의 면접을 통해 슈퍼바이지는 상담자로서의 자신의 문제 이야기와 빈약한 정체성이 해체되는 경험을 하고, 내담자와의 대화 과정에서 일어난 다양한 사건(내담자나 상담자 행보에 관한 에피소드 등)이 갖고 있는 의미를 재협상할 수 있게 된다. 재협상은 그런 사건을 대안적으로 읽는 기회를 제공한다. 다시 말해, 그간에 간과되어 온 '다른' 사건, 즉 부정적 정체성이나 빈약한 결론과 대조가 되는 사건을 상담자가 조금 더 자유롭게 탐색할 수 있도록 해 준다. 특히 상담자가 선호하는 모양의 치료적 대화가 어떤 것인지, 그리고 거기에 요구되는 상담자의 지식과 기술이 상담자 과거 삶의 어디에 위치하는지, 그 흔적을 상담자 삶에서 종적으로 그리고 횡적으로 보다 구체적으로 추적할 수 있게 해 준다.

[그림 12-6]은 업무상의 무력감을 호소하는 슈퍼바이지가 슈퍼바이저의 질문에 답하는 과정에서 만들어진 이야기의 주제를 정리한 것이다. 슈퍼바이저는 무력감 뒤에 상담자의 어떤 바람과 기대가 있는지, 당연히 수행하는 업무 뒤에 상담자의 어떤 기술과 역량이 있는지, 내담자 삶에 대한 기대와 희망이 상담자 삶의 철학과 어떤 관계가 있는지 등을 질문했다. 이러한 질문을 중심으로 두 사람 사이에 묻고 답하는 과정이 전개됨에 따라 상담자의 이미지는 무력한 존재에서 자기 일에 열정적이고 헌신적이며 역량을 갖춘 실무자로 재구성되었다. 대안적 자기를 목격하는 경

상담자의 가치, 기술, 능력에 관한 문서

- 심리검사와 심리상담의 두 가지 업무를 모두 수행할 수 있다.
- 부모에게 자녀 돌보기의 기쁨을 주고 싶다.
- 가족재결합-부모역량 발달 사이에서 균형적 시각을 가지려 한다.
- 책임감 있는 사람이 되고 싶다.
- 매우 유연해서 여러 가지를 고려할 수 있다.
- 미래를 잘 준비할 수 있다. 직장에서 많은 사례를 만나면서 대학원 공부를 하고 양육을 병행한다.
- 좋은 상담자이면서 사회복지사이다.
- 앞의 '가족 재결합……'과 관련하여 딜레마 상황에서 예민하게, 놓치지 않는 능력이 있다. 딜레마 상황 속에 들어가기도 하고 나오기도 하면서 균형 감각을 갖고 일한다.
- 어려운 스트레스 상황에서 자부심, 소명감을 가지고 일하는 모습이 있다.
- 체력이 좋아 건강하게 앉아 있을 수 있다.

[그림 12-6] 슈퍼바이저 면접의 성과물

출처: 한국내러티브상담학회, 한국가족 상담학회(2012). 라이브 면접 내용의 일부를 사용함.

험은 슈퍼바이지에게 있어 임파워먼트의 경험이자 향후 업무 수행에 새로운 가능성과 선택지를 열어 주는 경험이다.

6) 반영팀(외부증인 집단)

이와 유사하게 슈퍼비전 맥락에서도 상담자는 슈퍼바이저와 동료 상담자들로 구성된 외부증인들을 활용할 수 있다. 전문가로 이루어진 외부증인 집단은 후기 가족상담에 종종 등장하는 반영팀에서 유래하며(Andersen, 1987), 참여자들 간에 다양한 의견을 주고받는 기회를 열어 준다(Russell & Carey, 2004). 외부증인을 활용한 집단 슈퍼비전은 내용상 크게, ① 상담자나 내담자의 삶에 대한 대안적 성격의 선호하는 이야기의 단서를 찾거나 그런 이야기를 풍부하게 하는 것, ② 그러한 이야기가 외부증인의 이야기와 연결되는 방식을 짚어 내고 그 연결점을 가시화하는 것으로 유형화할 수 있다. 절차적으로는 말하기-다시말하기(telling-retelling) 방식을 채용하여 집단 상호작용을 진행하며, 말하기-다시말하기의 각 단계는 4단계 반영(이선혜,

2020)으로 구성된다. 다음의 두 가지 방법은 외부증인을 활용한 집단 슈퍼비전 포맷을 예시한 것이다.

(1) 녹음자료를 활용한 슈퍼비전(Fox, Tench, & Marie, 2002)

다음 6단계는 기본적으로 말하기–다시말하기 방식으로 텍스트 생성과 확장을 지향하고 있으며, 특히 3~5단계에서 이루어진 대화와 토론은 4단계 반영 방식에 따라 진행된다.

① 사회자(슈퍼바이저 또는 동료 상담자)의 진행하에 상담자가 도움받고 싶은 사례에 대한 간략한 배경을 설명하고 나머지 동료들은 조용히 경청한다.
② 상담 회기를 녹취한 자료를 5~10분간 함께 경청한다.
③ 참석한 동료들이 녹취 내용에 대해 자신의 의견을 내놓는다.
④ 상담자와 사회자가 다른 동료들 앞에서 대화를 나눈다.
⑤ 참석자 모두 함께 이야기를 나눈다.
⑥ ③~⑤단계 토론 장면을 녹취하여 내담자에게 전달한다.

(2) 발표 사례에 대한 동료슈퍼비전(Payne, 2006)

다수의 상담자가 모여 임상 현장에서 다루었던 사례를 발표하고 피드백을 주고받는 경우, 다음 구조에 따라 동료 슈퍼비전을 보다 효과적이고 효율적으로 진행할 수 있다.

① (15~20분): 내담자가 제시한 문제에 대해 상담자가 간략히 설명한다. 이어서 상담자가 최근 실시한 개입 혹은 내담자에게 도움이 되었다고 생각하는 점에 대해 설명한다.
② (30~40분): 상담자의 설명이 끝나면 슈퍼바이저는 다음 내용을 질문한다. 추가로 후속 질문을 던지면서 보다 상세한 답변이 도출되도록 지원한다.
  - 이번 회기에서 어떤 점이 상담자로서 성공적이었는지 좀 더 자세히 설명해 주세요.
  - 과거 회기의 성공이 어떻게 해서 이번 회기의 독특한 결과로 연결되었나요?
  - 상담 과정의 어떤 부분이 상담자의 상상력을 이런 식으로 자극했나요?

- 이런 독특한 결과에 비추어 볼 때 상담자로서 자신의 면접 스타일은 어떻다고 생각하십니까?
- 이런 독특한 결과에 비추어 볼 때 자신은 상담자로서 어떤 사람이라고 생각하십니까?
- 이런 독특한 결과에 비추어 볼 때 앞으로 이 내담자와의 회기가 어떤 방향으로 진행되면 좋을까요?
- 이 내담자가 상담자에게 가장 고마워하거나 높이 평가할 만한 점은 무엇일까요?

앞에서 설명한 외부증인실천을 활용한 집단 슈퍼비전(반영팀)은 1~2시간 정도 소요되며, 참석자들이 슈퍼바이지 사례에 관해 함께 논의하는 것은 물론 외재화를 촉진하는 언어 사용법, 내력을 탐색하는 방법, 상대의 반응을 포용하는 방법 등 내러티브상담의 다양한 방법에 접할 수 있도록 해 준다(Fox et al., 2002). 이 과정에서 슈퍼바이지는 답을 구하기보다 답을 이끌어 내는 방법에 주목한다. 또한 행동과 정체성 영역 사이를 오가는 과정에 대한 심화된 이해가 향후 회기에 어떤 의미를 가지는지를 자문하게 되며, 독특한 결과에 주목하고 적극 활용하는 것이 중요하다는 점을 재확인하는 등의 학습 성과를 기대할 수 있다(Payne, 2006).

동료 슈퍼비전 반영팀을 운영할 때는 상담 대화와 유사하게 다음과 같은 내러티브 원칙을 유념해야 한다. ① 문제와 사람을 분리시킨다, ② 자문을 하는 상담자를 중심에 둔다, ③ 전문적 지식을 탈중심화한다, ④ 상담자나 다른 반영팀 참여자의 경험을 이야기할 수 있는 공간을 열어 준다. 특히 (사례에 초점 둔) 제한적 대화보다 대화 기회를 제공하는 데 초점을 둔다, ⑤ 호기심을 유지한다, ⑥ 전문적으로 파고들기(expertization)를 지양한다, ⑦ 투명성을 유지한다. 이 외에도 내담자를 포함하는 외부증인 실천을 진행할 때 강조되는 기본 원칙이나 진행 방식을 참조할 수 있다(Russell & Carey, 2004).

한국에서 외부증인 실천은 2011년 관련 학회 창립 이후 내러티브상담을 교육하고 훈련하는 과정이자 수단으로 활용되어 왔으며, 내러티브상담자들 사이에서는 반영팀이라는 이름으로 더 많이 불리고 있다(Lee, 2014). 국내에서 반영팀을 경험한 상담자들은 반영팀이 다양한 시각을 통해 새로운 의미를 찾을 수 있다는 점을 긍정적으로 평가했는데(고미영, 2014), 이는 대화를 통해 의미를 공동 구성하는 포스트모더니즘 및 사회구성주의 시각이 상담자들 사이에서 공유되고 있음을 시사하는 것이어서 고무적이다. 그러나 다른 연구에서는 국내 상담자들이 반영팀에서 새로운 시각을 제시하는 것을 어려워하였고, 다양한 의견을 제시하기보다 슈퍼바이지의 강점을 부각시키는 지지적 성격에 주력하는 경향이 있음을 보고하기도 하였다(고미영, 장화정, 윤혜미, 2013). 국내 상담자들의 이런 반응은 반영팀이 풍부하고 도움이 되는 경험을 제공하면서도 때로 부담을 주는 압도적 경험이라는 서구 상담자들의 견해와 부분적으로 유사하다(O'Connor, Davis, Meake, Pickering, & Schuman, 2004).

또한 반영팀은 다중관점에 열린 입장을 취함으로써 슈퍼비전 관계에 내재된 권력 불평등을 경계하는 효과가 있다. 한국에서 내러티브상담에 대한 훈련의 장이자 도구로 반영팀이 주목을 받은 것도 이와 유사한 이유에서이다. 반영팀이라는 포맷은 다중적 관점에서 의미를 공동 구성하는 경험을 제공하는 이점이 있으나, 반영팀 운영기법 및 기법의 배경이 되는 세계관이나 언어 사용에 대한 직접적 설명이나 지도를 실시하는 데 상대적으로 취약한 측면이 있다. 따라서 국내에서 교육 및 슈퍼비전 방법으로서 외부증인 실천은 문헌 및 강의에 기초한 이론학습과 구체적 기술에 초점을 둔 실습과의 균형 속에서 활용되는 방향으로 보완될 필요가 있을 것이다.

(3) 궤도 이탈의 신호와 대응 전략

정의예식을 진행하는 과정에서 상담자는 다양한 난관에 부딪힐 수 있다. 상담자는 외부증인이 어떠한 방식으로 대화 취지에서 벗어난 발언을 할 수 있는지, 그리고 그러한 장면을 어떻게 다룰 수 있을지와 관련하여 준비된 자세로 임할 필요가 있다. 러셀과 캐리(Russell & Carey, 2004)는 정의예식에서 외부증인이 제 역할을 수행하도록 외부증인의 응답이 궤도를 이탈하고 있음을 알려 주는 신호가 무엇이고 그에 대한 대응전략이 무엇인지를 다음과 같이 제시했다. 이 전략들은 반영팀에서는 물론 상담자가 회기 중 대화에서 활용하는 경우에도 탈중심적이지만 영향력은 있는 상담자 입장을 견지해 나가는 데 도움이 된다.

① 칭찬 자제하기

외부증인이 내담자의 특정 행위를 칭찬하는 것은 모종의 기준이 존재함을 암시하는 것으로서 내담자가 칭찬 주체의 기준에 맞추어 스스로를 판단하고 검열하는 행위를 하도록 유도할 수 있다. 또한 칭찬 주체가 내담자보다 우위에 있음을 암시하는 것이므로 축하하기에서 한걸음 더 나아가 그 이야기를 듣는 것이 외부증인 자신에게 어떤 의미인지, 왜 그런지 그리고 그 이야기가 어떻게 자신의 삶을 움직이거나 자극하거나 변화시켰는지를 설명해 준다.

② 조언 자제하기

누군가의 문제를 해결해 주려 하거나 조언하는 일은 어렵지 않다. 외부증인에게 비슷한 경험이 있을 때 그런 유혹이 더 강하게 다가오는데, 이때 외부증인은 상대에게 조언을 하기보다 상대 이야기의 어떤 부분이 가장 인상적이었는지 말해 준다. 또는 외부증인이 어떤 인상을 받았는지에 대해 상담자(반영팀)에게 질문해 달라고 부탁한다.

③ 대안적 이야기에 집중하기

내담자의 이야기 속에는 어려웠던 순간도 있지만 독특한 결과도 공존한다. 문제 이야기에 대해 반영하는 것도 중요하지만, 대안적 이야기가 떠오르는 지점에서 외부증인은 온 에너지가 내담자의 선호하는 이야기로 향하도록 한다.

④ 팀워크 만들기

여러 명의 외부증인이 있을 때 각자 자기 의견을 제시하는 데 집중하기 쉽다. 외부증인 각자가 독립적 의견을 제시하기보다 앞서 다른 외부증인이 질문한 내용이나 코멘트를 토대로 이야기를 진행하는 방식을 취함으로써 주인공 이야기를 풍부히 발달시키는 데 집단적으로 기여하는 실천 방식을 발달시킨다.

⑤ 발언 분량에 대한 감수성 기르기

외부증인이 혼자 오래 이야기를 하면 아는 척하거나 지시하는 듯한 인상을 주기 때문에 바람직하지 않다. 발언 시간을 정하거나 중간에 누군가 질문을 해서 그 과정이 주고받는 대화로 전환되도록 한다.

⑥ 개인 이야기에 빠져들지 않기

외부증인은 주인공의 이야기를 듣고 응답하는 차원에서 자기 이야기를 시작하지만 도중에 자기 이야기에 취해 주인공 이야기에서 멀어지기도 한다. 이런 상황이 벌어지면 대화의 초점을 주인공 이야기로 다시 가져오기 위해 정의예식을 주관하는 상담자 또는 다른 외부증인이 그 외부증인에게 질문을 던져 대화를 전환시킨다.

⑦ 내력 추적하기

상담 대화에서 가장 강력한 힘을 발휘하는 장면은 아마도 우리가 중시하는 것의 내력을 더듬어 올라가는 작업을 할 때일 것이다. 주인공의 인상적 행동을 칭찬하는 외부증인의 행위는 주인공 이야기가 왜 외부증인에게 의미가 있는지에 대한 설명이 되지 못하기 때문에 피상적이 될 수 있다. 현재의 나는 과거의 나로 인해 존재 가능한 것이기 때문에 주인공의 행동이 외부증인의 과거 중 어떤 부분과 연결되는지를 설명할 때 비로소 그 응답이 풍성해진다.

⑧ 규범 강요에 대한 감수성 기르기

우리는 누구나 의도치 않게 자신이 속한 사회의 규범을 재생산한다. 주인공이 자기 이야기를 하는 과정에서 분명히 밝히지 않았음에도 외부증인이 자신의 응답에서 주인공이 그 사건에 대해 기쁘게 생각할 것이다, 주인공이 그 목표를 달성하고 싶어 할 거다 등 지레짐작함으로써 어처구니없는 상황을 초래할 수 있다. 외부증인은 주인공이 직접 이야기한 가치, 희망, 꿈에 근거하여 자신의 응답을 풀어 나가야 한다. 적어도 주인공이 발언하지 않은 것에 대해 가정하고 짐작하는 행위는 금물이다.

⑨ 비교 자제하기

정의예식을 진행하는 과정에서 진행자가 외부증인 응답 중 어떤 것이 가장 의미 있었는지 그리고 그 이유가 무엇인지를 주인공에게 질문하는 부분이 있다. 이 지점이 바로 주인공의 삶과 정체성이 지속적으로 다시 이야기되는 과정의 일부이다. 외부증인으로서 주인공에게 보다 도움이 되는 방식으로 응답하는 데 기술이 필요하고 따라야 하는 단계가 있지만, 응답의 상대적 가치를 비교하고 판단하는 것은 무의미하다. 외부증인이 제시한 이미지나 연결성 가운데 주인공에게 가장 의미가 있는 것이 어떤 것인지는 외부증인 활동의 가치나 기술과 별개일 수 있다.

⑩ 청취 포인트 잡기

청중의 입장이 되어 주인공의 이야기를 듣고 있자면 너무 많은 정보로 혼란에 빠질 수 있다. 다음과 같은 질문은 외부증인으로서 무엇을 귀담아 들어야 할지를 결정하는 데 도움이 된다.

- '이제까지처럼 앞으로도 계속 그 이야기대로 산다면 어떤 점이 가장 의미가 있을까?'
- '이 이야기는 어떤 면에서 내게 도전이 되거나 내 삶에 진전을 가져오는가?'
- '이 이야기를 말하는 사람들은 어떤 방식으로 내게 감동, 격려, 영감을 주는가?'
- '이 이야기에 담겨 있는 가치, 의도, 원칙 가운데 내게 의미가 있거나 내 삶에서 더욱 확장시키고 싶은 것이 있다면 무엇인가?'

⑪ 비밀보장과 개인정보 보호하기

전통적으로 상담실 안에서 이루어진 대화는 슈퍼비전과 자타의 위험 상황을 제외하고는 비밀보장의 원칙이 적용된다. 그러나 주인공의 이야기가 외부증인에게 들리는 작업을 통해 주인공의 기술, 삶의 방식, 삶에 대한 희망과 꿈이 대대적으로 인정받는 데 치료적 의미가 있다. 외부증인 또한 자기 삶에 대해 새로운 결론을 갖게 됨을 고려할 때 이런 '의미 있는 뉴스'가 널리 회람될 필요가 있다. 이를 위해 상담자는 정의예식 이후 주변 사람들과 그 내용을 나누고자 하는 경우, 주인공을 포함한 모든 참여자의 이름이나 신상에 대해서는 비밀을 유지하되, 대화의 주제나 결과는 널리 공유할 수 있도록 안내한다.

부록 12-1[3)]

양식 A

이 양식은 5분 이내에 작성해 주시기 바랍니다. 질문에는 순서대로 답해 주시고 필요한 정보는 빈칸을 활용하여 최대한 많이 기입해 주시기 바랍니다.

이름:

주소:

결혼 상태:

자녀 수:

학력: (연대순)

경력:

현 소속:

다음 중 과거 병력이 있는 질환에 표시하시오.

- ☐ 우울증
- ☐ 불안증
- ☐ 가정파탄
- ☐ 스트레스
- ☐ 심혈관질환
- ☐ 기타(자세히:)
- ☐ 심신 쇠약
- ☐ 강박증
- ☐ 조현병
- ☐ 식이 문제
- ☐ 심신 충격

추천인 이름, 주소, 직업 및 직책

(1)

(2)

※ 기관용(기입하지 마시오.)

3) 출처: 이선혜(2009): Morgan(1999)의 Practice Notes 내용을 번역하여 표로 재구성함.

부록 12-2

양식 B

다음의 질문을 읽고 관심이 가는 문항에 답해 주십시오. 작성을 마치신 후에는 질문지 작성에 대한 소감을 나누게 되며 이때 내용은 나누지 않습니다. 응답을 작성하실 때는 질문지 뒷장을 사용하여도 무방하며, 여분의 종이가 필요하신 분은 접수대에 준비되어 있는 것을 사용하시면 됩니다. 칸에 맞추어 응답을 작성하시고자 하는 부담은 갖지 않으셔도 됩니다. 응답의 양이 많든 적든 개의치 마시고 본인 상황에 맞추어 작성하시면 됩니다.

1. 다른 사람이 당신을 어떻게, 뭐라고 불러 줄 때가 좋은가요? 왜 그렇게 불러 주는 것이 좋은가요?

2. 당신에게 소중한 기억으로 남아 있는 장소가 있나요? 그 장소가 특별한 이유는 무엇인가요?

3. 당신 인생에 긍정적으로 작용했던 배움의 경험이나 지식이 있다면 그것은 무엇입니까? 그것이 당신 인생에 어떻게 도움이 되었나요?

4. 당신은 과거에 어려움을 어떻게 극복할 수 있었나요? 어떤 개인적 강점 또는 능력이 있었기에 그렇게 할 수 있었나요? 그렇게 하기 위해 무엇을 했어야만 했나요? 어떻게 해서 그런 경험이 당신에게 조언을 구하러 오는 사람들의 삶에 긍정적 영향을 끼쳤나요?

5. 앞의 응답 내용을 함께 나누고 싶은 사람이 있나요? 그건 왜인지요? 그렇게 함께 나누는 일이 당신이나 그 사람의 삶에 어떤 기여를 할까요?

6. 앞의 질문 또는 거기에 응답하는 과정이 어땠나요? 어떤 점이 흥미로웠나요? 보다 깊이 있게 생각하고 싶은 점이 있다면 무엇인가요?

참고문헌

고미영(2014). 한국적 상담 현장에서의 반영팀의 활용에 대한 상담자의 경험 연구. **가족과 가족 상담, 22**(2), 205-228.

고미영, 장화정, 윤혜미(2013). 아동학대 가족 대상 이야기치료 반영팀원의 경험에 대한 질적 연구. **아동과 권리, 17**(4), 699-735.

관계부처합동(2020). 제1차 청년정책기본계획('21~'25). https://khf.or.kr

이선혜(2005). 내러티브 접근의 자가평가모형 개발: 외현화 대화를 중심으로. **한국가족 상담학회지, 13**(2), 1-28.

이선혜(2008). 내러티브 접근의 가족 상담사적 의의와 한국 가족 상담 발전에 대한 함의: 고 마이클 화이트 작업에 대한 재조명. **가족과 가족 상담, 16**(1), 43-62.

이선혜(2009). 이야기치료 문화의 이해를 위한 모건서베이(Morgan Survey)의 적용. **가족과 가족 상담, 17**(1), 1-30.

이선혜(2014). Narrative therapy: Korea's turn to new possibilities in health and human services. **가족과 가족 상담, 22**(4), 391-405.

이선혜(2020). **이야기치료**. 서울: 학지사.

이선혜(2021). 내러티브 슈퍼비전의 다양한 방법과 국내 교육훈련 시사점. **가족과 가족 상담, 29**(2), 221-251.

이선혜, 서진환, 신영화(2005). 한국 가족 상담의 현장과 인력: 전국기관 조사 연구. **한국가족 상담학회지, 13**(1), 79-123.

정문자, 정혜정, 이선혜, 전영주(2018). **가족 상담의 이해**(3판). 서울: 학지사.

최지원, 김수지(2018). 한국 가족 상담의 현황과 실제에 관한 연구: 학회 회원을 중심으로. **가족과 가족 상담, 26**(4), 709-728.

한국가족치료학회(2016). 한국가족치료학회 발표 사례. **가족 상담 사례집**, 373-401.

한국이야기치료학회, 한국가족 상담학회(2012). 트라우마에 대한 이야기치료 접근. **공동워크숍 자료집**, 4월 27~28일.

한준, 김수정, 남찬섭, 이윤석, 심재만, 박명준, 전상진, 최종렬, 김백영, 임동근, 조은주 (2017). **외환위기 이후 20년: 한국 사회구조와 생활세계의 변화**. 서울: 대한민국역사박물관.

Allen, J. (1993). The constructivist paradigm: Values and ethics. In J. Laird (Ed.), *Revisioning social work education: A social constructionist approach* (pp. 31-54). New York, NY: Haworth Press.

Andersen, T. (1987). The reflecting team: Dialogue and meta-dialogue in clinical work.

Family Process, 26(4), 415-428. Doi: 10.1111/j.1545-5300.1987.00415.x

Anderson, H. (1990). Then and now: A journey from "knowing" to "not knowing". *Contemporary Family Therapy, 12*(3), 193-197. https://doi.org/10.1007/BF00891246

Anderson, H., & Goolishian, H. A. (1992). The client is the expert: A not-knowing approach to therapy. In S. McNamee & K. J. Gergen (Eds.), *Therapy as social construction* (pp. 25-39). Thousand Oaks, CA: Sage Publications, Inc.

Anderson, H., & Swim, S. (1995). Supervision as collaborative conversation: Connecting the voices of supervisor and supervisee. *Journal of Systemic Therapies, 14*(2), 1-13.

Carlson, T. S., Epston, D., Haire, A., Corturillo, E., Lopez, A. H., Vedvei, S., & Pilkington, S. M. (2017). Learning narrative therapy backwards: Exemplary tales as an alternative pedagogy for learning practice. *Journal of Systemic Therapies, 36*(1), 94-107. Doi: 10.1521/jsyt.2017.36.1.94

Cecchin, G. (1987). Hypothesizing, circularity, and neutrality revisited: An invitation to curiosity. *Family Process, 26*(4), 405-413.

Davis, J., Gorman, P., & Lockerman, G. (1994). Collaborative supervision in a hierarchical world: Pragmatics of narrative supervision. Paper presented at the Annual Conference of the American Association for Marriage and Family Therapy, Chicago.

Todd, T. C., & Storm, C. L. (Eds.). (2008). **가족치료 슈퍼비전의 이론과 실제** (*Complete systemic supervisor*). (한국이야기치료학회 공편). 서울: 학지사. (원저는 2002년에 출판).

Epston, D. (2017). Narrative Educators Camp (June 16~20, Berlington, VT, USA) 질문 다시쓰기 작업에 대한 슈퍼바이저(David Epston)-슈퍼바이지(Sumie Ishikawa) 반영.

Epston, D., & Carlson, T. S. (2017). Insider witnessing practices: Part 1 & 2. *Journal of Narrative Family Therapy, 1*, 4-38. www.journalnft.com

Fleuridas, C., & Krafcik, D. (2019). Beyond four forces: The evolution of psychotherapy. *Sage Open, 9*(1), 1-21. Doi: 10.1177/2158244018824492

Fox, H. (2013). Using narrative ideas in supervision. https://dulwichcentre.com.au/using-narrative-ideas-in-supervision-by-hugh-fox

Fox, H., Tench, C., & Marie. (2002). Outsider witness practices and group supervision. *The International Journal of Narrative Therapy and Community Work, 4*, 25-32.

Gergen, K. J. (1985). The social constructionist movement in modern psychology. *American Psychologist, 40*(3), 266-275.

Kahn, S. Z. (2013). Bridging theory and practice: A critical discourse analysis of a social justice initiative within a narrative supervision process (doctoral dissertation). Retrieved from San Diego State University Theses & Dissertation Collection (b4049383).

Kahn, S., & Monk, G. (2017). Narrative supervision as a social justice practice. *Journal of Systemic Therapies, 36*(1), 7-25.

Lee, S. H. (2014). Narrative Therapy: Korea's Turn to New Possibilities in Health and Human Services. **가족과 가족치료, 22**(4), 391-405.

Morgan, A. (1999). Practice notes: Introducing narrative ways of working. In Dulwich Centre Publications (Ed.), *Extending narrative therapy: A collection of practice-based papers*. Adelaide, South Australia: Dulwich Centre Publications.

O'Connor, T., Davis, A., Meakes, E., Pickering, R., & Schuman, M. (2004). Narrative therapy using a reflecting team: An ethnographic study of therapists' experiences. *Contemporary Family Therapy, 26*(1), 23-39.

Parry, A., & Doan, R. E. (1994). *Story re-visions: Narrative therapy in the postmodern world*. New York, NY: The Guilford Press.

Payne, M. (2006). *Narrative therapy: An introduction for counsellors* (2nd ed.). Thousand Oaks, CA: Sage.

Russell, S., & Carey, M. (2004). Re-membering: Responding to commonly asked questions. In S. Russell & M. Carey (Eds.), *Narrative therapy: Responding to your questions* (pp. 1-18). Adelaide, South Australia: Dulwich Centre Publications.

Saleebey, D. (1994). Culture, theory, and narrative: The intersection of meanings in practice. *Social Work, 39*(4), 351-359.

Speedy, J. (2000). Consulting with gargoyles: Applying narrative ideas and practices in counselling supervision. *European Journal of Psychotherapy Counseling and Health, 3*(3), 419-431.

Storm, C. L., & Todd, T. C. (Eds.) (2008). **가족 상담슈퍼비전의 이론과 실제** (*The complete systemic supervisor: Context, philosophy, and pragmatics*). (한국가족 상담학회 역). 서울: 학지사. (원저는 1997년에 출판).

Ungar, M. (2006). Practicing as a postmodern supervisor. *Journal of Marital and Family Therapy, 32*(1), 59-71.

White, C., & Hales, J. (1997). *The personal is the professional: Therapists reflect on their families, lives, and work*. Adelaide, South Australia: Dulwich Centre Publications.

White, M. (1992). Family therapy training and supervision in a world of experience and narrative. In D. Epston & M. White (Eds.), *Experience, contradiction, narrative & imagination: Selected papers of David Epston & Michael White, 1989-1991* (pp. 75-95). Adelaide, South Australia: Dulwich Centre Publications. (Reprinted from Dulwich Centre Newsletter, Summer 1989/90, 27-38).

White, M. (2001). The narrative metaphor in family therapy: An interview with Michael White. In D. Denborough (Ed.), *Family therapy: Exploring the field's past, present & possible futures* (pp. 131-138). Adelaide, South Australia: Dulwich Centre Publications.

White, M. (2010). **이야기치료의 지도** (*Maps of narrative practice*). (이선혜, 정슬기, 허남순 공역). 서울: 학지사. (원저는 2007년에 출판).

White, M., & Epston, D. (1990). *Narrative means to therapeutic ends*. New York, NY: W. W. Norton & Company.

Winslade, J. M. (2002). Storying professional identity. *The International Journal of Narrative Therapy and Community Work, 4*, 33-38.

제4부

내러티브상담의 적용

제13장

아이들에 대한 화를 거부하기

이은주(전 꽃동네대학교 사회복지학부 교수)

1. 부재하지만 암시적인 것이란

이 장에서는 아이들에게 자주 화를 내고 때리는 문제로 상담실을 찾은 어머니를 내러티브상담 모델로 상담한 사례를 알아보고자 한다. 자녀에게 자주 화를 내거나 때리는 부모의 문제는 우리가 일상생활에서나 상담실에서 자주 만나는 문제이다. 이러한 문제에 대해서 널리 활용되는 방법은 부모에 대한 교육적 접근이다. 교육적 접근이란 상담자가 전문가로서 자녀 양육에 대한 지식과 기술을 부모에게 가르치는, 전문가 중심 방법이다. 한편, 내러티브상담은 교육적 접근과는 달리 탈중심적이지만 영향력은 있는 방식으로 접근한다.

이 장에서는 『부재하지만 암시적인 것: 치료적 질문을 지원하는 지도(The Absent But Implicit: A Map To Support Therapeutic Enquiry)』(Carey, Walther, & Russell, 2009)에서 제시된 8단계 스캐폴딩 지도를 기반으로 하여 사례 진행을 설명할 것이다. 화이트(White)는 '부재하지만 암시적인 것'이란 데리다(Derrida)의 개념을 상담 영역으로 가져와서, 문제 이야기의 바깥에 존재하는 다른 이야기를 알아내기 위해 사용했다. 즉, 우리가 어떤 것이 무엇인지를 이해하기 위해서는 그것을 그것이 아닌 것과 대조시켜 식별해야만 한다는 것이다. 이러한 식별은 그 식별이 이루어지는 '다른' 경험에 달려 있다는 것인데, 이 다른 경험을 '부재하지만 암시적인 것'이라고 부른다. 그렇다면 우리는 무엇이 문제인지에 귀를 기울일 뿐만 아니라, 무엇이 '부재하지만 암시적인 것인지'에 대해서도 귀를 기울여야만 할 것이다. 이는 사람들이 문제를 표현하는 것 자체가 사실상 삶의 선호하는 영역을 암시하고 있다는 생각으로 이끈다. 상담이란 내담자가 스스로 삶을 운영할 수 있다는 주체의식을 개발하는 방향을 향해 가는 여정이라고 할 수 있다. 이러한 방향에서 '부재하지만 암시적인 것'을 찾아가는 여정은 정체성에 대한 대안적 설명, 혹은 선호하는 설명으로 가는 여정이라고 본다(Carey et al., 2009).

그러나 문제 이야기에서 시작하여 부재하지만 암시적인 것을 드러내는 길은 단번에 이루어지지 않고 여러 단계의 대화를 거쳐야만 한다. 화이트의 사후에 커리, 월터와 러셀(Carey, Walther, & Russell, 2009)은 화이트의 작업을 기초로 하여, 이를 8단계 스캐폴딩 지도로 정리했다. 그들의 작업은 각 단계의 설명을 한 후, 사례를 통하여 각 단계의 설명이 어떻게 적용되었는지를 보여 주고 있다. 여기에서도 이러한 형식을 따라서 각 단계별로 커리, 월터와 러셀의 기본적 설명을 제시한 후, 이를 사례에 어떻게 적용하였는지를 알아볼 것이다.

2. 부재하지만 암시적인 것을 향한 8단계 지도의 사례 적용

1) 문제 표현

상담자가 내담자를 만날 때, 가장 먼저 내담자의 삶에서 무엇이 문제인지, 혹은 무엇이 힘든지에 대한 표현과 함께 출발한다. 이러한 표현은 처음에는 염려, 통탄, 불만, 좌절, 혼란 등으로 들리며, 상담자는 내담자의 이러한 경험을 이해하고자 한다. 이 첫 단계는 내러티브상담 모델뿐만 아니라, 모든 상담 모델에서 공통될 것이다. 그러나 내러티브상담 모델의 특징은, 특히 '부재하지만 암시적인 것'과 관련한 특징은, 상담자가 이러한 초기 표현을 단지 삶에 대한 하나의 싱글 이야기로 듣지 않고, 문제 이야기 너머에 있는 어떤 것에 대한 식별의 표현으로서 듣고자 한다는 것이다(Carey et al., 2009).

내담자(이후 '선이 씨'라는 가명으로 부를 것임)의 문제표현은 다음과 같다. 36세의 기혼여성인 선이 씨는 초등학교 2학년과 3학년, 여섯 살 난 아들 셋을 둔 가정주부로서, 회사원인 남편과 4인 가족을 구성하고 있다. 선이 씨는 최근 장남의 담임교사에게서 아동이 주의산만하다는 언급을 들었다. 선이 씨는 이런 말을 들었을 때 처음에는 아이에게 화가 나고 부끄러웠다. 그러나 다시 생각해 보면, 자기가 아이들에게 자주 화를 내고 때리기도 하는 것이 아이들을 불안하게 만든다는 생각이 들었다. 선이 씨는 회사원인 남편과도 잦은 말다툼이 있는데, 주로 빠듯한 경제형편 그리고 가사와 자녀 양육 분담 문제 때문이었다. 남편은 가사와 자녀 양육을 돕는 편이지만, 선이 씨가 만족할 만한 수준은 아니었다. 선이 씨는 가정 수입을 늘리기 위해 부업을 하는데, 일이 힘들고 피곤해서 아이들에게 자주 화를 냈다.

첫 단계의 문제표현은 삶의 여러 영역에 걸쳐서 다소 두서없이 진행되는 경우가 일반적이다. 그러므로 첫 단계에서 내담자의 표현을 들은 후, 그다음 단계에서는 내담자의 삶에서 본인이 무엇을 가장 먼저 문제라고 보는지, 즉 본인이 무엇에 대항하여 문제를 제기했는지 분명히 해야 한다. 특히 이를 상황과 맥락 안에서 알아볼 필요가 있다(Carey et al., 2009). 이는 스캐폴딩 지도의 다음 단계로 이끈다.

2) 문제 표현에 연관되는 것

이 스캐폴딩 지도의 두 번째 단계는 그 전 단계에서 표현된 염려나 불만이 무엇에 관련되는지를 알아보는 것이다. 여기에서는 그 염려나 불만과 관련된 것에 대한 '외재화'된 설명이 발전될 수 있도록, 그 염려가 일어나는 상황과 맥락을 부각시키는 데 시간을 들이는 것이 중요하다. 이는 내담자와 문제 사이에 거리를 만들어 내는 설명이다. 또한 이를 통해 그 문제를 지지하는 사회적 기대(담론)를 알아보고, 이런 사회적 기대가 내담자의 삶을 어떻게 위축시키는지를 알아볼 수도 있다(Carey et al., 2009). 내러티브상담에서 흔히 초기에 활용하는 '외재화'는 이 단계에서 실행된다.

선이 씨의 사례에서는 이 단계에서 화이트의 외재화 4단계 대화지도(White, 2010)를 사용하여 대화를 진행했다. 외재화 대화의 지도는 이 책의 '제4장 외재화'에 상세하게 설명되어 있다.

(1) 문제 정의하기(문제에 이름 붙이기)

- "문제가 되는 것은 무엇인가요? 문제에 이름을 붙여 본다면, 뭐라고 이름 붙일 수 있을까요?"
  - 선이 씨는 자기가 "아이들에게 화내는 것"이 문제라고 하였고, 자기의 화에 "도깨비"라고 이름 붙였다. 왜냐하면 자기에게 달라붙어서 자기가 벗어나려고 하는데도 못 벗어나게 하는 화의 성질이 도깨비같이 느껴졌기 때문이다. 이를 그림으로 그려 보자는 상담자의 요청에 선이 씨는 도깨비를 검은색의 무겁고 둥근 추로 표현했고, 검정 도깨비는 나와 가족을 자기에게 잡아당긴다고 설명했다.
- "도깨비가 힘을 쓸 때는 언제인가요?"
  - 선이 씨는 "내가 피곤할 때, 내가 할 일이 많아서 조급할 때"라고 답했다. 그때 도깨비가 힘을 쓰는 방식은 애들에게 "빨리빨리"라고 다그치는 것이다. 그럴 때 선이 씨는 마음이 조급해져서 아이들이 자기가 하란 대로 하지 않거나 준비가 늦으면 화를 낸다고 했다.
- "도깨비는 뭘 먹고 사나요?"
  - 선이 씨는 "도깨비는 나의 부정적 마음을 먹고 산다."라고 답했다. "부정적 마음이란 일이 잘 안 풀릴 때 조급한 마음"이라고 했다.
- "도깨비가 오는 신호는 무엇인가요?"
  - 선이 씨는 "가슴이 벌렁벌렁하고 뒷목이 뻣뻣한 느낌"이라고 답했다.
- "도깨비가 바라는 것은 무엇인가요?"
  - 선이 씨는 "도깨비는 내가 불행하기를 바라고, 나를 망가뜨리려 하며, 나랑 같이 죽으려고 한다."라고 답했다. 그리고 "얘, 이리 와! 나랑 같이 죽자."라고 한다고 도깨비의 음성을 성대모사하여 답했다.

(2) 문제의 영향 알아보기

- "'도깨비'는 아이들에게/나와 아이들과의 관계에/남편에게/남편과 나의 관계에/내가 나 자신을 엄마로서 어떻게 보는가에 어떤 영향을 미치나요?"
  - 선이 씨의 대답은 다음과 같았다. 도깨비가 아이들에게 미친 영향은 '아이들의 정서가 불안해지고 주의산만해지는 것 같다.' 도깨비가 나와 아이들과의 관계에 미친 영향은 '아이들이 나를 무서워하니까 나랑 아이들의 관계에 안

좋은 영향을 미친다.' 도깨비가 남편 및 부부관계에 미친 영향은 '내가 아이들에게 화를 내면 남편이 나에게 화를 내고 나무라고, 그러면 내가 남편의 월급이 적고 집안일을 더 해야 한다고 비난하며 부부싸움이 된다.' 도깨비가 선이 씨가 자기 자신을 엄마로서 어떻게 보는가에 미친 영향은 '나 자신이 나쁜 엄마라고 생각하게 만들고, 비참하게 만든다.'

(3) 문제의 영향 평가하기

- "이런 영향이 괜찮은가요, 안 괜찮은가요?"
  –선이 씨는 '이 모든 영향이 괜찮지 않다'고 답했다.

(4) 문제의 영향 평가의 근거 제시하기

- "왜 안 괜찮은가요?"
  –선이 씨는 '나는 좋은 엄마가 되고 싶은데, 도깨비는 내가 좋은 엄마가 못 되도록 나를 자기에게 잡아당긴다.'고 답했다.

이렇게 문제를 외재화하는 대화는 사람과 문제와의 거리를 떨어뜨리고, 이러한 거리를 통해서 문제를 내담자 내면의 본질적 특성으로 보지 않고 상황과 관계 속에서 보게 한다. 선이 씨는 외재화 대화를 통해서 이름 붙여진 '도깨비'를 상황과 관계 속에서 살펴보았고, 도깨비의 영향이 자기 삶에서 괜찮지 않으므로 벗어나고 싶다는 입장을 명확하게 표명했다. 선이 씨는 이를 그림으로 그려서 집에 가져가 냉장고에 붙여 놓았다. 또한 아이들과 남편에게도 이 그림을 설명했다.

외재화 대화를 통해서 문제(이 사례에서는 '도깨비')의 상황적 맥락이 점점 더 눈에 보이게 되면, 내담자는 자기가 문제와 관련하여 어떤 행동을 취하고 있다는 것을 알 수 있다. 이는 스캐폴딩 지도의 다음 단계로 이끈다(Carey et al., 2009).

3) 문제에 대한 대응이나 행동에 이름 붙이기

'부재하지만 암시적인 것'이란 개념은 우리가 염려나 불만을 표현하는 것 자체를 '행동을 취하는 것'이라고 보도록 돕는다. 사람들은 삶의 문제에 대하여 그저 수동적으로 가만히만 있는 것이 아니며, 문제를 표현하는 것 자체가 문제에 대한 대응이라고 생각될 수 있다. 만약 그 사람이 지금 일어나고 있는 것에 문제를 제기하지 않고 지낸다면, 상담자를 만날 일도 없었을 것이다. 이 지도의 세 번째 단계는 내담자가 삶의 괴로움에 대응하여 어떤 행동을 했는지를 알아보고자 하는 것이다(Carey et al., 2009).

(1) 문제를 받아들이지 않고 거부하는 행동 알아보기

이 사례에서 선이 씨는 도깨비라는 존재에 대하여 수동적으로 가만히 있지도 않았고, 도깨비의 존재를 편안하게 받아들이지도 않았다. 선이 씨는 도깨비라는 존재에 대하여 행동을 취했다. 어떤 행동을 취했는지를 알아보기 위하여 상담자는 다음과 같이 질문했다.

- "도깨비의 영향이 나에게 괜찮지 않다고 하셨지요. 그것은 도깨비를 받아들이지 않는다는 것으로 들리네요. 그래서 도깨비를 받아들이지 않기 위해서 어떻게 하셨지요?"
  - 이러한 질문에 내담자가 대답을 잘하지 못하는 경우가 많이 있다. 왜냐하면 자기가 문제에 대해서 어떤 행동을 취했다는 개념이 생소하기 때문인 것으로 풀이된다. 이런 경우에 문제를 거부하는 행동으로 언제나 확실하게 예를 들 수 있는 행동은 내담자가 이 문제를 상담실로 가지고 왔다는 것 자체이다. 내담자가 문제의 존재에 의문을 제기하지 않았다면 상담실에 그 문제를 가져오지도 않았을 것이기 때문이다.
  - 사례의 선이 씨도 이 질문에 대해서 바로 답을 하지 못했다. 따라서 상담자는 선이 씨가 처음에 어떻게 이 문제를 상담실로 가지고 오게 되었는지에 대해서 물어보았다. 그때 선이 씨는 아이의 담임교사가 아이의 주의산만을 지적한 것에 화도 나고 부끄러웠지만, 자기가 아이에게 화를 많이 내서 아이가 그런지도 모른다는 자책감이 들었다고 했다. 그래서 어떻게든 해 봐야겠다고 생각했다. 상담자는 선이 씨의 '어떻게든 해 봐야겠다'는 표현을 틈새 포인트라고 보았다. 그래서 다음과 같은 질문을 했다.
- "어떻게든 해 봐야겠다는 것은 무슨 의미인가요?"
  - 선이 씨는 '그것은 노력하는 마음이고, 좋은 엄마가 되고 싶은 마음'이라고 했다(이는 외재화 4단계에서 이미 나왔던 표현임). 상담자는 여기에서 좋은 엄마

란 어떤 엄마인지 물어보았다. 선이 씨는 좋은 엄마란 멋진 엄마라고 했다. 상담자는 다시 멋진 엄마는 어떤 엄마인지 물어보았다. 선이 씨는 멋진 엄마란 '포근하게 감싸 주는 엄마'라고 표현했다. '포근하게 감싸 주는 엄마'라는 목표는 나중에 대화를 이어 가는 토대가 되었다.

(2) 문제의 지배를 조금이라도 벗어났던 때(독특한 결과) 알아보기

또한 이 단계에서는 문제에 대한 대응이나 행동으로서 독특한 결과, 즉 문제의 영향이 약했던 때 혹은 문제의 지배를 조금이라도 벗어났던 때를 알아볼 수도 있다. 상담자는 선이 씨가 도깨비의 지배를 벗어났던 때가 있었는지, 언제 그러했는지에 대하여 질문했다.

- "혹시 이전에 도깨비의 지배를 조금이라도 벗어났던 적이 있었나요?"
  –이 질문에 대하여 선이 씨는 최근에 일어난 일을 이야기했다. 즉, 선이 씨가 아이들과 함께 외출 준비를 하고 있었는데, 아이들의 준비가 늦어져서 조급했고, 또 도깨비가 잡아당겼다. 그런데 선이 씨는 도깨비에게 끌려가지 않고 한 템포 쉬어 주었다. 이 대화에 화이트가 제시한 독특한 결과 대화 지도(White, 2010)가 활용되었다. 독특한 결과 대화 지도란 이 사례의 앞에서 활용된 외재화 대화의 4단계 지도와 동일한 유형으로 구성되어 있다. 이는 예외적 상황이나 독특한 결과에 초점을 맞추는 대안적 이야기를 만들어 내고자 하는 것이다(White, 2010).

① 독특한 결과에 이름 붙이기

- "여기에 뭐라고 이름 붙일 수 있을까요?"
  –선이 씨는 '한 템포 쉬어 주기'라고 이름 붙였다.
- "그렇게 한 템포 쉬도록 준비시켜 준 게 있었나요?"
  –선이 씨는 '성당에서 미사 시간에 신부님의 감사하라는 강연을 들은 것이 마음에 남았다.'고 했다. 선이 씨는 '강연 중 감사하라, 숨 쉬는 것만도 감사하라는 말씀이 인상에 남았고, 그런 말씀이 마음에 있었기에 도깨비가 잡아당겨도 끌려가지 않고 한 템포 쉬어 줄 수 있었던 것 같다.'고 했다.

② 독특한 결과의 영향/결과 알아보기

• "한 템포 쉬어 준 결과는 어떠했나요?"

–선이 씨는 자기가 화를 안 내서 다행이라고 생각했고, 자기와 아이들 다 기분 좋게 외출했다고 했다. 다른 때 아이들의 준비가 늦어서 선이 씨가 화를 내면 선이 씨나 아이들의 기분이 나빠지는데, 그날은 기분 좋게 나갔다. 선이 씨는 특히 자기 자신에 대해서 기분이 좋았다고 했다.

③ 독특한 결과의 영향/결과 평가하기

• "그런 결과가 괜찮았나요, 안 괜찮았나요?"

–선이 씨는 '당연히 괜찮았다'고 했다.

④ 독특한 결과의 영향/결과 평가의 근거 제시하기

• "그런 결과가 왜 괜찮았나요?"

–선이 씨는 '그 이유는 내가 포근하게 감싸 주는 엄마라고 생각되기 때문'이라고 했다. 포근하게 감싸 주는 엄마란, 이전 회기에서 선이 씨가 되고 싶은 엄마로 제시했던 모습이었다. 선이 씨는 포근하게 감싸 주는 엄마를 '생명의 마음'이라고 이름 붙였다. 생명의 마음은 숨 쉬는 것만도 감사한 마음이라고 했다. 여기에서 상담자는 생명의 마음의 성질과 역사를 알아보는 외재화 대화를 했다.

• "생명의 마음의 특징은 무엇인가요?"

–생명의 마음을 그림으로 표현해 보라는 상담자의 요청에 선이 씨는 도화지에 하나 가득 노란색으로 칠한 큰 네모를 그리고, 옆에 큰 글씨로 '생명'이라고 썼다. 선이 씨는 생명의 마음은 밝은 색이라고 하면서 "도깨비는 밝은 색을 싫어하므로 생명의 마음을 싫어해요."라고 했다. 이렇게 선이 씨 스스로가 도깨비에 대항하는 마음을 도깨비와 대비하는 방식으로 외재화할 수 있었다.

• "생명의 마음은 어떻게 태어났나요?"

–선이 씨는 '생명의 마음은 성당에서 태어났다. 내가 한동안 성당에도 안 가다가, 요즘 성당에 나갈 마음이 들었다.'고 답했다.

• "생명의 마음이 선이 씨에게 뭐라고 할까요?"

–선이 씨는 '생명의 마음이 나에게 '선이야, 이리 와'라고 하면서 나를 부를 것 같다.'고 답했다.

- "지금 도깨비도 나를 부르고, 생명의 마음도 나를 부르는데, 선이 씨는 어느 쪽으로 가고 싶은가요?" (입장 정하기 질문)

–선이 씨는 '당연히 생명의 마음 쪽으로 가고 싶다. 왜냐하면 그게 내가 살 길이니까…….'라고 답했다.

4) 대응행동에서 표현된 기술이나 노하우

일단 처음에 표현된 문제에 대하여 내담자가 취한 행동에 이름이 붙여지면, 그러한 행동을 취하는 데 포함된 기술이나 노하우를 알아보는 방향으로 대화를 발전시킬 수 있다. 이 모든 행동에는 삶의 기술이 필요하다(Carey, et al., 2009). 여기에서 알아보고자 하는 것은 전문가의 지식이나 기술이 아니라 당사자의 지식과 기술(local knowledge)이다. 내러티브상담에서는 내담자의 대응행동을 가능하게 한 당사자의 지식과 기술을 찾아내어, 이를 부각시킨다.

이 사례에서는 다음과 같이 진행되었다.

- "선이 씨가 도깨비에게 끌려가지 않고 한 템포 쉬어 주었을 때 사용한 삶의 기술이나 노하우는 무엇이었나요?"

–선이 씨는 '가슴이 벌렁벌렁할 때 집의 냉장고에 붙인 도깨비의 그림을 봤다.'고 답했다. 가슴이 벌렁벌렁할 때란 이전 회기에서 도깨비가 오는 신호로서 제시되었던 것이다. 선이 씨는 이를 알아채고 그 순간 한 템포 쉬어 주는 행동을 했다.

- "가슴이 벌렁벌렁하는 것을 알아차리고는 도깨비의 그림을 보셨네요. 그리고 한 템포 쉬어 주셨네요. 그때 도깨비의 마음은 어땠을까요?"

–선이 씨는 '도깨비의 마음은 슬펐을 것'이라고 답했다. 왜냐하면 '도깨비는 내 삶을 방해하고 나를 시험하고 싶어 하는데, 내가 자기 마음대로 안 되니까 슬펐을 것'이라고 답했다.

–선이 씨가 한 템포 쉬어 주었을 때 사용한 기술은 '가슴이 벌렁벌렁하는 것을 알아차리기' '냉장고에 붙여 놓은 도깨비의 그림 보기'라고 정리되었다. 상담

자는 이 외에 또 다른 기술이나 노하우가 있는지 물었다. 그러자 선이 씨는 '워워하라고 스스로에게 말하기'라고 답했다.

- "'워워하기'란 무엇인가요?"
  –선이 씨에 의하면, '워워하기'란 선이 씨가 자랄 때 집에서 자주 쓰던 표현으로서, 가족 중 누가 화를 내면 다른 사람이 '워워하라'고 했다. 선이 씨는 이 말이 '화내지 말고 마음을 추스리라'는 뜻이며, 그래서 자기도 스스로에게 '워워하라'고 말한다고 했다. 또한 아이들도 이 말을 알고, '엄마! 워워해.'라고 한다고 했다.

상담은 직선형이 아니라 나선형으로 진행된다. 문제에 대한 행동에 활용된 기술을 명확히 한 후에도, 문제가 다시 내담자를 방문하는 일이 자주 있다. 선이 씨의 경우에도 그러했다. 선이 씨는 상담이 진행되는 동안 도깨비가 다시 방문했을 때가 두 번 더 있었다고 말했다.

도깨비의 첫 번째 재방문은 선이 씨가 부모님 생신 때 고향집에 아이들과 함께 갈 때 발생했다. 고속버스 안에서 아이들의 사소한 행동에 화를 낸 것이다. 선이 씨는 이를 '도깨비가 또 나를 잡고 흔들었다'고 했다. 화를 낸 순간에는 순간적으로 시원했지만 곧 마음이 아주 안 좋았다고 했다. 도깨비는 아이들에게도 안 좋은 영향을 미치지만 본인에게도 안 좋은 영향을 미친다고 했다. 상담자는 문제보다는, 문제가 아닌 쪽을 보는 방향으로 대화를 진행했다.

- "도깨비의 힘을 예전에 10이라고 한다면, 지난번에는 몇 점이라고 할 수 있을까요?"
  –선이 씨는 '지난번에는 6이었다.'고 답했다.
- "예전에 비하면 4점이나 줄었네요. 어떻게 이렇게 도깨비가 약해질 수 있었을까요?"
  –선이 씨는 '아무래도 내 마음속에 워워가 있지 않았겠어요?'라고 답했다. 상담자는 이에 대해서 좀 더 자세히 물어보았다. 선이 씨는 '내가 계속 화를 내면 도깨비가 좋아할 거란 생각이 순간적으로 들었고, 그 순간 워워하자라는 생각이 들었다.'고 답했다. 그리하여 '외출 중에 도깨비 그림을 볼 수 없을 때는 도깨비를 생각하기'란 기술이 추가되었다.

• "앞으로 6에서 5로 가려면 어떤 지식이나 기술을 사용해야 할까요?"

–상담자와 선이 씨는 이에 필요한 기술과 노하우를 함께 논의하여 다음과 같이 추가로 정리했다. 즉, '도깨비 그림을 보거나 생각하기' '숨 쉬는 것에도 감사하기' '조급하게 하지 말고 쉬엄쉬엄하기' '워워를 자주 생각하기' 등이다. 또한 선이 씨가 피곤하거나 몸이 아플 때 아이들에게 더 화를 내게 된다는 상황적 맥락이 드러났다. 선이 씨는 지병이 있었고 그 당시 병원 다니는 것을 중단하고 있었으며 부업을 하고 있었다. 이에 상담자와 선이 씨는 병원에 가서 약을 처방받아서 먹기, 부업 시간 줄이기에 대하여 논의했다.

도깨비의 두 번째 재방문은 아이가 방을 어질러서 선이 씨가 치우라고 했는데, 아이가 바로 치우지 않는 상황에서 발생했다. 이때 도깨비가 또 선이 씨를 잡아 흔들었다. 그리고 선이 씨는 '내가 조급했다'고 표현했다.

• "무엇 때문에 조급했을까요?"

–선이 씨는 '그 이유는 극단의 마음 때문'이라고 했다. 이때 '극단의 마음'이라는 존재가 새로 등장했다.

• "'극단의 마음'이란 어떤 마음인가요?"

–선이 씨는 '내가 언제 죽을지 모른다는 불안감이 있다. 그래서 내가 죽기 전에 아이들에게 많은 것을 가르쳐 줘야 한다. 특히 아이들에게 방을 정리하고 숙제를 하고 자기 물건을 챙기는 등 좋은 습관을 가르쳐 줘야 한다. 그런데 아이들이 말을 안 듣고 일이 잘 안 풀리면 마음이 조급해진다. 그러면 마음이 부정적이 된다. 극단의 마음은 조급한 마음, 부정적 마음이다. 도깨비와 친구다.'라고 답했다.

–여기에서는 새로 등장한 문제, 즉 도깨비의 친구인 '극단의 마음'에 대해서 다시 외재화 대화를 했다.

• "'극단의 마음'은 언제 태어났나요?"

–선이 씨는 '아이들이 어릴 때 이웃에서 화재가 일어나서 사람이 죽었다. 그때 내가 죽을 수도 있다는 생각을 했다. 죽을 때 쿨하게 죽고 싶다. 쿨하게 죽는다는 것은 삶에 연연하지 않고 깨끗하게 죽는 것이다. 그러기 위해서는 아이들에게 내가 없어도 독립적으로 살 수 있도록 능력을 길러 주어야 한다. 그러

다 보면 조급해진다.'라고 답했다.

- "'극단의 마음'은 선이 씨 자신에게, 아이들에게, 자신과 아이들과의 관계에, 부부관계에 어떤 영향을 미치나요?"
  - 상담자와 선이 씨는 이 모든 영역에 대해서 살펴보았고, 결론은 '극단의 마음은 이 모든 영역에서 안 좋은 영향을 미친다'는 것이었다.
- "'극단의 마음'의 영향이 괜찮은가요, 안 괜찮은가요?"
  - 선이 씨는 '안 괜찮다'고 입장 표명을 분명히 했다.
- "왜 안 괜찮은가요?"
  - 선이 씨는 극단의 마음은 도깨비가 자기를 흔들게 한다고 했다. 자신이 원하는 것은 생명의 마음이라고 했다.

5) 의도와 목적

행동은 언제나 의미의 표현이다. 그 사람이 행동을 취하는 데 활용한 기술과 노하우를 알아보고 나면, 그다음 단계로서 그 사람이 그 기술과 노하우를 활용한 의도와 목적, 희망을 물어보게 된다(Carey et al., 2009).

이 사례에서 상담자는 선이 씨에게 다음과 같이 물어보았다.

- "선이 씨가 '도깨비 그림을 보거나 생각하기' '숨 쉬는 것에도 감사하기' '조급하게 하지 말고 쉬엄쉬엄하기' '워워를 자주 생각하기' 등의 기술을 사용했을 때 바란 것은 무엇이었나요?"
  - 여기에서는 어떤 새로운 의도나 목적이 나타난 것은 아니고, 앞에서 언급되었던 의도와 희망이 다시 한번 확인되었다. 선이 씨가 바라는 것은 도깨비에게서 벗어나는 것과 포근하게 감싸 주는 엄마가 되는 것이고, 이것은 생명의 마음이었다.

6) 가치를 부여하는 것: '부재하지만 암시적인 것'

사람들이 자기 삶에서 가지는 의도, 목적, 희망을 알아본 후, 그다음 진행 단계에서는 이러한 의도와 목적이 그 사람에게 중요한 것, 소중한 것, 가치를 부여하는 것을 어떻게 나타내는지를 물어본다. 스캐폴딩 지도의 이 부분이 바로 '부재하지만 암시적인 것'이 드러나는 단계이다. 여기에서 내담자가 가졌던 염려나 불만이 자기에게 중요하거나 가치 있는 것에 어떻게 어긋나고 위반되는지가 드러나게 된다(Carey et al., 2009).

상담자는 사례에서 선이 씨에게 다음과 같이 물었다.

- "선이 씨가 바라는 것은 도깨비에게서 벗어나는 것, 포근하게 감싸 주는 엄마가 되는 것이고, 이것은 생명의 마음이라고 하셨어요. 이런 것을 원한다는 것은, 선이 씨의 삶에서 무엇이 중요하기 때문인가요? 선이 씨가 소중하게 지키고 싶은 것은 무엇인가요?"
  – 선이 씨는 한참 생각하더니, 그것은 '아이들에 대한 사랑'이라고 했다. 그러면서 '요즘 아이들이 내 마음속에 들어왔다. 미안함을 가슴 깊이 느끼기 시작했다. 내가 그동안 마음으로 끌어안지 못했다. 스킨십을 해 줘야겠다는 생각을 했다.'고 했다. 그리고 이러한 생각 아래에 있는 것은 '아이들에 대한 사랑'이고, 이것이 자기 삶에서 소중하다고 했다.
- "아이들에 대한 사랑은 '극단의 마음'에게 뭐라고 할까요?"
  – 선이 씨의 답은 다음과 같았다. '아이들에 대한 사랑은 극단의 마음에게, 나는 너를 원치 않는다고 할 것 같다. 아이들에 대한 사랑은 생명의 마음이고, 극단의 마음과 반대이다. 극단의 마음과 조급함은 아이들에 대한 사랑을 깬다.' 여기에서 선이 씨는 그림을 두 장 그렸다. 하나는 붉은 색으로 그려진 하트(아이들에 대한 사랑)이고, 또 하나는 깨진 하트였다. 선이 씨는 깨진 하트 그림 옆에 '극단'과 '조급함'이라고 큰 글씨로 썼다.

화이트는 단어와 개념을 구분하여 설명하면서, 단어가 '개념'으로 발전하지 않고는 그 토대를 가지지 못한 것이라고 했다(White, 2011, p. 119). 화이트는 '책임을 진다'는 단어를 통해 설명하고 있는데, 이 사례에서 '아이들에 대한 사랑'이란 단어도 이 설명에 부합된다. '아이들에 대한 사랑'은 우리가 일상생활에서 그냥 사용하는 공허한 단어나 말이 아니라, 스캐폴딩 대화를 통해서 선이 씨에게 구체화되어서 가슴 깊이 느껴지는 의미를 가진 '개념'이 되었다.

이렇게 하여 부재하지만 암시적인 것, 이 사례에서는 '아이들에 대한 사랑'이 전면으로 드러났다. 선이 씨가 처음에 도깨비를 받아들이지 않고 도깨비에 항거했던 이유는 도깨비가 선이 씨가 소중하게 여기는 '아이들에 대한 사랑'에 어긋나고 위반되기 때문이었다.

7) '부재하지만 암시적인 것'의 사회적·관계적 역사

일단 내담자의 삶에서 소중한 것, 가치를 부여하는 것이 무엇인지를 명확히 하면, 그다음에는 그것의 사회적 · 관계적 역사를 전면으로 드러내는 질문을 한다. 이를 통해 내담자 본인의 선호하는 이야기를 확고하게 할 수 있다. 또한 문제 상황에서는 불연속의 지점에 있던 자의식(sense of self)을 다시 연속시킬 수 있다. 이를 지원하는 질문의 예로서, '이전에 당신 삶의 어디에서 이러한 목적이 나타났는가?' '이러한 기술과 가치를 어떻게 배웠는가?' '이전에도 이와 비슷한 일을 한 적이 있는가?' '그 당시 무엇이 중요했는가?' 등이 있다(Carey et al., 2009). 이는 이야기 다시쓰기에서 정체성 영역과 행동 영역을 왔다 갔다 하면서 선호하는 이야기를 엮어 가는 방식(White, 2010)을 말한다.

이 사례에서 상담자는 다음과 같이 질문했다.

- "아이들에 대한 이러한 사랑이 이전에 나타난 적이 있었나요?" (행동 영역에 대한 질문)
  - 선이 씨는 아이들이 좋아하는 음식을 해 주었던 때 그리고 아이들과 함께 외식했던 때를 이야기했다. 또한 선이 씨는 더 옛날로 가서 아이들이 어릴 때 하루도 안 빠지고 매일 밤 책을 읽어 줬던 이야기를 했고, 그 목적은 아이들에게 책 읽는 습관을 길러 주기 위해서라고 했다.
- "그렇게 하루도 빠지지 않고 책을 읽어 주는 것은 쉽지 않은 일인데, 그때 원했던 것은 무엇인가요?" (정체성 영역에 대한 질문)
  - 선이 씨는 '그것은 아이들의 좋은 장래를 바랐기 때문이었다.'고 하면서 '내가 그렇게 아이들에게 공을 들였다.'고 했다.
- "아이들의 좋은 장래를 바라서 아이들에게 공을 들인 예를 들어 주시겠어요?" (행동 영역에 대한 질문)
  - 선이 씨는 아이들에게 좋은 습관을 길러 주기 위한 자기의 노력을 말했다. 좋

은 습관이란 어른에게 인사 잘하기, 어른이 뭐라고 하면 대답 빨리 하기, 어질러진 물건 잘 정돈하기 등이었다.

이 대화에서는 선이 씨의 정체성 영역(아이들에 대한 사랑)과 행동 영역(아이들에게 음식 해 주기, 외식하기, 매일 밤 책 읽어 주기 등)을 연결했다. 그리고 이 행동 영역은 다시 정체성 영역(아이들의 좋은 장래를 바람)으로 연결되었고, 이는 다시 행동 영역(좋은 습관 길러 주기)으로 지그재그식으로 연결되었다.

좋은 습관 길러 주기에서, 그 기저의 의도와 가치는 아이들의 좋은 장래를 바라는 엄마의 사랑이다. 그러나 이것이 엄격한 기준으로 강하게 작용할 때 선이 씨의 조급함이나 극단의 마음과 연결되어 도깨비를 불러오는 원인이 된다는 것이 이미 앞에서 나타났다. 이제 선이 씨의 아이들을 사랑하는 마음이 구체적으로 명확하게 드러난 시점에서, 상담자는 선이 씨에게 다음과 같은 질문을 했다.

- "아이들에게 좋은 습관 길러 주기는 아이들의 좋은 장래를 바라는 마음에서 나온 것이지요. 그런데 아이들이 선이 씨의 '기준'을 잘 안 따라 줄 때 선이 씨에게 조급함과 극단의 마음을 불러오고 도깨비를 키운다고 하셨어요. 지금 아이들을 사랑하는 마음, 아이들에게 공들인 마음은 이런 '기준'에게 뭐라고 할 것 같으세요?"
  —선이 씨는 여기에서 중요한 변화를 말했다. 요즘도 아이들이 선이 씨의 기준에 못 미치는 행동을 하지만, 그때 이렇게 새로이 전면에 부각된 마음은 선이 씨에게 '애잖아?'라고 한다고 했다.
- "'애잖아?'라고 하는 마음은 어떤 마음인가요?"
  —선이 씨는 '아이들은 아이들이라고 이해하는 마음'이라고 답했다. 즉, '아이들은 아이들이기 때문에 어른의 기준을 들이대지 말자는 마음'이라고 했다.
- "'애잖아?'라고 아이들을 이해하는 마음과 극단의 마음은 어떤 관계인가요?"
  —선이 씨는 이 두 마음은 반대라고 했다.
- "극단의 마음과 조급한 마음이 친구라고 할 때, '애잖아?'라고 아이들을 이해하는 마음의 친구는 무엇일까요?"
  —선이 씨는 '애잖아?'라고 아이들을 이해하는 마음의 친구는 생명의 마음, 감사하는 마음, 아이들을 사랑하는 마음이라고 답했다. 상담자는 선이 씨와 함

께 앞에서 만들었던 도깨비에 대항하는 기술 목록에 '애잖아?'를 추가했다. 또한 생명의 마음, 감사하는 마음, 아이들을 아이들이라고 이해하고 사랑하는 마음을 한 묶음으로 하고, 극단의 마음, 조급한 마음을 또 다른 묶음으로 정리하여 구별했다. 이를 통해 선이 씨는 전자의 마음을 선호한다는 것, 그리고 전자의 마음이 나타난 행동의 역사가 이미 존재한다는 것이 분명해졌다.

'부재하지만 암시적인 것'의 사회적 · 관계적 역사를 알아보는 이 단계에서 할 수 있는 또 하나의 작업은 회원재구성(re-membering) 대화이다. 회원재구성 대화란 '부재하지만 암시적인 것'을 중심에 놓고 사람들을 함께 연결시키는 작업이며, 이를 통해 내담자가 자기가 소중히 여기는 것에 부합하는 방식으로 계속 행동하도록 도울 수 있다(Carey et al., 2009). 이 사례에서 상담자는 다음과 같은 회원재구성 대화를 했다. 여기에서는 화이트의 회원재구성 대화 지도를 활용하였다(White, 2010).

- "이렇게 내가 아이들을 사랑하는 마음을 가지고 아이들에게 공을 들였다는 것을 알고 인정할 사람은 누구일까요?"
  - 선이 씨는 같은 지역에 살고 있는 동네 언니를 떠올렸다. 선이 씨와 동네 언니는 약 4년 전 목욕탕에서 처음 만난 이후 친하게 지내게 되었다.
- "그 동네 언니는 선이 씨의 삶에 어떻게 기여했나요?"
  - 선이 씨는 동네 언니는 아는 것이 많고 자기를 좋은 방향으로 인도해 주는 사람이라고 답했다. 선이 씨의 부모와 형제는 지방에 살아서 자주 만나기 힘든데, 동네 언니는 선이 씨가 힘들 때마다 터놓고 이야기하고 의지하는 사람이라고 했다.
- "동네 언니는 선이 씨가 아이들을 사랑하는 엄마라는 것에 어떻게 기여했을까요?"
  - 선이 씨는 동네 언니가 선이 씨가 아이들에게 야단을 잘 치는 것을 알고 있으며, 선이 씨에게 그러면 안 된다고 여러 번 이야기했다고 했다. 그리고 요즈음 변한 것을 알아보고 칭찬해 주었다고 했다.
- "그렇다면 이번에는 반대로 선이 씨는 그 동네 언니의 삶에 어떻게 기여했을까요?"
  - 선이 씨는 한참을 생각하다가 잘 모르겠다고 했다. 자기가 동네 언니의 삶에

기여한 바에 대해서는 생각해 본 적이 없다고 했다.

• "그렇다면, 동네 언니는 선이 씨의 어떤 점을 보고 선이 씨랑 가까이 지낼까요?"
  –선이 씨는 한참 생각하다가 '아마도 내가 정직하고 진실하니까 나의 그런 점을 좋아할 것'이라고 답했다. 그리고 동네 언니는 동생이 없기 때문에, 정직하고 진실한, 나 같은 동생이 있다는 것을 좋아하는 것 같다고 했다. 이렇게 선이 씨가 선호하는 삶의 방식은 선이 씨의 삶의 인물들과의 연결을 통해서 더 확대되어 지속될 수 있다.

8) 대응행동을 시간적으로 연결하고 미래로 잇기

부재하지만 암시적인 것을 스캐폴딩하는 이 지도의 마지막 단계는 그 사람의 행동과 경험의 이야기를 시간 차원을 가로지르면서 연결시키는 것이다. 이는 이동의 느낌을 내포하며 내담자의 주체의식 경험에 기여한다. 또한 내담자와 함께 스토리 라인을 미래로 가져가는 토대가 된다(Carey et al., 2009).

선이 씨는 이 사례의 마지막 단계에서 그동안 개발된 '도깨비에 대항하는 나의 삶의 기술과 지혜'의 목록을 다음과 같이 정리했다.

도깨비에 대항하는 나의 삶의 기술과 지혜

- 한 템포만 쉬자.
- 워워하자.
- 도깨비 그림을 보거나 생각하자.
- 가슴이 벌렁벌렁하는 것을 알자.
- 충전의 시간이 필요하다.
- 아이들은 아이들이라고 이해하자(애잖아).
- 지금 안 해도 괜찮아.
- 차근차근/조금씩/쉬엄쉬엄

- 공든 탑 쌓기
- 토끼보다 거북이가 되기
- A학점이 아니라도 괜찮아. 패스만 하면 돼.

– 기본 마음: 생명의 마음, 감사의 마음, 미안한 마음, 포근하게 감싸 안는 마음, 아이들을 사랑하는 마음

그리고 자신에 대해 선호하는 이해를 바탕으로 미래에 무엇을 할 것인지를 생각해 보도록 초대되었다.

- "상담 과정을 돌이켜 볼 때 가장 마음에 남는 것은 무엇인가요?"
  – 선이 씨는 돌이켜 볼 때 도깨비를 그림으로 그린 것이 가장 마음에 남는다고 하면서, 지금 도깨비는 작아지고 생명의 마음은 커졌다고 했다. 선이 씨는 "요즘 아이들이 내 마음속에 들어왔다."라고 표현했다. 이를 동네 언니뿐만 아니라, 아이들과 남편도 알고 인정한다고 했다.
- "이런 차이를 바탕으로 미래에 어떤 발걸음을 내디딜까요?"
  – 선이 씨는 '앞으로 목록에 적힌 바와 같은 엄마가 될 것이며, 지금 가는 중'이라고 했다. 그리고 '이런 나 자신에 대해서 기분 좋다.'고 했다.

3. 부재하지만 암시적인 것과 주체의식

내러티브상담의 여정은 내담자가 스스로 삶을 운영할 수 있다는 주체의식을 개발하는 방향을 향해 가는 여정이다. 이러한 방향에서 '부재하지만 암시적인 것'의 탐색은 자신이 선호하는 정체성을 향해 가는 여정이라고 할 수 있다. 주체의식이란 내 삶에서 무엇에 가치를 부여하고 어떤 지향을 가질 것인가에 대하여 타인이나 사회가 가리키는 바가 아니라 자기 자신이 주체가 되어 결정할 수 있다는 인식이다. 앞에서는 '부재하지만 암시적인 것'을 찾아가는 8단계 스캐폴딩 지도를 사례에 적용하여 알아보았다. 이 사례에서 상담자는 통상적 전문가의 위치가 아닌, 탈중심적인

입장을 견지했다. 또한 내담자의 이야기 중 어느 부분에 관심을 가지고 어떤 질문을 하는가를 통해서 영향력을 가지려고 했다. 이를 통해 전문가 지식이 아닌 내담자 지식을 발굴하고, 이에 관련하여 '부재하지만 암시적인 것'을 전면으로 끌어내고자 했다.

당사자 지식이란 전문가 지식에 비해 볼 때 하찮은 것으로 폄하되기 쉽지만, 당사자 지식의 발굴을 통하여 내담자의 주체의식 회복에 기여하게 된다. 본 사례에서 아이들에 대한 내담자의 사랑은 처음에는 전면에 나타나지 않았었다. 그러나 내담자는 자기가 아이들에게 화를 내는 것에 대해서 스스로 문제를 제기했고, 아이들에 대한 화는 자기가 삶에서 소중하게 여기는 가치, 즉 아이들에 대한 사랑을 위반하는 것이란 점이 스캐폴딩 대화를 통해 드러났다. 그 과정에서 내담자의 당사자 지식이 중요하게 부각되었고, 내담자는 자기가 선호하는 정체성, 즉 '나는 아이들을 사랑하는 엄마'라는 정체성을 자기 삶에서 구체화시켜 실행할 수 있었다. 일반적으로 내러티브상담의 지도는 문제의 외재화, 독특한 결과 알아보기, 이야기 다시쓰기, 회원재구성 대화, 정의예식의 순서로 진행된다고 설명된다. 앞의 부재하지만 암시적인 것을 향한 8단계 지도는 별도의 다른 지도가 아니며, 일반적인 진행 방법이 그대로 이 지도 안에 포함되어 있다. 다만, 정의예식은 이 8단계 지도에 추가하여 실행될 수 있을 것이다.

참고문헌

Carey, M., Walther, S., & Russell, S. (2009). The absent but implicit: A map to support therapeutic enquiry. *Family Process, 48*(3), 319-331.

White, M. (2010). **이야기치료의 지도** (*Maps of narrative practice*). (이선혜, 정슬기, 허남순 공역). 서울: 학지사. (원저는 2007년에 출판).

White, M. (2011). *Narrative practice: Continuing conversation*. New York, NY: W. W. Norton & Company.

제14장

자살의 상실을 딛고 앞으로 나아가기

최지원(서울신학대학교 학생상담센터 교수)

자살에 대한 재구성과 의미를 다루기 앞서 먼저 용어를 정리하고 살펴보고자 한다. 사별(bereavement)은 객관적인 사실을 의미한다. 비탄 및 슬픔(grief)은 사랑하는 사람의 죽음에 대한 정서적 반응이다. 그렇다면 애도(mourning)란 사별과 비탄 및 슬픔에 대한 문화적인 반응으로 대처 방식을 포함한다. 비탄 및 슬픔과 관련된 복잡한 증상을 살펴보면 다음과 같다. 심각한 기능 손상, 대인관계에 대한 긴장감, 사별한 사람의 유물과 유품을 극도로 회피하기, 친구 및 가족과의 다양한 활동에서 철회하기, 목적의식이나 의미의 상실, 사별한 사람의 죽음에 대해 몰입하거나 집중하는 초점화 자세 등이다.

이처럼 용어나 증상, 개념의 정리는 사건에 대한 설명이다. 사건은 발생하면 사실이 되지만, 때로는 누군가의 사연이 되기도 한다. 기자는 사건을 다룬다면 상담자는 사연을 다뤄야 한다. 따라서 지금부터는 사건을 어떻게 사연으로 만들어 갈지에 대한 재구성 이야기를 다루고자 한다. 인간은 경험을 이해하기 위해서 의미를 구성해야만 하는 존재이다(Neimeyer, 1999). 사회구성주의에서는 슬픔의 보편성을 거부하며 개인적인 함의에 집중한다. 치료적 대화는 지속적인 연결감을 기억해 내고 내 삶에 미친 영향을 탐색하도록 돕는다(Hedtke & Winslade, 2004). 애도를 할 필요가 있는 내담자들이 자신의 내러티브 안에서 슬픔을 어떻게 다루어 갈지에 대한 결정의 방향타를 잡을 수 있을 수 있도록 공동 협력하는 것이 치료적 대화이다. 이는 사회적 맥락에서 실재를 형성하며 씨실과 날실처럼 엮어 갈 수 있고 내담자가 자신만의 사연을 만들어 그 안에서 의미를 찾을 수 있도록 재구성 작업을 한다(Hedtke & Winslade, 2004). 이야기를 다시쓰기 위해서는 무엇보다 내담자 자신의 독특한 기술과 대처 능력을 존중하는 것이 필요하다. 회피가 아니라 고통에서 건강하게 적정 거리를 유지할 수 있도록 돕고 그 안에서 스스로의 방식을 찾도록 허락하는 것이다(GoodTherapy.com, 2016). 이를 위해서 문제의 외재화와 영향력을 탐색하고 정체성 이야기를 확장해 가는 것이 중요한 과정이다.

자살을 거꾸로 읽으면 '살자'이다. 아이러니하게도 '스스로 죽음을 선택하는 과정'이나 더 살도록 노력해 보자라는 의지는 한끝 차이, 선택의 결정 여부뿐일지도 모른다. 이 장에서는 자살이 얼마나 사회적 문제인지를 다루고자 하는 의도는 없다. 스스로 생명을 끊은 사람들의 가까운 지인, 친구, 가족, 사랑하는 사람과 나눈 치료적 대화 과정을 다루고자 한다. 생명을 끊은 사람들의 자의적 선택 행동에 대한 주변 사람들의 트라우마, 침묵적 은폐, 다루기 어려운 이야기를 억지로 재구성하려는 시도가 아니라 자신이 경험한 지인의 자살을 자신의 삶의 이야기 안에 어떻게 녹여 낼 것인지에 대한 의도와 계획을 살펴볼 것이다. 자살을 불명예로 받아들이지만 자살은 넓은 개념의 범주로 보면 스스로 선택한 결정일 수 있다. 다양한 검토 끝에 얻은 결과이지만 '자살'이라는 이름으로 전체화되기 쉽다. 스스로 생명을 끊은 사람이 생전에 했던 일에 대한 경의를 표하는 일은 사회적 담론에 의해 극히 드물다. 그렇다고 내러티브상담 철학이 자살을 찬미하거나 미화하기 위한 대화 과정은 결코 아니다. 이 장은 친밀한 사람을 잃은 것에 대한 애도 그리고 가까운 사람이기에 찾을 수 있는 충분한 의미를 재구성하기 위해 작성한 사례이다. 자살이라는 행동을 위해서는 어떤 가치나 기술, 정체성 영역이 필요했던 것일까? 자살의 이야기에 '살자'라는 의미가 어떻게 담길 수 있는지 한 젊은 여성의 목소리를 통해 살펴보고자 한다.

사례: '존중받은 만큼 존중해 주었어요.'

인혜 씨는 현재 30대 초반의 여성으로 5년간의 직장생활을 접고 새로운 직업으로 전향하기 위해 준비 중이다. 5년간 다닌 직장을 퇴사한 날 4년간 사귀고 결혼 약속을 한 남자친구인 영재 씨가 집에서 자살을 했다. 영재 씨의 유가족은 아버지와 연년생 형 한 명이다. 영재 씨의 어머니는 자신의 남동생 자살을 목격한 사람이고, 남동생이 죽은 1년 뒤 영재 씨의 어머니도 갱년기 우울로 자살하셨다고 전해진다. 안타깝게도 어머니의 죽음은 인혜 씨의 남자친구인 둘째 아들, 영재 씨가 발견했다. 마치 도미노처럼 외삼촌, 어머니, 영재 씨는 모두 같은 방법으로 자살하였고, 연이은 두 사람은 자살 현장을 처음 목격한 사람이기도 하다.

1. 외재화 대화를 시작하기 위한 라포 형성 대화

지금–여기에 현존할 수 있는 결정적인 방법은 함께 경험하는 그 순간을 따라가는 것이다. 지금–여기에서 경험하고 있는 것을 소통하여 무엇이 일어나는지 자각하고 '함께 머무를 수 있도록' 수용적인 자세를 갖는다. 발자국 기법은 상담자가 내담자의 이야기를 따라가면서 내담자의 경험을 이해하는 과정을 촉진한다. 상담자가 발자국 기법을 하기 위해서는 내담자의 세계를 이해함과 동시에 큰 시야를 가져야 한다. 발자국 기법은 상담자가 내담자 경험의 흐름을 따라가며 내담자에게 무엇이 일어나고 있는지 인식하도록 돕는다. 내담자의 말하는 태도와 말의 속도, 억양과 목소리 높낮이, 표정과 몸짓 그리고 자세나 호흡, 감정의 변화나 표현 등 내담자가 '지금 이 자리'에서 경험하는 것을 상담자가 반영해 주고 정리해 준다. 이렇게 내담자의 내용과 경험을 한 박자 뒤에서 상담자가 발자국 기법으로 따라가며 내담자와 함께 머무르면 공감과 연결감이 증대된다(서주희, 강형원, 2013). 따라서 라포 형성을 위해서는 '발자국 기법'을 잘 사용해야 관계 안에서 연결감이 잘 형성될 수 있다.

인혜 씨: 남자친구의 엄마도 자살을 하셨는데……. 엄마의 남동생 분이, 제가 추측하기에는 거기서부터 시작인데요. 부인과 이혼하고 혼자 살다 자살을 하셨어요. 그걸 발견한 분이 남자친구의 어머니와 아버지셨어요. 그러고 1년 뒤에 어머니도 갱년

기가 와서 우울증이 왔고, 외삼촌과 똑같은 방법으로 돌아가셨대요. 같은 방법으로 돌아가신 거죠. 그걸 남자친구가 발견한 거예요. 그러고 나서 3년 뒤에 절 만났어요. 그러고 나서 저랑 4년 동안 지내다가 남자친구도 힘들었고…… 힘든 내색을 안 하는 성격이었어요. 회사일도 그렇고 경제적인 것도 그렇고 압박받는 게 있었나 봐요. 똑같은 방법으로 돌아갔다 하더라고요.

상담자: 똑같은 방법이 무엇인지 혹시 아세요?

인혜 씨: 목 매달아서…… 다 똑같은 방법으로…… 트라우마 같은 것 같아요.

상담자: 그러네요. 같은 방법으로…… 트라우마네요. 인혜 씨는 이런 내용을 알고 계셨겠어요?

인혜 씨: 내색을 하는 스타일이 아니어서, 그리고 문외한이어서 그렇게까지 힘든지 잘 몰랐었어요.

상담자: 잘 몰랐다면 더 충격이 컸겠어요. 갑작스러운 일이라…….

인혜 씨: 네, 맞아요.

상담자: 그래도 다행인 것은 도미노처럼 연결된 죽음에서 마지막에 인혜 씨가 남자친구의 죽음을 발견한 것은 아니라서 다행이네요.

……(중략)……

상담자: 친밀한 관계였던 4년이란 시간을 같이 보냈던 사람이 갑작스럽게 본인의 의지로 생명을 끊었을 때 황망하고 당황스러우셨을 텐데……. 생각을 해 보면 회사를 그만둔 것은 이것과 관련이 있나요?

인혜 씨: 그만두고 싶었는데……. 제 생각에는 제가 퇴사한 날 그렇게 갔어요. 못 물어보지만 왠지 그것과 연결이 있는 건가? (알고 있었던 거죠. 어떤 의미일까요.) 돌이켜 생각해 보면 올해 오빠랑 결혼하기로 했었어요. 아마 현실적으로 부담이 되었을 것 같은데, 본인이 터놓으면 되는데 혼자 안고 가다 보니까 힘들어서 그랬던 것 같아요. 연인이니까 저는 오빠에게 힘든 이야기를 다 말하는데, 오빠는 들어주기만 하고 저에게 힘든 이야기를 한 번도 말한 적이 없어요. 회사에서 상사에게 폭언도 듣고 그랬는데 제가 몰라줬다 생각을 하니까 미안하기도 하죠.

상담자: 몰라줬다고 생각하면 미안할 수 있겠네요. 혹시 인혜 씨가 되돌아보니 징조 같다 느껴지는 게 있나요?

인혜 씨: 아니…… 아, 한 번 있었어요. 일요일에 만났을 때 엄마를 보러 가자 그렇게 말하더라고요. 제 입장에서는 갑작스러운 것보다 꽃을 사 가면 좋으니까 오늘 말고

나중에 가자고 말했죠. 그다음 평소처럼 데이트를 했죠. 그게 신호였나 생각이 들어요. 되돌아보면…….

상담자: 엄마를 보러 가자 했던 것이 자기 나름대로 특별한 의미로 엄마를 보러 가자고 했나 싶었겠네요.

인혜 씨: 네, 유서에도 엄마가 보고 싶다는 말이 많았어요. 엄마 옆에서 쉬고 싶다. 너무 지치고 힌들다 그렇게 썼더라고요. 성격이 밝고 내색하지 않는 성격이라 전혀 몰랐었어요.

상담자: 회사생활이 힘드셨던 것일까요?

인혜 씨: 오빠는 힘든 거 없냐라고 제가 물으면 항상 "나도 힘든 거 있는데 다 똑같지 뭐." 이렇게 말했거든요.

상담자: 나도 힘들지만 다 똑같이 힘들다 이렇게 말하고 구체적으로 무엇 때문에 힘든 건지는 말을 안 해 줘서 인혜 씨는 몰랐던 거네요.

2. 외재화 대화: 상실 경험에 대한 외재화

상실 경험에 대한 외재화 대화는 자신의 슬픔과 애도 과정을 다룰 수 있는 좋은 방법이다. 내러티브 접근을 통해 외재화를 하고 그 안에서 독특한 결과와 정체성 영역으로의 확장을 경험하면 긍정 신경세포로의 연결 작업이 일어나 경험에 대한 내담자의 선호하는 반응을 증가시킨다. 또한 미래에 대한 긍정적인 반응도 증가할 수 있다. 내담자가 조금 더 통합적인 정체성을 형성할 수 있게끔 돕는 것이다. 문제로 인한 편견을 줄여 줘서 뇌의 자동적인 작동을 무시할 수 있게 만들며, 외재화로 뇌의 문제적 편견을 줄이고 삶의 이야기의 다시쓰기를 돕는다(Beaudoin & Zimmerman, 2011). 이처럼 사람은 어떤 상황이나 어떤 경험을 하는 것이 중요한 것이 아니라, 그 경험을 어떻게 해석하고 가져가느냐가 인생의 반전을 가져온다는 사실을 느낄 수 있다. 이 과정을 가능하게 하는 것이 바로 외재화 대화이다.

상담자: 나름 굵직한 경험을 하신 건데, 4년 사귄 남자친구를 갑작스럽게 떠나보낸 경험을 생각하면 무슨 사물이나 이미지가 떠오르세요? 그 경험을 떠올리면 뭐라고 부르고 싶은지 이름을 붙여 보실까요?

인혜 씨: 음…… 갑자기 사라진 느낌. 연기예요. 회색빛에 (냄새는 있나요?) 냄새는 없어요.

상담자: 회색빛인데 냄새는 없고 갑자기 사라진 느낌이면 있다가 없어진 거네요?

인혜 씨: 네.

상담자: 형태도 없고 갑자기 있다 사라진 연기가 인혜 씨 삶에 영향을 미친 것 같으세요?

인혜 씨: 음…… 엄청 다방면으로 영향을 미친 것 같은데. 이를 계기로 삶이 다방면으로 달라진 거잖아요. 부정적이든 긍정적이든 둘 다 나타나는 것 같아요.

상담자: 부정적이든 긍정적이든…… 이렇게 두 가지 다 있다고 하는 게 새롭게 들리네요. 어떻게 구분 지어 생각해 볼 수 있나요?

인혜 씨: 부정적인 면에서는 그냥 제 인생이 탄탄대로로 가려고 했던 것이 다 막히고 완전 리셋된 거잖아요. 회사도 그만두었고 처음으로 돌아갔잖아요. 막막하긴 한데 긍정적으로 생각하면 전부 다시 시작하는 거죠. 요즘에 좀 고민이 되는 게 제 친구나 직장에서 자리 잡고 결혼하고 그러는데 저는 처음부터 다시 시작인 거잖아요. 희망적인 것도 있지만 부정적인 게 더 크죠. 현실적으로는…….

상담자: 친구들과 비교를 하셨으니까. 탄탄대로도 막히고 리셋된 느낌이다라고 하셨고, 부정적이기도 하나 긍정적이기도 하다 이렇게 말씀하셨는데…… 연기가 내 삶에 미치는 영향도 부정적인 면과 긍정적인 면 두 가지 다 생각하는 것이 새로운데요. 이건 원래 성향인지, 어떤 자원이 인혜 씨가 이렇게 생각하도록 만드는 건지요?

인혜 씨: 제가 생각할 때는 종교적인 것이 큰 것 같아요. 신에게 의지를 하고 있으니까 그게 큰 것 같아요.

상담자: 신앙이나 종교가 어떤 역할을 할까요?

인혜 씨: 안 힘들다 하면 거짓말인데……. 끝도 없이 부정적으로 생각하고 살았을 텐데 그럴 때마다 다시 생각해 보자, 신에게 의지해 보자, 우리를 책임져 주시는 분이 신이니까 내 인생을 책임져 주시겠지 이렇게 생각하는 게 있어요. 제 힘만으로 살려고 하지 않는 것 같아요.

3. 트라우마를 드라마로 써 가는 다시쓰기 과정
: 관계의 외재화 그리고 정체성 이야기

지금-여기에 현존할 수 있는 결정적인 방법은 함께 경험하는 그 순간을 따라가는 것이다. 관계 속에서의 연결감을 촉진할 수 있는 발자국 기법은 대인관계 신경생물이론 측면에서 효과가 나타난다. 두 사람이 각자 구분된 영역을 지니고 있지만 이 관계를 가로지르는 자각을 공유하게 되면 통합된 존재감을 만들어 준다(Siegel, 2010). 신경점화 패턴이 특정한 복잡함의 수준에 도달하게 될 때, 의식이 발생한다(Edelman, 2004). 즉, 구별된 개별 요소가 서로 연결되어 복잡성을 늘려 갈 때 역동의 체계는 조직화를 변형시킨다. 상담자와 내담자의 관계에서 연속적인 공명을 경험할 때 경험에 대한 새로운 지각을 형성할 수 있는 것이다. 대인관계 신경생물 관점에서 발자국 기법은 궁극적으로 뇌의 통합적인 섬유다발의 성장을 이끌고 신경의 통합을 촉진할 수 있다(Siegel, 2010).

사회과학자 그레고리 베이트슨(Gregory Bateson)은 "지식의 형태는 주관적 해석이며, 인간은 오로지 차이가 있을 때 다름을 지각하고, 차이를 아는 것이 시간이 흐르면서 부호화된다."라고 했다(Bateson, 1980). 시간의 연속선상에서 사건이 서로 연결되면서 우리의 이야기를 만든다. 결국 이야기 선정은 매 순간 선택적이며, 이것을 서로 다르게 연결할 때 새로운 실재가 형성된다. 삶에서 표현되지 못했던 이야기는 어느 순간 풍부한 자료가 되어서 내담자들에게 대안적 해석을 할 수 있는 기회를 준다. 우리의 경험에 의미를 새롭게 다시 부여하는 것이 내러티브 접근이다.

뇌의 변연계는 경험을 긍정이나 부정으로 평가한다. 그리고 전두엽이 우리의 경험을 단어와 언어로 번역하면서 부정과 긍정의 의미를 만든다. 경험은 정서보다 인지로 인식되지만 뇌 속에서는 인지보다 정서로 쌓이는 경향이 있다. 긍정이나 중립적인 정서보다 부정적인 정서가 오래 보유되는 이유는 진화적으로 뇌가 부정적 정서를 위험과 높게 연결하여 지각함에 기인한다. 신경 수준에서는 부정적 정서 네트워크가 축색돌기 그리고 수상돌기로 강하게 연결되어서 강하고 빠르게 부정적인 정서가 행동에 영향을 미치게끔 한다(Siegel, 2001). 신경작용에서의 이런 지배적인 부정적 정서를 '슈퍼고속도로'라고 부른다(김유숙, 고모리, 야스나가, 최지원, 2013 재인용). 이처럼 부정적 정서는 매우 빠르게 부정적 이야기로 연결 지어 간다. 내러티브 접근은 내담자가 부정적인 슈퍼고속도로의 통제를 조절하게 돕는다. 내러티브 접근은 대안적 이야기를 발견하게 함으로써 서로 연결되어 있지 않고 희박한, 긍정적이고 중립적인 신경세포와의 연결을 발견하게끔 돕기 때문이다.

상담자: 유언에서 인혜 씨에 대한 이야기가 있었나요?

인혜 씨: 저장을 해 놓긴 했는데, 미안하고 나를 잊고 잘 살라고, 행복했으면 좋겠다, (웃으며) 다 뻔한…… 지금까지 자신을 사랑해 줘서 고마웠다고.

인혜 씨: 저도 처음에 그 생각 많이 했어요. 자살은 좋은 방향이 아니니까. 지옥에 간다 생각했고…… 오빠도 교회 다니는데 왜 자살했지? 힘들면 의지하면 되잖아 생각했었는데…… 제가 겪어 보니까, 오빠가 자살한 것이 이해될 때가 있어요. 자살을 했다는 게 병이잖아요. 그렇게 받아들이고 죽음을 구원에 적용해 봤는데, 구원은 사람이 할 수 있는 영역이 아니니까 생전에 그 사람이 산 것을 어떻게 판단할 수 없으니 내가 뭐라고 판단할 필요는 없겠다 생각했고 그러니까 자유로워졌어요. 그 사람 입장에서 생각해 보니까 너무 힘들면 충분히 그럴 수 있겠다 싶어요.

상담자: 그 사람 입장에서 이해가 되니까 정리가 되었다고 말씀하셨는데…… 정리를 할 수 있다는 게 쉬운 일은 아니죠. 생각을 바꿀 수 있는 사람도 있고 바꾸지 못하는 사람도 있잖아요. 이것이 어떻게 가능했냐 질문했을 때 종교와 신앙이라고 하셨죠. 인혜 씨의 개인적인 어떤 측면이 사고를 유연하게 생각하고 믿을 수 있고 빨리 생각을 정리할 수 있게 했을까요? 인혜 씨가 어떤 사람이기에 그게 가능했다고 생각하세요?

인혜 씨: 음……. 주변에 저를 아껴 주는 사람이 많았어요. 여러 사람에게 물어봤어요. 오픈을 하고…… 부정적으로 생각하는 사람이 아무도 없었어요. 왜 자살을 하는지에 대해 찾아보면서도…… 뇌의 호르몬 영향에 대해 이야기하더라고요. 결국 마음의 감기 같은 거였구나……. 저희 엄마 아빠도 그렇게 이야기해 주시고 친구들도…….

상담자: 주변 사람들이 인적 자원인 거잖아요. 내가 고민을 할 때 혼자 삭히는 것도 방법이지만 그러면 공유가 안 되었는데, 이런 고민을 주변 사람들과 나눴고, 그 사람들이 판단을 하지 않고 지지해 주었나봐요. (네.) 이 생각을 차츰 바꾸고 이해할 수 있게 되었다는 거네요. 인혜 씨가 어떤 사람이라서 이렇게 할 수 있었는가라는 질문의 답은 인혜 씨가 주변에 인적 자원이 많은 사람이다라고 표현할 수 있을까요?

인혜 씨: 저는 개인적으로 우울한 것은 싫어해요. 그래서 그것을 벗어나고 싶어 했고, 머무르는 게 싫으니까 나름대로 어떻게 벗어날 수 있을지 고민하고 주변 사람들에게 말했던 것 같아요.

상담자: 이런 인혜 씨의 대처, 고민이 있으면 이야기를 하고 긍정적으로 바꾸려고 하는 이

런 모습을 4년 동안 보면서 남자친구는 어떤 것을 경험했을까요?

인혜 씨: 맞아요. 영향은 받았던 것 같아요. 뭐라 해야 하지. 영향을 받았더라도 오빠의 성격은 자존심도 상하고 그래서 긍정적인 영향은 미쳤지만…… 평소에도 연애하면서 '주변 사람을 행복하게 해 주는 너의 그런 영향이 좋다.'는 이야기를 많이 해 줬어요. 오빠가 저의 영향으로 어떻게 살았는지 모르겠지만 이런 말은 많이 해 주었어요.

상담자: 인혜 씨는 행복의 기운을 전달해 주는 분이셨고 남자친구도 그것을 경험했던 거네요. 이런 경험이 연기라고 표현하셨는데…… 그것과 비교해서 남자친구와 보낸 시간은 어떤 이미지로 표현할 수 있을까요?

인혜 씨: 음……. 느낌은 그래도 나쁘진 않았어요. 행복했을 때 간 거잖아요. 마지막 데이트를 했을 때가 가장 기억에 남아요. 자전거 타고 놀았거든요. 인천대공원에 갔어요. 자전거 타고 영화를 봤어요. 어벤져스 마지막 시리즈요. 이때가 봄이었어요.

상담자: 느낌은 행복했을 때 갔다. 그래서 행복이 남는다 하셨는데…… 어떻게 불러 보고 싶으세요?

인혜 씨: (이렇게 생각을 안 해 봐 가지고……) 약간 솜사탕 같은…… 색깔은 하얀색. 크기도 풍선 크기 만한.

상담자: 예쁘고 달달한 행복을 나타내는 솜사탕이네요. 솜사탕과 연기가 대조적으로 느껴지는데……. 결국은 솜사탕도 연기도 다 인혜 씨 삶에 있고 흔적을 남긴 건데요. 인혜 씨가 인생을 새로 시작하는 느낌이라 하셨는데……. 리셋하고 다시 시작하는 의미에서 갖고 가는 건데…… 솜사탕과 연기를 가지고 새로운 인생을 준비하며 걸어갈 때 어떤 역할을 하면서 데려가면 좋을까요?

인혜 씨: 음……. 어……. 일단 솜사탕 같은 경우는 제가 연애를 나쁘게 끝낸 게 아니라서, 다시 새로운 사람을 만나게 되었을 때 이렇게 사랑을 하게 될 수 있을까 그런 생각이 들 때가 있어요. (너무 좋았고 좋은 시간을 응축해서 통조림에 넣어 버린 느낌이라…… 그런 수 있겠네요. 이렇게 사랑할 수 있을까. 충분히 고통스럽고 충분히 힘드니까.) 연기 같은 경우는 어쨌든 살면서 이런 경험을 또 하게 될지 사랑하는 사람들이 가는데…… 그랬을 때도 연기가 더 짙어질 것 같은 느낌……. 불안한 것도 있고 한번 경험해 보니까…… 누구에게나 일어날 수 있는 일이 나에게 일어난 건데. 갑작스럽게 친구가 죽거나 부모님이 돌아가시거나…… 멀었던 일이었는데 이런 죽음이 저에게 가깝게 들어온 거죠. 불안과 두려움이 있죠. 살

면서 연기가 또 온다면 좀 더 커지거나 그럴 것 같아요

상담자: 맞아요. 현실적인 이야기로 들려요. 우리의 기대는 연기가 흐려지는 것일 수 있는데, 이건 끝이 아니라 오히려 살면서 연기가 짙어지거나, 근데 또 솜사탕의 경우는 좋았던 경험이 응축된 느낌이어서 거기서 멈춘 거잖아요. 이렇게 좋은 사랑을 또 할 수 있을까 이런 생각이 들 것 같고. 이런 이야기는 인혜 씨가 연기가 본인의 삶에 미친 영향이 부정적이고 긍정적이다는 의미나 종교와 신앙이 미쳤다는 거나 두 가지 다 인생에서 결정을 남기는 것이 아니라 여지를 남기는 것을 성장의 포인트로 가져가시는 것 같거든요. 인혜 씨는 원래 그런 사람이었을까요?

인혜 씨: 아닌 것 같아요. 긍정적인 요소 중 하나가 그런 거예요. 생각을 달리할 수 있게 된 것이요.

상담자: 그러면 그것도 큰 유산이네요.

인혜 씨: 그렇죠. 긍정적인 측면에서 그렇죠.

상담자: 이런 게 쉬워 보이지만 쉽지 않은 일이거든요. 황당하고 힘든 일을 겪고 나서야 바꿀 수 있는 게 그 생각인 거잖아요. 생각을 달리할 수 있게 된 점도 긍정적인 것 중 하나라는 거네요. 앞으로 살면서 크든 작든 여러 가지 영향을 미칠 수 있을 텐데……. 주변 사람들 영향 이야기했잖아요. 지금 연기나 솜사탕이나 그런 이야기를 나름대로 자신의 삶에 포인트로 가져가는 것을 주변의 아끼는 사람들이 들었다면 어떤 반응을 해 줄 것 같으세요?

인혜 씨: 일단…… 엄마 아빠 같은 경우는 연기에 대해서는 아무래도 자식이니까 충격을 받을 것 같고. 현실적으로 이야기했으니까. 그렇게 말할 거라고 예상을 못하실 것 같아요. 솜사탕의 경우는 있는 그대로 우리가 지내던 모습 그대로 표현한 거라 생각해서 받아들이실 것 같고……. 친구들의 경우는 이런 이야기를 하면 제 말에 다 동의를 해 주는 친구들이 있어요. 100% 공감은 아니더라도 충분히 이해해 줄 거예요.

상담자: 친구들은 이해하고 지지해 주려고 애쓰는 건데요. 인혜 씨가 어떤 친구이기에 그 친구들은 인혜 씨에게 지지적으로 해 줄 수 있는 건가요?

인혜 씨: 저도 이해를 많이 해 주니까요. 서로 오픈을 다 하는 것. 친구들도 마찬가지로 오픈을 잘 하니까 그게 되는 것 같아요.

상담자: '상호적인 관계'라는 말씀이신 거네요. 혹시 남자친구는 인혜 씨가 저와 나눈 이야기를 들으면 뭐라고 말해 주실 수 있을까요?

인혜 씨: 아마도 솜사탕에 대해서는 본인도 동의해 줄 것 같고……. 엄마는 제 남자친구를 보면 너를 보고 항상 웃고 있었다고 이야기하셔요……. 그래서 이런 일이 믿어지지 않는다고 늘 말씀하세요. 저랑 있을 때만은 행복했었으니까……. 연기에 대해서는 이런 걸 알았더라면 그런 일은 안 했을 것 같아요.

상담자: 만약에 '연기'를 미리 알았더라면…… 안했을 것이다. 그럴 수 있겠네요. 지금 솜사탕을 생각해 보니까…… 남자친구기 인혜 씨와의 관계에서 충분히 사랑했고 행복했다 그래서 거기서 멈춰 버린, 멈추고 싶을 만큼…… 그랬을 만큼 좋았을 수도 있었겠다…… 그런 생각이 드네요. 어머니 말씀이나 인혜 씨 이야기를 듣다 생각해 보니까, 솜사탕 이미지가 더 선명하게 그려지네요. 남자친구의 과정이 충분히 이해가 되었다 하셨었는데…… 그건 인혜 씨한테 중요한 과정일 것 같거든요. 내가 살아남은 피해자로 갈 수도 있고 상처받을 수도 있을 텐데……. 들으면서 정말 놀라웠던 것 같다 이런 생각이 드네요. 쉽지 않은 일인데, 그렇게 할 수 있었던 여러 가지 자원을 말씀하셨는데…… 여기까지 말씀하신 것 중에 어떤 것을 인혜 씨 마음에 남겨 두고 가고 싶으신가요?

인혜 씨: 음……. (오래 생각) 이해하는 거요. 이게 제가 이해한다고는 했지만 그 사람이 아니니까, 자기중심적이잖아요. 나는 안 그랬을 것 같은데…… 라면서 딜레마에 빠지고 그러는데……. 마음속으로 하고 싶은 것은 나는 본인의 마지막 선택을 존중해 주었다 그렇게 생각을 받아들여야 할 것 같아요.

상담자: 아름다운 표현이네요. 본인의 생각과 판단을 존중해 주었다. 이것이 가장 가까운 사람에게 원하는 거잖아요.

인혜 씨: 맞아요.

상담자: 의미가 있네요. 플로리스트란 직업도 가장 아름다운 순간과 아름다운 꽃을 잡아 놓는 건데…… 의미가 있네요.

인혜 씨: 지금 떠오른 게…… 남자친구가 저를 많이 존중해 주었었어요. 그래서 저도 존중할 수 있었던 것 같아요.

상담자: 존중받았던 사람이 존중할 수 있었다는 거네요.

지배적 문제 이야기에 사로잡혀 있는 내담자들은 자신을 '아픈 사람'으로 지각하고 평생을 트라우마 속에서 살아간다. 이렇게 내담자의 불안, 우울, 신체 증상은 변연계의 혈류를 증가시키고 전두엽의 혈류의 흐름을 막는다. 그렇지만 내러티브 접근을 통해 내담자들이 어려운 시간 속에서 자살을 시도하지 않고 살고자 하는 강한 의지가 있었다는 부분을 발견하면 이것이 독특한 결과, 자원과 대안적 이야기가 된다. 특히 내담자가 이렇게 살고자 하는 의지가 강하게 들었던 순간에 대해 세밀한 묘사를 함으로써 독특한 결과를 통한 강한 긍정적 정서가 유발된다. 그리고 내담자의 대안적 삶의 이야기를 정서와 연결시키는 것은 뇌에 영향을 미쳐 신경네트워킹 작업을 하게 된다(Beaudoin & Zimmerman, 2011). 이런 과정을 경험한 내담자들은 앞으로 삶에서의 경험을 좀 더 긍정적인 정서 경험으로 연결시킬 가능성이 높아지며, 내담자의 삶에서 독특한 결과와 강점과 자원을 발견하고 확장하는 것이 내러티브 접근의 궁극적인 목표가 될 수 있다.

화이트(White, 2014)도 본인의 사례를 통해 스스로 생명을 끊은 사람들의 친구나 이웃, 가족, 지인들과 대화를 나누는 과정에서 내부 관계자만이 알 수 있는 자살의 의미를 존중하는 것이 중요하다고 언급한 바 있다. 이런 대화의 과정을 통해서 고인이 된 한 사람의 삶과 가치를 다시 한번 볼 수 있는 것이다. 즉, 자살이라는 행동, 자살이라는 사건에 관심을 갖기보다 자살이 고인과 측근의 남은 자 간의 관계와 연결고리, 정신적인 유산 등 정체성 이야기를 다룬다. 또한 자살이 어떻게 다시 '살자'라는 이야기의 다시쓰기를 만들 수 있는지가 내러티브상담에서의 자살에 관한 다시 쓰는 이야기가 아닐까 싶다.

참고문헌

김유숙, 고모리 야스나가, 최지원(2013). **놀이를 활용한 이야기치료**. 서울: 학지사.

서주희, 강형원(2013). 하코미세라피의 이해와 한의학적 응용. **동의신경정신과학회지**, 24, 101-118.

Bateson, G. (1980). *Mind and nature: A necessary unity*. London: Fontana.

Beaudoin, M. N., & Zimmerman, J. (2011). Narrative therapy and interpersonal neurobiology: Revisiting classic practices, developing new emphases. *Journal of Systemic Therapies, 30*(1), 1-13.

Edelman, G. M. (2004). *Winder than the sky: The phenomenal gift of consciousness*. Yale University Press.

GoodTherapy.com (2016). Narrative therapy. Retrieved from http://www.goodtherapy.org/learn-about-therapy/types/narrative-therapy

Hedtke, L., & Winslade, J. (2004). *Re-membering lives: Conversations with the dying and the bereaved*. Amityville, NY: Baywood Publishing Company.

Kastenbaum, R. J. (1998). *Death, society, and human experience* (6th ed.). Boston, MA: Allyn and Bacon.

Marie-Nathalie, B., & Jeffrey, Z. (2011). Narrative therapy and interpersonal neurobiology: Revisiting classic practices, developing new emphases. *Journal of Systemic Therapies, 30*(1), 1-13.

Mayo Clinic (2014). Complicated grief. Retrieved from http://www.mayoclinic.org/diseases-conditions/complicated-grief/basics/symptoms/con-20032765

Neimeyer, R. A. (1999). Narrative strategies in grief therapy. *Journal of Constructivist Psychology, 12*(1), 65-85.

Neimeyer, R. A. (2000). Searching for the meaning of meaning: Grief therapy and the process of reconstruction. *Death Studies, 24*(6), 541-558. https://doi.org/10.1080/074811800050121480

Neimeyer, R. A. (Ed.) (2012). *Techniques of grief therapy: Creative practices for counseling the bereaved*. New York, NY: Routledge. https://doi.org/10.4324/9780203152683

Neimeyer, R. A., Torres, C., & Smith, D. C. (2011). The virtual dream: Rewriting stories of loss and grief. *Death Studies, 35*(7), 646-672.

Siegel, D. J. (2001). Toward an interpersonal neurobiology of the developing mind:

Attachment relationships, "mindsight," and neural integration. *Infant Mental Health Journal, 22*(1-2), 67-94.

Siegel, D. (2010). *The mindful therapist: A clinician's guide to mindsight and neural integration*. New York, NY: Norton.

Weaver, J. (2010). Narratives from grief counseling: Client perspectives on effective interventions and strategies for recovery. Retrieved from http://digitalcommons.brockport.edu/cgi/viewcontent.cgi?article=1111&context=edc_theses

White, M. (2014). **내러티브 실천: 마이클 화이트와의 대화** (*Narrative practice: Continuing the conversations*). (김유숙, 최지원, 안미옥 공역). 서울: 학지사. (원저는 2011년에 출판).

제15장

'구하는 사람'이란 정체성의 역사

김사라(새라심리상담연구소 소장)

외상 후 스트레스 장애(Posttraumatic Stress Disorder: PTSD)는 외부에서 발생한 충격적인 사건으로 인해 극심한 고통과 혼란을 겪은 후 개인에게 남겨진 정신적인 충격을 의미한다. 그리고 그 충격은 개인에게 오랜 시간이 지난 후에도 고통스럽고 힘든 경험으로 남기도 한다(American Psychiatric Association, 2013). 외상 사건은 지진, 해일, 태풍, 홍수, 전쟁, 건물 또는 다리의 붕괴, 비행기 사고, 개인의 삶을 위협할 수 있는 치명적인 교통사고, 가정폭력, 아동학대, 학교폭력, 살인, 강간 및 성폭행, 납치, 가깝고 소중한 존재와의 이별 등 수없이 많다. 이처럼 외상 사건에 노출된 후 안정적 삶을 살아가던 개인이 더 이상 자신의 삶이 안정적이라고 느끼지 못하고, 정신적・심리적으로 자신의 삶을 스스로 통제할 수 없는 상황을 외상 후 스트레스 장애라고 한다(American Psychiatric Association, 2013).

외상성 또는 스트레스성 사건에 노출될 때 개인이 받는 심리적 고통은 매우 다양하다. 몇몇은 불안 또는 공포를 지속적으로 느끼거나, 불쾌감, 분노, 화, 억울함을 느끼기도 하고, 때로는 공격성을 외적으로 표출하기도 하며 외상사건에 대해 기억하지 못하는 해리 증상도 나타난다. 그러나 외상성 또는 스트레스성 사건의 가장 큰 문제는 그전에는 쉽게 조절하고 통제할 수 있었던 감정의 회복력을 더 이상 유지하지 못해 정상적인 삶을 지속하기 어렵다는 데 있다. 그리고 이를 외상 후 스트레스 장애라고 한다. 외상 후 스트레스 장애는 우울, 불안, 분노조절장애, 알코올의존증과 같은 정신적인 질환을 동반하기도 하고, 때로는 자살과 같은 극단적인 선택을 하게 하기도 한다(권석만, 2013; 김상철, 김영숙, 김사라, 2020).

외상 후 스트레스 장애의 종류에는, ① 인간 외적인 외상(impersonal trauma), ② 대인관계적 외상(interpersonal trauma), ③ 애착 외상(attachment trauma), ④ 일회적 외상(single-blow trauma) vs 반복적 외상(repeated trauma)이 있다. 인간 외적인 외상으로는 해일, 태풍, 홍수, 전쟁, 건물 또는 다리의 붕괴, 비행기 사고, 교통사고가 있으며, 대인관계적 외상으로는 가정폭력, 성폭력, 아동학대, 학교폭력 등이 포함된다. 애착 외상으로는 방임, 어린 시절 부모의 죽음, 부모의 이혼, 유기 등이 해당되며, 일회성 외상 vs 반복적 외상은 앞의 외상 사건이 한 번만 발생했는지 또는 여러 번 지속적으로 발생했는지에 따라 일회성 외상 vs 반복적 외상으로 분류된다(권석만, 2013). 소방공무원의 경우 일상생활에서 죽음을 목격하는 경우가 지속적이고 반복적으로 발생하기 때문에 반복적 외상으로 분류될 수 있다.

외상 후 스트레스 장애에 대한 효과적인 치료 기법은 인지행동치료로 알려져 있다. 인지행동치료는 주로 피하고 싶은 외상 자극과 기억에 대해 직접적으로 직면한다. 예를 들면, 환자에게 폭행을 당한 후 고통스러워하는 구급대원에게 폭행당했던 장소와 그때 있었던 사건에 대해 떠올리도록 하여, 구급대원이 스스로의 기억과 대면해 외상에 대한 고통스러운 기억을 조절하도록 하는 것이다. 인지행동치료는 외상 생존자들을 위한 효과적인 치료임에는 분명하나, 내담자들은 치료 과정에서 자신의 충격적인 사건을 지속적으로 떠올리기 때문에 심리적으로 고통스럽다. 특히 심각한 외상일수록 그 고통의 강도는 심하다. 이 때문에 상담 초기 단계에서 내담자들은 상담을 지속하는 것에 어려움을 호소하다 결국 상담을 중단하기도 한다.

인지행동과 달리 내러티브상담에서는 내담자가 자신의 문제를 분리해 내담자의 변화가 아니라 내담자와 문제 사이의 관계 변화에 초점을 둔다(이선혜, 2020). 이 때문에 내러티브상담은 상담 초반에 내담자들이 자신의 고통스러운 기억에 대해 직접적으로 대면하기보다는, 내담자가 자신을 자신의 문제에서 분리하여 자신의 문제가 더 이상 내담자 자체가 아님을 알게 한다. 내러티브상담에서는 문제해결 시 '외재화' 작업을 통해 자신의 고통스러운 경험을 직접적으로 표현하지 않고 '은유'라는 매개체를 통해 내담자가 자신의 이야기를 보다 안전한 방식으로 표현하고 지배적 이야기에서 벗어나 대안적 이야기를 찾아갈 수 있도록 한다.

이 장에서는 외상 후 스트레스 장애 중 인간 외적인 외상과 반복적 외상 사건으로 상담실을 찾은 소방공무원의 상담 사례를 통해 내러티브상담이 외상 후 스트레스 장애에 어떻게 개입하는지 살펴보고자 한다.

사례: '보살이 되고 싶어요.'

다음의 사례는 27세 구급대원 정혁 씨(가명)에 대한 내용이다. 정혁 씨가 처음 상담을 오게 된 계기는 구급 출동 중 트럭이 덮쳐 천장이 날아갈 정도로 큰 사고를 겪었기 때문이다. 현장에 같이 출동한 선배는 그때 사고로 뇌와 눈을 다쳐 의식불명 상태로 몇 달을 지내다 현재 의식을 되찾은 상태이나, 예전과 같은 정상적인 생활은 불가능한 상황이었다. 정혁 씨는 다행히 신체적으로 그 어떤 곳도 다치지 않아서 많은 사람이 기적이라고 했으나, 정작 그는 선배를 구하지 못했고 사고 순간에 자신은 아무것도 한 것이 없다는 죄책감에 시달리고 있었다. 정혁 씨는 그날 이후 하루에 3시간 이상 잠을 이루기 어려웠고, 잠을 자도 계속 악몽을 꾼다. 그리고 근무지만 생각해도 숨이 막히고 화가 나며 심장이 두근거린다. 또 출동벨 소리만 생각해도 심장이 쿵쾅거린다. 정혁 씨는 사고 이후 병가를 냈는데, 선후배들은 빨리 출근하면 괜찮아질 거라고 조언하지만 매일 잠도 잘 못 자는데 그런 것이 다 무슨 소용인지 모르겠다고 했다. 그럼에도 불구하고 정혁 씨는 병가 중 복귀를 위해 매일매일 운동을 하는 등 자신의 몸과 마음을 추스르기 위해 노력했다. 이러한 정혁 씨의 노력에도 불구하고 2개월 뒤 보행자 도로에서 신호등을 기다리는 정혁 씨를 차가 덮쳐 정혁 씨의 오른쪽 손목 뼈가 으스러졌다. 그 후 정혁 씨는 여러 번 수술을 하였으나 아직 손목은 언제 회복될지 모르는 상태이며, 정혁 씨는 악몽과 불안, 분노, 두려움의 감정으로 힘들어하고 있다. 병원에서 여러 검사를 실시한 결과, 정혁 씨의 심리상태는 우울, 불안 그리고 사고 후 죄책감에 따른 외상 후 스트레스 장애라고 진단받았다. 정혁 씨는 의사의 권유로 여러 번 심리치료를 하고 정신과 약을 복용했지만, 심리치료를 할 때마다 그날 일을 떠올리면 너무 고통스럽고 그럴 때마다 심한 악몽을 꾸게 되면서 심리치료를 중단하게 되었다. 그러나 계속되는 악몽과 수면장애 등으로 마지막이라는 생각으로 다시 상담실에 내방했다.

1. 은유를 통한 자기개방

어느 여타의 상담에서와 같이 라포(rapport) 형성은 상담에서의 첫걸음이자 내담자가 자신의 진짜 이야기를 할 수 있도록 하기 위한 초석이기도 하다. 이를 위해 상담자는 '지금-여기'에서 경험하는 내담자의 마음을 수용하고 내담자와 함께 내담자를 이해하고 느껴야 한다. 그리고 내담자가 자신의 감정과 생각에 머무를 수 있도록 도와야 한다. 이때 내러티브상담에서의 은유는 내담자가 사고로 인해 느꼈던 고통의 순간을 직접적으로 묘사하거나 표현하지는 않아도 은유를 매개로 자신의 이야기와 고통스러운 경험을 보다 안전하게 표현할 수 있다. 그리고 상담자는 '지금-여기'에서 내담자가 경험한 것 그리고 경험하고 있는 것을 반영하고 정리해 줄 수 있다. 이렇게 상담자는 내담자가 느꼈던 경험에 함께 머무를 뿐만 아니라 내담자가 지배적 이야기에서 벗어나 독특한 결과를 발견하도록 하는 초석을 마련하는 데 도움을 줄 수 있다. 이 과정에서 내담자는 은유를 활용하여 상담자 앞에서 편안하고 안전하게 자신의 이야기를 할 수 있고 그 과정에서 라포가 형성된다.

정혁 씨: 사고 후 근심걱정이 많아졌어요. 조직과 단절된 거 같아요. 예전에는 일하는 것이 재미있었는데 지금은 그냥 일하는 곳이었구나라는 생각이 들어요. 예전에는 구급대원 일을 하면 사람들이 고맙다고 이야기했고, 그래서 뿌듯했고 보람이 있었어요. 지금은 그렇지 않아요. 내 자신의 자존감이 낮아진 거 같아요.

상담자: 정혁 씨의 현재 마음은 어떤가요?

정혁 씨: 지랄 맞아요. 성격이 좋다가도 나쁘고요. 일렁일렁거리고 난리 부르스에 요동치고 역동적이에요.

상담자: 정혁 씨의 현재 마음을 이미지로 표현한다면 어떻게 표현하고 싶은가요?

정혁 씨: 파도 같은 사람. 거친 파도, 편안해지고 싶어요. 지금은 비오는 날 파도 같아요. 때로는 해가 쨍쨍한 날 거칠게 몰아치는 파도 같아요.

상담자: 비 오는 날, 해가 쨍쨍한 날 몰아치는 거친 파도가 어느 정도가 되면 마음이 편안하다고 생각하실까요?

정혁 씨: 호숫가의 잔잔한 물, 잔잔한 호수가 되고 싶어요.

상담자: 무엇이 해소된다면 잔잔한 호수가 될 수 있을까요?

정혁 씨: 감정을 통제할 수 있다면, 그러면 잔잔한 호수가 될 수 있을 거 같아요. 그런데 그 방법을 모르겠어요. 영화를 보다가도 갑자기 욱하기도 하고 울기도 해요. 이번 사고로 손목을 다쳐 손목뼈를 맞출 때도 아프기보다는 억울해서 눈물이 나요. 억울해요. 전 안전수칙을 정말 잘 지키거든요. 여섯 살 때 동네에서 친구들과 같이 뛰어노는데 자동차가 와서 날 끌고 갔어요. 옷이 걸린 상태에서 2미터 이상 끌려갔고 그때 사고로 아직도 몸에 흉이 있어요. 열한 살 때도 트럭에 치였어요. 이번에도 출동으로 사고를 당했고, 두 달 후 보행자 도로에 있는 저에게 갑자기 차가 돌진해서 치였어요. 다행이 차가 신호등을 받으면서 정면충돌은 피했지만…….

상담자: 그럼에도 불구하고 많이 다치지 않은 걸 보니 정혁 씨는 운이 좋으신 분이네요.

정혁 씨: 치명타는 다 피했어요. 그렇지만 남들이 일생을 살면서 한 번도 겪지 않을 일을 저는 네 번이나 겪었어요. 운이 정말 없는 거 같아요. 사람들은 제게 운이 좋다고 하지만 다른 사람이 일생에 한 번도 겪기 어려운 일을 겪었어요. 아무리 생각해도 전 더럽게 재수 없는 인간인 거 같아요.

상담자: 그런데 정혁 씨 이야기를 들으면서 저는 정혁 씨가 〈언브레이커블〉의 데이빗 던(브루스 윌리스) 같아요. 어떤 사고에서도 살아남는 히어로 같아요.

정혁 씨의 삶은 외상 사건의 연속이었다. 신생아 때는 중환자실에서 몇 주간 있었고(이는 상담이 진행되면서 후에 정혁 씨가 부모님에게 들었다고 한다), 여섯 살 때는 친구들과 같이 뛰어놀다 유독 정혁 씨만 차에 옷이 걸려 교통사고를 당했다. 정혁 씨는 열한 살 때도 트럭에 치였으며, 27세인 현재는 구급대원으로 일하다 덤프트럭에 치여 갑작스러운 교통사고를 당했다. 또한 두 달 후에는 보행자 도로에 있다 차에 치여 손목을 수술해야 했다. 심지어 손목은 아직도 언제 완치가 될지 알 수 없는 상태이다. 정혁 씨는 여러 번의 외상 사건으로 자신은 '더럽게 재수 없는 인간'이라는 지배

뒤죽박죽 한 내 마음

부처님의 마음과 같은 잔잔한 호수가 되고 싶은 내 마음

적 이야기에서부터 상담을 시작했다. 첫 회기 상담에서 피규어를 활용한 은유를 통해 정혁 씨는 자신의 뒤죽박죽인 감정이 정리되어 '부처의 마음과 같은 잔잔한 호수'가 되고 싶은 마음을 깨달았다. 정혁 씨가 피규어를 활용한 은유는 다음과 같다.

2. 지배적인 이야기 안에서의 독특한 결과

독특한 결과란 처음에는 예측하기 어려웠지만 의미와 변화 잠재력의 원천이 될 수 있는 사건을 말한다. 내러티브상담에서 의미와 변화 잠재력의 원천이 될 수 있는 독특한 결과는 내담자들의 삶에 매우 중요한 큰 사건일 수도 있지만, 내담자가 현재 문제라고 느끼는 지배적 이야기에 가려져 있는 생각이나 느낌, 문제에 대한 반응일 수 있다. 즉, 독특한 결과는 내담자가 지금까지와는 다른 자신의 모습, 조금은 다르게 행동한 일, 자신의 문제를 다르게 바라보는 것, 자신의 문제와 직접 관계가 없더라도 자신이 추구하는 자기 모습을 담고 있는 경험 등이 모두 포함된다(이선혜, 2020).

다음의 상담은 정혁 씨가 '더럽게 재수 없는 인간'이라는 지배적 이야기에서 독특한 결과인 처음 소방관이 되고 싶었던 이유, 자신의 인생 목표와 신념을 '마라톤'과 '독립투사'로 찾아가는 대화이다.

정혁 씨: 요즘은 같이 일했던 사람들과 연락하는 것이 싫었어요. 사람들이 싫다는 생각이 들어요. 소방서 사람들은 제가 복직하길 원해요. 정신력이 약한 게 아니냐, 쉴 생각하지 말고 일할 생각하라고 해요. 저도 하고 싶어요. 그런데 이런 상태로 복직이 가능하다는 생각이 들지 않아요. 소방서에만 가도, 아니 생각만 해도 심장이 쿵쾅거려요. 돌아갈 수 있을까? 걱정이 돼요. 매일 악몽을 꾸고 가슴이 답답해요. 언제나 저에게만 이런 불행한 일이 생기는 거 같아요. 되는 일이 하나도 없어요. 또 사고를 당할까 봐 항상 불안해요. 가슴이 답답하고 출동벨 소리와 비슷한 소리만 들려도 깜짝깜짝 놀라요.

상담자: 마음이 너무 힘들고 불안한데 주변에서 복직에 대해 이야기하셔서 서운하셨을 거 같아요.

정혁 씨: 맞아요. 화가 나요. 전 피해자임에도 불구하고 선배와 동료들에게 민폐 같은 존

재가 되었어요. 다시 소방서에 가도 다친 이 팔로는 아무것도 할 수가 없어요. 다시는 구급차를 타고 싶지도 않아요.

상담자: 다시 복직하신다 해도 선배와 동료들에게 도움이 되지 못할지도 모른다는 생각에 억울하고 속상하고 화가 나시나 봐요.

정혁 씨: 맞아요. 이제 난 소방관으로서 아무런 일도 못하는 무기력한 존재예요. 사고 때도 전 아무것도 하지 못했어요.

상담자: 소방관은 정혁 씨에게 어떤 의미인가요?

정혁 씨: 평생 하고 싶은 일이에요.

상담자: 소방관을 평생 하고 싶으신 이유가 있나요?

정혁 씨: 누군가를 도와줄 수 있으니까요. 소방관으로 일하면서 보람이 있었어요. 구급대원 일은 내가 판단해서 환자를 살려야 하기 때문에 주체적이고 자율적이에요. 한 번 사는 인생 누군가에게 도움이 되는 삶은 괜찮은 삶이라고 생각해요.

상담자: 정혁 씨는 보람 있는 일을 하는 것이 중요한 분이시군요.

정혁 씨: 제가 무엇을 하느냐가 중요해요. 자아성찰이 중요해요. 구급대원으로 일하는 다른 동료들은 술 취한 분들 때문에 스트레스를 많이 받았는데 전 아니었어요. 전 그분들에게 화도 안 내고 대응도 잘 했어요.

상담자: 그렇게 할 수 있었던 것은 정혁 씨가 어떤 사람이었기 때문에 가능한 건가요?

정혁 씨: 전 인생은 마라톤이라고 생각해요. 전 지금 마라톤을 뛰는 거예요. 그렇기 때문에 약간의 힘든 일은 괜찮았어요. 이 치열한 삶에서 살아남는 독립투사가 되고 싶었거든요.

상담자: 마라톤과 독립투사, 그들의 공통점이 있을까요?

정혁 씨: 모두 자신이 생각한 목표와 신념을 위해선 고난의 상황을 견딜 수밖에 없어요. 마라톤은 자신과의 싸움이고, 독립투사도 마찬가지고요. 그리고 그걸 극복할 때 목표와 신념에 도달하는 것. 마라톤과 독립투사는 그런 거 같아요.

상담자: 그리고 지금 정혁 씨는 그 고난의 상황을 극복해 가는 과정에 있군요.

정혁 씨: 맞아요.

상담자: 마라톤을 뛰다가 너무 힘들면 페이스를 조절하기도 하고, 그리고 물을 마시기도 하고 몸에 물을 붓기도 하는 등 여러 가지 힘든 상황을 대처하기 위해 노력하잖아요. 정혁 씨는 지금의 마라톤을 완주하기 위해 어떠한 것을 하고 있으신가요?

정혁 씨: 전 제 마라톤을 완주하기 위해 선생님과 상담도 하고 가족과 친구들에게 이야기

해요. 선생님이 이야기하셨던 것처럼 이제는 저에게 억지로 괜찮다고 이야기하지 않아요. 내 잘못이 아니라고 제 자신에게 이야기도 하고요.

상담자: 이 경험은 정혁 씨의 삶에 어떤 영향을 미칠까요?

정혁 씨: 아직 구체적으로 뭔가를 하고 있지는 않지만, 앞으로 소방관으로 하고 싶은 일이 있어요. 외상 후 스트레스 장애 공부를 해서 예방, 홍보팀에서 교육을 하고 싶어요. 제가 그 과정을 잘 알기 때문에 많은 소방관에게 내가 당사자이고 이 상황을 극복하기 위해 어떠한 일을 했는지 그리고 어떻게 극복할 수 있는지를 알려 주고 싶어요.

정혁 씨는 사고 후 동료와 선배들에 대한 서운함, 자신이 피해자임에도 불구하고 선배와 동료들에게 민폐 같은 존재가 되어 구급차도 타지 못하게 된 상황에 대한 억울함과 분노의 감정을 느끼고 있었다. 그리고 복직 후 구급차를 타야 하는 것에 대한 두려움의 감정 등으로 정혁 씨는 전형적인 외상 후 스트레스 장애의 증상을 보이고 있었다. 그리고 이러한 감정과 '더럽게 재수 없는 인간'이라는 지배적 이야기는 정혁 씨가 소방관으로 다시 복직하는 데 방해 요인이 되고 있었다. 그러나 내러티브상담 접근을 통해 정혁 씨는 과거 자신이 소방관이 되고 싶었던 이유를 발견했다. 이것이 정혁 씨 삶에서의 독특한 결과, 자원과 대안적 이야기가 되었다. 이때 상담자는 정혁 씨가 잊고 지냈던 '부재하지만 존재하는' 경험인 소방관이 되고 싶었던 이유에 대해 의미를 부여하는 역할을 하였다. 정혁 씨는 그 과정에서 현재의 상황이 인생은 '마라톤'과 '독립투사'와 같이 목표와 신념에 도달하기 위한 고난의 과정이며, 앞으로 소방관으로서 자신이 평생 하고 싶은 일이 무엇인지를 깨달았다. 내러티브상담 상담을 통해 정혁 씨는 '더럽게 재수 없는 인간'이라는 지배적 이야기에서 벗어나 '마라톤'과 '독립투사'라는 독특한 결과를 통해 자신이 추구하는 가치와 의미를 깨닫고, 앞으로 자신이 겪고 있는 외상 사건을 해소하기 위한 새로운 출발선에 설 수 있게 되었다.

3. 내 삶의 이야기 속에서 외상 후 스트레스 장애를 다시쓰기: 꿈 이야기를 통한 재저작 과정

다시쓰기 과정은 내담자가 상담에서 이야기한 여러 가지 독특한 결과를 연결하면서 보다 큰 이야기로 확장시키는 방식으로 진행될 수 있다. 다시쓰기 과정은 내담자가 상담 중 이야기한 하나의 사건을 자세히 설명하고, 그 설명을 통해 어떤 작은 결론을 도출하는 대화를 여러 개 연결하면서 내담자의 정체성에 관해 이야기를 만들어 나가는 것이다(이선혜, 2020). 내담자가 이야기하는 하나의 사건은 내담자 자신의 삶 안에서의 작은 사건일 수도 있고, 하나의 단어일 수도 있으며, 상담 중 떠오르는 이미지일 수도 있고 내담자의 꿈일 수도 있다.

정혁 씨의 사례에서는 정혁 씨가 지속적이고 반복적으로 꾸는 악몽, 즉 정혁 씨가 고통스럽다고 느끼는 지배적인 이야기가 오히려 정혁 씨의 정체성에 관한 이야기를 만들어 나가는 다시쓰기 과정이 되었다.

다음은 정혁 씨가 지속적이고 반복적으로 꾸는 악몽, 즉 '지배적인 이야기'를 시작으로 정혁 씨가 발견한 '예외 상황'과 그 과정에서 꿈의 변화 및 대안적 이야기와 자신의 정체성에 대한 상담 내용이다. 꿈에 대한 상담은 한 회기에 이루어진 것이 아닌 여러 회기에 걸쳐 이루어진 것이며, 다음의 상담 내용은 꿈과 관련된 부분을 발췌하여 구성한 것이다.

상담자: 정혁 씨의 꿈에 대해서 이야기해 주실 수 있나요?

정혁 씨: 언제나 같은 악몽을 꿔요. 꿈속에서 트럭이 제 차를 덮쳐요. 저는 아무것도 할 수 없어요. 그리고 트럭이 절 덮친 상태로 꿈에서 깨요. 현실에서도 저는 아무것도 할 수가 없었어요. 전 평소에 안전수칙을 정말 잘 지키는데……. 차 운전할 때도 과속을 하지 않아요. 다른 차들이 추월하면 먼저 가라고 해요. 운전할 때는 핸드폰도 안 하고…… 그래도 사고는 나더라고요.

상담자: 과속하지 않고 추월하는 차들에게 양보하는 등 안전수칙을 지키려고 노력하시는군요. 구급차를 탈 때는 어떠한 안전수칙을 지키시나요?

정혁 씨: 저는 항상 구급차를 타면 안전모를 써요. 어린 시절부터 자주 사고가 나다 보니 저를 지키기 위해서 할 수 있는 것을 해야 된다는 생각을 하거든요. 장비도 언제

나 스탠바이 해 두고 철저하게 확인해요.

상담자: 아무것도 안 한 것이 아니네요. 안전모를 쓰셨고, 장비도 철저하게 점검하셨네요.

정혁 씨: 사고 때 차 천장이 날아갔는데 제가 머리를 숙였어요. 안전모 덕분에 다치지 않았어요. 운이 좋았어요.

상담자: 안전모를 쓰시지 않았다면 어떻게 되었을까요?

정혁 씨: 죽거나 반장님처럼 많이 다쳤을 거 같아요. 제가 반장님에게 안전모를 드리려 했는데 이미 때가 늦었어요. 그거 때문에 제가 반장님을 생각할 때마다 죄책감이 들어요.

상담자: 기적은 그냥 일어난 것이 아니었군요.

정혁 씨: 기적은 제 스스로 만든 거였네요. 안전수칙을 잘 지켰기에 만들어진 기적이네요. 이제 억울함이 사라지는 거 같아요. 제가 만든 기적이니까요. 기적은 스스로 이룬 기적이었어요.

(다음 회기 내용)

상담자: 오늘은 어떤 꿈을 꾸셨는지 이야기해 주실 수 있나요?

정혁 씨: 꿈이 처음으로 달라졌어요. 지금까지는 꿈속에서 트럭이 절 덮치고 전 아무것도 할 수 없는 상태로 꿈이 깼는데, 이번에는 조금 달랐어요. 처음은 여전히 똑같았어요. 안전모를 쓴 상태에서 정면에서 차가 저희 차를 덮치고 그런데 그 순간 제가 레버를 당기면서 깨어났어요. 요즘 꿈에서는 위급한 상황에 꼭 레버가 있어요.

상담자: 레버가 있다는 것은 무엇을 의미하는 걸까요?

정혁 씨: 안전장치가 생긴 거예요. 그래서 안심이 돼요. 마지막 순간이 안 오니까 다행이라는 생각이 들어요. 제 꿈에서 제가 뭔가를 하기 시작했어요.

상담자: 정혁 씨의 현실세계에서도 꿈처럼 달라진 것이 있나요?

정혁 씨: 운전이 무서웠는데 덜 무서워졌어요. 플래시백도 사라졌어요. 소방에서도 팔 때문에 아직 구급차를 탈 수는 없지만 고가사다리, 화학차, 출동차를 탈 수 있게 되었어요.

상담자: 또 다른 것도 있나요?

정혁 씨: 지난번 말한 외상 후 스트레스 장애에 대한 교육을 하기 위해서 언론보도 홍보 교육을 받으러 갔어요. 응급의학 사이버 교육도 들었어요. 소방관으로서 새로운

삶을 살고 싶어서 행동을 하기 시작했어요.

상담자: 정혁 씨가 이러한 변화를 직접 행동으로 실행할 수 있는 것은 정혁 씨에게 어떤 힘이 있기 때문인가요?

정혁 씨: 스무 살 때부터 독립해서 살면서 헤쳐 나갔어요. 그리고 다른 친구들보다 경제적으로 빨리 독립했어요. 그래서 헤쳐 나가려는 마음을 먹을 수 있었어요. 환경 변화가 처음에는 많이 힘들지만, 적응해서 살아갈 수 있다는 것을 전 알았고 그래서 할 수 있어요.

상담자: 독립적으로 힘든 상황들을 헤쳐 나간 정혁 씨를 뭐라고 부르면 좋을까요?

정혁 씨: '스펀지', 모든 상황에서도 흡수할 수 있는 스펀지요. 그래서 어려운 상황에서 전 혼자서 고민하지 않고 선생님을 찾았어요. 저에겐 창구가 필요했어요. 며칠 전 연예인 A씨가 자살했어요. 자기 자신 안에서 자신의 존재가 없어지는 듯했다는 유서 내용을 보면서 공감했어요. '얼마나 힘들었을까'라는 생각이 들었어요. 그 친구는 병원만 갔는데 진짜 필요한 건 이곳이었을 거라는 생각이 들어요. 저 역시 병원에서는 약에만 의존했어요. 지금은 그렇지 않아요. A씨와 저의 차이는 A씨는 '죽고 싶다'는 마음을 가지고 있었지만, 전 '살고 싶다'는 마음을 가지고 있다는 거예요. A씨는 너무 힘들었고, 난 이대로 죽으면 억울하다는 마음을 가지고 있다는 것이 달라요.

상담자: 정혁 씨는 무엇이 중요하기에 살고 싶다는 강렬한 마음을 '스펀지'처럼 가질 수 있었나요?

정혁 씨: 제가 죽으면 잊혀지는 거니까요. 전 회복 탄력성이 있고, 힘든 상황에서도 좋은 것만 취하고 이겨내면, 결국 원형 그대로의 자신이 된다는 것을 알고 있으니까요. 아마 A 씨도 자신의 이야기를 들어 주고 '괜찮다'는 말을 듣고 싶었을 거 같아요. 선생님이 제게 '괜찮다'고 말씀하셨던 것처럼요.

(다음 회기 내용)

정혁 씨: 꿈을 꾸었어요. 교통사고가 났는데 3중 추돌 사고였어요. 앞에 차가 서 있는데 뒤에서 차가 박았어요. 근데 이상한 건 악몽인데 악몽이라는 생각이 안 들었어요. 그냥 꿈이네 하면서 고개를 숙였고 깼어요. 그리곤 다시 잤어요.

상담자: 악몽이 '악몽이 아니라 꿈이네.'라고 생각한 후 다시 주무시게 된 것은 어떤 의미

일까요?

정혁 씨: 악몽이 저에게 큰일이 아니게 된 거 같아요. 예전에 부장님과 함께 사고를 겪었던 꿈은 이제 꿈에서 나타나지 않아요. 소방생활을 하면서도 사고 생각이 나고, 때론 사람들이 사고 때 질문을 하면 우울해지긴 하지만 꿈으로 연결되지는 않는 거 같아요.

상담자: 악몽이지만 큰일로 생각하지 않았다, 정혁 씨의 꿈이 어떻게 달라졌다는 것을 의미하나요?

정혁 씨: 사고 시 아무것도 할 수 없었는데, 안전장치가 있어 레버를 당기고, '이건 꿈이잖아.'라고 생각하고 사고의 피해를 최소화하기 위해 고개를 숙였어요. 제가 꿈을 재구성하는 거 같아요.

상담자: 정혁 씨의 삶에서도 꿈의 변화처럼 달라진 것이 있을까요?

정혁 씨: 사고 때 트럭이 앞에서 오는데 전 사고가 날 걸 알고 머리를 숙였어요. 차의 천장이 날아갔고 부장님께 말씀드리고 싶었는데, 이미 때는 늦은 상황이었어요. 차는 이미 앞으로 나아가고 있었어요. 그 순간 전 피해를 최소화하기 위해서 다리를 들어 다리만 부러지는 쪽으로 선택했어요. 근데 차가 가로등을 안 박고 보행자도로를 박았어요. 전 소리를 질렀어요. 그리고 부장님을 깨웠어요. 부장님의 코에서는 피가 났고, 머리는 함몰되어 있었어요. 눈을 뜨라고 이야기했어요. 무전도 되지 않았어요. 전 핸드폰으로 상황실에 상황을 이야기했어요. 그리고 허리벨트를 풀어서 부장님의 대퇴동맥을 촉진하고, 차 문이 열리지 않아 날아가 버린 천장을 넘어가서 시컬러를 찾아 목에 대고 다시 또 천장을 넘어가서 산소마스크를 찾았어요. 성인용 산소마스크가 없어서 부장님께 유아용 산소마스크를 씌어 부장님의 머리에 산소를 공급해 주었어요. 그리고 병원에 가서 사고 상황을 설명을 했어요.

상담자: 정혁 씨가 만약 그런 행동을 하지 않았더라면 부장님의 삶에 어떠한 영향을 미쳤을까요?

정혁 씨: 제가 미비했지만 부장님의 머리에 산소를 공급했어요. 나중에 제가 한 응급처치 블랙박스 영상을 보고 모두 칭찬을 할 정도로 제가 최선을 다했어요. 그 때문에 부장님께서 완벽하게 회복하시지는 못했지만, 기적적으로 깨어날 수 있었던 것에 제가 조금은 기여했던 거 같아요. 그리고 만약 응급처치가 잘 안 되었다면 부장님은 지금처럼 오른쪽을 사용하는 것도 못하셨을 수 있었을 거 같아요.

상담자: 정혁 씨의 몸은 사고 때 어떠했나요?

정혁 씨: 병원에 가서 부장님의 상황을 설명하고 조금 정신을 차리니 제 등과 무릎에 유리가 다 박혀 있었어요.

상담자: 정혁 씨 역시 다치셨었군요. 그리고 정혁 씨 자신도 다쳤지만 더 많이 다치신 부장님을 구하기 위해 최선의 응급처치를 하셨군요. 위급한 상황에서 정혁 씨도 다쳤지만, 그렇게 침착하게 상황을 판단할 수 있었던 건 정혁 씨가 무엇을 중요하게 생각하기 때문인가요?

정혁 씨: 부장님은 구급차에 언제나 가족사진을 두셨어요. 사고 후 가족사진을 보는 순간 아이들에게서 아빠를 빼앗으면 안 된다는 생각이 강했어요. 가족에게 부장님을 돌려보내야겠다. 그래서 전 고소공포증이 있었지만, 그 생각을 할 겨를도 없이 천장을 넘어서 응급처치를 했어요.

상담자: 정혁 씨는 예전에 사고 때 부장님을 위해서 아무것도 할 수 없었고 하지 않으셨다고 하셨는데, 오늘 정혁 씨의 이야기를 들으니 골든타임을 놓치지 않고 응급처치를 잘 하셨다는 생각이 드네요. 오늘의 이야기가 앞으로의 정혁 씨의 삶에 어떤 영향을 줄까요?

정혁 씨: 전 지금까지 저만 안전모를 썼던 것에 대해 그리고 부장님에게 도움이 되지 않았다는 사실에 죄책감을 느꼈는데 사실 안전모는 문제가 아니었던 거 같아요. 부장님이 오른쪽 팔다리를 현재 움직일 수 있다는 사실에 제가 1퍼센트라도 도움을 드렸다는 걸 알았어요. 부장님의 가족들은 부장님이 존재한다는 사실에 감사하고 있고요.

상담자: 부장님이 현재 가족 안에서 존재할 수 있도록 도우셨군요. 오늘 이야기에 이름을 붙인다면 어떻게 붙이고 싶으신가요?

정혁 씨: '상사를 살린 나'

(다음 회기 내용)

정혁 씨: 꿈을 꾸었는데 이번에는 차 사고가 나는 꿈이었어요. 겨울인데 차가 사고 날 거 같아 브레이크를 밟았어요. 근데 브레이크가 안 들어서 쿵 박았어요. 당황은 했지만 다치지는 않아서 사고 수습을 하고 있는데 현재 팀장님이 나타나서는 웃으면서 장난치듯 "정혁이 사고 났네."라고 이야기하면서 별일 아니라는 듯 지나갔

어요.

상담자: 이 꿈은 정혁 씨의 삶에 어떤 의미인가요?

정혁 씨: 꿈이 달라졌고, 사고의 강도가 약해지고 충격도 없었는데, 제 삶에서도 이제는 그때의 사고 악몽에서 완전히 벗어난 것 같은 느낌이에요. 전 화가 많이 났었어요. 나도 피해자인데 다치지 않았다는 이유로 사람들이 절 다르게 보는 거 같아서. 그래서 한때는 소방관이라는 제 직업에 많은 의미를 두지 말아야겠다 생각했는데 그런 게 아니었어요. 동료들과 선배 소방관들이 안 물어봐서 잊은 줄 알았는데 다들 저에게 조심하는 거였어요. 절 보이지 않게 챙겨 주시고 지지해 주시는 분들도 계시고요. 직장 상사와 동료들이 제 인생에서 중요한 사람이 되었어요. 그리고 무엇보다 사고를 당한 부장님과 저는 아무래도 서로의 삶에서 중요한 사람이 되었다는 생각이 들어요.

상담자: 지금까지 정혁 씨에게 일어났던 일은 정혁 씨에게 어떤 의미인가요?

정혁 씨: 죽을 뻔한 이번 사고를 통해 꼭 살아야겠다는 마음이 생겼어요. 예전에는 소방관으로서 제가 죽어도 두 명 정도만 살리면 의미 있는 삶이 아닌가라는 생각이 들었는데 이제는 무조건 살아야 한다, 죽지 않고 살아야 한다는 생각이 들어요. 날 하늘에서 테스트한 거라면 그 테스트에 여러 번 통과했으니 꼭 살아서 더 많은 사람을 도와줘야겠다는 생각이 들었어요.

상담자: 하늘의 테스트에 여러 번 통과한 정혁 씨는 어떤 사람인가요?

정혁 씨: 피닉스 이(phoenix Lee). 다음에 이런 사고를 당한다면 이름을 바꿀 거예요. 피닉스 이라고요. 제 주변에 위험이 있다기보다는 언제나 최악의 타이밍을 전 벗어나는 거 같아요.

정혁 씨는 몇 회기에 걸쳐 사고 당시의 꿈에 대해 이야기를 했다. 정혁 씨에게 사고는 고통스러운 기억이었기 때문에 좀 더 안전한 꿈이라는 매개체와 은유를 통해 자신의 문제, 현재 자신의 처지와 감정, 생각을 이야기할 수 있었다. 그 과정에서 정혁 씨는 외상 사건에 대한 이야기와 아무것도 할 수 없었던 자신의 무능함 그리고 함께 사고를 당했던 선배에 대한 죄책감에 대해서 이야기했다. 그리고 그 안에서 '아무것도 하지 않은, 할 수 없었던' 지배적 이야기에서 벗어나 '부재하지만 암시적인' 사건인, 부장님을 살리기 위한 노력에 대한 경험을 자기 삶의 이야기 속에서 포함시켰다. 이러한 '독특한 결과' 혹은 '예외 상황'의 경험에서 출발한 다시쓰기 대화는 '부재하지만 암시적인' 이야기를 세상 밖으로 끄집어냈다. 처음에는 빈약했던 정혁 씨의 이야기는 회기가 지나면서 '더럽게 재수 없는 인간'이라는 지배적인 이야기에서 '운이 좋은 사람'으로, 상사가 다치는 상황에서 '사고 때 아무것도 할 수 없었던 사람'에서 '상사를 살린 나'라는 대안적 이야기를 찾아냈다. 그리고 그 이야기는 회기를 더하면서 점차적으로 풍성해져 갔다. 첫 회기에 상담자가 이야기한 어떤 사고에도 살아남는 〈언브레이크어블〉의 데이빗 던처럼 내담자는 자신은 하늘의 시험을 여러 번 통과한 사람이고, 앞으로의 삶은 누군가를 더 많이 살리는 데 헌신할 것이기에 그런 자신을 '피닉스 이'라고 명명했다. 내담자는 스스로를 '피닉스 이'라고 부르면서 자신의 정체성을 찾아냈다.

그리고 이때 상담자는 정혁 씨가 자기 경험을 이야기하고, 그 과정에서 '독특한 결과'를 찾을 수 있는 질문과 정혁 씨의 삶에 의미를 부여하는 다양한 질문을 던짐으로써 정혁 씨의 정체성과 대안적 이야기가 풍성해지고 발전할 수 있도록 도왔다. 정혁 씨의 이야기를 통해 정혁 씨의 삶의 목적, 신념은 언어(앞의 사례에서는 꿈의 언어라고 표현하는 것이 좀 더 정확하겠다)를 통해 상담사와 공명되는 과정에서 변화되었다.

이처럼 상담자는 내담자가 자신의 인생 이야기를 재저작하고, 자신의 정체성을 구성하는 데 적극 참여하기 위해서 내담자가 이야기 한 작은 단서에 주의를 기울이고 이를 확장시켰다. 이처럼 상담자는 내담자가 자신의 삶의 이야기의 주 저자(main author)가 될 수 있도록 기여하는 것이 중요하다(White, 2012 재인용).

참고문헌

권석만(2013). **현대 이상심리학(2판)**. 서울: 학지사.

김상철, 김영숙, 김사라(2020). **소방심리학의 이해**. 경기: 재웅플러스.

이선혜(2020). **이야기치료**. 서울: 학지사.

Allen, J. G. (2010). **트라우마의 치유** [*Coping with trauma: Hope through understanding* (2nd ed.)]. (권정혜, 김정범, 조용래, 최혜경, 최윤경, 권호인 공역). 서울: 학지사. (원저는 2005년에 출판.)

American Psychiatric Association (2013). *Diagnostic and Statistical Manual of Mental of Mental Disorders* (DSM-5) (5th ed.). Washington, DC: APA.

White, M. (2010). **이야기치료의 지도** (*Maps of narrative practice*). (이선혜, 정슬기, 허남순 공역). 서울: 학지사. (원저는 2007년에 출판).

제16장
술의 지배에서 탈출하기

이경욱(원광디지털대학교 사회복지학과 교수)

1. 중독에 대한 내러티브상담

우리 주변에는 술, 담배, 커피와 같은 중독적 물질이 어디에나 있다. 또한 인터넷과 게임, 쇼핑, 다이어트, 성형도 쉽게 할 수 있다. 이러한 물질이나 행위 등은 사람들과 어울리고, 기쁨과 슬픔을 나누고, 건강이나 사회적 성취에 필요한 것으로 권장되기도 한다. 이것은 어느 시점에서는, 어떤 사람들에게는 문제가 되지 않지만, 때로는 심각한 어려움을 일으킬 수도 있다. 중독 물질이나 행위로 인한 문제가 반복되면 건강을 해치고, 학업과 직업을 유지하지 못하고 재산상의 손실을 낳기도 하며, 가족을 비롯한 주변 사람들에게 피해를 주기도 한다.

이럴 때 사람들은 물질 사용이나 문제행동을 조절하려고 결심하고, 애를 쓰나 실패하며, 문제가 악화된다. 그리고 '전에는 되었는데 왜 안 되지?' 하면서 거듭 조절하려고 시도한다. 주변에서는 남들은 다 술을 조절하는데, 너는 왜 나약하게 술을 끊지 못하느냐, 세상살이의 고통을 외면하느냐, 무책임하게 자신의 쾌락만 추구하느냐고 비난한다. 이는 음주 문제에 대한 가장 오래된 입장으로 널리 퍼져 있다. 이런 도덕적 비난을 받은 사람은 고립되기 쉽다. 여기에 사법적 처벌이나 지위의 박

탈, 자유의 제한이나 종교적 공동체가 부가되기도 한다.

문제가 심각해지면 사람들은 전문가의 도움을 받기 위해 병원이나 중독 관련 지원 기관을 찾게 된다. 여기에서는 중독 문제를 알코올 중독이라는 질병으로 본다. 미국중독의학협회에 따르면 "중독은 약물이나 알코올 사용에 대한 지속적이거나 주기적인 조절 능력의 상실, 약물 혹은 알코올에 대한 집착, 이러한 물질의 사용으로 인한 나쁜 결과에도 불구하고 지속적인 사용, 자신의 문제를 부정하는 등의 사고의 왜곡 등으로 특징 지어지는 질환이다."(Herrick & Herrick, 2010) 이 관점에서 중독자는 아픈 사람이기 때문에 치료가 중심이 된다. 의료진이 개입하는 진단과 치료, 해독과 단주가 필수이다. 알코올 중독은 '고칠 수 있는 병'(Herrick & Herrick, 2010)이지만, 완치되는 질병이 아니라 당뇨병과 같이 평생 관리해야 하는 질병이라고 본다.

중독 문제를 해결하기 위해서는 물질 사용 중단을 포함한 생활 전반의 변화가 필요하다. 이 과정은 상당한 시간이 걸리는 만큼 다양한 도움이 필요하다. 회복 과정에서 재발되는 경우가 많다. 의료적 접근에서 도움을 받지 못하는 사람은 물론이거니와 의료적 접근의 도움을 받는 경우에도 대안적 접근이 필요하다. 새로운 대안으로 내러티브상담을 생각해 볼 수 있다. 중독 개입 분야에서 내러티브상담은 알려져 있지 않고, 일반 내러티브에서는 중독 문제를 잘 다루지 않는다(Anthony, 2006). 내러티브 중독상담 관련 연구자료는 매우 적지만, 이 자료들은 내러티브상담 접근이 중독 문제 해결에 유용함을 보여 준다. 이 글에서는 내러티브상담에서 중독 문제에 대한 접근과 중독상담의 특성, 과정을 사례와 함께 살펴보고자 한다. 이 글에서 '중독' 또는 '알코올 중독'은 약물 중독과 행위 중독 등을 포괄하는 의미로 사용한다. 또 '중독'을 술 문제, 음주 문제로 부르기도 한다.

내러티브 중독상담에서는 모든 사람이 제각기 다른 이야기를 가지고 있다고 본다. 사람들은 제각기 다른 이유와 목표, 의도와 기대를 가지고 술을 마시고, 제각기 다르게 문제에 대응한다. 내러티브상담에서는 음주를 그 사람의 목적이나 의도와 연결하면서 그 사람이 문제해결에 어떻게 능동적으로 대응할 것인지 모색한다. 중독자는 다 같고, 단주(단약)만이 해결책이라고 보는 접근에서 주의를 기울이지 않고 무시되는 개인의 목소리를 끌어내는 것, 이것이 내러티브상담 상담의 시작이다. 이러한 접근은 전문가 중심의 진단과 처방의 일방적 흐름에서 묻혀 있던 당사자의 관점과 자원, 경험을 끌어낼 수 있다.

내러티브 중독상담의 특징을 크게 세 가지로 나누어 볼 수 있다.

첫째, 내러티브상담에서는 음주 문제를 가진 사람들을 특정한 의도와 목적을 가지고 행동하는 주체로 본다. 음주는 어떤 의도와 목표, 동기를 가지고 선택하는 행위이며, 세부 내용은 사람마다 다를 수 있다. 화이트(White, 1997)는 중독을 '지나친 소비'로 보자고 제안한다. 이렇게 보면 지나친 소비라는 '행위'의 목적과 동기, 의도와 결과를 탐색하는 것이 쉬워진다. 중독자라는 정체성은 수행하거나 거부하는 논쟁의 대상이 되지 않는다. 내러티브상담에서는 '중독'이나 '지나친 소비', 어느 쪽이든 당사자가 선택할 수 있게 하고 대화를 시작한다. 어떤 사람들은 왜 중독에 이르도록 술을 마시는가? 왜 지나치게 소비를 하는가? 왜 다른 사람은 어느 지점에서 멈추는데 어떤 사람들은 멈추지 않는가? 이때 상담자가 개인의 심리학적 취약성이나 문제가정에서 자랐기 때문에 중독자가 된다는 이야기를 갖고 있으면 상담자는 이에 부합되는 이야기만 듣게 된다. 사람들은 들을 수 있을 것이라 기대하는 것을 듣는다. 칼라한(Callahan, 2001)은 이를 '이론의 벽'이라고 부른다. 내러티브상담에서는 사람들의 제각기 다른 음주 이야기에 귀 기울인다.

술을 마시는 이유, 목적, 의도는 그 사람이 삶에서 중요하게 여기는 것이다. 그 사람이 음주를 통해 이루고자 하는 것, 그것에서 부재하지만 암시적인 의미를 찾아내는 것이다. 사람의 사고와 행동을 그 사람의 목적이나 의도와 연관시키는 대화를 하면서 사람들은 문제와 해결의 양쪽에 자신이 기여하고 참여하고 있음을 알게 된다. '술 때문에' '화가 나서' '나도 모르게' 했다고 생각한 행위에 대해 성찰하고, 행위 주체로서 바라보게 된다. 음주자에게 술은 전적으로 나쁘거나 유해하기만 한 것은 아니다. 음주의 동기를 쾌락의 추구나 문제 회피로만 이해할 수 없다. 거기에는 여러 가지 좋은 이유가 있을 수 있다. 이와 관련해서 다음과 같이 질문할 수 있다.

- '술이 당신에게 어떤 영향을 주는가?'
- '술을 마시면 좋은 이유는 무엇인가? 혼자 있을 때, 사람들과 함께할 때 술은 어떻게 도움이 되는가?'
- '얼마나 마시는가? 얼마나 자주, 얼마만큼? 이전보다 많은가, 적은가, 같은가?'
- '어떤 때 더 마시게 되는가?'

음주 문제로 상담한다는 것은 술로 무엇인가 이루려고 하지만 목적을 이루지 못하고 다른 문제를 얻게 되는 상황이다. 다음 질문으로 술을 통해 바라는 것과 현실의 차이를 탐색할 수 있다.

- '당신이 바라는 대로 되지 않을 때가 언제인가?'
- '항상 그런가, 아니면 최근에 그런가?'
- '음주가 어떻게 당신 삶에 문제를 일으켰는가?'
- '이 문제의 내력은 무엇인가?'
- '좋았던 때가 있었는데, 이것이 어떻게 문제라는 것을 알게 되었는가?'
- '현재 음주량이 괜찮은가? 그렇다면 왜 그런가? 아니라면 왜 그렇지 않은가?'
- '당신은 원할 때 중단할 수 있는가?'

이런 시점에서 지나친 음주가 미치는 영향을 조사할 수 있다.

- '음주가 당신의 기분과 감정에 어떤 방식으로 영향을 주는가?'
- '그것이 당신을 불안하거나 우울하게 만드는가?'
- '그것이 당신에게 중요한 일상적인 일을 해 나가는 것을 쉽게 하는가, 어렵게 하는가?'
- '그것이 당신의 가족이나 친구나 중요한 사람들, 반려동물의 관계에 어떤 영향을 주는가?'
- '그것이 당신의 일이나 생계, 학교, 관련된 일에 어떤 영향을 주는가?'
- '그것이 법률적 문제를 일으키는가?'
- '그것이 당신의 건강 또는 당신이나 다른 사람의 신체적 위험에 영향을 주는가?'
- '그것이 당신의 미래에 어떤 영향을 주는가?'
- '그것이 당신의 희망과 꿈, 열망에 어떤 영향을 주는가?'

이런 식으로 술이 삶에 미친 영향에 대하여 잘 알게 되면 사람들은 '술의 방식'에 대한 전문가가 된다. 술로 인한 문제에 대해 책임을 부정하는 것이 아니라 책임을 지기 위하여 새로운 시도를 하게 된다.

둘째, 내러티브상담에서는 음주 문제를 가장 우선적인 문제가 아니라 하나의 문제로 다룬다. 음주 문제를 갖고 있는 사람의 삶은 음주 이외에도 다양한 문제로 구성된다고 본다. 사람들은 제각기 다르게 살아가고, 이 다양한 삶 속에 술이 끼어든다. 음주 문제가 심각한 상태일 때도 이를 가장 중요한 문제로 보지 않을 수 있고, 다른 문제를 더 중요하게 볼 수도 있다. 도움을 청하러 오는 상황이 다양하기 때문에 그 사람의 관심사가 무엇인지 구체적으로 살펴보는 것이 중요하다. 상담하는 것은 누구의 관심사인가? 그 사람이 원하는 것인가, 아니면 다른 사람이 원하는 것인가? 때로는 본인보다 가족, 학교, 법원이 치료나 상담을 적극적으로 요구할 수도 있다.

하만광(Man-Kwang, 2004)은 약물 문제로 보호관찰 명령을 받은 열여덟 살의 수잔을 만나게 되었다. 이런 상담은 두 가지 이유로 쉽지 않다. 우선 비자발적 상담이기 때문이고, 또 비합법적 약물 문제는 법적 문제 때문에 정직한 대화가 곤란한 점이 있기 때문이다. 수잔은 1회 상담에 참석하기는 했지만, 화가 나 있었고 말을 하지 않았다. 수잔은 상담을 원치 않는다며 화를 냈다. 상담자는 수잔이 자신을 보호관찰 담당자와 같은 부류의 사람으로 볼까 봐 신경 쓰면서 편안한 분위기를 만들며 그녀가 관심 있는 것이 무엇인지 물었다. 그녀는 걸핏하면 화를 내는 성질이 문제라고 했다. 성질을 못 참아서 남자친구도 공격하고, 많은 인간관계가 나빠졌다고 했다. 성질의 영향을 탐색하면서 그녀는 상담에 적극적으로 참여했다. 상담 중에 성질이 약물과도 관계 있다는 것이 드러났고, 성질에 대처하는 것에 대해 계속 이야기해 나가면서 성질을 좀 더 잘 다루게 되었고 약물 사용도 감소했다.

셋째, 내러티브상담에서는 음주를 둘러싼 사회문화적 맥락을 중시한다. 보통 음주 문제를 개인의 특성, 주로 부정적 특성과 연관 짓는다. 즉, 음주 조절이나 단주를 약속하고 번번이 지키지 못하는 나약함, 조절할 수 없는 것을 조절할 수 있다는 망상적 사고, 오직 음주에만 관심을 가지고 주변에 미치는 피해를 아랑곳하지 않는 자기중심성과 무책임함 등과 연관 짓는다. 이러한 개인적 특성은 '역기능적이고 공동의존이라는 질병을 앓고 있는 가족'의 문제로 연결되기도 한다(Irvine, 1999).

내러티브상담에서는 음주 문제를 개인이나 가족의 병리에 초점을 맞추는 대신 음주를 둘러싼 성별과 계층을 비롯한 사회적 맥락을 검토한다. 외향적으로 되라, 사람들과 어울리라, 슬픔 등의 감정을 감추고 밝게 씩씩하게 살라고 요구하는 문화가 지나친 음주와 연관되지 않는지 주의를 기울인다. 알코올 중독은 성별로 보면 남성이 여성보다 많다. 여성의 알코올 중독이 늘어나고 있지만, 여전히 남성의 비중이 크다. 남성들이 음주 문제를 더 많이 겪는 것은 남성다움이 음주와 관련되기 때문이다. 최근 8시간 노동제 실시나 회식문화의 감소로 이전에 비해 달라지긴 했지만, 아직도 어떤 문화에서는 일을 끝내고 술을 마시며, 술잔을 돌려 가며 많이 마시는 것이 남자답다고 여긴다. 음주는 즐거운 시간, 집단 소속감이나 유대감과 연결된다. 이런 문화에서 남성이 술과 관계를 바꾸는 것은 술을 잘 마시고 사람들과 잘 어울리는 사람이라는 자기 정체감이 달라지고, 집단의 소속감과 유대감도 약화된다는 것을 의미할 수 있다. 그래서 술자리 문화와 거리 두기가 어려울 수 있다. 이것을 개인의 의지 부족으로만 보기는 어렵다.

최근에는 여성들의 사회생활이 활발해지면서 여성 음주 문제도 증가하고 있다. 남성의 음주를 부추기는 사회적 분위기는 여성의 음주와도 관련된다. 이와 함께 여성 음주에서 주의 깊게 살펴야 하는 것은 여성의 음주나 약물 사용에 대한 낙인이 심하다는 점이다. 흡연이나 약물을 사용하는 여성들은 가부장적 사회에서 이중으로 비난받는다. 특히 임신여성에 대한 비난은 더욱 엄격하다. 이 때문에 여성의 음주는 '몰래 술 마시기(kitchen drinking)'의 형태로 진행되며 시간이 경과하여 도움을 받는 경우가 많다. 게다가 가정폭력 피해여성 쉼터에서 약물여성이 거부당하는 경우도 종종 있어 적절한 도움을 받는 것이 어려운 상황이다. 따라서 알코올과의 관계를 바꾸려면 음주와 남성다움이나 여성다움, 공동체 소속감과 관련된 사회문화적 맥락에 대해 세밀하게 검토해야 한다.

2. 내러티브 중독상담의 특성과 과정

1) 정체성 이주 또는 통과의례

술과 관계를 바꾸는 것은 더 이상 술을 마시지 않는다는 것만 의미하는 것이 아니다. 알코올이나 약물과의 관계 변화는 이제까지의 삶의 변화를 의미한다. 단주 또는 조절 음주는 자신과 다른 사람, 친밀한 사람들과의 관계를 벗어나는 것이다. 이는 중독재활 분야에서 회복을 다차원적으로 정의하는 것과도 맥락을 같이한다. 여기에서 회복이란 "심각한 알코올 및 다른 약물 문제가 해결되고, 신체적 · 정서적 · 존재론적 · 사회적 · 직업적 측면에서 건강해지는 것"(White & Kurtz, 2005)을 의미한다.

술이나 약물과의 관계가 바뀌면서 다른 관계도 변화한다. 그것은 오랫동안 익숙했던 땅을 떠나는 것과 같다. 화이트(White, 1997)는 이러한 변화가 친숙한 세계를 떠나 새로운 삶을 찾아가는 '정체성의 이주'와 유사하다고 보았다. 그 사람은 잘 알던 곳에서 떠났지만 새로운 곳이 어떤 곳인지 잘 알지 못한 채 발을 디디는 것이다. 방향만 알고 있을 뿐 얼마나 가야 할지, 어떻게 가야 할지 불확실하다. 친숙한 세계를 떠나 미지의 세계로 가면서 새로운 세계에 대해 기대하지만 예기치 않은 상황이 발생하고, 시행착오를 겪는다. 이주자는 새로운 땅에서 이방인이 되어 방향을 잡지 못하고, 낙담하며, 돌아가고 싶어 하기도 한다. 이주자는 새로운 문화를 배워야 한다. 그 사람은 두 개의 문화 속에 살면서 때로는 안내원이나 이주상담원의 도움을 받아야 한다.

이주의 은유는 알코올이나 약물의 생물학적 문제보다는 문화적 측면에 관심을 가지고, 알코올의 다양한 영향을 탐색할 수 있게 해 준다. 알코올은 신경생리학적 작용만으로 사람들에게 영향을 주지 않는다. 음주를 부추기는 사회적 인식과 상호작용 속에서 음주가 정당화되고 촉진된다. 음주를 중단한다는 것은 이러한 합의와 지지에서 벗어나는 것이고, 익숙한 세계에서 홀로 떨어져 낯선 곳으로 들어가는 것이다.

화이트는 이주의 은유와 함께 '통과의례' 은유를 사용하기도 한다. 통과의례는 3단계로 나뉜다. 1단계는 분리 단계인데, 이 단계에서 사람들은 자신이 알고 있는 이제까지의 삶에서 벗어나기 시작한다. 이것은 여행의 시작이라고 할 수 있다. 2단계는 경계 단계 또는 문턱 단계인데, 세상에 대해 친숙하게 느껴지는 것이 없고 이전과 같은 것이 없는 단계이다. 이 단계는 방향 상실과 혼란, 깊은 절망의 시기이다. 3단계는 재통합 단계인데, 자신이 삶의 다른 지점에 도달했다는 것을 발견하는 단계이다. 이는 새로운 생활방식이 몸에 배어 생활의 문제에 대해 잘 알고, 유능해진다는 느낌을 갖게 된다.

통과의례의 은유는 중독에서 벗어나려는 사람들에게 유용한 지도가 될 수 있다. 분리와 경계, 재통합 단계가 있는 지도를 가지고 앞으로 어떤 경험을 할지 예측할 수 있게 해 주고, 출발하면서 준비해야 할 것을 알게 해 준다. 이런 지도가 없다면 여행을 끝내지 못한 채 돌아올 위험이 매우 크다.

이주의 1단계에 첫발을 내딛기 전에 이 단계에서 부딪힐 어려움이 무엇인지 충분히 확인하는 것이 중요하다. 이 어려움과 이주의 중요성을 충분히 알면 여행을 떠날 준비가 잘 되는 것이다. 하지만 아무리 준비를 잘 했다고 해도 언제나 되돌아올 가능성이 높다.

분리에 대한 준비를 하면서 경계 단계에서 겪을 경험에 대해 예상을 하는 것도 중요하다. 혼란과 방향 상실, 절망과 낙담 등을 재통합으로 가는 길이라고 볼 수 있게 도와주어야 한다. 흔히 희망에 차서 출발했다가 겪는 혼란과 절망을 '중독자의 철회' 증상으로 본다. 하지만 그것은 친숙한 삶의 방식에서 떨어져 나와 갑자기 어떻게 삶에 대처해야 할지 모르는 것과 관련된다. 이러한 경험을 여행의 경계 단계로 이해하지 않는다면, 그것은 퇴보라고 여길 수도 있다. 이러한 상황에서는 중독의 노예가 된 삶이 술과 관계를 바로잡으려고 애쓰는 것보다 더 매력적으로 보일 수 있다.

물론 여행의 지도를 그리고, 분리, 경계, 재통합 단계의 준비에 적지 않은 노력을 기울여도 언제나 돌아갈 가능성은 있다. 돌아가는 것을 어떻게 보느냐가 다음 행보에 중요한 영향을 미친다. 실패나 원점 회귀로 보면 수치감에 사로잡히고, 희망이 꺾여 다음 시도가 어려워진다. 음주를 부추기는 것에 대해 충분히 이해하지 못했거나 경계 단계의 어려움을 견딜 준비가 부족한 것 때문에 돌아가는 것으로 볼 수도 있다. 이러한 시도 덕분에 지식과 기술을 보완하여 준비를 잘해서 다음 여행을 성공적으로 마칠 수 있다고 볼 수 있다.

하만광은 중독상담에서 '이주'를 위해 세 가지 덫에 대비해야 하며, 이에 대해 상담 초반에 이야기를 나누어야 한다는 것을 강조한다. 이주 과정에서 자주 빠지게 되는 덫은 재발, 재발 시 잠적, 초기 단주 후 상담 종결이다.

첫째, 술에서 벗어나려 할 때 다시 음주할 수 있는데, 이 재발을 완전한 실패로 여기는 것이다. 이렇게 보면 이전의 중독에서 벗어나려다 실패한 경험이 부각되고, 성공 경험은 묻혀 버릴 수 있다. 이때 한 번 또는 일련의 재발을 과정의 끝으로 보지 않고, 여행을 계속하려는 노력이 중요하다는 것을 강조해야 한다.

둘째, 재발할 때 부끄러워서 말하지 않는 것이다. 중독에 대한 사회적 낙인 때문에 사람들은 중독에 대한 수치심을 많이 느낀다. 한국 사회와 같이 체면을 중시하는 사회에서는 더욱 그렇다. 그래서 재발하면 잠적해 버릴 수 있다. 다시 재발할 수 있다는 것을 인정하는 것이 매우 중요하다.

셋째, 몇 달간 단주하면 성공했고 여정은 끝났다고 여기면서 상담을 중단하는 것이다. 초기 상담에서 한두 달 단주했다고 여정이 끝난 것이 아니라는 것을 강조해야 한다. 반년 이상 단주하고 재발하는 사람들에 대해 논의한다.

술에서 벗어나는 여정은 직진하는 길이 아니다. 그것은 구부러지고, 비틀리고, 오르락내리락한다. 어떤 덫에 빠져도 수치감을 느끼지 않도록 해야 한다.

2) 내러티브상담과 AA

지역사회에서 중독으로부터 회복하는 사람들은 AA[1)]를 매우 유용한 지지체계로 이용한다. 내러티브상담에서는 AA가 중독과 관련된 사회문화적 맥락을 검토하지 않는 것을 비판한다. 하지만 AA가 전문가 없이 회복하는 사람들로 구성되어 서로 지지하고, 모임의 전 과정에 대한 선택권을 부여하며, 다른 사람들과 연결하여 보살피면서 사람들이 고립되지 않도록 해 주기 때문에 큰 도움이 된다고 본다.

화이트(White, 1997)는 AA를 매우 체계적인 통과의례 구조라고 본다. AA는 생애에서 전환점을 표시하는 분리와 재통합의 의례라고 볼 수 있다. 집단 구성원(증인) 앞에서 술을 마시지 않겠다는 결심과 실행할 의지를 표명하고, 자신의 삶에 대해 이야기하고 다시 이야기한다. 집단 구성원들은 이러한 결심과 바람과 이야기를 강력하게 인정해 주고, 증인이 되어 준다. 이 결심과 바람에 대한 이야기가 더 풍부해지면서 그 사람의 삶에 더 큰 영향을 끼치게 된다. 또 집단상담자들이 경계 단계를 여행하는 데 동료 여행자로서 친밀한 지지를 해 주며 지도와 지식과 기술을 공유한다. AA에서 여행자는 여행의 어려움과 시련에 대해 이야기할 수 있고, 자신들이 힘겹게 나아가는 것을 계속해서 인정받는 경험을 한다. 이런 점 때문에 AA는 많은 사람에게 도움이 된다. 하지만 AA가 자신과 맞지 않다고 여기는 사람들도 많고, 이들을 위한 대안적 접근으로 내러티브상담을 제시할 수 있다.

3) 내러티브 중독상담 과정

내러티브 중독상담 과정을 외재화 대화와 선호하는 이야기 다시쓰기 대화를 중심으로 살펴본다. 이와 함께 중독상담에서 고유한 주제인 재발 문제에 대한 대응을 보기로 한다.

1) 익명의 알코올중독자모임(AA)을 비롯하여 익명의 도박중독자모임(GA), 익명의 약물중독자모임(DA) 등은 중독 문제로 어려움을 겪는 사람들의 자조모임이다. 이는 중독 회복에 효과적이라고 널리 인정받고 있어, 전 세계적으로 사람들이 많이 찾는 지지체계이다(Makela, 1993).

(1) 외재화 대화: 문제와 사람을 분리하기

① 문제 확인하기

음주 문제를 가지고 있는 사람과 상담할 때 제일 중요한 문제가 무엇인지는 그 사람과 협상하며 조정한다. 내러티브상담에서는 음주 문제를 우선 문제로 전제하지 않는다. 만일 음주 문제를 이야기하기 원한다면 다음과 같이 대화할 수 있다.

먼저 가장 최근의 음주 경험에 대해 이야기한다.

- '언제 마셨는가? 어디에서 마셨는가? 혼자서인가, 사람들과 함께였는가?'
- '술을 마시기 1~2분 전에 어떤 느낌이었는가? 어떤 힘이 술을 마시라고 하는 것 같았는가? 그것이 무엇이었는가?'

음주나 약물 문제를 가진 사람들은 종종 '갈망'이 문제라고 하기도 한다(Man-Kwong, 2004). 중독을 질병으로 보는 입장에서는 다시 음주를 하고 싶은 마음을 '갈망'으로 부르고, 갈망은 의지나 의도와 무관하게 중독자에게 일어나는 보편적인 '병리적 현상'이며, 그것을 견뎌 내야 한다고 본다. 내러티브상담에서는 이에 대한 탐색을 매우 중시한다. 그것은 행위 주체라는 감각을 찾는 시작점이다. 보통 '갈망'은 '바람직하지 못한 생각'과 함께 일어나기 때문에 이 둘을 구별하는 것이 쉽지 않다. 이 둘을 구별하는 것이 중요한데, 이를 위해 외재화 대화를 활용한다. 예를 들어, 그 사람이 "마시고 싶었고, 어쩔 수 없이 그냥 마셨어요. 갈망 때문이죠."라고 말한다면 "그 생각에 대해 좀 더 알고 싶은데, 이 생각은 또 뭐라고 했나요?"라고 묻고, 그러면 "한두 번 하는 것은 괜찮아. 조절할 수 있어."라고 답할 것이다.

② 문제 외재화하기

음주자에게 외재화 대화는 매우 유용하다. 외재화 대화는 사람이 문제와의 관계를 다시 생각해 볼 수 있는 공간을 열어 준다. 자신을 문제라고 여기며 자기비난이나 자기방어 또는 자기분석에 힘을 빼는 대신에 거리를 두고 문제와 문제가 미치는 영향, 문제를 둘러싼 사람들과 사회문화 등을 다면적으로 볼 수 있게 된다.

종종 음주를 중단하려고 할 때 경험하는 '갈망'을 외재화하게 된다. 외재화 대화에서는 이 갈망이 그 사람의 삶에 어떻게 오는지, 갈망의 내력, 갈망이 그 사람의 삶에서 원하는 것, 갈망의 전략과 기술 등에 대해 탐색한다. 사람에 따라 이런 질문에 답하는 것이 쉬울 수도 있고, 어려울 수도 있다. 내러티브상담자는 갈망의 목소리를 외재화할 방법을 찾기 위해 계속 질문해야 한다.

- '당신한테 온 그 생각이 궁금한데, 그것이 무엇이라고 말하는가?'
- '이 생각이 언제 어떤 상황에서 주로 오는가?'
- '이 생각이 당신한테 올 때 뭐라고 하는지 좀 더 자세하게 말해 줄 수 있는가?'
- '목소리는 어떤가(남자 목소리인가, 여자 목소리인가)? 이 생각은 항상 똑같은 목소리인가?'

외재화 대상은 음주 문제뿐만 아니라 그 사람의 어려움, 예를 들면 우울이나 외로움, 슬픔, 상처와 같은 '고통'이 될 수도 있다.

③ 문제에 이름 붙이기

음주에 영향을 주는 생각과 목소리에 대한 이야기를 하고 난 다음에는 문제에 이름을 붙인다. 이름을 붙이면 막연하고, 두루뭉술한 것이 눈에 보이고, 손에 잡히는 것이 되고, 다루기 쉬워진다. 대체로 음주 문제로 상담을 하러 오는 사람들은 자신을 중독된 환자, 또는 문제라고 여기는 경향이 강하기 때문에 자신과 문제를 분리시키기 어려워한다. 가까스로 문제를 외재화해도 이야기를 하다가 자신을 문제로 보는 지점으로 돌아가는 경우가 많다. 대화 중에 문제의 이름을 계속 불러 주는 것이 자신을 문제의 영향을 받고, 동시에 문제에 대응하는 주체로 보는 데 도움이 된다. 예를 들어, 갈망이 문제라고 할 때 갈망의 이름을 '갈망' 또는 '나쁜 기운' '끈끈이'로 부를 수 있다.

- 그 목소리에 뭐라고 이름을 붙일 수 있는가?
- 그 생각에 이름을 붙인다면 뭐가 좋은가?
- 그렇게 늘 술을 찾는 마음을 뭐라고 부를 수 있는가?

④ 문제의 영향 알아보기

문제에 이름을 붙이고 나면 문제가 그 사람의 건강과 우정, 희망과 꿈에 미치는 영향을 알아본다. 또 갈망의 전략과 전술에 대해서도 알아본다. 그것을 자세히 알게 되면 갈망의 교묘한 기술을 잘 알아차릴 수 있다. 사람들은 이것이 매우 유용하다고 한다.

•

- X(문제에 붙인 이름)가 당신의 건강과 친구, 희망과 꿈에 어떤 영향을 미치는가?'
- X는 어떤 전략이나 기술을 쓰는가?'

만일 술이 문제라고 한다면 다음과 같이 질문할 수 있다.

- 술을 마시지 않으면 선택하지 않을 일 중에 술을 마시면 하게 되는 일이 어떤 것이 있는가?'
- 술은 당신의 생각이나 감정, 관계에 어떤 영향을 주는가?'
- 술이 약속해 주는 것은 무엇인가? 항상 그러한가? 이러한 약속을 지켜 주는 것이 다른 것도 있는가?'
- 당신의 삶에서 술의 영향을 강하게 해 주는 것은 무엇이 있는가?'
- 술은 당신 부모나 배우자, 자녀가 당신을 어떻게 보도록 만드는가?'
- 술은 어떤 식으로 당신이 배우자나 아이들의 요구나 관심에 무관심하게 만드는가?'
- 술은 당신이 계획이나 결정 사항을 실행하지 못하도록 어떤 전략을 구사하는가?'
- 술은 당신 미래에 대해 어떤 생각이나 계획을 가지고 있는가? 이러한 계획이 당신 자신의 미래에 대한 계획과 잘 맞는가?'
- 술은 어떤 식으로 당신이 세운 미래 계획에 영향을 주는가?'
- 술은 당신의 직장동료나 친구, 가족들 사이의 평판에 어떤 영향을 주었는가?'
- 당신은 이런 평판을 어떻게 보는가? 이런 평판이 당신이 원하는 평판과 부합되는가?'
- 당신이 술 마시는 생활을 멀리하면 당신은 원하는 평판 쪽으로 좀 더 움직이게 되는가?'
- 이런 평판은 부부 사이를 가깝게 하는가, 멀어지게 하는가?'

⑤ 문제의 영향 평가하기

문제의 기술과 영향에 대해 대화를 나눈 다음 이러한 영향을 평가한다. 예외 없이 이러한 영향은 매우 부정적인데, 그렇게 평가하는 근거를 묻는다. 공통적인 답변은 '술에서 자유로운 삶을 살고 싶어요'라거나 '예전의 가족관계로 돌아가고 싶다' '확신을 되찾고 싶다'는 것이다.

- X가 이러한 영향을 끼치는 것에 대해 어떻게 보는가? 괜찮다면 왜 그러한가? 괜찮지 않다면 왜 그러한가?'
- X 대신 당신에게 무엇이 중요한가? 그것(Y)을 보여 주는 것은 무엇인가?'

(2) 선호하는 이야기 다시 쓰기 대화

① 독특한 결과 찾아내기

'독특한 결과'는 문제 중심 이야기에서는 나올 수 없는 이야기, 즉 '문제'의 말을 따라 하지 않는 순간이다. 이 독특한 결과를 찾아내는 것은 쉽지 않다. 중독 문제로 상담하는 사람들은 수년에서 십여 년에 이르기까지 오랫동안 문제를 겪으면서 자신을 '알코올 중독자' 또는 '실패자'로 보기 때문이다. 그들은 자신을 매우 부정적으로 보기 때문에 이와 다른 경험을 끌어낸다는 것이 어려울 수 있다. 다음의 질문이 도움이 된다.

- 갈망을 피하거나 지연시키거나 저항했던 때가 언제였는가?'
- 그때 어디에 있었는가? 혼자였는가, 아니면 누구랑 같이 있었는가?'
- 그때 무엇을 했는가?'
- 그때는 자신에 대해 무엇이라고 했는가? 갈망에 대해서는 무엇이라고 말했는가?'

이러한 질문에 대해 '텔레비전을 보려고 했다'거나 '어머니에게 전화를 걸어 오랫동안 통화했고 그러다 보니 갈망을 잊어버리고 무시할 수 있게 되었다.'고 대답할 수 있다. 이에 대해 자세하게 탐색할수록 사람들이 그런 상황에서 썼던 지식이나 기술에 대해 풍부한 이야기를 끌어낼 수 있다.

갈망에 저항했던 특별한 시간에 대한 이야기가 풍부하게 나오면 비슷한 경험을 더 탐색한다. 또 언제 비슷한 전략을 사용했는지에 대해 묻고, 이에 대해 자세하게 탐색한다. 대화는 좀 더 쉬워지고 과정에 탄력이 붙는다.

- 그것과 비슷한 경험은 또 무엇인가? 또 언제 비슷한 전략을 사용했는가?'
- 어떻게 그렇게 했는가, 무슨 생각을 했는가, 왜 했는가?'

- **선호하는 이야기에 이름 붙이고 풍부하게 하기**

독특한 결과에 대한 이야기가 풍성해지면 선호하는 이야기에 이름 붙이는 질문을 한다. 이를 통해 '단호함 이야기' 같은 것이 나올 수 있다. 이전과 달리 대화하면 작지만 결심을 하고 지킨 자신을 '단호한 사람'으로 보게 될 수 있다. 이는 상담 초반에 자신에 대해 온통 부정적으로만 말하던 것을 생각하면 놀라운 일이다. 천천히 주의 깊게 갈망에 저항하기 위해 사용한 지식이나 기술을 끌어내면 다른 정체성 이야기가 가능하다. 새로운 이야기를 지지하기 위해 삶의 이력을 찾아낸다. 이를 통해 그 사람의 꿈과 희망, 의도, 목표, 가치와 관련된 과거, 현재, 미래의 경험을 찾게 된다. 이 과정에서 사람들은 활기를 찾고, 즐거워한다.

- 이러한 이야기에 무엇이라고 이름(Y)을 붙일 수 있는가?'
- 어떻게 Y의 행위가 가능했는가?'
- 어떤 과거의 경험이 Y를 키웠는가?'

선호하는 이야기가 전개되면 이 이야기를 미래로 가져간다. 이 대화가 순조로울 수도 있고 그렇지 않을 수도 있다. 만일 이야기가 잘 안되면 다시 문제 이야기로 돌아가 문제가 가장 강력한 상황을 찾아내서 문제가 새로운 기술을 사용하는지 알아볼 수 있다. '갈망'은 매우 교활하기 때문에 문제의 새로운 전략에 대해 조사해서 새로운 대항 전략을 개발하는 것이 필요하다.

- 앞으로 문제에 맞설 때 이러한 경험이나 능력이 어떻게 도움이 될까?'

선호하는 이야기를 풍부하게 하는 데 치료적 문서는 매우 유용하다. 상담하러 온 사람이 문제 때문에 힘들 때 치료적 문서를 몇 번이고 읽게 된다. 편지나 인증서 등으로 그간의 성과를 인정하고 확인한다. 또한 선호하는 이야기를 지지해 줄 사람으로 인생의 회원을 재구성하는 회원재구성 대화도 유용하다. 가족은 중요한 회원이 될 수 있다. 술에 대한 관계가 달라지면서 가족과의 관계도 변화한다. 특히 재발로 사랑과 희망을 잃었다고 여길 때 가족의 관심과 사랑의 표현은 매우 중요하다.

(3) 재발에 대응하기

정체성의 이주에서 다시 술의 영향을 받게 되는 것에 대처하는 것은 매우 중요하다. 술이 지배하는 나라에서는 이주하는 과정에서 다시 음주를 하는 사람들이 많다. 이때 중요한 것은 다시 음주하는 것을 실패로 보지 않도록 하는 것이다. 중독을 병으로 보는 입장에서는 다시 음주하는 것은 병의 재발이다. 어렵게 단주를 해 왔는데 재발했다고 보면 낙담과 환멸에 빠질 수 있다. 건강과 질병, 회복과 재발의 이분법에서 재발은 실패이며 원상 복구로 여길 수 있다. 그러면 다시 병에 걸린 사람이 되어 '정상인 다른 사람들'과 분리되고 고립감을 느끼게 된다.

상담 초반에 이런 상황은 이주 과정의 일부라서 미리 이야기를 나누는 것이 중요하다고 앞서 언급한 바 있다. 그렇게 하면 다시 음주를 할 때 상담자에게 말하기 쉬워진다. 다시 음주를 하는 상황에서는 그들의 삶을 통째로 실패로 규정하지 않도록 하는 것이 중요하다. 그래서 최근의 생활로 이야기를 만드는 것이 가능하다. 그들이 처음 상담에 왔을 때와 지금의 차이를 밝히는 질문을 한다. 그들이 상담자를 만나기 전에는 매일 술을 마셨으나 상당 기간 술을 끊었고, 최근에 술을 마셨다는 것에 대해 대화를 한다. 이 차이는 매우 중요하다. 만일 그들이 처음 왔던 곳으로 되돌아갔다고 여긴다면 희망은 사라지고, 갈망의 힘은 커질 것이다.

- 처음 여기 왔을 때와 지금은 무엇이 다른가?'
- 지금 무엇을 알게 되었는가? 지금은 어떤 다른 전략과 지식을 갖게 되었는가?'

그러면 다음과 같은 대답이 나온다. "상담하기 전에는 아예 술과 싸우지도 않았어요. 그냥 마셨어요." "이번에는 전보다는 적게 마셨어요." "전에는 술 마신 지 3년 지나서 도움을 청했는데, 이번에는 술 마시자마자 다시 와서 이야기를 했어요."

이런 대화 속에서 현재와 이전이 많이 다르다는 것이 확인되고, '바닥까지 간 재발'이 아니라는 결론을 내리게 된다. 그들은 왔던 자리로 돌아간 것이 아니다. 여전히 이주의 여정 안에 있는 것이다.

이와 같은 대화는 문제의 전술에 대해 더 알아볼 기회가 된다. 예를 들어, 젊은 여성이 4개월 동안 술을 끊다가 다시 마시게 되었는데, 남자친구가 헤어지면서 몸매에 대해 비난했다. 대개 사람들은 술을 끊으면 체중이 느는데, 이것이 정체성에 영향을 주었고, 갈망에 취약하게 했다. 이렇게 남녀 관계와 몸매에 대한 기준과 같은 사회문화적 맥락을 검토하면서 그녀는 자신을 문제로 보지 않고, 갈망이 유리해지는 특정한 상황의 영향을 이해하게 되었다. 이를 통해 미래에 자신을 보호할 새로운 지식과 기술을 얻게 되었다. 그녀는 다시 술을 마신 것에 대해서는 유감스럽게 여겼지만, 이것을 계기로 장기간의 이주를 더 넓은 맥락에서 보게 되었다.

3. 내러티브 중독상담의 사례

이제 내러티브 중독상담의 사례 두 가지를 소개한다. 패트릭과 메어리 이야기는 젊은 남성과 중년 여성의 음주를 둘러싼 사회문화적 맥락을 잘 보여 준다. 내러티브 상담 상담에서 사람들은 음주냐 단주냐의 이분법에서 벗어나 술을 마시는 특정한 의도와 목적을 새롭게 탐색하고, 지나친 음주가 미치는 영향을 세밀히 살피고, 술에서 벗어나 자신들이 소중히 여기는 것을 확장하는 선택을 하게 된다.

1) 패트릭 이야기: 술의 지배에서 이주하기

패트릭의 이야기(Smith & Winslade, 1997)는 남성과 알코올의 관계를 잘 보여 준다. 슬픔이나 어려움에 굴하지 않는 강인함, 고통을 사람들과 나누는 대신 홀로 견디는 묵묵함을 미덕으로 여긴다. 이러한 분위기에서 젊은 남성은 술 마시는 것으로 고통을 잊고 사람들과 어울릴 수 있다. 하지만 '술의 지배'에서 벗어나는 경계 단계에서 익숙한 관계와 자기 정체성과 멀어지면서 혼란과 무감각, 무기력을 경험하며, 술의 영향과 술이 부여한 정체성, 술의 방식에 대해 세밀하게 살펴보게 되고 새로운 관계를 맺게 된다.

패트릭은 23세의 남성으로, 25세 형이 음주운전으로 사망한 직후 처음 상담했다.

2회 상담에서 패트릭은 '술의 지배'에 대해 이야기했다. '술의 지배'란 술이 생활의 일부가 되는 것이 당연한 생활방식인데, 그 대가에 대해 장황하게 이야기했다. 무면허 운전과 음주 운전으로 인한 아홉 번의 형사 사건, 끊임없이 감옥을 들락거리고 돈과 기회, 자동차, 일자리, 친구를 잃고, 자신감이 떨어지고, 미래가 없어지고…….

1년 후에 다시 상담한 패트릭은 그간 어려움이 많았지만 자살 생각과 싸우면서 자신에 대해서나 다른 사람과의 관계에 대해 생각했고, 술이 미친 영향을 평가하기 시작했다고 했다. 상담에서 술이 미친 영향을 추적하면서 술이 취할 때뿐만 아니라 다른 때에도 심각한 영향을 주고 있다는 것을 발견했다. 술은 형을 잃은 슬픔을 견디고 기분 좋게 해 주었고, 사람들이 그가 우울하다는 것을 알지 못하게 해 주었다. 하지만 술이 기분 좋게 해 주는 것은 잠시뿐, 문제가 그대로 남아 있고, 술이 자살 생각과 연결된다는 것이 분명해졌다. 감옥에 있는 동안 술을 마시지 않고 지냈고, 술을 마시지 않고도 기분 좋았다는 것을 확인했다. 그는 '술 마시는 생활'의 영향과 여기에서 벗어나는 것에 대해 평가하면서 점점 술과 거리를 두었다. 이주 과정이 계속되면서 자신의 감정에 대해 더 잘 알게 되었고, 우울과 계속되는 문제 때문에 힘들어하면서도 술의 지배로 돌아가려 하지 않았다.

패트릭은 술의 지배와 지배적인 성역할에 대해 많은 이야기를 했다. 집안에서 어머니는 술 마시는 것을 싫어했는데, 아무도 어머니 말에 귀 기울지 않았다. 남자들에게 일 끝나고 술 마시는 것은 기분을 좋게 해 줄 뿐만 아니라 일이 끝나고 휴식이 시작되었다는 신호이기도 했다.

그는 술이 자신에게 붙인 정체성을 검토하기 시작했다. 그는 자신이 한 잔 마시면 생각을 멈추고 쉽게 사는, 파티를 즐기는 남자라고 여겼다. 그 결과 보살피거나 지켜보는 것을 피했다. 술을 마시지 않으면서 생각을 많이 하게 되었고, 자신이 이기적이고 무례한 사람이라는 것을 보게 되었다. '이기적이고 무례한'이라는 말은 자신이 원하는 것이 아니라 술과 공동 작업이라고 평가하고, '상관하는 사람'이 되기로 했다.

이렇게 술이 자신의 삶에 미친 영향을 살피면서 그는 책임을 부정하는 것이 아니라 책임을 지기 위해 '술의 방식'의 전문가가 되어 새로운 시도를 하게 되었다. 그는 형의 죽음 이후 술의 위치를 평가하면서 술이 문제가 아니라 음주 운전이 문제라고 보고, 안전한 음주 수준에 관심을 가지게 되었다. 술 마시고 운전하지 않는 것은 그에게 예외적인 것이었다. 이것은 술 문제를 '부인'하는 것이 아니라 독특한 결과였다. 그 의미를 탐색하면서 술을 매일 마시지 않는다는 것과 술 마실 때도 선택해서 마시고 적게 마신다는 것이 드러났다. 술은 그가 원하는 삶과 반대 방향으로 그를 몰고 갔고, 알코올을 몰아낼수록 자신을 좋게 느끼게 된다고 했다. 또 자신이 다른 사람들이 얼마나 마시는지에 관심이 없고 경쟁적으로 마시는 것을 좋아하지 않는다는 것을 발견하게 되었다. 이렇게 하면서 알코올을 조절하고, 술을 마시지만 취하지 않는 자신을 보다 성숙한 존재로 보게 되었다.

패트릭은 술이 단기적인 위안만 준다는 사실을 알고 낯선 상황으로 여행을 떠났지만 자신이 누군지 모르는 혼란을 겪었다. 그는 술이 형을 잃은 슬픔을 달래 주고 기분 좋게 해 주었으며, 화나거나 우울하면 곧장 술을 마시러 갔기 때문에 화내거나 우울한 적이 없었다. 술을 마시지 않자 강력한 감정을 느끼는 것이 어렵고, 혼자 있는 시간이 많아졌으며, 생각이 많아지면서 스트레스가 커졌다. 그는 스트레스를 풀기 위해 자전거를 타고 빨리 달려 강가에 앉아 생각했다.

그는 자신이 수표를 결재하지 않고, 말하지 않는 무책임한 행위 등이 자신에 대한 사람들의 생각에 영향을 주었을 것이며 술과 무책임, 무례함이 조카와 좋은 관계를 맺지 못하도록 하는 것도 발견했다. 그는 어머니가 자신을 걱정하지 않고 자랑스러워하기를 원했다. 그는 다른 사람을 존중하고, 존중받기를 원하는 사람으로 자신을 보게 되었다. 사람들은 동성친구나 이성친구들과 어울리기 위해 술을 마시는데, 자신은 술을 마시면 상대방의 이야기를 잘 듣지 않고 다투고, 다음 날 사과하지만 진지하게 돌아보지는 않는 식으로 관계가 악화되었다는 것을 알게 되었다. 오히려 술을 마시지 않고 이야기를 하게 되면서 다양한 친구를 사귀게 되었다.

2) 메어리 이야기: 술과 고통

흔히 고통을 잊기 위해 술을 마신다고 하면 술 마실 핑계를 대는 것으로 본다. 내러티브상담 중독상담에서는 고통 속에서 술을 마시는 것을 병이나 나약함, 문제로 보기보다 어떤 고통인지, 그 사람이 심각한 고통 속에서 어떻게 대응하는지, 그 고통과 술이 무슨 관계인지 알려고 한다. 이렇게 고통을 존중하면서 이제까지 희미해지고 감추어진 자신에 대한 믿음과 지식, 기술에 대한 이야기를 풀어 헤칠 수 있고, 이를 바탕으로 선호하는 이야기를 다시 쓸 수 있게 된다. 메어리 이야기(Callahan, 2001)는 이를 잘 보여 준다.

메어리는 외아들을 교통사고로 잃었다. 아들이 열두 살 때였다. 그녀는 그 사고가 술의 시작이라고 했다. 사고가 난 날 친구가 메어리에게 와인 잔을 건네며 "마셔 봐. 진정이 될 거야."라고 했다. 그날 이후 10년간 술은 그녀 인생을 잠식했고, 그녀는 입원하게 되었다.

상담하면서 술이 미친 영향을 확인했다. 술이 건강과 안녕을 헤쳤고, 친구와 가족과 멀어지게 했으며, 견딜 수 없는 수치감과 혼란을 주었다. 아버지와 딸과 사위가 그녀에 대해 점점 더 걱정하게 만들었고, 돈을 써 버리게 했다. 그녀를 진정시켜 줄 때도 있었지만 불시에 들이닥치기도 했다.

그녀는 술이 자신의 삶에 어떤 영향을 주는지 아주 분명하게 알고 있었고, 술과 완전히 떨어져서 자신의 인생을 되찾기를 원했다. 그녀가 술과 그 영향에서 떨어지고 싶은 이유는 다음과 같다.

- 술은 몰래 비밀스레 접근하는데, 그것은 자신과 맞지 않는다. 그녀는 자신이 정직한 사람이라고 생각하고 있고, 그녀가 소중하게 여기는 아버지 그리고 아버지의 회교도 가치와 달라 부녀 사이도 멀어지게 하기 때문이다.
- 자신이 계속 술을 마시다 죽어서 딸이 트라우마를 겪는 것을 원치 않는다.
- 자신의 건강과 안녕을 소중하게 여긴다.
- 술이 이끄는 대로 가다 일찍 죽는 것이 아니라 살기를 원한다.
- 더 이상 삶이 어두운 구멍으로 빠지는 것이 아니라 밝은 낮에 가까워지기를 원한다.
- 술은 나쁜 메어리와 관련되는데, 자신은 좋은 메어리와 더 가까워지길 원한다.
- 손녀딸 소피와 가까워지기를 원하는데, 술이 딸한테 신뢰받지 못하도록 방해한다.

그녀는 술을 외재화하면서 술을 마신 이유가 되었던 고통, 상처를 새로운 방식으로 만나게 되었다. 메어리는 죽음이 자신의 희망과 믿음을 다 가져갔다는 것을 보게 되었다. 죽음은 아들을 영원히 데려갔고, 사위와 손녀에 대한 소중한 희망을 파괴했으며, 아들을 지킬 수 있다는 엄마의 믿음을 파괴했다. 자신이 좋은 사람이니까 보답을 받을 것이라는 생각도 뒤집어 버렸고, 아들에게 했던 인생과 미래에 대한 이야기를 거짓말로 만들어 버렸다. 순진함을 잃고 인생을 냉소하게 만들었고, 청소년기에 막 들어선 아들의 죽음은 어머니의 죽음보다 고통을 주었다. 아들의 사고에 대해 운전사가 아니라 엄마가 책임이 있다며 자신을 비난하게 만들었다. 하지만 메어리는 자신이 장례식장에서 용기를 내어 말을 했고, 슬퍼하는 아들 친구들을 편안하게 해 주었다는 것을 기억했다. 그녀는 '사랑이 죽음보다 강하다'며 아들과 남은 자녀와 손녀를 사랑한다고 했다.

술과 슬픔의 관계를 검토하면서 '다른 사람 기분 맞춰 주기'에 대해 이야기를 하게 되었다. 그녀는 어렸을 때부터 어머니나 학교에서 항상 다른 사람 기분을 맞춰 주어야 한다고 들었다. 자신을 먼저 생각하는 것은 이기적이라고 비난받았다. 이것은 모성애와 밀접하게 결부되어 그녀는 다른 사람, 특히 자녀를 먼저 생각하며 살았다. 메어리는 이제 '자신에게 친절하고, 자신을 돌보기'로 했다. '너무 많은 생각'을 하는 대신 '그냥 하기'로 했다. 딸과 손녀와 수영을 했고, 전에는 결코 하지 않았던 시도를 했다. '하느님에게 기도하기를 포기'하고 '수용하기'로 했다.

참고문헌

Anthony, C. (2006). Narrative maps of practice: Proposals for the Deconstructing Addiction League. *The International Journal of Narrative Therapy and Community Work, 1,* 1-10.

Callahan, T. (2001). Alcohol, drugs and suffering. Retrieved from https://dulwichcentre.com.au/articles-about-narrative-therapy/deconstructing-addiction/alcohol-drugs-suffering

Deconstructing Addiction League (2006). Deconstructing addiction & reclaiming joy. *The International Journal of Narrative Therapy and Community Work, 4,* 1-28.

Herrick, C., & Herrick, C. (2010). **100문 100답 알코올중독** [*100 questions & answers about alcoholism* (5th ed.)]. (천영훈 역). 서울: 하나의학사. (원저는 2006년에 출판).

Irvine, L. (1999). *Codependent forevermore: The invention of self in a twelve step group.* Chicago: University of Chicago Press.

Mäkelä, K. (1993). International comparisons of Alcoholics Anonymous. *Alcohol Health & Research World, 17*(3), 228-234.

Man-Kwong, Har (2004). Overcoming craving: The use of narrative practices in braking drug habits, suffering. Retrieved from https://dulwichcentre.com.au/articles-about-narrative-therapy/deconstructing-addiction/overcoming-craving

Smith, L., & Winslade, J. (1997). Consultations with young men migrating from alcohol's regime. Retrieved from https://dulwichcentre.com.au/articles-about-narrative-therapy/deconstructing-addiction/consultations-with-young

White, M. (1997). Challenging the culture of consumption: Rites of passage and communities of acknowledgement. Retrieved from https://dulwichcentre.com.au/articles-about-narrative-therapy/deconstructing-addiction/challenging-the-culture-of-consumption

White, W. L., & Kurtz, E. (2005). The varieties of recovery experience: A primer for addiction treatment professionals and recovery advocates. *International Journal of Self Help and Self Care, 3*(1), 21-61.

제17장

ADHD를 대하는 가족의 지혜

빈미향(부산심리상담연구소 소장)

1. 사례 개요

1) 상담 의뢰

피해 아동이 다니는 초등학교에서 조부의 체벌과 부모의 학대가 의심된다며 아동학대 신고를 하였고 건강가정지원센터에서 긴급위기가정으로 분류되어 가족 상담이 의뢰되었다.

2) 가족 배경

가족은 조부(70)와 부(47), 모(45), 형(12), 동생(11)으로 이루어진 5인 가족으로 3대가 함께 사는 대가족이다. 조부는 한부모로 아이들을 키우면서 주변 사람들에게 '엄마가 없어서 버릇없다'는 말을 듣지 않게 하려고 엄격하게 키웠고, 특히 장남이었던 부를 맏이 역할을 하도록 엄하게 키웠다. 부는 모를 만나 결혼을 하면서 조부의 가르침대로 가족을 책임지려 노력하고 있으나 가족에 대한 애정은 잘 드러내지 못하는 편이었다. 모는 어릴 때 부모가 이혼하여 초등학교 시절에는 부와 살다가 중학생이 되면서 모와 살았으나, 사춘기에 접어들면서 모와의 갈등이 심해져 성인이 되며 관계가 단절되었다. 형을 출산하고 친정 가족이나 주변의 도움을 전혀 받지 못하다 보니 산후 우울증이 심해지면서 아이와 정서적 접촉을 거의 하지 않고 방치하는 일이 잦았다. 형이 어릴 때부터 산만하고 친구들과 자주 싸우는 등 타인과의 관계에 어려움이 나타나기 시작하자 상황의 심각성을 깨닫고 유・아동기부터 감각통합치료, 언어치료, 놀이치료 등의 각종 치료를 받았으나 산만하고 충동적인 행동은 나아지지 않았다. 초등학교 입학 시기에는 병원에서 ADHD 진단을 받고 그 이후로 약물을 복용하고 있다.

3) 제시된 문제

가족이 호소하는 문제에 조부는 '손자가 아침마다 소리를 지르고 말을 듣지 않는데 며느리를 돕겠다고 애들을 야단쳤더니 아들 내외와 사이가 나빠졌고 손자들이 놀리는 것도 화가 나서 때리게 된다. 이제 더 이상 그러고 싶지 않다.'고 했다. 모는 '학교에서 수업 시간에 집중하지 못하고 친구들과 자주 싸움을 일으켜 교사와 피해 학부모들이 애를 야단치라고 하는 것이 스트레스가 된다. 시부와 남편에게 자녀 문제로 도움을 요청하지만 화만 내거나 아이를 때려서 보기 싫다. 애한테 어떻게 해야 할지 모르겠다.'고 호소했다. 부는 '애가 말을 안 듣고 게임만 하는 것을 보면 화가 난다. 공부는 못해도 괜찮은데 학교에서 말썽만 일으키지 않았으면 좋겠다.'고 제시했다.

2. 문제에 대한 관점

이 가족이 경험하는 아동 학대는 가족의 내부와 외부 환경에서 작동하면서 아동과 가족을 괴롭히고 있는 것으로 보였다. 학대 피해아동은 학교에서 수업을 방해하고 친구를 때리거나 괴롭히는 등의 행동을 보여 학교에서 '다루기 힘든 아동'으로 부정적 정체성이 강화되고, 학교 공동체에서 점차 소외된 것으로 보인다. 친구들과 놀고 싶어서 다가가도 거부를 당하니 외롭고 슬프고 화가 나서 친구들을 때리는 관계의 악순환이 반복되고 있는데, 이는 가정에서도 일어나고 있는 오래된 행동이었다. 아동의 가족은 말로 해도 듣지 않을 때는 체벌을 해도 된다는 허용적인 기준을 가지고 있었기에 폭력은 아동과 가족에게 쉽게 정당성을 부여받은 것으로 보였다. 조부와 부모는 교사에게 아동이 정신적으로 문제가 있을지 모른다는 훼손된 정체성의 관점에서 아동을 바라보도록 요구받자 어린 시절부터 익숙하게 경험한 학대의 방식으로 아동을 대한 것으로 사료되었다.

만약 가족이 분리와 소외의 방식이 아닌 협동과 지지의 방식으로 아동의 아픔과 외로움을 다독여 준다면 가족은 어떻게 상호작용하게 될까? 만약 문제의 정체성이 아닌 평등과 존중의 정체성의 관점으로 바뀐다면 가족의 관계 방식은 어떻게 변화되고 아동의 정체성과 생활에는 어떤 변화가 일어날까? 가족의 이러한 경험은 주위 사람들과의 관계 방식에 어떤 영향을 주게 될까?라는 질문을 가지고 가족 상담을 진행했다.

3. 상담 목표 및 전략

- 가족의 지배적인 문제 이야기 외재화하기
- 가족의 독특한 결과 탐색하기
- 가족의 대안적 이야기 발굴하기 및 재구성하기
- 가족의 선호하는 정체성 강화하기
- 가족반영팀의 새로운 가족 모습 지지하기

4. 상담진행 과정과 회기 내용

1) 상담진행 과정

가족 상담의 진행 과정은 전반기(1~4회기)에서 가족이 지각하는 문제 이야기가 무엇인지 탐색하며 외재화 대화 지도를 활용하여 문제와 아이를 분리하여 바라보도록 시도하고 문제 이야기에 의해 가려진 가족에 대한 바람과 기대를 드러내고 가족 지지공동체의 실천으로 가족지원팀을 결성하는 사전 작업을 논의했다. 중반기(5~9회기)에서는 자녀 체벌에 대한 관점과 입장을 나누고, 가족 내 체벌금지조약을 체결하고 폭력에 저항하는 가족 공동체의 공동 입장을 표명하였으며, 향후 가족반영팀을 위한 모태가 될 가족지원팀을 결성했다. 가족지원팀과 공동 작업을 통해 자녀 등교 시 개선 방안과 교육 방식에 대해 논의하면서 서로의 입장을 충분히 전달하고 지지하며 공동협력 과정으로서 자녀 양육에 대해 논의하며 협력공동체로서 새로운 가족 이야기의 저작 과정을 진행했다. 종결기(10~15회기)에서는 가족 내 안전한 영토에 대한 이야기를 나누고, 가족 정의예식 과정을 통해 새로운 정체성으로 가족 정체성 재구성을 돕는 스캐폴딩을 실시하였으며, 가족 상담 종결 이후 가족이 이동될 지점에 대한 이야기를 나누고 종결했다.

2) 회기 내용

(1) 1회기(부모상담)

① 상담 목표

- 문제의 외재화 대화를 통해 자녀 양육 스트레스 감소시키기

② 상담 내용

- **문제 이야기 정의하기 및 명명하기:** 상담자는 문제와 아이를 분리하여 바라보도록 부모를 돕고 문제 이야기 정의하기 및 명명하기를 진행했다. 부모는 아동이 학교에서 산만하고 수업 시간에 돌아다니며 아이들을 괴롭히는 행동으로 인해 교사와 다른 학부모들에게 부정적인 이미지를 제공했다며, 아이의 말썽 부리는 행동을 '해코지하며 아이의 좋은 점을 훔쳐 가기에 멀리해야 할 존재'로 정의하고 '강도'라고 명명했다. 이에 대해 모는 '부모 말을 안 듣게 하고 친구를 이유 없이 괴롭히게 만들면서 주변 시선을 의식하게 만드는 존재'로 정의하고 '나쁜 아이'라고 명명했다. 아동이 만난 문제를 나누며 부모의 어린 시절 경험으로 연결되면서 자녀에 대한 공감대를 형성했다. 상담 과정을 지켜본 부는 조부도 상담에 참여하면 좋겠다고 제안했고 모두 동의하면서 상담에는 참여하지 않겠다는 강경한 입장이었던 조부가 자원하여 결정을 할 수 있도록 기회를 주기로

했다.

• **상담자의 자기반영**: 자녀의 아픔에 공감하며 돕고자 하는 부모의 애정 어린 마음을 확인하면서 가족이 가진 가족애를 경험하게 되었다. 부모는 겉으로는 무뚝뚝하고 거친 태도를 보이나 아들에 대한 진한 사랑을 가지고 있어 그 사랑으로 아들을 도울 수 있다면 문제를 이겨 나갈 힘이 될 것으로 여겨졌다.

(2) 2회기(가족 상담)

① 상담 목표

• 가족에 대한 감정 나누기를 통한 독특한 결과 탐색하기

② 상담 내용

• **독특한 결과 경험하기**: 부가 가족 상담에 참여하기를 제안하자 조부는 가족을 위한 일이라면 참여하겠다고 하여 조부를 포함한 모든 가족이 상담에 참여했다. 가족이 다 함께 모인 자리에서 주양육자로서 조부와 모는 양육 과정에서의 힘듦을 눈물로 호소하였고 가족은 그 아픔을 공감하며 따뜻하게 포용해 주었다. 특히 아이를 때리며 야단친 조부가 아이에게 조롱과 놀림을 당해 마음이 아프고 화가 나서 체벌하였다며 아들 부부에게 사과하고 용서를 구했으며 그 모습을 지켜본 아이들도 조부에게 잘못을 사과하고 용서를 구하고 서로 화해했다. 조부는 자신의 행동으로 아들 부부가 마음 아프리라 예상했지만, 누구에게도 말할 수 없어 그동안 혼자 속앓이를 해 왔는데 이제야 비로소 말하고 나니 속이 후련하다고 했다. 이를 지켜본 부는 어릴 때부터 조부의 강한 모습만 보고 자랐는데 잘못을 인정하는 모습에 놀랐으며 가족이 서로의 진심을 나누어 주니 고맙다며 화답했고, 가족이 화해와 용서하는 시간을 가졌다. 상담자는 가족원의 잘못된 행동에 대해 야단치거나 때리는 방식으로 대하지 않고 잘못은 사과할 기회를 주고 너그러운 마음으로 수용해 주는 가족의 힘이 있음을 지지하며 그 힘은 어디에서 나오는지, 이전에도 그런 힘을 발휘한 적은 있는지 상담자로서 궁금하다며 가족의 숨겨진 힘에 대해 궁금증을 제기했다.

• **상담자의 자기반영**: 양육 과정에서 아이가 말로 타일러도 듣지 않을 때는 체벌을 해도 된다는 가족의 지배적 이야기 안에서 따뜻한 인간미와 사랑스런 가족

애는 점차 사라진 듯했고, 가족들도 미처 지각하지 못하고 있는 듯 보였다. 조부의 진정성이 담긴 눈물의 사과는 가족 모두의 마음을 숙연하게 했고, 그동안 감추어져 있던 서로에 대한 애정이 담긴 돌봄이 서서히 모습을 드러나고 있었다. 학대로 훼손된 아이의 정체성을 회복시킬 가족의 힘을 드러낸다면 폭력의 지배적인 이야기에서 가족이 선호하는 이야기를 만들어 나갈 수 있을 것이라 여겨 가족이 서로의 지원팀이 되면 좋을 듯했다.

(3) 3회기(양육자 상담)

① 상담 목표

- 자녀에 대한 바람 나누기를 통해 선호하는 가족 이야기 탐색하기

② 상담 내용

- **문제 이야기의 영향 탐색하기:** 가정에서 모와 조부가 양육자로서 형제를 돌보고 있는데 양육상의 어려움을 호소하며 도움을 받고 싶어 했다. 조부는 형제가 서로 싸우거나 장난이 심할 때 말로 해도 듣지 않을 때는 체벌을 하게 된다며 어려움을 호소했고 모는 형의 학교에서 교사에게 연락이 오거나 피해 학부모에게 애를 야단치라는 전화가 오면 긴장되고 무서워 쥐구멍에라도 숨고 싶어진다고 호소했다. 이러한 일은 조부와 모의 마음속에 '우리 애가 문제구나'라는 인식이 심어지고 문제의 관점으로 바라보게 되었다는 것을 알게 되었다. 그 문제 이야기의 영향력을 탐색하니 형만 보면 짜증이 나서 야단을 치게 되고, 잘못을 지적하려고 트집을 잡아 야단을 내게 된다고 했다. 조부와 부모가 형을 야단치는 일이 잦아지면서 동생도 형을 무시하고 함부로 대하는 태도를 보며 동생도 형을 조롱하고 놀리는 일이 반복되고 있다고 했다. 학교에서도 형은 문제아로 낙인이 찍혀 교사와 친구들에게 놀림과 따돌림을 당하고 있다고 했다.
- **선호하는 이야기 나누기:** 상담자는 문제가 어떤 방향으로 해결되면 좋은지 가족의 선호하는 이야기를 탐색했다. 조부는 형이 '좋은 방향'으로 가면 좋겠다고 했고, 부는 애가 나쁘지 않으나 행동이 화가 나는 것일 뿐이라 '점차 좋아지리라는 희망'을 가지고 있다고 했다. 상담자는 가족이 서로의 아픔을 돌보려는 모습이 발견된다며 지지하고 '불이 난 뒤 재건되는 숲'에 비유하며 이미지 반영을

하며 아동의 학교생활 적응 및 개인적으로 힘든 시기에 가족이 힘을 모아 주기를 요청했다. 양육자들이 양육상의 힘듦으로 지치다 보니 양육자 간에 상처를 주고 있지만, 양육자로서 형성된 연대를 재정비하고 서로의 상처를 토닥이고 있음을 지지했다. 또한 '고통의 공동체'에서 '돌봄의 공동체'로 정체성을 이동되고 있음을 지지했다. 자녀를 비롯해 돌봄자들이 가족 상호 간에 지지적인 자원이 되어 주는 '가족지원팀'에 대한 아이디어를 제안하자 가족이 관심을 가지고 참여했고 흔쾌히 '가족지원팀'을 결성하기로 동의했다.

- **ADHD 증상에 대한 이해 및 정보 공유하기:** 상담자는 양육자들과 심리정서적, 신체적, 의학적인 다양한 정보를 공유하며 양육상의 어려움을 듣고 공감했다.
- **상담자의 자기반영:** 가족의 숨겨진 힘이 발현되고 돌봄의 공동체로 정체성이 변화되어 가는 것이 감지되고 있으며, 용서와 화해와 수용을 통해 가족이 서로 원하는 방향으로 나아가고 있음이 느껴졌다. 이렇게 가족의 변화의 원천이 무엇인지 궁금해지며 치료적인 가족 공동체에 진심 어린 관심이 생겼다.

(4) 4회기(양육자 상담)

① 상담 목표

- 자녀의 원활한 등교 방법 모색하기 및 가족지원팀 결성에 대해 논의하기

② 상담 내용

- **모에게 지지적 힘 실어 주기:** 모가 몇 년간 피해 학부모들의 비난성 항의를 지속적으로 견뎌 왔으며, 더 이상 참을 수 없는 마음의 통증을 조부와 부에게 하소연했다. 조부와 부는 혼자 견딘 고통을 안타까워하면서도 짜증과 분노로 표현하는 소통하는 방식을 상담자가 지켜보면서 모가 힘듦을 견뎌 온 이유를 탐색적 질문을 통해 가족들에게 모의 숨겨진 가족애를 드러내는 시간을 제공했다.
- **문제의 정체성에서 지속적으로 아동 분리 시도하기:** 양육자 상담이 거실에서 진행되다 보니 거실과 형의 방이 가까워서 아동의 이름이 자주 불리고 있었다. 상담자는 이야기의 맥락을 모르고 있는 아동이 충분히 오해할 소지가 있다고 판단하여 가족 상담 시간에는 '아이'라는 중성적 호칭을 사용함으로써 문제의 정체성에서 분리되고 안전한 중간 지점을 만들자고 제안하였고, 이에 모두 동의

하여 이후부터 '아이'라고 사용했다.

- **새로운 관점 제안하기:** 가족과 아이를 바라보는 방식에 대해 이야기를 나누었는데, '아이가 문제다' vs '아이는 문제가 아니다'라는 입장에 대해 서로 논의했다. 가족은 '아이가 문제다'라는 관점은 아이의 문제행동을 수정하기 위해 주로 야단, 체벌, 지적의 방식으로 접근하게 된다는 것을 깨닫게 되었다. 또한 가족 입장에서도 부정적인 피드백과 감정의 손상을 경험하게 되다 보니 결과적으로는 아이와 관계가 나빠지게 된다는 것을 알게 되었다. 이에 가족은 '아이는 문제가 아니다'라는 입장을 채택하고, 아이가 학교와 가족 내에서 행복할 수 있도록 가족이 돕기 위해 가족지원팀이 존재한다는 것을 새롭게 인식하게 되었다.
- **ADHD에 대한 이해와 정보 공유하기:** 부는 약물 복용에 대해 문의하며 부작용 및 장기 복용 시 제대로 된 사회생활을 하지 못하게 될 것에 대한 우려를 표했다. 상담자는 약물 부작용에 대해 의사와 충분히 논의하면서 약을 조정할 수 있음을 전달하고, 학습 집중력 저하와 학교와 일상생활 부적응으로 인한 부정적 정체성을 경험할 수 있으니 행동을 조절하며 긍정적 정체성을 경험할 수 있도록 약물로 도와주는 것이 필요함을 설명했다.
- **상담자의 자기반영:** 가족지원팀으로서 아이 양육으로 지친 양육자들의 노고를 서로 알아주고 함께 치료해 가는 시간이 지속적으로 병행되면 좋겠다고 판단되었다. 그 과정에서 아이들도 함께 가족 안에서 수용되는 경험을 할 수 있도록 제안해 보는 것이 필요하다고 느꼈다. 이를 위해 지배적 이야기 저변에 숨겨져 있는 가족의 돌봄 능력을 더욱 표면화될 수 있도록 촉진하는 것이 필요해 보였다.

(5) 5회기(양육자 상담)

① 상담 목표

- '체벌'에 대해 논의하기 및 가족지원팀 지지하기

② 상담 내용

- **체벌에 대한 새로운 이야기 저작하기:** 조부는 그동안 궁금했던 '체벌'에 대해 이야기를 나누기를 원했다. 어릴 때 매를 맞고 자라 왔고 '매로 다스려야 선생을 무

서워 할 줄 안다'는 개인 담론을 가지고 있었는데, 부도 체벌을 일부 옹호하고 있는 입장이라고 하여 자녀 체벌에 대해 논의했다. 양육자는 각자 자신의 경험에 비추어서 장단점을 충분히 이야기하고 열띤 토의를 하였는데, 모의 강경한 반대와 설명에 조부는 '체벌도 습관이 된다'며 체벌은 하지 않는 편이 낫다는 입장으로 변경되었다. 부는 특별한 경우 체벌을 할 수도 있다는 입장을 견지하고 있어 체벌에 대한 양육자 간 합의점을 찾기가 쉽지 않았다.

- **말하기와 다시말하기:** 체벌에 대한 양육자의 입장을 듣는 가운데 모가 체벌에 대한 자신의 어린 시절 경험을 개방하였고 조부와 부는 처음 듣는 이야기라 더욱 진지하게 경청했다. 상담자는 모의 체벌과 관련된 경험 이야기를 조부와 부의 다시말하기 과정을 통해 서로의 마음에 담긴 바람, 기대와 소망을 표현하고 가족지원팀의 체벌에 대한 새로운 이야기를 저작하게 되었다. 조부는 모의 말에 지지하며 오랫동안 체벌이 필요하다고 판단하여 체벌을 해 왔으나 이제는 체벌을 하지 않아야겠다고 다짐했고, 부는 분명한 잘못이 입증되지 않으면 체벌을 하지 말아야 한다는 입장을 더욱 선명하게 했다. 상담자는 가족지원팀이 자녀 체벌에 대한 입장을 나누며 말하기-다시말하기 과정을 통해 가족회의를 하는 경험이 어떠했는지 질문하며, 새로운 경험이 좋았는지 가족이 함께 결정해야 할 논제가 있다면 가족회의를 통해 함께 논의하기를 제안하자 가족은 긍정적인 태도를 보였다.
- **상담자의 자기반영:** 가족이 체벌에 대한 입장을 논의하는 과정을 통해 일상생활에서 드러나지 않았던 개인의 경험, 바람과 기대 등이 잘 드러나고 있어서 가족지원팀의 역량이 서서히 형성되며 성장하고 있는 것으로 보인다.

(6) 6회기(양육자 상담)

① 상담 목표

- 체벌에 대한 정당성 논의하기를 통해 지지적인 가족공동체 만들기

② 상담 내용

- **지배적인 이야기의 독특한 결과:** 최근에 학교 교사에게 연락이 오기를, 아이가 학교생활이 점차 나아지고 있고 칭찬받고 있으며, 아이 스스로도 잘하려고 노력

하고 있다며 가족이 기뻐했다. 또한 집에서도 큰소리를 치는 행동이 줄어들고 학교에서 사고치는 횟수가 줄어들고 있다며 좋아했다고 한다. 지난주에 조부가 상담을 통해 결심한 '좋게 말하기'를 실천하고 있으며 잔소리하지 않으려고 노력하고 있다고 했다. 또한 조부가 모가 그동안 집안 살림을 하고 아이들을 키우면서 수고하고 노력한 것에 고마움을 전달했고, 모는 아무것도 모르고 결혼했는데 처음으로 조부에게 칭찬받는다며 눈물을 흘리며 감동스러워했다. 모는 이제는 집안 살림을 해 나가는 것을 더 알게 되었으니 믿고 맡겨 달라며 조부를 안심시켰고 조부는 모를 인정하며 대견해 했다.

- **체벌이 정당성을 부여 받는 맥락 찾기**: 조부와 모는 양육자 간 관계 회복과 새롭게 정립되는 협력적 관계 안에서 자녀 양육에 관한 논의를 이어 갔는데 체벌은 주로 동생과 다투거나 밤늦게 TV를 보거나 휴대폰 게임을 할 때 주로 잔소리를 많이 하게 되고 말이 안 통할 때 체벌을 하게 된다고 했다. 체벌을 하게 되면 어떤 일이 일어나는지 탐색하니 양육자의 마음이 상하고 자녀 관계가 나빠진다고 했다. 의견을 관철시켜야 할 때 강압적인 행동이 일어난다는 것을 깨닫고 서로 싸우지 않으면서 대화를 할 수 있기를 희망했다. 조부는 상담 중에 조부와 모는 싸우지 않고 가족 문제를 논의하고 있는 것이 신기하고 이런 경험이 기분이 좋다고 자각했고 모는 부부 관계에서도 싸우지 않고 소통을 하고 싶다는 희망을 표현했다. 상담을 받는 동안 서로의 생각과 감정을 전달하고 경청하는 과정을 통해 상대방을 알게 되어서 마음이 편해진다고 하여 가족이 어떤 방식으로 소통하기를 희망하는지 서로의 소통 방식에 대해 이야기를 나누었다.
- **상담자의 자기반영**: 조부와 모는 아이의 양육과 체벌을 두고 감정의 골이 깊어진 상태라는 것을 서로 인정하게 되었고 공동 양육자로서 양육에 대한 입장과 태도에 대해 솔직하게 나눌 수 있는 시간을 가진 것이 의미 있었던 시간이었으며 일종의 '작전 타임'처럼 보였다.

(7) 7회기(양육자 상담)

① 상담 목표

- 체벌에 대한 공동서약서를 작성하며 가족지원팀의 공동 입장 수립하기

② 상담 내용

- **상담에 대한 중간점검하기:** 가족은 상담을 받고 난 뒤부터 아이와의 생활이 견딜 만한 정도로 좋아지고 있다고 보고했다. 매일 아침밥을 먹는 문제로 아이와의 실랑이는 여전하고 학교에서 친구들과의 관계에서 여전히 소소한 일은 일어나고 있지만, 양육자들이 아이를 대할 때 어떤 것이 좋고 나쁜지 생각을 하게 되고 자신의 행동이 아이에게 어떤 영향을 주는가에 대해 조금씩 고민하기 시작한다고 했다.
- **체벌에 대해 논의하기:** 양육을 전담하는 모와 조부, 특히 모는 체벌에 대한 입장을 분명하게 하기를 바랐다. 모와 조부는 체벌을 전혀 하지 않기를 바랐고 부는 특정 상황에서는 체벌을 하기를 바라고 있어 가족지원팀으로서 자녀 체벌에 대한 공동 입장을 선명하게 해야 하는 지점에 놓여 있었다. 가족지원팀으로서 부는 훈육상 한계를 넘어가는 상황에서 약간의 체벌은 필요하다고 주장했고, 조부는 상황에 따라 최후의 수단으로서 체벌은 일부 용인되나 처음부터 하지는 말자고 주장했다. 이에 부는 습관적인 체벌은 조심해야 함을 강조하였지만, 모는 체벌할 때 사적인 감정이 들어가면서 훈육상의 체벌이 아니라 개인감정의 해소로 변질되기 때문에 체벌은 절대적으로 용인될 수 없음을 강하게 주장했다. 부는 모의 말에 감정이 섞이지 않도록 감정 조절이 가능한 선에서 체벌해야 한다는 단서를 붙이면서 모와 조부의 말에 동의하여 가족지원팀은 '체벌은 절대 금하자'는 의견에 최종 합의를 했다. 가족지원팀은 가족회의 형태의 논의에 점차 익숙해지고 있으며 진지하게 참여하는 모습이 보여 가족지원팀의 역량이 점차 성장하고 있었다.
- **체벌 금지 공동서약서 작성:** 가족지원팀이 자녀 체벌에 대한 합의 사항을 공동서약서로 작성하며 체벌과 함께 언어폭력에 해당하는 말도 금지하자는 논의를 하고 각자 자신이 사용하는 욕과 거친 말을 기재했다. 모가 '남 험담하지 않기'와 '어떠한 상황에서든 아이 몸에 손대지 않기'를 추가로 제안하자 조부와 부도 동의하고 체벌 금지 공동서약서에 기재했다. 다음 주에는 모가 아이를 등교시키는 아침 시간에 일어나는 일에 대해 논의하기로 했다.
- **상담자의 자기반영:** 가족은 자녀를 어떻게 도울지에 대한 가족지원팀의 팀워크를 만들어 가는 모습이 보이고 있어 남은 회기 동안 가족 지원팀의 팀 결속력을 돕고 가족반영팀으로 성장해 갈 수 있도록 협력하는 것이 필요해 보인다.

(8) 8회기(양육자 상담)

① 상담 목표

• 아이 등교 시 개선할 방안 논의하며 가족지원팀 역량 기르기

② 상담 내용

• **아이 등교 시 나타나는 문제 이야기 탐색하기**: 아이는 8시 30분까지 학교에 가야 함에도 불구하고, 시간이 다 되도록 아침밥도 먹지 않고, 씻지도 않고, 휴대폰 게임을 하고 있어 주로 조부가 아이에게 잔소리나 간섭을 하는데, 이를 지켜보는 모의 마음이 괴롭다고 한다. 모는 자신이 엄마로서 아이를 교육하고 있으니 전적으로 자신에게 맡겨 주면 좋겠다고 주장했고 조부는 모를 돕고자 잔소리로 거들었던 것이나 원치 않는다면 하지 않겠다고 했다. 그 과정에서 조부의 서운함이 드러나서 상담에서 그 서운함이 무엇을 의미하는지 다루어 가족의 일원으로서 기여하고자 하는 따뜻한 마음이라는 것이 확인되었다. 상담자는 조부와 모는 가족 내 비중 있는 공동 양육자로서 협력이 필요한데 서로의 힘듦을 알기에 돕고자 하는 마음이 있음을 드러내며, 훈육 상황에서 누가 주도할 것인지 의논하며 모가 전담하기로 합의했다.
• **상담 연장에 대한 논의**: 상담자는 2회기 남은 상황이니 상담 연장을 원치 않는다면 남은 회기에 ADHD에 대한 교육상담과 아이가 참여한 가족 상담을 진행하며 종결할 예정이며, 상담 연장을 원한다면 가족지원팀과 함께 팀 내부 결속과 지지를 다지며 다른 팀원이 제기하는 논제로 논의할 것임을 전달하자 모와 조부는 연장을 원하지만 부와 의논 후 최종적으로 다음 주에 의견을 전달해 주기로 했다.
• **상담자의 자기반영**: 모가 가족에 대한 변화를 주도하는 핵심 인물로 보이며 조부 또한 모와 협조하여 가족 변화를 이끌고 있어 고무적이다. 모와 조부가 기여한 덕분에 가족지원팀의 팀 내 결속력이 높아지고 있으며, 가족 내 갈등 발생 시 협력적 의사소통 경험이 누적되면서 점차 싸우지 않고도 가족 문제를 해결해 나가고 있는 긍정적인 경험을 하고 있다. 가족을 향한 애정과 관심을 잘 전달하고 원활한 소통을 위해 노력하는 모습이 관찰되고 있다.

(9) 9회기(양육자 상담)

① 상담 목표

• 아이의 고자질과 부의 강압적인 교육 방식에 대해 논의하기

② 상담 내용

• **상담에 참여하는 고마움 나누기:** 상담을 시작하는 초기에 조부는 상담에 참여하지 않겠다고 강경하게 말했는데 부의 제안을 수용하여 상담에 참여했다. 부가 상담에 지속적으로 참여하면서 가족 상담에 큰 기여를 하고 있음을 상담자가 가족에게 전달했다. 상담에 참여하면서 드러나고 있는 모의 가족애를 어떻게 보고 있는지 말하기-다시말하기 대화를 통해 서로의 마음을 확인하는 시간을 가졌다. 조부는 모가 아이에 대한 깊은 애정을 가지고 있다는 것을 비로소 알게 되었다며 고마움을 전달했고, 모는 조부가 매 주 상담에 참여해 주는 것이 고맙다며 서로 가족 상담에 기여하고 있는 노력에 대해 서로에게 고마움을 전달했다. 모는 조부에게 고마움을 전달하는 것이 처음이라 어색하지만 아이 양육을 위해 협조해 주는 마음이 감동이 됨을 나누며 서로 눈물을 흘리기도 했다.

• **모의 체벌 금지 준수에 대한 문제 제기:** 모는 체벌 금지 공동서약서를 작성했음에도 불구하고 부는 여전히 아이를 공부시킬 때 회초리를 옆에 두고 공부를 시킨다며 어떤 방식으로 대처해야 할지에 대한 고민을 나누고 싶어 했다. 강압적인 교육 방식에 대해 가족지원팀으로서 서로의 의견을 나누었는데, 가족지원팀의 공통된 의견은 부가 회초리를 든다는 것은 체벌 금지 공동서약에 위배되는 행위라고 규명하고 부에게 중단해 줄 것을 전달하기로 했다.

• **아이 행동에 주변 사람의 고자질에 대한 반응에 대한 고민:** 모는 주변에서 학부모들이 아이의 나쁜 행동만 전달해 주다 보니 자신도 영향을 받아 아이를 자주 야단치게 된다며, 그동안 고민하고 있던 이 문제를 가족지원팀과 의논하고 싶어 했다. 학부모들의 고자질은 '네 아이가 잘못했으니 혼내 줘라'라는 메시지로 들리며 그럴 때마다 '나쁜 아이'로 보게 되면서 징계하고 야단치고 싶어진다고 했다. 이 문제로 가족지원팀이 함께 논의하는 과정에서 조부는 부모 입장에서 어떤 것은 소화하고 걸러 내야 할 부분은 걸러 내야 한다며 조언했고 모는 부모로서 학부모의 말보다 아이의 마음을 우선적으로 고려해야겠다고 정리했다. 다

음 시간에 부와 함께 논의하여 가족지원팀의 최종적인 입장을 취하기로 했다.

- **상담자의 자기반영**: 가족지원팀으로서 조부와 모는 선호하는 이야기를 만들면서 자녀를 위한 긍정적인 방향으로 협력하고 공유하는 모습이 보이며, 모는 부의 협력체계도 이루어 나가고자 노력하는 모습이 관찰된다. 또한 여러 가지 양육상의 어려움을 가족과 논의할 수 있는 가족지원팀이 있어 충분히 활용하고 여러 문제를 해결함으로써 성장해 나가는 것이 지속적으로 관찰된다.

(10) 10회기(가족 상담)

① 상담 목표

- 함께 공존할 수 있는 안전한 영토 확보하기

② 상담 내용

- **가족 공존의 안전한 영토 확보하기**: 조부, 모와 함께 형이 가족 상담에 참여하여 대화를 나누었는데 가족이 함께 안전하게 거주할 수 있는 심리적 영토를 찾아내기 위한 안전지대를 탐색했다. 조부와 모는 아이가 편안하게 참여하도록 다정하게 바라보며 때로는 사랑스러워하며 미소를 짓기도 했다. 상담자는 이 모습을 가족들과 공유하며 따뜻하고 지지적인 분위기 속에서 안전하게 존재할 수 있음을 알리고 새롭게 조성되고 있는 분위기 속에서 어떤 기분인지 나누기도 했다. 조부와 모가 다정하게 바라보는 분위기를 아이가 감지하고 머쓱하기도 하지만, 이내 편안해지면서 긴장이 다소 풀어지는 것도 보였다. 아이가 좋아하는 음식, 게임, 놀이 등에 대해 이야기하며 운동회와 공개수업 때 가족이 어떻게 해 주기를 바라는지 말하기를 하였고, 형의 말하기를 통해 드러난 아이의 기대와 소망, 바람과 의지를 가족들이 다시 말하기를 하면서 아이의 새로운 정체성이 드러나기 시작했다. 아이는 학교에 오고 갈 때 어른들에게 인사도 잘하고 동생이 벗어 놓은 옷도 정리해 주는 등 가족들과 잘 지내는 것을 좋아하는 사람이며, 태권도 관장이 아이에게 '인사왕'이라는 별명을 붙여 줄 만큼 인사를 잘하는 사람이라는 것이 가족지원팀의 말하기-다시말하기 대화 과정에서 나타났고, 이를 통해 아이는 사람들과 잘 지내고 싶어 하는 사람이라는 정체성을 새롭게 보기 시작했다. 다음 주는 형을 초대하여 가족지원팀을 위한 첫 시도를

해 볼 것을 제안하자 가족지원팀도 동의했다.

- **상담자의 자기반영:** 가족지원팀은 문제 이야기로 숨겨져 있었던 자녀의 장점과 정체성을 찾아내기 시작하고 있다. 집과 학교에서 말썽을 부려서 사람들을 괴롭히는 문제 이야기의 정체성에서 벗어나, 어른을 존중하고 사람들과 잘 지내고 싶어 하는 정이 많고 인사를 잘하는 대안적 이야기의 정체성으로 이동하며, 점차 아이를 대하는 가족의 모습도 변화되고 있다. 가족지원팀의 따뜻한지지 안에서 가족 모두가 안전하게 대안적 이야기를 만들어 나가고 있다.

(11) 11회기(가족 상담)

① 상담 목표

- 아이를 가족지원팀에 초대하여 가족 내 새로운 관계성 강화하기

② 상담 내용

- **가족반영팀 결성하기:** 가족반영팀 결성을 위한 첫 시도로 가족 전체가 모여 지지자원으로서의 가족을 재발견할 수 있도록 아이들을 가족지원팀에 초대했다. 가족 상담을 위해 모인 자리에서 형은 휴대폰 문제로 심통이 나서 툴툴거리는 행동을 보면서 가족지원팀은 평소에 짜증 내고 야단치고 싶은 마음을 조절하며 상담에 참여하고 있었다. 상담자는 가족지원팀의 인내와 변화에 대해 지지하며 '가족반영팀'에 대한 간단한 설명과 아이와 새로운 관계 방식을 만드는 과정임을 전달하고 정의예식에 대한 방법을 설명하고 시작했다.
- **가족 정의예식을 위한 가족반영팀 시행하기:** 가족지원팀은 평소 협력적이고 지지적인 대화 방식을 연습해 왔고, 아이의 말하기에 대해 가족이 다시말하기 대화 과정을 통해 지지적인 관계 방식을 만들어 나가게 됨을 알고 있었다. 상담자와 아이의 말하기에 대해 가족이 표현과 이미지, 공명과 이동의 반영을 함으로써 다시말하기 대화 과정을 진행하게 된다는 것을 간단하게 설명하고 정의예식을 시작했다. 아이는 가족 및 친구들과 싸우는 과정에서 배운 점은 '싸우면 싸울수록 화가 난다'는 사실과 '내가 욕하면 상대방도 욕을 한다'는 것을 깨달았고 했다. 아이의 말하기에 대해 모는 맥락 없이 엉뚱한 말을 하는 것은 아니라는 것을 알게 되었다고 했으며, 동생은 형이 생각을 하고 말한다는 것을 알게

되었고, 부는 아이가 대단하다고 느꼈다고 했다. 조부는 아이가 기특하고 겉으로 표현은 안 하지만 속으로는 힘들었겠다며 눈시울을 붉혔다. 가족반영팀의 반영에 아이는 속이 풀린다며 가족들이 마음을 알아준 것에 대해 편안해 했다. 상담자는 이제 시작이니 가족들과 따뜻한 마음이 통하는 대화를 시도하고 지속해 보자며 격려했다.

- **상담자의 자기반영**: 가족반영팀의 첫 활동은 대체적으로 성공적이라고 보며 가족이 서로의 존재에 귀를 기울이기 시작했고, 문제 중심 이야기에서 벗어나 인간의 존재를 존중하는 대화로 이동하고 있는 지점에서 약간의 혼란스러움은 느끼고 있으나 가족반영팀 모두가 새로운 환경 변화를 즐기고 있다고 느꼈다. 특히 동생은 형을 무시하는 듯한 태도에서 형을 지지하는 태도로 바뀌는 것을 보며 가족 모두가 변화되고 있음이 느껴졌다.

(12) 12회기(가족 상담)

① 상담 목표

- 가족 정의예식을 통해 가족반영팀의 역량 기르기

② 상담 내용

- **조부의 말하기**: 조부는 상담 초기에 상담에 참여하고 싶지 않다고 했으나, 2회기부터 지속적으로 참여하게 된 계기와 바람 등에 질문하면서 어떤 심정의 변화를 경험하고 있는지 가족들에게 알려지게 되었다. 가족의 일원으로서 가족상담에 참여하는 것이 아이에게 의미 있는 일임을 알게 되었다. 아이와의 관계에도 변화가 일어나고 있으며 가족의 행복에 기여하게 됨으로서 자신에게도 변화가 일어나고 있다고 했다. 아침 등교 시간에도 최소한의 개입으로 모에게 아이를 맡겼고, 아이를 기분 좋게 학교에 보낸 날은 학교 교사에게 연락이 오지 않는다는 것을 알게 된 이후부터 좋은 관계를 유지하려고 노력하고 있다고 한다.
- **조부의 말하기에 대한 가족의 다시 말하기**: 조부의 말하기에 대해 모가 공감하며 기분 좋게 학교에 보낸 날은 교사에게 연락이 오지 않는다는 말이 기억에 남으며, 학교에서도 친구들과 잘 지내고 큰 말썽을 부리지 않는다고 하며 아이와 나쁜 관계를 만들고 싶지 않음을 눈물로 표현했다. 이를 지켜보던 아이는 걱정 어

린 눈으로 모를 바라보며 잠시 생각에 잠기더니 '밥을 빨리 먹겠다'고 말하는 것을 부가 안 듣는 것 같더니 다 듣고 있었다며 놀라워했다. 동생도 형이 교회에서 장난치고 있는 것 같지만, 선생님의 이야기를 다 듣고 있으며 지난주 설교도 기억한다고 덧붙였다. 조부는 이런 아이의 모습을 흐뭇하게 지켜보았고, 모는 고맙다는 말을 건네자 아이는 멋쩍은 듯 모와 부를 번갈아 바라보며 웃었다.

- **상담자의 자기반영:** 가족 정의예식이 지난주보다 한층 더 유연하게 잘 운영되고 있으며 가족반영팀도 조금씩 반영하는 힘이 배양되고 있음이 느껴진다. 가족지원팀이 체벌을 금지하고 문제 이야기가 지배하지 않도록 힘을 합해 어린 자녀들을 돌보면서 서로에게 상처 준 지난 시간으로부터 이동하여 새로운 이야기를 만들어 가고 있는 것이 보인다. 특히 조부의 모본이 가족 모두에게 좋은 영향을 주고 있어 '좋은 방향'으로 가고자 하는 자신의 선호하는 이야기를 실천하고 있는 부분이 감동이 되고 있다.

(13) 13회기(가족 상담)

① 상담 목표

- 가족 정의예식을 통해 가족반영팀 역량 강화하기

② 상담 내용

- **모의 말하기:** 상담자는 가족 정의예식의 진행 방법을 다시 한번 간단하게 설명한 뒤 지난주 조부에 이어 모를 주인공으로 말하기를 실시했다. 아이는 진행 방법을 기억하고 있다며 집중하면서 경청해야 한다는 것도 기억하고 있다고 했다. 모는 아이의 말에 생각을 하고 말을 하는 것이 기쁘다고 하면서 늘 산만하게 행동해서 생각 없이 행동하는 줄로 오해하고 있었다고 했으며, 나이가 들어도 사회생활을 잘해 나갈 수 있을 것이라는 기대가 생긴다고 했다.
- **가족의 다시말하기:** 상담자는 아이가 모의 말하기에 집중할 수 있는 시간을 배려하여 모의 말에서 기억에 남는 단어나 문장이 있는지 물어보니 '어울리는 거'라고 하여 친구들과 친하게 지내는 것을 원한다는 것을 알았다고 했다. 조부는 아이가 침착하고 진지하게 말하는 것이 대견하다고 하며 선호하는 이야기를 풍성하게 만들어 가고 있었다.

- **다시말하기의 다시말하기:** 모는 아이가 동생에 비해 유치원 시절부터 친구 집에 방문하거나 놀러 가는 일이 전혀 없었다고 하며 친구들과 잘 지냈으면 좋겠다는 바람을 전달하며 슬퍼하는 표정을 짓자, 아이는 모가 마음 아파하는 것을 느끼면서 자신도 마음이 아프다고 하며 서로에 대한 애정이 몽글몽글 피어나는 듯 느껴졌다. 모는 상담이 종료되기 전에 개인 상담을 받기 원했기에 다음 주는 모의 상담으로 진행하기로 했다.
- **상담자의 자기반영:** 아이를 바라보는 모의 슬픔은 자신의 잘못된 양육의 결과로 여기는 듯 보여 모의 양육 이야기에서 죄책감과 관련된 담론이 발견되는 지점이 있었으나, 회기의 제약으로 인해 다룰 수 있을지 걱정이 되기도 했다. 만약 다룰 수 없다면 어떻게 전달해야 할지도 고민이 필요했다.

(14) 14회기(개인 상담)

① 상담 목표

- 상담자의 정의예식을 통해 모의 역량 강화하기

② 상담 내용

- **교사의 아동상담 권고에 대한 논의:** 모는 학교 교사가 아동 상담을 받아 보도록 권유해서 상담자와 의논해 보고 싶었다며, 아이가 어릴 때부터 친구들과 어울려 놀지 못했고 늘 싸우고 때리는 바람에 친구들도 놀아 주지 않았다고 했다. 학교에서도 친구가 없으니 집에서 늘 휴대폰 게임만 한다고 하소연했다. 상담자는 지난주 가족 상담 속에서 발견된 아동의 능력 중 '자신을 놀리는 것과 놀리지 않는 것을 구분할 수 있는 능력'이 있다는 것을 상기시키고 자신을 방어하기 위해 늘 싸우는 자세로 살아가는 것으로 보인다고 전달했다. 모는 아이가 생각을 하고 행동하는 것에 대해 놀랐으며, 친구가 놀리는 것과 놀리지 않는 행동을 구분할 줄 안다는 것이 인상적이라고 했다. 그리고 아이의 새로운 면에 대해 해체적 경청을 통해 아이만이 가지고 있는 능력을 재조명하며 모가 아이를 새롭게 볼 수 있도록 상담을 진행했다. 아이의 상담이 필요할 경우에는 학교 내에 위클래스 상담자와 논의하거나 외부 상담기관을 통해 상담을 받아보기를 권유했다.

• **상담자의 자기반영**: 아이에 대한 적극적이고 진지한 태도와 변화를 위한 노력을 기울이며 자녀와 가족 그리고 자신의 회복을 위해 물러서지 않는 단호함을 보며 감동이 되었다.

(15) 15회기(가족 상담)

① 상담 목표

• 간섭하기에 대한 가족의 이야기 만들기 및 이별 감정 다루기

② 상담 내용

• **'재촉하기' vs '기다리기'**: 종결 회기를 앞두고 가족 상담으로 진행되었는데, 가족이 둘러 앉아 상담을 진행하는 과정에서 아이가 툴툴거리는 행동을 두고 가족은 여러 가지 반응을 보였다. 부는 눈빛으로 노려보며 통제하고, 동생도 형을 얕잡아 보며 비아냥거렸으며, 모는 걱정하며 아이를 재촉했다. 조부는 별다른 반응을 하지 않고 기다려 주었다. 상담자는 상담을 종료하면서 가족 간 심리적 거리에 대해 어떤 입장인지 나누며 서로의 행동에 간섭적인 제약을 하지 않으며, 각자의 행동에 책임을 질 수 있는지 이야기를 나누도록 요청했다.

• **'간섭하기'에 대한 가족의 의견 나누기**: 가족은 다른 가족들에게 간섭을 받았을 때 어떤 마음이 드는지 경험을 나누며 서로 심리적으로 안전한 개인 공간에 대해 생각해볼 여지를 마련했다. 모는 최근 살이 찌는데 주변에서 살이 쪘으니 먹는 것을 자제하라는 식의 말을 듣게 될 때 짜증이 난다고 했으며, 조부는 자신은 살이 안 찌는 것이 걱정인데 친구들이 '집에서 제대로 안 먹이나' 등의 말을 해서 며느리 입장이 난처해지는 경우가 있었다고 했다. 부는 직장에서 안전사고의 위험이 있으니 직장 동료로서 걱정되어 간섭을 하게 된다고 말했는데, 공통된 의견은 간섭은 기분이 나쁘고 감정이 상하게 된다는 이견을 수렴하게 되었다. 이러한 공유된 경험을 바탕으로 상담자는 아이에게 조금 전에 일어난 상황에 대해 언급하며 가족이 간섭한 것은 아닌지 의견을 물었더니 아이는 가족을 사랑하니까 참고 있는 것이며 상처받지 않았다고 했다. 이에 모는 아이가 인내하며 참고 있는 줄은 전혀 몰랐으며 마음이 아플 텐데 가족이니까 참아 주는 것이 조금은 걱정된다고 했다. 아이의 입장에서 가족이니까 참는 것이 무엇인지

어떤 의미가 있는지 조금 더 이야기를 나누었고, 가족들은 아이에게 늘 야단치는 것이 습관이 되다 보니 아이 입장에서 마음이 아프며 참아 내고 있었다는 것을 알지 못했다는 것을 인식했다.

- **상담 후 소감 나누기**: 상담을 종료하면서 가족은 이제 좋아지려고 하는데 상담이 종료되는 것을 아쉬워했다. 조부는 가족 상담을 받는 동안 가족에 대해 생각을 하게 되었다고 하며 손자를 위해 할 수 있는 일이 무엇인지 생각해 보게 된다고 했고, 모는 상담을 받는 동안 자신의 답답한 마음을 말할 수 있고 자신도 말을 조리 있게 할 수 있다는 것을 알게 되었다고 했다. 부와 함께 더 많은 시간을 함께 상담하지 못한 것이 아쉽다고 했다. 상담자는 가족 모두가 아이를 위해 상담에 끝까지 참여하고 체벌 금지 서약서를 작성했다. 아이에게 좋은 방향으로 함께 나아가려는 수많은 노력과 실천이 훌륭하며, 가족반영팀으로서 지지하며, 가족애를 발휘해 나가는 것이 인상적이라고 반영하며 상담이 종료되어도 지속적으로 유지되기를 바란다는 바람을 전달하며 상담을 종료했다.
- **상담자의 자기반영**: 가족과 함께한 15주의 시간 동안 조부와 모는 한 번도 빠지지 않고 참여하면서 진지하게 고민하고 가족을 위한 것이 무엇인지 찾아내고 가족의 평화로운 분위기를 만들기 위해 노력한 모습이 선명하게 기억된다. 무엇보다 조부와 모의 체벌과 학대 환경을 조성하지 않으려고 노력하며 자녀를 위해 물러섬이 없는 강직함으로 아이를 바라보던 온화한 미소가 가장 기억에 남는다.

5. 전체 상담 과정을 통해 경험한 것

가족을 만나 상담을 진행하면서 상담자의 어릴 때 양육받았던 경험을 자연스레 떠올리게 되었다. 부모에게 체벌을 받아 본 경험이 없기에 부모가 가진 체벌에 대한 가치와 신념이 더욱 궁금해졌다. 부모는 체벌에 대해 어떤 가치와 입장을 가지고 있는지 체벌을 하지 않게 된 내력은 무엇인지 관심을 가지게 되었다. 이번에 만난 가족의 경우 부의 가족은 체벌을 허용하는 데 비해, 모의 가족은 체벌에 허용적이었으나 모가 체벌에 반대하는 분명한 가치를 가지고 있었기에 가족지원팀에게 강하게 주장하는 것이 인상적이었다. 가족을 만나면서 이 가족만이 가지는 에너지를 경험하며 감동받았다. 가족들이 상담 기간에 갈등이 깊었으나, 대화와 소통으로 서로의 마음을 따뜻한 마음을 확인할 수 있었던 것은 가족의 내면에 숨겨져 있던 잠재력이며, 서로에 대한 깊은 애정이라 여겼다. 숨겨진 노력과 가치와 태도와 사랑이 표면으로 드러날 수 있도록 톡 건드려 주었을 때 어느 순간 서로 돌보는 지지적인 안전한 영역에서 가족들이 만나는 것을 경험했다. 아쉬운 것은 상담이 더 연장이 되지 않아 가족반영팀의 활약을 볼 수 없었다는 것이다. 가족반영팀의 모태가 되는 '가족지원팀' 결성과 활동이 더욱 강화되고 정의예식을 활성화하여 가족반영팀으로 성장하기를 바랐으나 가족지원팀이 가족 내에서 잘 활용하여 새로운 가족만의 색채로 뿌리 내려지기를 바란다. 가족의 숨겨진 힘을 다시 한번 느끼는 상담이었다. 가족상담을 하면서 각자의 가족들만이 가지는 독특한 힘은 무엇일까?라는 주제에 관심을 가지는 계기가 되었다.

제18장

원주민 학살의 역사를 애도하기[1)]

고미영(서울신학대학교 사회복지학과 교수)

지역사회를 위한 내러티브상담은 지역사회에 사는 주민들과 나누는 내러티브상담의 대화 방식이다. 지역사회는 특정 지역 안에 사는 사람들의 자연스러운 공동체이다. 지역사회는 어느 지역이 될 수 있으나 치료를 위한 공동체는 반드시 한 지역만을 의미하지 않는다. 지역사회의 치료 공동체는 비슷한 경험을 한 사람들의 집단이다. 지역사회 모임은 내러티브상담의 철학과 원리를 사용하여 그 지역에서 발생한 어려움을 해결하고자 모인 사람끼리 대화를 할 수 있는 장을 제공한다. 따라서 그 지역이 가진 고유의 문화와 특성을 존중하며 지역주민들에게 익숙한 지식과 기술을 찾고자 이야기를 나눈다.

1) 이 글은 『지역사회를 위한 이야기치료』(고미영, 2016)에서 요약 · 발췌하였음.

1. 지역사회 안으로 들어가기

지역사회를 위한 내러티브상담은 먼저 준비하는 단계를 거친다. 어느 지역에서 내러티브상담자를 초청하면 내러티브상담자는 그 지역 사람들을 만나기 전에 준비를 시작한다. 먼저 대화의 주제를 폭넓게 탐구하거나 그 지역에 대한 정보를 찾아본다. 지역 안에 첫발을 들여놓기 전부터 지역을 알기 위해 노력할 수 있다. 대체로 첫 모임은 지역사회 안의 지역활동가나 도움을 요청한 기관 혹은 그 지역 대표들과의 만남으로 시작된다. 이 준비하는 모임은 내러티브상담을 진행할 상담자와 초청한 지역의 당사자들이 모든 가능성을 열어 놓고 앞으로 진행할 일과 방향을 협상하고 의논하는 자리이다.

내러티브상담 실천에서는 어느 특정 지역이 문제가 있다고 단정하지 않는다. 먼저 문제를 가진 지역 혹은 무엇인가 부족한 지역이라는 편견을 버려야 한다. 지역이 어려움을 겪는다고 할 때 이 어려움은 그 지역의 문제라고만 볼 수 없다. 세월호 참사가 일어나 안산에서 내러티브상담 실천을 하고자 한다고 가정하자. 참사가 일어난 것이 안산이라는 지역사회의 문제인가? 절대로 그렇지 않다. 안산이 참사를 경험한 지역은 맞다. 그러나 그 지역이 문제가 있어서 그런 참사가 일어난 것이 아니다. 최근 일어난 대형 참사들을 보면 국가나 정부가 국민에 대한 안전 책임 혹은 보호 의무를 못한 것이 더 문제이지 그 지역이 문제가 아니다. 내러티브상담에서의 '사람이 문제가 아니라 문제가 문제다'라는 명제를 지역사회에도 적용한다. 그 지역사회가 문제가 아니라 문제가 문제인 것이다.

내러티브상담자는 어려움을 해결하는 길은 당사자들에게 있다라는 자세를 가진다. 누구보다 그 지역을 잘 알고 그 지역에서 어떤 일이 있으며 무엇을 할 수 있는지를 잘 아는 것은 그 지역 사람들이다. 지역사회를 위한 내러티브상담 실천은 결국 그 지역이 가지고 있는 지식과 자원을 효과적으로 찾아내어 이용할 수 있도록 한다. 지역사회에는 물리적 자원이나 인적 자원이 있고 그 외에도 문화와 역사와 같은 보이지 않는 자원이 있다. 무형이나 유형의 자원은 그 지역에 맞는 해결 지식으로 활용될 수 있다. 상담자는 해결을 미리 예상하거나 답을 안다고 가정하지 않는다. 모든 가능성을 열고 참여하는 지역 사람들의 이야기를 경청한다. 호기심을 가지고 지역 사람들의 의견을 존중하며 대화를 계속 이어 갈 분위기를 만드는 데 관심을 둔다. 좋은 질문은 대화를 이어 가는 가장 좋은 길이다. 대화가 끊기거나 분위기가 어색해질 때 상담자들이 내러티브상담의 질문을 통해 전문성을 발휘할 수 있다.

지역사회는 다양한 사람의 모임이다. 이들에게는 공통된 경험이 있기도 하지만 다양한 생각이 있다. 따라서 모임을 가지게 되면 우선 이 다양한 생각을 들어 보는 것부터 시작한다. 그러나 사람들이 모였다고 해서 모두가 자신의 마음을 열어 놓고 생각을 말하지는 않는다. 전문가들이 지역사회 모임에 함께하는 이유는 바로 지역 모임을 구조화하는 역할이 필요하기 때문이다. 이 모임의 목적과 방향이 무엇이며 이 모임을 어떻게 진행할지에 대한 틀을 잡아 주는 것이 상담자의 역할이다.

지역에 대한 어느 정도의 지식을 얻은 후에는 지역 사람들과 준비 모임을 가진다. 지역사회 모임을 하면서 미리 판단을 내릴 규범을 정하지 않는 것이 중요하다. 상담자에게 익숙한 방식과 틀을 벗어나고자 노력할 필요가 있다. 전통적인 상담은 수많은 규범을 만들어 낸다. 예를 들어, 가족 상담이라는 틀에서 볼 때 가족에 대한 건강한 기능이 무엇인지에 대해서 각 가족 상담 모델마다 제시하는 이론이 있다. 이 이론을 따르면 기능적인 혹은 역기능적인 가족에 대해 기준이나 규범이 확실하다. 가족상담은 이러한 기준 혹은 규범에 근거하여 상담자들이 판단을 내리고 상담의 목표나 방향을 결정한다. 그러나 내러티브상담은 이런 규범적 판단을 하지 않는 실천이다.

내러티브상담 실천은 각 지역의 고유한 특성과 전통을 존중한다. 내러티브상담은 의도적으로 다른 전통이나 특성을 따르기보다 그 지역 고유의 삶의 방식을 존중한다. 특히 상담자가 속한 지역의 문화나 전통, 삶의 방식을 끌어와 적용하려고 하지 않는다. 오히려 배우려는 자세와 알지 못한다는 자세로 그 지역 고유의 존재 방식을 찾아내고 이를 존중한다. 문제의 해결 방식도 모든 해결책은 그 지역에 속한 사람들에게서 나오는 것임을 분명히 한다. 다만, 아직 드러나지 않은 수많은 자원을 발굴하여 이 지역 사람들이 잘 활용할 수 있도록 인도해 주는 역할을 한다.

2. 지역사회를 위한 내러티브상담 실천의 원리

이 부분은 지역사회 모임을 어떻게 형성하고 지역사회 프로젝트를 어떻게 실행할지에 대해 설명한다. 내러티브상담자들은 지역의 공동체 의식을 고양하고 주민들이 협력하여 지역의 문제를 해결하도록 그들의 의견을 청취하는데, 이때 사용하기 적절한 이중경청 질문 방식도 소개하고자 한다.

1) 지역사회 모임 정의하기

내러티브상담자들은 지역사회 모임을 프로젝트라고 부르며, 마치 사업계획을 세우고 실행하듯이 진행한다. 지역사회 프로젝트는 시작과 마감이 있다. 시작은 지역에서 초청한 사람들과 함께 모여 준비하는 것이다. 그리고 마감은 모든 모임의 목적을 달성한 후에 그 지역에서 나오는 때 이루어진다. 따라서 지역사회 모임은 일정한 시기에 이루어지며 특별한 목적을 가진다. 이 목적과 시기 등을 정하기 위해 준비 모임을 가질 때 지역을 대표하는 사람들과 만나 서로 허심탄회하게 의논하는 것이 좋다.

먼저 지역사회 모임을 어떻게 구성할지에 대해 의견을 교환한다. 지역사회는 스스로를 그 사회의 구성원으로 보는 모든 사람이 참여할 수 있다. 그러나 반드시 사는 지역으로 사람들을 묶을 필요는 없다. 같은 시간 혹은 같은 공간, 비슷한 경험을 하는 사람들이 모여 지역사회 공동체를 만든다. 한 지역에 살아도 경험이 다르다면 하나의 공동체가 되기 어렵다. 비슷한 시간과 공간, 비슷한 경험이 어우러져 공동체를 만든다. 이들은 서로를 알아볼 수 있다. "그래 우리는 그것을 알아." "그 마음을 알아." 등과 같이 공유하는 경험과 생각, 느낌이 있을 때 자연스럽게 공동체로 모일 수 있을 것이다.

공동체의 하나로 치유를 위한 공동체가 있다. 다양한 경험이 있을지라도 비슷한 어려움을 겪는 사람들끼리는 서로 통하는 것이 있다. 비슷한 어려움을 겪거나 비슷한 문제를 해결해야 하는 사람들은 지역사회 공동체로 묶일 수 있다. 이때 소집단과 지역사회는 어떻게 다를까? 반드시 달라야 할 필요는 없지만, 공동체는 좀 더 포괄적인 의미를 띤다. 특수한 점은 지역성이라 할 것이다. 지역성은 동시대에 비슷한 공간에서 살아가면서 그 지역에 속한 사람이기에 겪는 경험과 관련된다. 예를 들면, 세월호 참사를 겪은 안산 지역의 단원고등학교 학생의 부모나 형제자매 등은 바로 집단이라는 개념을 넘어서 지역사회라는 좀 더 넓은 개념으로 볼 수 있다. 한 지역사회 공동체 안에는 함께 공유하는 문화와 역사 그리고 그 지역의 살아가는 방식이 있기에 다른 지역사회와 구분될 수 있다.

내러티브상담자는 지역사회를 잘 알지 못한다. 지역사회는 계속해서 변화하고 새로워지며 다양한 요소의 영향을 받는다. 지역사회는 살아 움직이는 역동적인 공동체로 끊임없이 스스로를 정의하거나 이해하고 새롭게 발전한다. 변화하지 않는 인간의 사회는 없다. 따라서 내러티브상담자가 익숙하다고 해서 이 지역사회를 정확히 안다고 생각하면 안 된다. 다시 묻고 확인하며 새로운 답을 얻을 준비를 해야 한다. 새로운 생각과 다양하게 살아가는 방식이 지역사회로 들어오기 때문에 늘 새로운 정보나 의미를 배울 준비를 하면서 지역사회 모임을 해야 한다. 지역을 정의하는 것은 내러티브상담자가 아니라 그 지역에 살고 있는 구성원들 자신이다. 물론 그들도 스스로를 어떻게 정의할지 모를 수 있지만, 그래도 다른 지역 구성원과 달리 자신이 사는 지역을 가장 잘 알고 있다. 내러티브상담자는 언제나 당사자들의 목소리를 듣고 그들이 말하는 의미를 이해하도록 노력하면서 지역사회 모임을 만들어야 한다.

2) 지역사회 자원을 끌어내기

지역사회 모임은 지역사회 안에 있는 자원을 활용하여 지역사회 프로젝트를 진행하도록 계획한다. 지역사회의 자원은 쉽게 드러날 수도 있지만, 보통 드러나 있지 않은 채 숨겨져 있다. 내러티브상담자는 그동안 드러나지는 않았지만 아주 좋은 자원을 지역에서 발굴하여 그것을 활용하도록 돕는다. 이때 대화의 기술이 필요하다. 누구나 쉽게 알고 사용하는 자원보다는 중요하지만 아직 드러나지 않은 자원을 찾아야 한다. 이중경청이나 내러티브상담의 질문은 바로 이렇게 드러나지 않은 자원들을 찾는 데 유용하다. 지역사회는 고유한 삶의 지식과 기술을 가지고 있다. 이 자원을 이야기를 통해 이끌어 내고 지역주민들에게 맞는 방식으로 사용할 수 있게 하는 것이 지역사회 모임의 가장 큰 목적이다.

대화를 진행할 때는 지역사회 구성원들끼리 서로를 배려하고 세심하게 돌볼 수 있도록 한다. 따뜻한 분위기, 서로에 대한 존중 등은 사람들의 마음을 움직인다. 감정보다 이성이 앞설 수 없기 때문에 사람들은 무엇보다 먼저 마음을 열어야 한다. 마음을 가장 쉽게 여는 방식은 상대방을 존중하면서 그들이 가진 생각을 마음 놓고 표현할 수 있는 장을 제공하는 것이다. 사람들이 마음을 열 수 있도록 도움을 주는 것은 좋은 질문이다. 내러티브상담의 질문 중 하나인 이중 경청은 실제로 드러나지 않은 감정과 생각을 탐색하면서 상대방의 이야기를 듣도록 하는 것이다(고미영, 2016).

지역사회 모임에서 공동으로 원하는 목표나 희망, 꿈에 대해 먼저 말하는 것은 그것이 실제로 실현되는 방식을 찾아가는 길이다. 상담자들은 지역 구성원들이 자원과 기술을 구체적으로 사용할 수 있도록 길을 터 주어야 한다. 지역사회는 서로 말하는 가운데 공통된 지대를 찾아낼 수 있는 장점이 있다. 무엇보다도 프로젝트 수행에서 함께 머리를 맞대고 현실적으로 실행할 수 있는 것을 찾아낼 수 있다. 공통된 지대는 과제 수행을 위해서 지역 구성원들 각자가 기여할 수 있는 자신만의 방식이 만나는 공간이다. 비록 각자가 가지고 있는 생각이 다를 수 있지만, 서로 대화하는 가운데 협상을 통해 공통적인 수행 과제를 서로 나눌 수 있다. 지역사회 구성원들은 서로 가깝게 살고 있다는 장점을 이용하여 실제로 만나서 일을 함께할 수 있다. 이들이 각자의 역할을 명확히 한다면 지역사회는 과제를 함께 수행하기에 가장 적당하다.

함께 살아가는 지역사회 공동체는 여러모로 문제를 함께 해결하는 데 유리하다. 마음이 맞으면 현재 논의하는 주제에 대해 허심탄회하게 마음을 열고 각자의 생각을 나눈 뒤에 함께 그에 대한 해결책을 의논할 수 있다. 누가 어떻게 기여하고 참여할지를 의논하면서 모임을 진행하고 과제를 점검한다. 답은 지역사회 모임에 참여한 당사자들의 몫이다. 다른 누구보다도 그 지역을 잘 알 뿐만 아니라 어떤 것을 통해 해결할 수 있을지를 잘 알 수 있을 것이다. 다만, 잘 드러나지 않은 자원을 끌어내기까지는 내러티브상담자의 역할이 필요하다. 공통된 지대에 지역 구성원들이 함께 들어서면 서로를 돌보거나 도움이 되는 것을 쉽게 찾아낼 수 있다. 특히 같은 지역사회를 배경으로 하기 때문에 공동체 의식이 더욱 또렷해질 수 있다. 공동체 의식을 가진 사람들은 함께 경험하는 지역의 문제에 대해서도 다른 누구보다 그 해결책을 찾기에 적절하다. 이 공동체 안에서 지역사회에 속한 구성원들은 하나로 연합하면서 문제해결을 위해 머리를 맞댈 수 있다.

하나로 묶인 공동체 안에서도 해결을 위한 방식은 다양하게 탐구될 수 있다. 공통의 희망과 꿈을 가진다 해도 그것을 성취하는 방식은 하나의 방식이 아니기 때문이다. 지역사회 모임에서 내러티브상담자는 다양한 욕구와 필요를 잘 수용하면서 다양한 생각을 수렴해 갈 수 있는 대화 양식을 사용할 수 있다.

3) 이중 경청과 존중

지역사회를 위한 내러티브상담자는 지역을 결핍이나 병리적 견해로 바라보지 않는다. 지역사회는 무궁무진한 자원의 보고이다. 문제는 더 넓은 사회문화적 배경에서 만들어지며, 현재 겪고 있는 어려움도 그 원인을 지역 안에서 찾으려 해서는 안 된다. 문제가 저절로 생겨난 지역은 없다. 또한 문제를 만들어 내는 지역도 없다. 다만, 문제는 다양한 배경에서 만들어지고 문제를 해결해 나아갈 필요를 던져 준다. 해결의 길은 지역사회 안에서 찾을 수 있다. 내러티브상담자는 그 지역과 사람들에 대한 순수한 관심과 호기심을 가진다. 사람들이 표현하는 것은 그들이 겪은 경험의 한 단면이다. 어떤 사람이 자신이 겪은 경험을 설명할 때 반드시 그 의미와 대조되는 다른 경험을 구분하여야 한다. 슬픔은 기쁨이라는 감정과 대조되는 것이며, 괴로움은 즐거움과 대조되는 경험이다. 어떤 경험을 설명하고 이해시키기 위해서는 그 경험과 다른 무엇인가와 구분되어야 된다. 죽음은 삶과의 대조에서 의미가 이해될 수 있다. 이중경청은 내러티브상담자들이 사람들의 말의 이면에 그와 대조되는 의미를 주의 깊게 듣고 질문하도록 하는 기법이다(고미영, 2016). 이 질문은 실제로 말해 보지 못했던 숨겨져 있는 삶에 대한 지식과 기술을 찾아내어 말한 사람의 의식의 전면으로 끌어낸다.

지역에 들어가 모임을 진행할 때 가장 중요한 기술은 사람들과 그들이 지닌 생각과 경험 혹은 지식과 기술을 존중하는 것이다. 이를 위해 여러 방법이 사용될 수 있다. 내러티브상담자의 생각을 앞세우지 않고 상대방의 이야기를 존중하는 것부터 그가 말하는 것에 집중하여 진지하게 경청하고 질문하는 것 등이다. 특히 지역의 고유한 문화와 전통, 역사를 존중하면서 그러한 지식이 지역 문제를 해결하는 데 어떻게 기여할 수 있을지를 찾아야 한다. 특히 지역주민들이 사회나 이웃에 기여하고 서로 도움을 줄 수 있는 이타심을 발휘할 기회를 찾는 것도 매우 유용하다. 사람들과의 교제를 더 넓히고 그들이 지닌 기술이나 지식을 남을 위해 베풀 수 있다는 것 자체가 존엄성을 부여하는 하나의 방식이다. 지역 안에서 사람들이 중요시하는 가치를 존중하고 그것에 헌신하도록 기회를 마련한다. 사람들은 무엇인가에 기여하고 헌신하고 있다는 것에서 기쁨과 의미를 느낄 수 있기 때문이다. 특히 지역이 당면한 문제에 자신의 역량과 자원을 쓸 수 있다는 것 자체가 그들의 삶을 더 고귀하고 의미 있게 해 준다. 결론적으로, 지역사회 구성원들이 주도권을 가지고 문제를 해결하도록 뒷받침해 주는 것이 필요하다.

3. 지역사회 모임의 진행

내러티브상담의 정의예식 대화 방식을 응용하여 지역사회 모임을 진행할 수 있다. 우선, 대화의 주제는 준비 모임을 통해 미리 정한다. 미리 정한 장소와 시간에 맞추어 정해 놓은 주제로 모임을 시작한다. 지역사회 모임은 몇 명의 참여자가 미리 준비해 온 내용을 사람들에게 말하는 것에서 시작한다. 나머지 참여자들은 주제를 듣고 그에 대해 반응할 기회를 가진다. 처음 발제자의 발언을 듣는 동안 청중은 그 발언에 끼어들지 않고 조용히 듣기만 한다. 처음 준비한 발언이 모두 끝난 후에는 나머지 사람들이 자유롭게 자신의 의견을 밝히거나 질문을 던질 수 있다. 이렇게 대화의 자리를 바꾸는 이유는 하나의 주제에 대하여 계속 이야기를 덧붙여 가기 위함이다(White, 2010).

정의예식은 사람들의 수와 상관없이 대화를 진행할 수 있다. 지역사회 모임에 적당한 대화 양식이 되는 이유이다. 몇 명이 모였든지 사람들이 모이는 환경이라면 어디서든지 가능한 대화 양식이다. 지역사회 모임에 몇 명 정도 참여할지를 미리 안 후에 너무 비좁거나 너무 넓지 않은 적당한 곳으로 장소를 정한다. 사람들이 편안하게 자리를 바꾸어 가면서 대화할 수 있는 공간이면 된다. 또한 방해받지 않고 대화에 집중할 수 있어야 한다. 자리를 바꿀 때 말하는 사람과 듣는 사람을 물리적으로 분리할 수 있는 충분한 공간이 있다면 가장 좋은 환경이다. 물리적으로 불가능하다면 공간이 서로 분리되어 있다고 상상하면서 진행할 수 있다. 중요한 것은 방해받지 않고 충분히 이야기한 후에 자리를 바꾸어 다른 사람에게 말할 기회를 주는 대화의 순서를 지키는 것이다.

지역사회 모임을 시작할 때 참여한 모든 사람을 환영하는 분위기를 만든다. 첫 모임 전에 준비 모임을 통해 누구를 초청하고 누가 진행을 맡을지 결정한다. 참여한 사람들에게 진행 방식에 대해 미리 말한다. 특히 지역 정서와 문화에 맞도록 말하는 순서나 주제를 정하도록 한다. 어른을 존중하는 한국 문화에서는 진행자가 자신을 소개하면서 어른들도 함께 소개하거나, 소개하는 순서를 미리 정해야 한다. 참여자들과의 교감은 진행하는 가운데 이루어지도록 한다.

1) 첫 번째 무대: 말하기

첫 번째 무대는 '말하기'의 주제를 소개하고 그 주제와 관련된 잘 알려진 이야기를 하는 것으로 시작된다. 이 부분은 전체 모임의 머리말의 성격을 가진다. 첫 번째 무대에서 말할 사람은 미리 준비해 온 내용으로 이야기를 시작할 수 있다. 만일 상담을 위한 모임이라면, 처음에 문제를 제기한 집단이나 대상자를 사회자가 면담하여 진행할 수도 있다. 토론할 주제에 대해 잘 알고 있는 지역주민의 대표나 지역 활동가를 첫 번째 말하는 사람으로 정하고 미리 그와 소통하여 주제를 잘 소개하도록 돕는다.

내러티브상담자들은 말할 주제에 대해 알려진 것을 정리하여 첫 발언자에게 부탁할 수 있다. 그러나 말할 사람에게 전적으로 첫 번째 말할 내용을 자유롭게 맡기는 것도 좋다. 그 사람이 무엇을 말할지 선택할 수 있도록 하는 것이 바람직하다. 다만, 상담자는 모임을 시작하면서 앞으로 대화를 어떻게 진행할지를 모임에 모인 모든 사람에게 설명해 준다. 첫 번째 말하기 무대는 사람들이 경청하면서 말할 거리를 생각할 수 있게 하는 것이다. 처음 생각에 머무르지 않고 새로운 대안이나 창의적인 생각을 끌어내는 것이 지역사회 모임의 목적이다. 따라서 처음 말하는 사람은 주제에 대해 잘 알고 있거나 깊이 관여하고 있는 사람으로 정한다. 그가 준비한 내용을 말하거나 자연스럽게 하고 싶은 말을 하면서 주제를 드러내면 이것을 듣고 바라보는 사람들이 많은 생각을 하게 된다. 대화의 형식이 약간 다를 뿐 서로의 의사를 솔직히 나누는 것은 일반적인 대화와 비슷하다. 첫 번째 말하기의 핵심은 대화를 풍부히 이끌어 내도록 주제를 소개하고, 이 주제에 대하여 앞으로 더 많은 토론을 하도록 하는 것이다.

2) 두 번째 무대: 다시말하기

두 번째 무대인 '다시말하기'는 앞서 말하기를 한 사람이 물러나고 그 말을 들은 청중이 말하는 것이다. 내러티브상담에서는 상담자와 첫 번째 말한 대상자가 함께 뒤로 물러나 그 상담 장면을 본 사람들의 생각을 듣는 자리이다. 그러나 지역사회 모임에서는 여러 사람이 말하기를 듣고 다시말하기에 참여할 가능성이 크기 때문에 상담자가 계속해서 진행하는 것도 좋다. 어색한 분위기라면 첫 번째 말하기 내용을 얼마나 이해했는지 확인해도 좋고 몇 가지 준비한 질문을 던져도 좋다. 중요한 것은 앞서 말하기의 주제를 벗어나지 않고 그 내용을 더 풍부하게 발전시키는 것이다.

내러티브상담에서 반영팀이라고 부르는 청중은 주로 전문가들로 구성된다. 반영팀에게 상담 장면을 본 후에 몇 가지 질문을 한다. 첫째, 어떤 내용을 가장 인상 깊게 들었는지, 어떤 표현이 마음에 와닿았는지를 묻는다. 둘째, 말하기를 들으면서 떠오른 이미지나 그림이 있는지, 있다면 무엇인지를 묻는다. 셋째, 어떤 내용에 공감이 되었는지를 묻는다. 넷째, 혹시 새롭게 깨달아 알게 된 것이 있는지를 묻는다(White, 2010). 반드시 이 양식대로 질문을 해야 하는 것은 아니다. 다만, 사람들이 다시말하기를 어려워할 때 이런 식으로 대화를 이끌어 갈 수 있다.

지역사회 모임은 다시말하기에서 일반 청중이 참여한다. 첫 번째 다시말하기는 특정한 주제에 대하여 알려진 것을 말하는 반면, 두 번째 다시말하기는 전혀 예상하지 못했던 내용이 나오는 부분이다. 따라서 이 부분에 공을 들이는 것이 상담자들이 할 일이다. 지역주민 모임이 성공할 수 있는지를 가늠할 수 있는 것도 바로 이 부분이다.

두 번째 무대는 다양한 방식으로 변형될 수 있다. 하나는 한 지역과 다른 지역을 연결하기 위하여 문서로 서로의 말하기를 시도하는 양식이다. 예를 들어, 한 지역사회 모임에서 말하기 한 내용을 문서로 작성하여 다른 지역에 보내면, 그 문서의 내용을 듣거나 본 다른 지역사회 사람들이 자신들의 의견을 밝힐 수 있다. 이것이 다시말하기 내용이 되는 것이다. 또는 다시말하기를 하는 무대를 여러 집단으로 나누어 진행할 수 있다. 특정 지역의 문화에 따라 말하기를 꺼리는 주제가 있다면 눈치 보지 않고 자유롭게 의사를 표현할 수 있도록 소집단으로 나눈다. 남녀가 한자리에서 문제를 논의하기 곤란하다면 남성 집단과 여성 집단을 나누는 방식을 사용한다. 어떤 주제이든지 서로의 의견 교환이 쉽지 않다면, 편안하게 느낄 수 있는 집단으로 나누는 것이 바람직하다. 예를 들면, 유가족 모임에서 부모 모임과 형제자매 모임 등으로 나눌 수 있고, 부모 모임도 아버지 집단과 어머니 집단을 따로 모아서 다시말하기를 할 수도 있다. 이처럼 다시말하기는 최대한 편안하게 참여자들이 말할 수 있는 방식을 찾는 것이 필요하다. 대화를 나눌 때 그 누구도 위협이나 억압을 느껴서는 안 된다. 사람들이 의견을 자발적이며 자유롭게 펼치도록 분위기를 만들어야 한다.

3) 세 번째 무대: 다시말하기에 대한 다시말하기

세 번째 무대는 '다시말하기에 대한 다시말하기'라는 긴 이름으로 붙여졌다. 내러티브상담에서는 두 번째 무대인 다시말하기를 진행한 후에 이를 들은 첫 번째 말하기를 한 당사자가 반응하는 순서로 진행한다. 그러나 지역사회 모임에서는 첫 번째 말하기를 하는 당사자보다 주제를 계속 발전시키는 데 더 중점을 둔다. 만일 두 번째 무대를 소규모 집단으로 나누어 여러 곳에서 진행한 경우라면 흩어진 집단이 모여서 자신들의 다시말하기를 전체 집단 안에서 나누면서 그에 대한 반응을 하는 기회로 삼을 수 있다. 내러티브상담자는 이 세 번째 무대를 진행하기 전에 참여자들에게서 두 번째 무대를 하며 나눈 내용을 다른 집단이나 전체 모임에서 나눠도 좋을지 허락을 구해야 한다. 만일 비밀을 지켜 주기를 원하는 내용이 있다면 그 의견을 존중해 주어야 한다.

가장 명확하게 다시말하기에 대한 반응을 하기 위해서는 정확한 기록이 필요하다. 지역사회 모임에서는 모든 말하기 단계에서 기록해야 한다. 개인적으로 말하는 것과 달리 여러 사람이 주제를 발전시키는 경우에 정확한 기록은 뜻을 분명히 알 수 있게 해 준다. 문서로 만드는 과정에서는 무엇을 기록으로 만들지에 대해 선택하도록 한다. 모든 말을 다 기록할 수 없고 가장 핵심이 되고 필요한 부분을 간추리고 잘 구성하여 문서를 만들어야 하기 때문이다. 상담자 자신이 기록할 수 없다면 보조해 줄 사람이 필요하고, 녹음기 사용에 대한 사전 허락도 구해야 한다. 문서를 만든 후에는 말하기에 참여했던 당사자들이 확인하는 과정을 거쳐야 한다. 덧붙이고 싶은 내용이나 빼고 싶은 내용을 함께 검토한 후에 공식 문서로 인정한다. 이런 문서 만들기 과정에서 다시말하기에 대해 한 번 더 확인이 가능하다.

세 번째 다시말하기에 대한 다시말하기에서 전문가 집단이 함께 참여하여 진행하는 경우도 있다. 예를 들면, 두 번째 다시말하기에 전문가들을 초청하여 전문가들의 다시말하기를 들은 후에 전문가들의 반응을 세 번째 무대에서 듣는 것도 하나의 방법이다. 즉, 다시말하기를 들은 전문가들이 다시말하기에 대한 다시말하기를 할 수 있다. 이때 전문가들은 전문가처럼 말하는 것을 주의해야 한다. 전문 용어를 사용하거나 진단이나 판단을 하지 않고 하나의 의견으로 제시한다. 너무 어려운 용어나 전문가처럼 행동하면 주민들과 거리감이 생긴다. 그보다는 새로 나온 참신한 발언이나 생각을 인정하면서 거기에 자신의 경험에서 나온 통찰을 덧붙여 주는 방식으로 대화를 이어 간다. 지역사회 모임에서 다시말하기에 대한 다시말하기의 목적은 핵심 주제를 계속 발전시키면서 그 주제에 대한 이야기를 풍부하게 발전시키는 것이다. 따라서 여러 번 다시말하기를 반복하면 이야기는 점점 풍부해진다. 이로써 처음 제시했던 주제에 새로운 내용을 계속 덧붙여 가게 된다. 이것은 해결책을 제시하거나 상황을 판단하는 것과 다르다. 이야기를 풍부하게 한다는 것은 상대방의 기여를 인정하고, 그에 덧붙여 새로 발견한 점에 주목하면서 주제를 발전시켜 가는 것이다. 이야기의 내용을 좀 더 심화시키거나 지금까지 말한 내용에 의견이 추가되는 것이다. 이것은 일반적으로 상담에서 행하는 충고나 방향 제시와 다르다. 이 다시말하기는 참여자들이 말한 내용에 대한 인정과 공감이며 그에 대한 존중을 나타내는 것이다. 또한 이미 나온 이야기를 인정하면서 그 이야기를 바탕으로 어떻게 새로운 이야기가 나오는지에 주목한다.

전문가 집단을 초청하는 경우에는 좀 더 구조화된 양식으로 세 번째 무대를 진행하게 될 것이다. 예를 들어, 두 번째 다시말하기를 소규모로 나누어 진행한다면, 각 집단에 적어도 한두 명의 전문가를 보내어 그곳에서 주민들이 하는 다시말하기를 듣고 기록한 후에 그 자리에서 즉시 반응하지 않고 전체 집단이 모두 모여 한 자리에서 세 번째 무대를 진행할 수 있다. 이런 경우에는 두 번째 다시말하기에서 나왔던 지역주민들의 발표 내용을 잘 정리하여 전체 모임에서 먼저 보고하고, 그 이후에 전문가들이 세 번째 다시말하기를 한다. 이 모임에서는 주인공인 지역주민 자신들의 다시말하기를 기반으로 그에 대하여 전문가의 반응을 하도록 한다. 이러한 실천을 탈중심적 실천이라고 부른다. 내러티브상담에서는 상담자가 중심이 아니라 이야기하는 당사자가 중심이 되어야 한다는 철학을 실천한다(White, 2010). 탈중심은 중심에서 벗어나 있다는 뜻이다. 이야기를 말하는 주민이 모든 말하기 무대의 주인공이지 상담자가 주인공이 아니라는 의미로 탈중심이라는 용어를 쓴다.

집단 안에 흩어져 들어갔던 전문가와 지역주민들이 한자리에 모인 전체 모임은 사회자의 진행이 필요하다. 사회자는 누가 먼저 이야기하고 어떤 순서로 돌아가야 할지를 정하고 실시한다. 전문가들은 소규모 집단에서 듣고 경험한 것을 쉬운 말로 전체 모임에서 나눈다. 이를 전문 용어로 '반영'이라고 표현한다. 반영은 자신의 이야기를 새로 하는 것이 아니라 다른 사람이 한 이야기를 듣고 그것에 대해 반응해 주는 내러티브상담의 대화 양식이다. 반영은 사람들이 어떤 사건에 대해 이야기 주인공이 가지고 있는 생각이나 느낌, 지식과 현상, 예견하는 바가 드러나도록 하는 대화 방식이다(White, 2010). 화이트(2010, p. 130)는 "특정한 사건에 대한 내담자의 생각(주관성), 느낌(태도), 그 사건에 대해 성찰하여 알게 된 지식, 그 사건에서 내담자의 삶에 대해 보여 주는 바(현상), 그 사건이 내담자의 미래에 대해 보이는 바(예견)"가 반영을 통해 잘 드러난다고 설명한다. 이 반영은 우리가 알지 못하는 가운데 행하고 있는 언어적 행위이다. 다른 사람이 말한 것에 대해 이런저런 생각을 하는 것은 우리가 늘상 하는 행위이기 때문이다.

반영을 쉽게 이해할 수 있도록 한 사건을 떠올려 보자. 어떤 사람과 나의 점심 식사를 하나의 사건으로 생각해 본다. 그가 처음으로 나에게 점심을 같이 하자고 했을 때 나는 별 다른 생각이 없다. 그러나 점심을 먹으면서 그는 최근에 있었던 일을 물어보았다. 그 일의 자초지종을 설명한 나는 그가 왜 그 일에 대해 물어보았는지를 반추해 보면서 처음으로 그 일에 대한 나의 생각도 가다듬게 되었다. 계속된 대화를 통해 나는 내가 하려는 행동이 부적절하다고 주장하는 것을 듣는다. 그때까지 나는 별 다른 생각이 없었지만, 이렇게 대화를 하면서 나 자신도 미처 알지 못했던 나의 생각, 그의 생각을 알게 된다. 그리고 뒤이어 나의 느낌도 어느새 알게 된다. 한마디로 이전에 몰랐던 나의 태도의 부당함을 알게 되고 그가 어떤 느낌을 가졌는지도 새로 알게 된다. 따라서 이전에 내가 했던 여러 행위를 반영한 결과로 새로운 지식(그 사람에 대해서, 혹은 그 사건에 대해서)을 알게 되었고, 그 사건이 보여 주는 다양한 모습인 현상을 알게 되면서 미래에는 어떤 일이 일어나게 될지 예측하게 된다. 이러한 일련의 사고가 어느 한 사건에 대한 반영 작업이다. 만일 내가 그 사건에 대해 반영을 하지 않았더라면 전혀 모르거나 생각하지 않고 지나갔을 텐데 반영을 통해 생각이 한꺼번에 떠오르게 된 것이다. 어쩌면 내가 그 사건에 대해 질문받지 않았을 수도 있고 아무런 느낌이나 태도의 변화를 겪지 않고 지나갈 수도 있다. 사실 우리는 살아가면서 무수히 많은 사건을 경험하지만 아무런 지식이나 생각, 느낌 없이 그냥 지나칠 수 있다. 내러티브는 이렇게 지나가 버릴 수 있는 사건을 다시 소환하여 그 사건에 대해 반영하도록 하는 통로라고 할 수 있다. 나는 점심을 같이한 사람이 그 일에 대해 질문하지 않았다면 결코 생각하거나 떠올릴 수 없었던 많은 것을 반추하면서 새롭게 알게 되었고, 그것으로 인해 내 삶의 태도나 방식을 다시 한번 생각하면서 앞으로 어떻게 행동해야겠다는 다짐을 하게 되는 것이다.

이런 방식으로 우리는 우리의 삶을 좀 더 신중하고 깊이 있게 살아가게 되며 자신의 삶이 어떠한가를 깨닫는 계기가 된다. 그 사건은 하나의 사건이지만 앞으로

올 나의 미래에 대해서도 무엇인가를 보여 주고 있으며, 삶에 대한 나의 지향을 다시 한번 가다듬게 한다. 내러티브가 우리 삶에서 하는 역할은 결코 하찮은 것이 아니다. 우리는 내러티브로 인해 내 삶의 지향하는 바가 무엇인지를 알게 되고 무엇을 가치로 삼을지도 알게 되며 실제로 그러한 지향을 향해 나아가는 과정을 밟게 된다. 때문에 반영은 내러티브가 치료적 가치를 충분히 발휘할 수 있음을 보여 주며, 반영을 하면서 우리는 자신의 삶에 대해 좀 더 진지하게 숙고하는 자세를 가지게 된다. 또한 우리는 이렇게 찾아낸 가치와 지향에 따라 살아가고자 노력하게 될 것이다. 반영을 통해 새로운 지식을 얻으면 사람들은 유익하고 스스로 방향을 바로 찾아가는 나침반을 갖게 된다.

4) 네 번째 무대: 또다시 말하기

네 번째 무대는 '또다시 말하기'를 하여 열린 토론의 기회로 삼는다. 세 번째 무대의 화자가 누구인가에 따라 자리를 바꾸어 말하는 사람들이 달라질 수 있다. 또한 이 단계는 사정에 따라 실시되지 않을 수도 있다. 네 번째 무대는 될 수 있으면 참여자 모두가 한자리에 모일 수 있도록 하여 전체 모임으로 마무리한다. 특히 이 시간에 지역주민들은 이 지역사회 모임을 통해 알게 된 것을 나누며 실제 자신들과 공동체의 삶에서 실천할 수 있는 지식을 점검할 수 있다. 자신들이 미처 깨닫지 못했던 것을 지역사회 모임을 통해 깨닫게 되었다면, 이 시간에 새로 알게된 점에 대해 나눈다. 이로써 드러나지 않았던 지역사회의 고유한 지식이나 기술이 풍부하게 나오게 된다. 만일 전문가 집단에서 세 번째 무대를 진행했다면, 그들이 제공한 통찰이 어떠한지를 주민들이 말할 수 있는 기회로 삼는다. 그 지역사회의 특성이나 전통을 고려하면서 어떤 점이 도움이 되고 혹은 도움이 되지 않는지 등을 편안하게 표현할 수 있는 기회가 되어야 한다. 지역사회 주민들이 토론하는 주제에서 무엇을 얻고 발견했는지를 점검하면서 실제 삶으로 옮겨서 실행할 것이 무엇인지를 최종적으로 말하는 기회이다. 지역사회 모임에 참여한 주민들이 이 모임을 통해 자신들의 지역을 이해하고 자랑스럽게 생각할 수 있도록 상담자들이 그 지역의 문화와 자원을 최대한 존중해야 한다. 지역의 정체성은 어느 한 사람이 아니라 함께 모여서 정의할수록 공고해진다.

정체성에 대한 내러티브상담의 생각은 매우 특이하다. 우선, 정체성을 사적인 영역이 아니라 공적이고 사회적인 영역으로 본다. 정체성을 개인적으로 형성한다고 보는 서구 철학과 다른 입장이다. 정체성은 인간의 본성 그 자체라고 보지 않는다. 그보다는 역사적이며 문화적인 영향으로 만들어지는 것이라고 본다. 즉, 정체성은 인간이 타고나는 본성이나 스스로 혼자서 만들어 가는 것이 아니라 사회와 문화의 영역에서 빚어지는 특성으로 본다(White, 2010, p. 223). 또한 정체성은 임의적으로 만들어 낼 수 있고 수정이 가능하다. 즉, 공동체 안에서 다른 사람들의 인정과 격려를 통해 만들어지며, 특정한 정체성을 이끌어 내려는 노력에 의해서도 변형이 된다. 이것은 타고난 본성을 통찰하려는 전통적 상담의 철학과는 완전히 정반대의 길을 택하는 것이다.

상담이나 모임과 같은 사람들과의 만남은 정체성을 만들고 수정하는 장이 된다. 지역사회 모임도 그 지역 공동체의 정체성을 정의하거나 만들어 내는 장을 제공한다. 이것은 마이어호프(Myerhoff, 1982, p. 100)가 주장한 공동체 안에서 자신을 정의하는 행위이다. 마이어호프는 유대계 노인 공동체를 연구하면서 정체성은 홀로 만드는 것이 아니라 집단적 행위로 만들어진다는 것을 알게 되었다. 유대계 노인들은 자신들이 과거에 살았던 모습을 말하면서 스스로 역사 드라마의 주인공이 되었다. 이때 노인들은 자신을 만들어 내기도 하고 때로는 꾸며 내기도 했다. 즉, 사람들이 보는 가운데 자신의 정체성을 새롭게 만들어 내는 모습을 보인다는 것이다. 그것은 자신이 가진 가치나 생명력, 존재를 목격하도록 이것을 알아주는 증인을 모으는 행위에서 시작된다. 이렇게 누군가 자기를 바라보고 있음을 인식하게 되면 사람들은 스스로 능동적인 작가가 되어 바로 자기 인생에 대한 해석, 즉 자신의 운명과 과거, 미래에 대한 설명을 제시하면서 정체성을 만들어 낸다. 이런 속성에 근거하여 화이트는 내러티브상담의 정의예식을 대화법으로 만들었고 이를 변형하여 지역사회 주민모임을 진행했다.

4. 쿠롱캠프 사례

지역사회 대상의 내러티브상담을 실시한 호주 원주민의 사례를 서술해 보고자 한다. 이 사례는 특히 애도상담과 트라우마 상담을 지역사회에 적용한 사례로 덜위치센터 뉴스레터(Dulwich Centre Newsletter, Aboriginal Health Council of South

Australia, 1995)에서 소개되었다. 이 사례는 우리에게도 적용할 수 있는 점이 많다. 호주 원주민 사회는 200여 년의 역사 속에서 부당한 착취와 불의를 경험해 왔다. 호주 원주민들은 정복 전쟁을 일으킨 백인들에게 침략당하고 삶의 터전을 빼앗겼다. 이후 역사를 통해 원주민 차별과 억압은 꾸준히 계속되었다. 최근에 와서야 총리에게 원주민에 대한 무력 정복과 지배를 사과받았다. 이 부당한 대우로 인해 원주민 사회는 알코올 중독, 마약, 폭력과 자살 등의 문제가 끊이지 않았다. 특히 원주민 청년들이 가장 많은 희생을 했다. 원주민 청년들은 가벼운 범법 행위에도 구속되었을 뿐만 아니라 구금 중에 의문의 죽음을 맞기도 했다. 이러한 불의와 착취에 대하여 원주민 가족들이 저항할 수 있는 통로는 없었다. 원주민 사회에는 뿌리 깊은 절망과 애도하지 못한 통한이 오래 지속되어 왔다.

쿠롱캠프는 내러티브상담자들과 원주민 활동가들이 부당한 권력에 의해 가족을 잃고 애도의 기회를 가지지 못했던 원주민들을 대상으로 마련했다. 쿠롱캠프에서 실시한 지역사회 모임은 특별한 내러티브상담 대화 기법을 사용하지 않았다. 다만, 슬픔과 원한을 토로할 기회를 마련해 주어 가족들이 불의의 사고나 부당하게 세상을 떠났던 가족 구성원들에게 애도할 수 있도록 도왔다. 사람들은 이야기를 할 수 있는 공간이 필요하다. 사람들은 자신의 삶을 자기 이야기를 통해 만들어 간다. 또한 자기 이야기는 소중한 사람과의 관계 안에서 드러나고 기술된다. 이러한 이야기는 삶에서 부딪히는 문제나 어려움을 해결하기 위해서 사용될 수 있다. 만일 사람들이 풍부한 이야기를 발전시킨다면 문제나 어려움의 해결을 위한 선택과 가능성은 훨씬 더 많아진다. 풍부한 이야기란 지금까지 보지 못했던 이야기를 하는 것이다. 내러티브상담은 다양한 이야기를 할 수 있는 통로를 찾아 풍부하게 이야기를 발전시키는 것으로 사람들의 삶에 새로운 가능성을 찾아낸다. 사람들이 풍부한 이야기 발달에 몰두하게 되면 이야기 당사자의 선택권이 한결 더 많아진다.

쿠롱캠프에서는 '우리의 이야기와 삶을 되찾기'라는 주제로 원주민들의 전통에 맞는 치유의식과 가족 토론회를 실시했다. 특히 쿠롱캠프에서의 내러티브상담은 애도 작업에 주력했다. 구금 중 사망한 사람의 가족들이 공적으로 애도할 기회를 처음으로 가졌기 때문이다. 캠프의 내용은 원주민 사회에서 중요시하는 영적인 차원을 포함하여 다양한 원주민의 삶을 존중하고 힘을 실어 주는 방식으로 진행되었다. 특히 그들이 전통적으로 지켜 왔던 고유한 문화와 풍속을 따라 치유하는 방식을 찾아내도록 이야기를 진행했다. 이는 오직 이야기 당사자들이 찾아내는 해결 지식과 기술만이 실제로 의미 있는 대안이라는 내러티브상담의 기본 철학을 따른 것이다.

애도 작업의 첫 단계는 가족들이 지금까지 지배문화에서 유지해 온 원주민 학살과 지배의 역사에 대한 외재화 작업으로 진행되었다. 외재화 대화는 내러티브상담에서 실시한 중요한 대화기술로, 문제나 관계의 잘못을 내재화시켜 온 지금까지의 관행을 벗어나기 위한 '해독제'라고 표현한다(White, 2010, p. 33). 문제를 대상화 혹은 의인화시켜서 살아 있는 실체로 만드는 외재화 접근은 사람을 대상화해 온 전통적 인식에 대한 저항이다. 사람이 문제라고 보는 관점을 벗어나서 문제 자체를 문제로 보는 접근으로, 내담자가 자신을 문제라고 여겨 온 관행을 완전히 뒤집어 버린다. 이렇게 되면 내담자는 자신을 문제에서 분리하고 자신이 부딪혀 온 문제가 더 이상 자신의 내면이나 본질을 반영하는 것이 아니라는 것을 알게 된다. 문제는 내담자 밖에 존재하게 됨으로써 문제를 해결하는 대안이 내담자에게 떠오르게 된다. 화이트는 사람이 문제가 되는 것이 아니라 바로 문제가 대상화됨으로써 사람들이 자신에 대해 매우 제한적이며 부정적인 '확신'이나 '진실'에서 해방될 수 있다고 보았다. 이렇게 문제의 정체성에서 벗어나게 되었을 때야 비로소 사람들은 문제해결을 위한 새로운 선택의 여지, 즉 대안을 찾을 가능성을 얻는다(White, 2010, p. 50). 사람들이 자신의 정체성을 부정적인 쪽으로 보게 되면 자기파괴적이 되어 버린다. 더 이상 해결을 위한 노력이 필요 없다는 결론에 이르게 되며, 막다른 골목에 서게 되는 것이다. 자신에 대한 부정적 인식을 벗어나는 길이 바로 외재화이다. 이제는 자신이 아니라 문제를 비난하며 그 문제를 해결하고자 하는 노력을 기울이게 된다. 내러티브상담에서 외재화는 대화 양식으로서만 아니라 사람과 문제에 대한 철학 원리로 자리 잡았다. 따라서 상담자는 문제를 경험하고 있는 사람을 비난하거나 상황을 절망적으로 보지 않고, 문제를 타깃으로 삼아 내담자와 함께 문제와의 관계를 수정하도록 노력한다. 이런 과정에서 내담자는 자기 정체성이나 삶에 대한 부정적인 결론을 씻어 내는 경험을 한다.

쿠룽캠프로 돌아가서 애도 작업으로 외재화를 실시한 의미를 살펴보자. 오랜 억압의 역사 속에서 원주민들은 자신들의 정체성을 부정적으로 보고 이를 내재화시켰다. 주류 사회는 말할 것도 없지만, 원주민들 스스로도 자신들이 문제라는 인식 혹은 자신들의 삶에 대한 부정적 확신에 사로잡혀 있었다. 이러한 확신은 원주민들이 자기파괴적인 행동을 하도록 이끌어 갔고 자신들이 원하는 삶을 선택할 수 없다는 절망감을 심어 주었다. 이제 원주민들의 부정적이고 자기파괴적인 정체성은 외재화를 통하여 문제를 분리시켜 내는 것으로 새롭게 될 수 있다. 이제까지 자신들을 '부족한' '열등한' 혹은 '불의한' 인종으로 여겼던 내재화된 관행에 저항하도록 했다. 외재화의 첫 걸음은 문제를 대상화하여 새로운 이름을 붙이는 것이다. 즉, 사람이 아닌 문제를 문제로 다루려는 접근이다. 원주민들은 주류문화의 관행을 '불의'와 '착취'라는 이름으로 새롭게 불렀다. 지금까지 드러나지 않고 은밀하게 만연되어 온 주류문화의 불의와 착취가 드러나면서 원주민들의 삶과 관계를 얼마나 부당하게 지배해 왔는지를 알게 되었다. 원주민 가족들은 이러한 폭로를 통해 그들의 애통함이 정당함을 인정하였고 그동안 허용되지 않았던 애도 작업을 실제로 시작할 수 있었다. 단순히 부당함을 부당하다고 부르게 된 것만으로도 원주민 가족들은 해방감을 느끼게 되었다. 원주민 가족들은 이로써 그들의 애도 작업의 정당성을 얻고 마음껏 애도할 수 있는 통로를 찾게 되었다.

뒤이어 원주민들의 방식으로 치유를 위한 길을 찾도록 이야기를 나누었다. 이러한 이야기의 나눔은 원주민들의 정체성을 회복하는 길이 되었고, 그들이 부당하게 빼앗겼던 삶을 되돌려받는 것이었다. 이러한 이야기의 진행을 내러티브상담의 정의예식 형태로 묶어서 살펴보면 다음과 같다.

1) 첫 번째 무대: 말하기

첫 번째 무대 말하기의 주제는 '부당함에 이름 짓기'로 지배적 이야기를 폭로하는 것이다. 이 첫 번째 말하기에는 가족들 모두를 참여시켜서 그들이 지금까지 표현하지 못했던 분노를 표현할 수 있는 기회를 주었다. 내러티브상담자가 마치 내러티브상담을 실시하는 것처럼 진행했다. 먼저, 가족들에게 그동안 경험한 부당함과 불의에 대해 이름을 붙여 보도록 요청했다. 그들은 정부의 행태를 '인종말살' '재산몰수' '아동을 부모나 친족에게서 떼어 냄' '지역사회와 가족 전통의 파괴'(Aboriginal Health Council of South Australia, 1995, p. 6)로 표현했다. 이와 더불어 구금 중 발생한 사망에 대해서는 '책임당국의 무반응' '무심한 경찰의 태도' '지속적인 경찰의 괴롭힘' '사망자 친족에게 정보를 은폐함' '무감각한 관계자들의 반응' '가족들이 제출한 증거자료를 무시함' '상담이나 지지서비스의 부재'(Aboriginal Health Council of South Australia, 1995, p. 8) 등으로 그들의 경험을 표현했다. 이 경험은 생소한 것이 아니다. 정부라는 거대 권력이 조직적으로 행한 약자들에 대한 부당한 억압과 책임 회피와 정보 은폐 등 우리에게도 친숙한 사례이다. 따라서 이 사례는 비슷한 경험을 하는 지역사회나 개인에게 시사하는 바가 크다.

부당함과 불의에 대한 이름 붙이기가 끝난 후에는 이러한 부당함과 불의의 영향력이 무엇인지를 찾아보도록 했다. 외재화 대화는 이름을 붙여서 사람들과 문제 혹은 지배적 이야기를 분리시킨다. 이 분리가 일어난 후에는 문제나 지배적 이야기가 사람들의 삶에 어떤 영향을 주는지를 알아본다. 사람들이 자신을 지배적 이야기에서 떨어뜨린 후에는 지배적 이야기가 그들의 삶에 어떤 영향을 미치고 있는지를 더 잘 파악할 수 있다. 캠프 참가자들은 지배적 이야기의 영향력을 다음과 같이 말했다 (Aboriginal Health Council of South Australia, 1995, pp. 9-11).

(1) 죄책감과 수치심

지배적 이야기는 남은 사람들의 삶을 죄책감과 수치심으로 살게 했다. 남은 가족들은 아무런 도움을 주지 못했다는 생각으로 마치 사망자들의 죽음을 방관한 것과 같은 죄책감을 갖게 되었다. 그에 더하여 가족들은 수치심을 느꼈다. 죄책감과 수치심은 마치 쌍둥이 형제처럼 가족들을 괴롭혀 왔다. 죄책감은 가족들이 이런 슬픔을 표현하는 것조차 어렵게 만들어, 슬퍼하거나 그 사건에 대해 말하는 것조차 힘겨웠다. 한편으로는 슬픔도 수치스러워 그것을 말하는 것이 옳지 않다고 느끼게 했다. 가족들은 주변 사람들의 눈치를 보면서 애도하지 못하고 사랑하는 가족의 죽음을 혼자만의 슬픔으로 끌어안고 말할 수 없는 고통을 감내해야만 했다.

(2) 분노

가족들은 그들이 당한 불의와 부당함에 대해 심한 분노와 원망을 갖게 되었다. 이로 인해 제대로 된 애도를 할 마음의 여유조차 없었고, 자신을 돌보는 데 신경 쓸 겨를이 없었다. 가족들은 국가 폭력에 의해 저질러진 부당함과 불의에 대항하여 싸우는 것과 진실을 밝혀내는 것만이 사망한 가족에게 면피도 하는 것이라고 생각했다. 그러나 당시 거대 권력에 대항하여 원주민들이 분노를 표출하거나 정당한 권리를 주장할 수 있는 통로가 없었다. 부당함에 대해 어떤 항의도 하지 못하는 상태에서 분노나 억울함의 감정은 점점 자신들을 괴롭히는 공룡과 같은 다룰 수 없는 괴물이 되어 갔다.

(3) 자기혐오와 무기력

정당한 출구를 찾지 못한 죄책감과 분노는 그 감정을 느끼는 당사자들을 공격한다. 가족들은 심한 자기혐오로 자신을 괴롭히게 된다. 분출할 올바른 대상자를 찾지 못한 분노는 자기 자신에 대한 혐오로 바뀌고 세상을 비관하면서 독기를 품은 사람으로 살아가게 만든다. 세상에 대한 희망이나 기대를 포기하면서 이들은 정부나 권력자들에게 무기력과 허탈감을 느꼈다. 사망자 가족들은 죽음과 관련된 의문을 풀지 못하게 되어 상실감과 무기력이 한층 더 고조되었다. 특히 이런 혼란스러운 감정을 스스로도 이해하지 못하면서 슬픔과 절망감을 느끼며 살아가게 되었다.

(4) 눈물이 마름

원주민 사회에서 죽음은 늘 그들과 가까이에 있었다. 만일 정상적이고 예측 가능한 죽음이라면 문제는 다르다. 그들이 경험한 죽음은 사회 전체가 저지른 부당함의 결과였고 불의에 의해 희생된 죽임이었다. 진실이 은폐되고 부당함에 저항하지 못한 죽음은 남은 자들의 삶을 바닥으로 곤두박질치게 한다. 이에 죽음이라는 경험 자체가 삶을 불명예스럽게 하는 경험이 되어 버리고 말았다. 이런 맥락에서 가족들은 자연스럽게 죽음을 받아들이거나 애도를 표현할 수조차 없었다. 가족의 죽음은 수치와 불명예로 여겨져서 제대로 된 애도를 허락받지 못하고 그 감정과 경험을 가슴 깊이 묻으면서 살아왔다. 그래서 사람들이 이제는 더 이상 흘릴 눈물이 없다고 말한다. 슬픔을 표현할 수도 다른 사람과 나눌 수도 없는 어색하고 애매한 살얼음판을 걷는 것과 같은 삶이 계속된다.

(5) 공포와 우울감

원주민들에게 죽음의 그림자는 언제나 주변에 맴돌고 있어 공포심을 일으킨다. 공포심과 더불어 우울감을 떨쳐 버릴 수 없다. 일상에서 너무나 많은 죽음을 경험하다 보면 죽음은 그들의 삶을 사로잡아 공포와 우울증으로 사람들을 몰아간다. 원주민 사회에서 대량 학살을 경험한 부모세대의 경험은 현세대 사람들의 삶과 맞닿아 있다. 이런 역사는 그들에게 수치심과 공포심을 남겨 놓았다. 존재 자체가 혐오감을 일으키는 대량 학살에 대한 공포심은 그들의 무의식 속에 깊숙이 박혀 있다. 젊은 세대는 자살과 마약, 나쁜 건강 상태, 알코올의 영향을 받고 있으며, 이미 죽음과 어둠의 세력을 떨쳐 버리기 어려운 지경에 이르렀다.

이런 경험을 한 원주민들을 치유할 수 있는 길은 무엇인가? 내러티브상담은 먼저 이들의 경험을 경청하면서 이를 표현할 수 있는 통로를 찾는 길을 열어 주었다. 쿠롱캠프는 원주민들이 경험한 첫 번째 공적인 애도 작업이면서 그들의 삶과 이야기를 회복하기 위한 새로운 길을 열어 주는 경험이었다.

2) 두 번째 무대: 다시말하기

두 번째 무대인 다시말하기는 지배적 이야기를 폭로한 후에 그동안 빼앗겼던 원주민들이 선호하는 삶과 이야기를 되찾아 오는 작업으로 진행되었다. 내러티브상담자들이 원주민들이 시행한 말하기에 대해 다시말하기의 형식으로 발언했다. 이 발언은 의도적으로 원주민들의 삶에 대한 저력과 자원을 드러내기 위한 이야기들로 채워졌다. 먼저, 수없이 저질러진 불의와 차별을 견디면서 원주민들이 지금까지 살아오고 있다는 것에 놀라움을 표현했다. 그 삶 자체가 불의에 대한 저항이며 증언이라는 것을 강조했다. 생존 그 자체가 놀라운 일이며 투쟁이었음을 인정하는 발언으로 그들의 경험을 존중하고 그 경험 속에서 고유한 삶에 대한 생존 지식과 기술을 찾아내고자 했다. 이러한 감탄은 과장이 아니라 실제 힘들었지만 지탱되어 온 원주민들의 삶의 방식에 대한 존중을 의미한다.

3) 세 번째 무대: 다시말하기에 대한 다시말하기

이 부분에서는 앞에서 인정했던 원주민들의 생존 능력을 확인한 다시말하기 대화가 이어서 진행되었다. 이 다시말하기에서 원주민들은 실제로 그들의 생존 지식과 기술을 말했다. 쿠롱캠프에서 나온 지식은 돌봄과 나눔, 치유를 향한 길, 특별한 방식으로 기억하기, 고유한 지식으로 구분하여 가족들의 생존 방식을 서술했다. 돌봄과 나눔에서 원주민 공동체는 역할을 했다. 서로 연결되어 집단 안에서 치유받고 서로의 정체성을 확인하는 것이 자신들답게 사는 방식임을 증언했다. 또한 원주민들이 치유를 향한 길로 택했던 것은 비슷한 경험을 서로 솔직히 나누고 다른 사람들의 경험도 들었던 부분을 꼽았다. 사망한 이들을 특별한 방식으로 기억하는 것 역시 중요한 치유의 길이었다. 이 특별한 기억은 사랑하는 사람들의 눈으로 자신들을 바라보는 것이었다. 마지막으로, 고유한 지식은 원주민의 생존 전략을 담은 것으로 유머와 웃음이 그들의 전통과 문화를 살려 내는 지식으로 꼽혔고, 영성이 삶의 원천이 됨을 되짚어 보았다. 이 부분은 각 지역사회의 특징에 맞도록 내용이 정해질 것이다.

쿠롱캠프에서 시도했던 내러티브상담은 사람들이 자신의 삶에 대해 주도적으로 자신들의 이야기를 하는 것이 중요함을 일깨워 준다. 사람들은 치유나 공동체에 대한 지식과 기술을 이미 그들 안에 가지고 있다. 지역사회 모임에서는 다양한 대화 양식을 사용하여 이런 지식과 기술이 잘 드러날 수 있도록 돕는 것에 주력한다. 그동안 이야기할 수 있는 통로가 없어서 자신들의 감정과 경험을 제대로 나누지 못했던 사람들이 허심탄회하게 이야기할 공간을 가지게 될 때 치유의 길로 나올 수 있다. 문화와 전통에 맞는 치유의식이나 지식과 기술에 대해 말할 기회를 가지면, 이러한 지식과 기술이 의식의 전면에 나타나고 활용될 수 있다. 지역 안에서 이러한 일을 이루어 가는 것이 바로 지역사회를 대상으로 한 내러티브상담 실천이다. 외재화 기법과 같은 내러티브상담의 대화 방식도 상담자들에게 큰 도움을 준 기법이다. 그러나 특별한 대화 기법이 아니라도 이야기 주인공의 살아온 경험에 관심과 존중을 표하면서 그의 이야기를 경청하고 그가 지닌 고유한 삶에 대한 지식과 기술을 발굴하는 데 주력한다면 늘 스스로 치유를 향한 길에 들어서게 된다.

참고문헌

고미영(2016). **지역사회를 위한 이야기치료**. 경기: 공동체.

Aboriginal Health Council of South Australia (1995). *Reclaiming our stories, reclaiming our lives*. Australia: Dulwich Centre Newsletter.

Myerhoff, B. (1982). Life history among the elder: Performance, visibility and remembering. In J. Ruby (Ed.), *A crack in the mirror: Reflexive perspectives in anthropology* (pp. 99-117). Philadelphia, PA: University of Pennsylvania Press.

White, M. (2010). **이야기치료의 지도** (*Maps of narrative practice*). (이선혜, 정슬기, 허남순 공역). 서울: 학지사. (원저는 2007년에 출판).

찾아보기

인명

내용

저자 소개

고미영(Ko, Me Young)
미국 조지아대학교 사회복지학 박사
현 서울신학대학교 사회복지학과 교수

고정은(Ko, Jung Eun)
중앙대학교 사회복지학 박사
현 경희사이버대학교 상담심리학과 교수

권희영(Kwan, Hee Young)
남아프리카공화국 프리토리아대학교 가족치료전공 박사
현 전남중부권 아동보호전문기관 치료실 실장

김민화(Kim, Min Hwa)
성균관대학교 아동학 박사
현 신한대학교 유아교육과 교수

김사라(Kim, Sa Rah)
서울여자대학교 교육심리학 박사
현 새라심리상담연구소 소장

김유숙(Kim, Yoo Sook)
일본 동경대학교 의학부 보건학 박사
현 서울여자대학교 교육심리학과 명예교수

김은영(Kim, Eun Young)
독일 보훔대학교 사회과학 박사
현 한신대학교 사회복지학과 초빙강의교수

김혜경(Kim, Hei Kyung)
서울여자대학교 교육심리학 박사
현 도운심리상담센터 소장

박숙현(Park, Sook Hyun)
한국방송통신대학교 유아교육학 학사
현 구디프렌즈 이야기실천협동조합 교육이사

빈미향(Bin, Mi Hyang)
신라대학교 가족학 박사 수료
현 부산심리상담연구소 소장

신영화(Shin, Young Hwa)
서울대학교 사회복지학 박사
현 군산대학교 사회복지학과 교수

안미옥(Ahn, Mee Ock)
미국 루터신학교 목회상담학 박사
현 마음나루심리상담연구소 소장

이경욱(Lee, Gyeong Uk)
한림대학교 사회복지학 박사
현 원광디지털대학교 사회복지학과 교수

이선혜(Lee, Sun Hae)
미국 캘리포니아주립대학교 버클리 사회복지학 박사
현 중앙대학교 사회복지학부 및 심리서비스대학원 교수

이은주(Lee, Eun Joo)
이화여자대학교 사회복지학 박사
전 꽃동네대학교 사회복지학부 교수

최지원(Choi, Ji Won)
서울여자대학교 교육심리학(상담 및 임상심리) 박사
현 서울신학대학교 학생상담센터 상담교수

한석준(Han, Suk Jun)
국민대학교 문화심리사회학 박사
현 웃는마음가족상담연구소 소장

허남순(Huh, Nam Soon)
미국 뉴욕주립대학교 사회복지대학 박사
현 한림대학교 사회복지학과 명예교수

내러티브상담

Narrative Therapy

2023년 8월 20일 1판 1쇄 인쇄
2023년 8월 30일 1판 1쇄 발행

엮은이 • 한국내러티브상담학회 편저
지은이 • 고미영 · 고정은 · 권희영 · 김민화 · 김사라 · 김유숙 · 김은영 · 김혜경 · 박숙현
빈미향 · 신영화 · 안미옥 · 이경욱 · 이선혜 · 이은주 · 최지원 · 한석준 · 허남순
펴낸이 • 김진환
펴낸곳 • ㈜학지사
04031 서울특별시 마포구 양화로 15길 20 마인드월드빌딩
대표전화 • 02-330-5114 팩스 • 02-324-2345
등록번호 • 제313-2006-000265호

홈페이지 • http://www.hakjisa.co.kr
인스타그램 • https://www.instagram.com/hakjisabook

ISBN 978-89-997-2950-8 93180

정가 25,000원